权威·前沿·原创

皮书系列为

"十二五""十三五""十四五"时期国家重点出版物出版专项规划项目

B
BLUE BOOK

智库成果出版与传播平台

拉美经济蓝皮书

BLUE BOOK OF LATIN AMERICA AND
THE CARIBBEAN'S ECONOMY

拉丁美洲和加勒比地区经济发展报告（2022）

ANNUAL REPORT OF ECONOMIC DEVELOPMENT IN LATIN
AMERICA AND THE CARIBBEAN (2022)

研　创／西南科技大学拉美研究中心
主　编／陈朝先　刘学东

社会科学文献出版社
SOCIAL SCIENCES ACADEMIC PRESS（CHINA）

图书在版编目（CIP）数据

拉丁美洲和加勒比地区经济发展报告 . 2022 ／ 陈朝
先，刘学东主编 . -- 北京：社会科学文献出版社，
2022. 10
　（拉美经济蓝皮书）
　ISBN 978 - 7 - 5228 - 0730 - 0

　Ⅰ . ①拉…　Ⅱ . ①陈…②刘…　Ⅲ . ①区域经济 - 研
究报告 - 拉丁美洲 - 2022　Ⅳ . ①F173. 07

　中国版本图书馆 CIP 数据核字（2022）第 170203 号

拉美经济蓝皮书
拉丁美洲和加勒比地区经济发展报告（2022）

主　　编／陈朝先　刘学东

出 版 人／王利民
组稿编辑／张晓莉
责任编辑／叶　娟　俞孟令
责任印制／王京美

出　　版／社会科学文献出版社·国别区域分社（010）59367078
　　　　　地址：北京市北三环中路甲 29 号院华龙大厦　邮编：100029
　　　　　网址：www. ssap. com. cn
发　　行／社会科学文献出版社（010）59367028
印　　装／天津千鹤文化传播有限公司

规　　格／开　本：787mm×1092mm　1/16
　　　　　印　张：23. 25　字　数：348 千字
版　　次／2022 年 10 月第 1 版　2022 年 10 月第 1 次印刷
书　　号／ISBN 978 - 7 - 5228 - 0730 - 0
定　　价／168. 00 元

读者服务电话：4008918866

主要编撰者简介

陈朝先 四川省教育厅副厅长，西南科技大学前副校长。在经济学、社会学方面理论功底深厚，对市场经济发展、经济分配、社会保障、保险经济学、人口学等都有较深研究，擅长用理论知识指导实际工作。著有《人身保险经济学》《社会保障与保险问题研究》《人口与社会保障研究》《投保人权益》《保险市场营销》等学术专著 10 余部，在《金融研究》《经济学动态》等学术期刊上发表论文 200 余篇。获得四川省优秀教学成果一等奖（1993 年）、四川省优秀研究生指导教师（2000 年）等省部级荣誉。

刘学东 西南科技大学特聘教授，墨西哥国立自治大学终身教授、博士生导师。曾任墨西哥经济部部长顾问等职务，担任中国和墨西哥多种学术期刊的编委。目前致力于中墨城镇化和土地政策、国际商务与汇率制度改革等领域的研究工作，发表相关论文 30 余篇，出版学术专著 *Equilibrios entre urbanizaciones del suelo y de la población. Casos de China y México（2000 – 2012）* 等多部，主编《中国改革新时期的中阿双边合作与交流》（2019 年西南科技大学与阿根廷拉努斯国立大学联合出版）。

摘　要

联合国拉丁美洲和加勒比经济委员会的初步统计数据显示，受到新冠肺炎疫情的冲击和自身经济特点的限制，该地区 2020 年经济增长率为 -6.8%，这不仅是全球发展中地区中最为严重的衰退，也是自 1900 年以来该地区出现的最大幅度经济衰退，下降水平超过第一次世界大战以及大萧条时期。其中，加勒比地区 13 个经济体的大部分收入来自旅游业以及与旅游业相关的服务类经济活动，新冠肺炎疫情导致外出观光人员大幅减少，使得这些国家的经济萎缩程度高于拉美地区的 20 个经济体。

2021 年，拉丁美洲和加勒比地区经济总量依然低于疫情发生之前的水平，有些国家甚至需要到 2023 年之后才能逐渐得到恢复。更为重要的是，在 2020～2021 年拉丁美洲和加勒比地区的人口依然会按照正常速度增长，根据联合国人口司的预测，在 2019～2030 年间的年均增长率为 0.86%①，因此，拉丁美洲和加勒比地区人均国内生产总值的回升将会遇到更大的挑战。

围绕拉丁美洲和加勒比地区 2020 年经济形势，总报告指出，新冠肺炎疫情发生之前，该地区已经连续 5 年（2015～2019 年）处于经济衰退或低速增长状态，各国为了纾缓困局，在财政政策和货币政策方面花了不少力气。因此，在疫情面前，各国政府往往会因调整空间过小而显得力不从心，

---

① 按照联合国人口司的预测，拉丁美洲和加勒比地区的人口总数将由 2019 年的 6.48 亿增加到 2030 年的 7.06 亿，United Nations, "World Population Prospects 2019: Highlights", 2019, p. 6, https://population.un.org/wpp/Publications/Files/WPP2019_ Highlights.pdf。

很难进一步降低疫情造成的经济损失，再加上该地区存在已久的结构性问题，该地区 2020 年经济衰退幅度超过了同期其他地区。在这样的情况下，未来的经济形势不容乐观，该地区许多国家制定和实施有效经济政策将困难重重。

国别与地区报告分析了阿根廷、巴西、哥伦比亚、智利、秘鲁、巴拉圭、墨西哥 7 个主要国家及加勒比共同体国家。尽管 2019 年底上台的阿根廷政府达成了 663 亿美元债务重组协议，但始终难以遏止通货膨胀和债务压力的上升态势，考虑到影响阿根廷经济增长的不确定性因素颇多，经合组织、国际货币基金组织等均认为，阿根廷经济复苏还需要很长时间。

面对新冠肺炎疫情，巴西是拉丁美洲和加勒比地区三大经济体中经济衰退幅度最小的国家，并可能率先恢复至疫情前水平。张宇教授认为，这主要与巴西农林牧渔业受国际市场行业利好带动、中国对巴西农产品需求旺盛以及雷亚尔兑美元贬值提高了巴西大宗商品在国际市场上的竞争力等因素有关。

2020 年是哥伦比亚自 2008 年金融危机以来经济状况最糟糕的一年。尽管受地缘政治因素和全球经济低迷大环境的影响，哥伦比亚经济增长仍有诸多挑战和不确定性，但国际市场需求逐渐恢复、大宗商品价格大涨，特别是中国的抗疫支持以及由此带来的中哥经贸合作重回正轨，都为哥伦比亚经济带来利好。

目前智利经济复苏进程仍面临不平等、贫困、经济结构单一等深层次问题。智利需要重视就业不足、分配不均、引资乏力等长期风险，应通过减免税收刺激总需求等方式，确保宏观调控政策实现预期目标，推动经济高质量持续增长。

新冠肺炎疫情给秘鲁经济带来了沉重打击，加之国内政治动荡不定，2020 年秘鲁经济衰退了 11.1%，成为拉丁美洲和加勒比地区经济下滑最严重的国家之一。2021 年秘鲁经济政治形势逐步好转，并展现出强劲的经济复苏势头。拉加经委会预计，秘鲁 2022 年经济增长率将达到 2.5%。

　　巴拉圭以农业、畜牧业和电力工业为支柱产业，主要出口农牧产品和电力。这种产业结构和商品贸易结构使巴拉圭经济在新冠肺炎疫情期间受影响程度小，2020 年经济仅衰退了 1.0%，是拉丁美洲和加勒比地区经济衰退程度较低的国家之一。目前巴拉圭经济还面临诸多不确定性因素，世界银行的统计数据显示，2021 年巴拉圭经济增长率为 4.2%。

　　在新冠肺炎疫情的持续打击下，拉丁美洲和加勒比地区第二大经济体墨西哥在 2020 年经济衰退了 8.3%，这也是该国连续第二年出现经济负增长。2021 年墨西哥经济复苏势头很好，10 月份 IMF 预测其全年经济将增长 6.2%，2022 年将增长 4.0%。不过，美国经济恢复状况和中美关系演变可能影响此后墨西哥经济增长势头。

　　2020 年加共体①国家经济受疫情影响而整体呈下行态势，其中 4 个国家经济衰退幅度超过 15%。不过，得益于深厚的合作基础与强劲的合作动力，中国与加共体的经贸关系仍具有广阔的发展前景。可以预见，在将来的双边经贸合作中将会是机遇和挑战并存。

　　专题报告主要关注拉丁美洲和加勒比地区的对外经济贸易和能源发展两个方面。2020 年拉丁美洲和加勒比地区商品贸易收支盈余达到地区 GDP 的 1.8%，高于 2019 年的 0.4%。2021 年，尽管拉丁美洲和加勒比地区经济逐渐复苏，预计其进口将强劲回弹且增长超过出口，但在该地区主要贸易伙伴（美国和中国）经济复苏和强势增长的带动下，其对外贸易将继续保持顺差，预计将占到地区 GDP 的 0.4%。面对新冠肺炎疫情的挑战，拉丁美洲和加勒比地区能源发展依然存在许多积极因素，大多数国家对碳中和持积极态度，非常规可再生能源在各国能源结构中所占的份额正在不断增加。可以预见的是，能源行业将表现出较强的恢复力，能源转型给拉丁美洲和加勒比地区带来了新的发展机遇和挑战。

---

①　加勒比共同体成员与加勒比地区国家并不是完全相同的概念。根据拉加经委会的定义，加勒比地区共有 13 个国家，官方语言以英语与荷兰语为主；加勒比共同体的 15 个正式成员中，海地并非拉加经委会认定的加勒比国家，同时蒙特塞拉特既不属于加勒比地区，也并非国家。由于资料有限，这里的分析以拉加经委会定义中的 13 个国家为主。

　　毫无疑问，新冠肺炎疫情对中拉经贸关系的冲击与中国的对策是当前中拉关系中的热点问题。在危机和机遇并存的时空维度下，中拉贸易、投资、金融合作"三大引擎"依然是疫情冲击下中拉经贸合作的基础。展望未来，中拉双方应继续以"一带一路"倡议为指引，探索中拉经贸合作新契机，促进中拉经贸合作向宽范围、深层次发展，实现优化升级。

　　关键词： 新冠肺炎疫情　拉丁美洲和加勒比地区　经济　中拉经贸关系

目 录

Ⅲ 专题报告

Ⅳ 附 录

皮书数据库阅读**使用指南**

总 报 告

General Report

B.1

新冠肺炎疫情冲击下的拉丁美洲
和加勒比地区经济形势分析与展望

刘学东*

摘　要： 通过分析可以发现，在新冠肺炎疫情发生之前，拉丁美洲
和加勒比地区经济在2015～2019年期间连续5年处于衰退和
低速增长状态，各国政府的财政赤字和整体债务水平也随
之有所攀升。为了应对突发的新冠肺炎疫情，各国政府又
不得不采取相应的应急措施，在财政收入减少的情况下增
加开支，进一步加大了业已存在的高水平财政赤字和债务
负担。在这种情况下，要实现经济复苏和增长，财政政策
的调整空间将极为有限。同时，更为重要的是，自疫情发
生以来实施的货币宽松政策，也有可能在通胀压力之下开
始收紧，它们将对该地区未来经济恢复和增长构成巨大挑

---

* 刘学东，墨西哥国立自治大学终身教授，西南科技大学拉美研究中心特聘教授、博士生导
师，主要研究方向为土地制度变更与城市建设、汇率制度与货币政策对经济发展的影响等。

战。可以预见的是，该地区各国在经济增长方面长期形成的发展不均衡的特点，不仅体现在经济衰退期间，而且在2021年以及之后的经济恢复时期，也将会变得突出。大多数国家完全走出衰退并恢复到之前水平的时间，可能会是2022年甚至更久以后。

关键词： 新冠肺炎疫情　经济形势　通胀压力　拉丁美洲和加勒比地区

一　2020年拉丁美洲和加勒比地区经济形势分析

根据世界银行公布的数据，拉美地区①遭受新冠肺炎疫情严重打击，在全球因疫情而死亡的总人数中，这个地区占比高达30%②。根据联合国人口司的统计资料，2020年，拉美地区人口为7.5亿，在世界总人口中的占比为8.4%，由此可见，该地区因新冠肺炎疫情而死亡的总人数占全球的比例，几乎是该地区总人口占全球人口比例的4倍③。世界卫生组织也同时指出，截至2020年12月31日，该地区感染新冠肺炎的累计人数以及死亡人数分别占全球的18.6%和27.8%④，远远超过该地区人口在全球人口中所占比例。

---

① 如果没有特别指出，拉美地区在本报告中与拉丁美洲和加勒比地区为同义词。

② World Bank, "Global Economic Prospects", p. 73, June 2021. https：//thedocs. worldbank. org/en/doc/600223300a3685fe68016a484ee867fb－0350012021/original/Global－Economic－Prospects－June－2021. pdf.

③ United Nations, "World Population Prospects 2019：Highlights", 2019. https：//population. un. org/wpp/Publications/Files/WPP2019_ Highlights. pdf.

④ Comisión Económica para América Latina y el Caribe, "Panorama Social de América Latina 2020", p. 14, marzo de 2021. https：//repositorio. cepal. org/bitstream/handle/11362/46687/8/S2100150_ es. pdf.

（一）2020年拉丁美洲和加勒比地区经济形势回顾

新冠肺炎疫情蔓延导致的居家隔离以及由此引起的经济活动停摆，使得该地区 2020 年的经济衰退幅度达到 6.8%，对此，联合国拉丁美洲和加勒比经济委员会（简称"拉加经委会"）在 2021 年 4 月份的报告中指出，新冠肺炎疫情对该地区造成的经济损失，是过去 120 年中最严重的[①]。作为该地区第二大和第三大经济体的墨西哥和阿根廷，是二十国集团中经济衰退最为严重的国家，衰退幅度分别为 8.3% 和 9.9%[②]，同英国、意大利、法国几乎处于同等水平[③]。需要指出的是，该地区的 33 个经济体中，只有圭亚那因石油生产大幅上升而免于经济衰退，其余国家都出现了不同程度的经济衰退。

同期的拉美地区 20 国里，委内瑞拉经济衰退幅度继续居于首位，达到 30.0%；巴拿马、秘鲁和古巴紧随其后，分别出现了 17.9%、11.1% 和 10.9% 的衰退；阿根廷、洪都拉斯和墨西哥则分别处于第 5、6、7 位；危地马拉和巴拉圭则属于受冲击较小的国家，经济增速分别为 -1.5% 和 -0.6%（见图 1）。

对于加勒比地区国家来说，由于大多数经济体高度依赖旅游业收入，疫情对其冲击更大。在 13 个国家中，除了圭亚那、圣文森特和格林纳丁斯、特立尼达和多巴哥以及牙买加四国之外，其他 9 个国家在 2020 年的经济衰

---

① Comisión Económica para América Latina y el Caribe, "Panorama Fiscal de América Latina y el Caribe Los desafíos de la política fiscal en la recuperación transformadora pos – COVID – 19", p. 13. abril de 2021. https：//www. cepal. org/sites/default/files/publication/files/46808/S2100170 _ es. pdf.

② Comisión Económica para América Latina y el Caribe, "Estudio Económico de América Latina y el Caribe 2021：Dinámica Laboral y Políticas de Empleo para una recuperación Sostenible e inclusiva más allá de la crisis del COVID – 19", agosto de 2021. https：//repositorio. cepal. org/bitstream/handle/11362/47192/58/S2100608_ es. pdf.

③ Fondo Monetario Internacional, "Actualización de perspectivas de la economía mundial", julio de 2021. https：//www. imf. org/es/Publications/WEO/Issues/2021/07/27/world – economic – outlook – update – july – 2021.

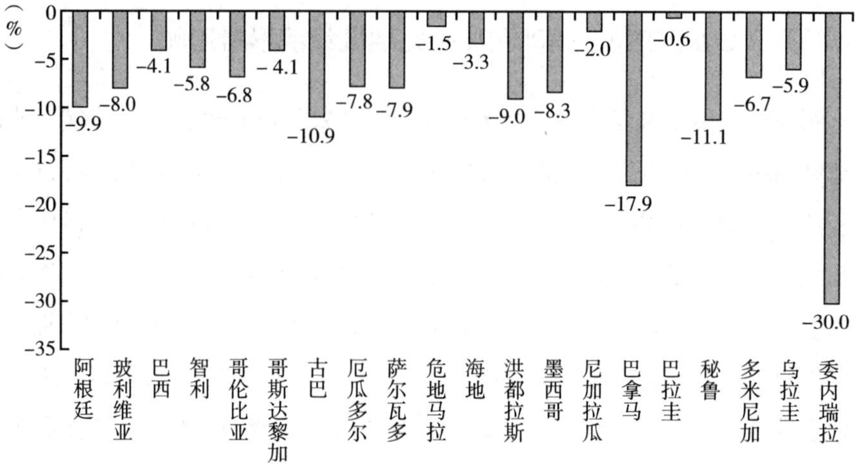

图1 2020年拉美地区20国经济增长幅度

资料来源：笔者根据拉加经委会数据整理。

Comisión Económica para América Latina y el Caribe, "Estudio Económico de América Latina y el Caribe 2021: Dinámica Laboral y Políticas de Empleo para una recuperación Sostenible e inclusiva, más allá de la crisis del COVID – 19", agosto de 2021. https://repositorio. cepal. org/bitstream/handle/11362/47192/58/S2100608_ es. pdf.

退幅度都超过10.0%，圣卢西亚、安提瓜和巴布达两国更是超过20%（见图2）。

（二）经济下滑背景下地区性不均衡问题进一步凸显

拉美地区各国经济发展之间存在的不均衡问题由来已久，这反映在各国的经济体量等方面，而且无论在经济上行期间还是在衰退期间，这种不均衡都表现得较为突出。实际上，从次区域角度观察，自2000年以来，南美洲各国与包括墨西哥在内的中美洲各国的经济增长速度一直呈交替上升状态。

1. 21世纪地区内部经济增长差异分析

2000～2012年，包括阿根廷、巴西、智利、秘鲁和哥伦比亚在内的南美各国，得益于新兴经济体强力振兴而拉动的全球范围内大宗商品需求与价

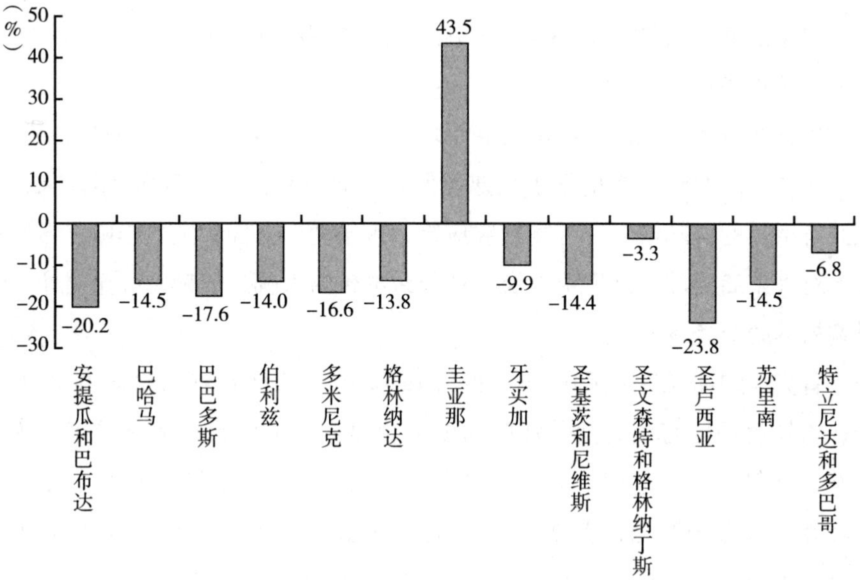

图2　2020年加勒比地区13国经济增长幅度

资料来源：笔者根据拉加经委会数据整理。

Comisión Económica para América Latina y el Caribe，"Estudio Económico de América Latina y el Caribe 2021：Dinámica Laboral y Políticas de Empleo para una recuperación Sostenible e inclusiva，más allá de la crisis del COVID – 19"，agosto de 2021. https：//repositorio. cepal. org/bitstream/ handle/11362/47192/58/S2100608_ es. pdf.

格双重攀升，其年经济增长平均速度处于5% ~ 6%的水平，远远高于包括墨西哥在内的中美洲各国的表现。自2014年以来，拉美地区经济体，尤其是南美经济体进入了经济增长下行区间，在经历了2015年和2016年连续两年的衰退之后，又陷入了2017 ~ 2019年的低速增长。因此，在过去的5年时间里（2015 ~ 2019年），墨西哥与多数中美洲国家的年经济增长速度，尽管一直维持在2.5%左右，但明显快于之前表现突出的南美国家①，它们的

---

① Comisión Económica para América Latina y el Caribe，"Estudio Económico de América Latina y el Caribe 2021：Dinámica Laboral y Políticas de Empleo para una recuperación Sostenible e inclusiva，más allá de la crisis del COVID – 19"，agosto de 2021. https：//repositorio. cepal. org/bitstream/ handle/11362/47192/58/S2100608_ es. pdf.

年均增长速度只有 0.7% 。需要指出的是，南美国家与包括墨西哥在内的中美洲国家之间经济增长的不均衡状况，与世界银行在 2016 年公布的一份研究报告的预测基本一致①。

尽管造成上述地区性经济发展不均衡的原因较多，既有自身经济结构因素，又同某些非经济变量紧密相连，但是，通过具体分析 2000 年以来该地区经济增长的实际情况，可能最终应该归因于两个方面的主要影响：国际市场上对大宗商品的强劲需求以及由此导致的价格大幅上涨和国际金融市场相对宽松的融资条件②。

首先，21 世纪的前 10 年，国际市场上大宗商品需求量与价格的上升，为拉美地区特别是南美那些高度依赖原材料出口的经济体带来了大量利好，不仅改善了它们的对外贸易条件，而且出口量也随之提高。基于拉加经委会公布的数据，罗萨莱斯·奥斯瓦尔多（Rosales Osvaldo）和桑山干雄（Kuwayama Mikio）对 2001 ~ 2010 年的对外贸易进行了测算，结果显示，该地区出口额年增长率为 10.8%，其中价格上升贡献了 5.5%，出口量提高则贡献了另外的 5.3%。但是，如果不包括墨西哥的话，这三个数据则分别为 13.5%、7.9% 和 5.6%③。另外，在单独考察南美国家的情况下，这三个数据分别为 11.8%、7.6% 和 4.2%（见图3）。

---

① World Bank, "The Commodity Cycle in Latin America: Mirages and Dilemmas", p. 13. April 2016. https://openknowledge.worldbank.org/bitstream/handle/10986/24014/9781464809149. pdf? sequence = 8&isAllowed = y.

② José Antonio Ocampo, "El auge económico latinoamericano", *Revista de Ciencia Política*, vol. 28, Nº. 1, 2008, pp. 7 – 33. https://www.scielo.cl/pdf/revcipol/v28n1/art02.pdf; Osvaldo Rosales y Mikio Kuwayama, "China y América Latina y el Caribe Hacia una relación económica y comercial estratégica", Comisión Económica para América Latina y el Caribe, marzo de 2012. https://repositorio.cepal.org/bitstream/handle/11362/2598/1/S1100769_ es. pdf; Comisión Económica para América Latina y el Caribe, "Estudio Económico de América Latina y el Caribe 2018, Evolución de la inversión en América Latina y el Caribe: hechos estilizados, determinantes y desafíos de política", 2018, https://repositorio.cepal.org/bitstream/handle/11362/43964/141/S1800837_ es. pdf.

③ Osvaldo Rosales y Mikio Kuwayama, "China y América Latina y el Caribe Hacia una relación económica y comercial estratégica", p. 74, Comisión Económica para América Latina y el Caribe, marzo de 2012. https://repositorio.cepal.org/bitstream/handle/11362/2598/1/S1100769_ es. pdf.

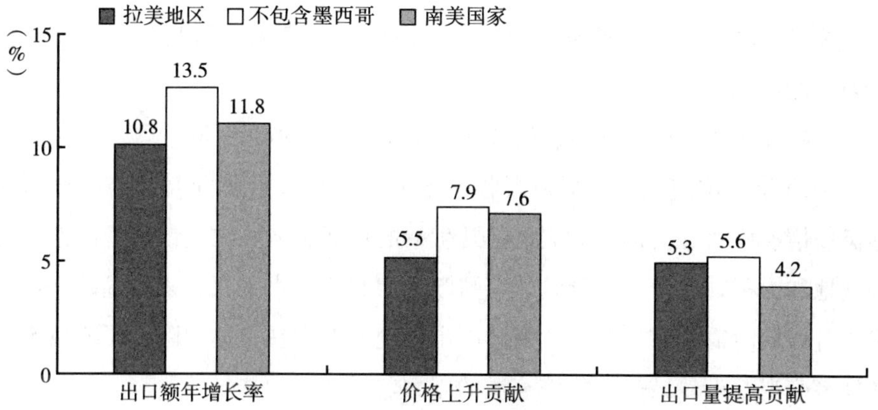

**图3　2001～2010 年拉美地区出口额年增长率及价格上升、
出口量提高在其中的贡献**

资料来源：笔者根据罗萨莱斯·奥斯瓦尔多和桑山干雄提供的资料整理。
Osvaldo Rosales y Mikio Kuwayama，"China y América Latina y el Caribe Hacia una relación
económica y comercial estratégica"，p. 74，Comisión Económica para América Latina y el Caribe，marzo
de 2012，https：//repositorio. cepal. org/bitstream/handle/11362/2598/1/S1100769_ es. pdf.

其次，对那些高度依赖基础产品出口以及简单加工产品出口的国家来讲，它们各自依赖的产品也存在较大差异。根据拉加经委会的研究报告，2000～2013 年的平均数据显示，阿根廷、巴拉圭和乌拉圭属于农产品出口依赖国家，净出口指数位居该地区前列，都在 40 以上；智利、秘鲁则在矿产资源和金属产品出口方面表现突出；委内瑞拉、玻利维亚、哥伦比亚与厄瓜多尔则严重依赖原油出口贸易[1]。正是由于大宗商品出口贸易条件的改善，奥坎波（Ocampo）认为，在 21 世纪的前 10 年中，南美地区（不包括巴西）的出口基本属于原材料和基础加工业产品主导型，缺乏多样性，甚至逐渐走向"重新初级化"（Re-primarization）；与此同时，墨西哥、哥斯

―――――――――――

[1]　Comisión Económica para América Latina y el Caribe，"Estudio Económico de América Latina y el
Caribe 2018，Evolución de la inversión en América Latina y el Caribe：hechos estilizados，
determinantes y desafíos de política"，p. 48. 2018. https：//repositorio. cepal. org/bitstream/
handle/11362/43964/141/S1800837_ es. pdf.

达黎加和萨尔瓦多等国则正好相反，这些国家的出口产品正在变得多样化，并且多数并非以自然资源为基础的简单加工产品，而是含有较高的技术因素的产品①。

2. 新冠肺炎疫情蔓延下的经济扶持措施与经济增长差异

2020 年，拉美地区各国财政收入出现了下降，与此同时，为减轻新冠肺炎疫情蔓延对经济活动和居民正常生活的负面影响，拉美地区各国都不同程度地加大了财政开支，导致政府财政赤字和负债水平在原来的基础上进一步提升。同时需要指出的是，财政支出力度的加大在整体上降低了疫情带来的经济衰退幅度，减轻了经济衰退的压力。

根据拉加经委会的数据，该地区为应对疫情而增加的财政支出占到该地区国内生产总值的4.6%②，其中，萨尔瓦多、多米尼加、巴西和阿根廷的政府开支年增长率超过20%，分别为33.1%、25.1%、23.8%和20.1%；而同期的厄瓜多尔（-11.3%）、哥斯达黎加（-6.4%）、洪都拉斯（-0.4%）和墨西哥（0.3%）则属于政府开支上升水平较低甚至为负增长的国家③。

如果按照政府当年增加支出占国内生产总值的比重来看，各国基本也呈现出同样形势。尤其重要的是，在政府开支总量中，安排在政府补贴和转移项目上的费用，几乎都直接分配到了家庭、企业和地方政府用以抗击疫情的领域。根据对公布数据的 15 个国家的分析情况来看，共有 7 个国家在该项目上的提高幅度超过 2.5 个百分点，它们分别是阿根廷、

① José Antonio Ocampo, "El auge económico latinoamericano", *Revista de Ciencia Política*, vol. 28, N°. 1, p. 13, 2008. https：//www.scielo. cl/pdf/revcipol/v28n1/art02. pdf.

② Comisión Económica para América Latina y el Caribe, "Panorama Fiscal de América Latina y el Caribe Los desafíos de la política fiscal en la recuperación transformadora pos – COVID – 19", p. 20, abril de 2021. https：//www. cepal. org/sites/default/files/publication/files/46808/S2100 170_ es. pdf.

③ Comisión Económica para América Latina y el Caribe, "Panorama Fiscal de América Latina y el Caribe Los desafíos de la política fiscal en la recuperación transformadora pos – COVID – 19", p. 21, abril de 2021. https：//www. cepal. org/sites/default/files/publication/files/46808/S2100 170_ es. pdf.

巴西、智利、哥伦比亚、萨尔瓦多、秘鲁和多米尼加①。当然，仅仅通过考察政府补贴和转移项目上的开支变化，可能并不能完全反映出该地区各国为应对疫情而做出的努力，这是因为，不少经济体除了直接增加相应的支出之外，还对该项目的当年预算做了内部各分项目的较大调整，即削减其他项目的开支并将其转移到疫情应对工作中。譬如哥斯达黎加，为了抗击疫情，该国政府缩减了原来安排给公共部门的资金，并将其以"保护券"的形式重新分配至私营单位，正是这种政府补贴和转移项目上的内部调节，导致表面数据无法显示出该国在防控疫情方面所做的全部努力。

尽管如此，政府开支的变化，依然是衡量拉美地区各个经济体抗击疫情力度的基本指标。通过分析可以发现，这些财政扶持措施无疑减轻了疫情对该地区经济活动和居民生活的不利影响，降低了经济衰退幅度。根据各国2020年经济增长速度（国内生产总值年度数据）以及财政支出增加水平（占同期国内生产总值的比重），笔者计算出这两个变量之间的相关系数为-0.3389，即随着当年财政投入的增加，经济衰退程度将会减弱②。由于各个经济体之间存在差异性，财政扶持政策的实施力度与经济衰退水平之间的负相关关系并不是很明显。尽管如此，计算出的相关系数依然能大致反映出经济增长速度或衰退程度和政府财政支持力度之间的相关关系。一方面，那些政府开支增加水平低的国家，其经济表现都相对较差，衰退程度

---

① Comisión Económica para América Latina y el Caribe, "Panorama Fiscal de América Latina y el Caribe Los desafíos de la política fiscal en la recuperación transformadora pos – COVID – 19", p. 23, abril de 2021. https：//www. cepal. org/sites/default/files/publication/files/46808/S2100 170_ es. pdf.

② 对此，国际货币基金组织在2021年4月公布的一份报告中也强调了各国政府调整财政和货币政策在防止经济衰退方面的作用。根据该组织的测算，各国启用的稳定机制、隔离措施和财政手段等介入做法，对世界经济产生了6%左右的增长效果。因此，如果没有财政和货币政策两个方面的介入，经济衰退程度可能会增加至目前的3倍以上。Fondo Monetario Internacional, "Perspectivas de la economía mundial", pp. 5 – 6. abril de 2021. https：// www. imf. org/es/Publications/WEO/Issues/2021/03/23/world – economic – outlook – april – 2021.

一般都高于同时期其他拉美国家的平均水平；另一方面，大部分高财政扶持力度的国家往往对应着相对较低的经济衰退程度，基本避免了经济大幅下滑的局面。

在政府开支增加水平低的国家中，墨西哥、厄瓜多尔和洪都拉斯在2020年的经济增长率分别为 -8.3%、-7.8% 和 -9.0%，衰退程度都高于同期整个拉美地区水平（-6.8%）；同时，秘鲁、萨尔瓦多和阿根廷等国，尽管它们都在财政政策方面做了很大努力，但各自的经济衰退水平依然在该地区位居前列，增长率分别为 -11.1%、-7.9% 和 -9.9%。对于巴拿马来说，其情况更为突出，尽管为应对疫情增加了 4.9% 的财政支出，高于该地区平均水平的 4.6%，但是其经济衰退程度在该地区是最高的，增长率低至 -17.9%（见图4）。

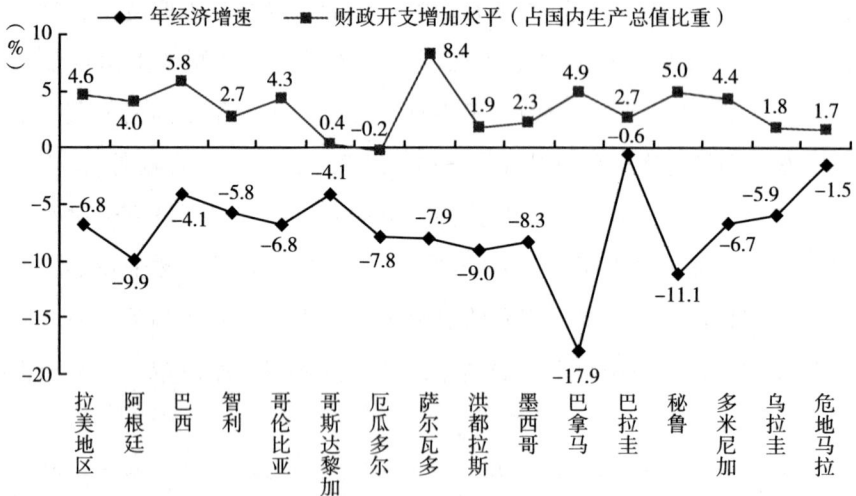

图4　2020年拉美地区及该地区15国年经济增速与
财政开支增加水平（占国内生产总值比重）

资料来源：笔者根据拉加经委会数据整理。

Comisión Económica para América Latina y el Caribe, "Estudio Económico de América Latina y el Caribe 2021: Dinámica Laboral y Políticas de Empleo para una recuperación Sostenible e inclusiva, más allá de la crisis del COVID - 19", agosto de 2021. https://repositorio.cepal.org/bitstream/handle/11362/47192/58/S2100608_ es. pdf.

由此可以看出，拉美地区各国在经济增长方面长期形成的差异性，不仅反映在出口产品结构和出口产品的技术含量领域，还导致它们在相同国际环境下所表现出的经济增长幅度各不相同，而且在面对疫情时，各自的调整幅度并非整齐划一，其制定和实施的应对措施及所产生的效果也各不相同。

二 货币政策的变化和财政政策的落实情况

面对新冠肺炎疫情的冲击，拉丁美洲和加勒比地区国家的经济活动一度停摆，为了缓解居民生活困难问题、扶持经济发展，各经济体都不同程度地扩大了财政开支力度，同时实施了下调利率、增加货币供应等相对宽松的货币政策。

（一）货币政策变化：从宽松走向紧缩

新冠肺炎疫情给经济活动带来了负面影响并导致了全球范围内的经济衰退，隔离措施既使得需求减少，又引起了供应方面的紧缩。因此，在疫情发生和蔓延的 2020 年，曾出现了暂时的通货膨胀下降；然而，在各国经济恢复过程中，那些用来刺激经济的各项货币和财政政策开始形成大量的需求，2021 年 4 月以来，随着总需求的反弹以及同时出现的供应瓶颈，世界范围内的总需求开始大于依然受制于各种供应瓶颈的生产，各类商品价格指数开始飙升。在此情况下，拉美地区各经济体的货币政策也显现出从宽松走向紧缩的趋势。

具体来讲，2020 年 1～5 月，受到疫情引起的需求下降影响，国际市场上的原油价格大幅下滑；另外，尽管全球总供给因居家隔离等强制措施受到波及，并且全球价值链也由此不得不中断其运营，但是与总需求相比，其对价格影响程度相对较低，导致各国普遍出现通胀指数短期下滑。作为新兴经济体和发展中国家，拉美地区国家同时还受到货币兑换美元汇率贬值影响，但因需求低迷，汇率波动对通胀影响几乎为零，其作用完全被价格下行压力所覆盖。

通胀水平较低的局面为各国宽松货币政策的制定和落实提供了基础，因此在 2020 年，随着新冠肺炎疫情在该地区的出现和蔓延，拉美地区各个国家的央行纷纷采取货币宽松政策，以降低参考利率为主。这样，不仅可以向该地区金融市场和经济活动提供较充裕的流动性，还可以减轻政府财政和企业在债务上的支出以及个人消费信贷成本，防止经济形势因疫情而进一步恶化。譬如，墨西哥央行共做出了 6 次程度不同的下调利率决定，从 2019 年底的 7.25% 降至 2020 年底的 4.25%，2021 年 2 月又降至 4.00%[①]。巴西央行也实施了同样的下调利率措施，从 2019 年底的 4.50% 降至 2020 年底的 2.00%[②]。智利则经过 3 次调整，从疫情前的 1.75% 降至 2020 年 4 月的 0.50%，并一直持续到 2021 年 7 月[③]（见表 1）。

表 1　2020 年第一季度 ~ 2021 年第二季度拉美地区各国央行参考利率变化

单位：%

国家	2020 年第一季度	2020 年第二季度	2020 年第三季度	2020 年第四季度	2021 年第一季度	2021 年第二季度
阿根廷	45.30	38.00	38.00	37.33	38.00	38.00
玻利维亚	2.75	2.75	2.50	2.00	3.00	5.67
巴西	4.17	3.00	2.08	2.00	2.25	3.50
智利	1.50	0.50	0.50	0.50	0.50	0.50
哥伦比亚	1.08	3.25	2.25	1.75	1.75	1.75
哥斯达黎加	1.92	1.08	0.75	0.75	0.75	0.75
危地马拉	2.58	1.92	1.75	1.75	1.75	1.75
海地	13.33	10.00	10.00	10.00	—	—
洪都拉斯	5.08	4.50	4.00	3.25	3.00	3.00

① Banco de México, "Tasas de interés representativas", del Sistema de Información Económica. https：// www. banxico. org. mx/SieInternet/ consultarDirectorioInternetAction. do? sector = 18&accion = consultar CuadroAnalitico&idCuadro = CA51&locale = es.

② Expansión, "Tipos del Banco Central de Brasil 2021 | datosmacro. com". https：//datosmacro. expansion. com/tipo – interes/brasil.

③ Banco Central de Chile, "Tasa de interés de política monetaria, Base de Datos Estadísticos". https：//si3. bcentral. cl/Siete/ES/Siete/Cuadro/CAP_ ESTADIST _ MACRO/MN _ EST _ MACRO_ IV/PEM_ TPMyTASAS/PEM_ TPMyTASAS.

国家	2020 年第一季度	2020 年第二季度	2020 年第三季度	2020 年第四季度	2021 年第一季度	2021 年第二季度
墨西哥	6.92	5.50	4.58	4.25	4.08	4.08
巴拉圭	3.75	1.42	0.75	0.75	0.75	0.75
秘鲁	1.92	0.25	0.25	0.25	0.25	0.25
多米尼加	4.17	3.50	3.17	3.00	3.00	3.00
乌拉圭	—	—	4.50	4.50	4.50	4.50

资料来源：笔者根据拉加经委会数据整理。

CEPAL, "Estudio Económico de América Latina y el Caribe 2021：Dinámica Laboral y Políticas de Empleo para una recuperación Sostenible e inclusiva, más allá de la crisis del COVID - 19", agosto de 2021. https：//repositorio. cepal. org/bitstream/handle/11362/47192/58/S2100608_ es. pdf.

2021 年第二季度，上述形势开始逆转，拉美地区货币政策面临通胀上升带来的巨大挑战，在经济总量依然低于疫情前水平的情况下，主要经济体却不得不放弃低流动成本政策，开始上调其参考利率。

通胀水平的攀升，既与人民生活逐渐走出疫情影响、需求上升有关，又同各国大规模出台财政货币政策密切相关，尤其是发达国家，为挽救和刺激经济、保障民众生活水平，它们的措施不管是实施规模还是实施范围，都大大超过历史上面对其他经济危机时所实施的措施。随着经济开始在短期内出现反弹，这些财政、货币刺激手段进一步提高了总需求量，并由此引起价格水平的整体回升。因此，2021 年最初的几个月内，尽管大多数国家的通货膨胀水平基本保持在央行制定的目标范围之内（发达国家和将近一半实行通货膨胀目标制的新兴经济体基本如此），但也有另外一半实行通货膨胀目标制的新兴经济体的价格变动幅度已经超出了规定上限[1]。

对于拉美地区来讲，2021 年上半年，在 8 个实施通货膨胀目标制的经

---

[1] World Bank, "Global Economic Prospects", p. 133, June 2021. https：//thedocs. worldbank. org/en/doc/600223300a3685fe68016a484ee867fb – 0350012021/original/Global – Economic – Prospects – June – 2021. pdf.

济体中，由于受到国际市场能源和粮食价格上升的影响，加之该地区货币贬值压力的冲击，巴西、墨西哥和多米尼加的通胀水平已经超过各自制定的上限，根据消费者价格指数计算的通胀水平分别达到8.3%、5.9%和9.3%[1]。更为重要的是，当前出现的通胀指数上涨在短期内不会出现变化，有可能延长持续时间。譬如在2021年8月，墨西哥中央银行不仅第二次上调其参考利率（由之前的4.25%提高至4.50%），而且其公布的加息报告中还指出，市场提高了对消费者价格指数与核心通胀两个指标的预期，两个指标在中长期内都有望在高位上保持相对稳定，在短期内向目标值区间收敛的可能性很小。因此，未来的整体通胀与核心通胀水平，都将高于之前的预期，同时，它们各自接近目标值的时间也会比之前的预测推迟两个季度，由2022年第3季度延至2023年第1季度[2]。

截至2021年10月，巴西、墨西哥和智利三国参考利率分别上调至6.25%、4.75%和1.50%，该上升趋势在2022年将会延续（见图5）。

（二）财政政策落实情况与现状

拉美地区在新冠肺炎疫情面前表现出的抗击能力差，不仅感染人数和死亡人数高于世界其他地区，而且2020年经济衰退幅度也在全球位居前列，这除了与该地区经济发展水平较低以及医疗基础设施相对薄弱有关之外，还与其具有的特殊产业结构和自2014年以来持续的经济低速增长甚至衰退有关。

如前所述，2000年以来，拉美地区不少国家（尤其是南美国家）的经济增长对原材料以及原材料简单加工产品出口的依赖度有所增加。因

---

[1] Comisión Económica para América Latina y el Caribe, "Estudio Económico de América Latina y el Caribe 2021: Dinámica Laboral y Políticas de Empleo para una recuperación Sostenible e inclusiva, más allá de la crisis del COVID – 19", agosto de 2021. https://repositorio.cepal.org/bitstream/handle/11362/47192/58/S2100608_ es. pdf.

[2] Banco de México, "Comunicado de Prensa, Anuncio de Política Monetaria", 12 de agosto de 2021. https://www.banxico.org.mx/publicaciones – y – prensa/anuncios – de – las – decisiones – de – politica – monetaria/%7B9A5EF416 – 8E39 – 2862 – E718 – D4260F10479F%7D. pdf.

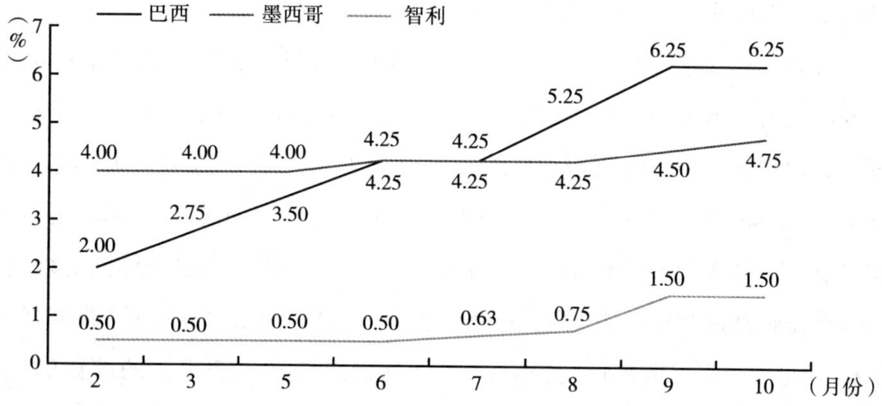

图5　2021年2~10月巴西、墨西哥和智利三国参考利率

资料来源：笔者根据三国央行公布的数据整理。因2021年4月三国央行均未调整参考利率，图中未展现该月数据。

此，它们或者属于农产品出口型，或者属于矿产资源出口型，或者属于原油出口型。另外，加勒比地区的13个国家中，除了圭亚那、特立尼达和多巴哥之外，其他国家的经济基本都属于服务输出型，其经济增长严重依赖旅游业以及与此相关的各类服务业。在新冠肺炎疫情发生和蔓延的2020年，国际市场上大宗商品的价格出现大幅下滑，全球各国曾一度实施严格的居家隔离措施，导致外出旅游特别是跨国旅游的人数急剧减少，在这种情况下，那些依赖旅游业和大宗商品出口的国家，经济上遭受的损失较大。

更为重要的是，在疫情发生之前，拉美地区许多国家在经济上已经处于低速增长或者衰退的状态。其中，2015~2016年，该地区经历了连续两年的经济衰退，2017~2019年，尽管经济有所增长，但一直没有办法摆脱低速增长状态，年增长率分别为1.1%、1.1%和0.1%。实际上，该地区的33个经济体在2014~2019年的6年中，年增长率最高水平仅为1.1%，年均增长率只有0.7%。换句话说，在新冠肺炎疫情发生之前，拉丁美洲和加勒比地区国家已经饱受经济低速增长之苦，对此，在新冠肺炎疫情发生之前的6年里，他们已经在制定和实施各种措施，试图摆脱困境，这提前减小了财政政策调整的空间。

譬如，在 2019 年 7 月，刚刚走出 2015～2016 年连续两年衰退的巴西经济又开始显示出疲软状态。为消除经济衰退的影响，博索纳罗政府宣布，巴西工人可以提前使用属于其个人的那部分补偿基金（Fondos de Indemnización）①，旨在为 2019～2020 年疲软的经济注入相当于 420 亿雷亚尔（合 112 亿美元）的流动性。同期，作为该地区第二大经济体的墨西哥，虽然在拉美地区 2014～2019 年的经济衰退中得以幸免，但依然面临着经济下行的压力，尤其是在特朗普竞选美国总统以及其上任不久的那段时间，《北美自由贸易协定》的谈判引起的比索兑美元汇率动荡和投资环境恶化等因素，使其经济增长面临巨大挑战。该国在 2016 年曾大量发行国际债券，导致政府总负债率上升至国内生产总值的 49.4%，比 2015 年增加 5.2 个百分点。2019 年，洛佩斯政府面对这一压力，不得不动用过去一个世纪积累的预算稳定基金（Fondo de Estabilización de Ingresos Presupuestarios，FEIP）。

由此可见，2020 年之前，连续 6 年的经济低速增长尤其是个别年份的衰退，已经使该地区的独特经济结构处于不利局面，而新冠肺炎疫情及其带来的巨大经济下行压力，更使各国政府的财政状况雪上加霜。正是在这种情况下，受到财政收入减少和开支增加的双重影响，拉美地区各国政府负债水平和财政赤字在 2020 年上升幅度较大，拉丁美洲和加勒比地区公共债务总额占国内生产总值比重，从 2019 年的 62.2% 增长至 2020 年的 76.0%（见表 2），政府最终财政赤字占国内生产总值比重则由 2.4% 提高到 7.0%（见表 3）。

---

① 补偿基金是工人和企业主共同储蓄并由国家管理的资产，当工人失业或者合同到期之时，可以提取使用。2016 年，博索纳罗的前任米歇尔·特梅尔（Michel Temer）也曾采取过该措施刺激巴西的经济发展，据估计，此举可以为当时受衰退打击的经济注入多达 300 亿雷亚尔（合 89.8 亿美元）的流动性。América Economía，"Gobierno de Brasil dejará que trabajadores retiren sus fondos de indemnización por despido"，22 de diciembre de 2016. https：//www. americaeconomia. com/economia - mercados/finanzas/gobierno - de - brasil - dejara - que - trabajadores - retiren - sus - fondos - de.

表2　2017～2020年拉丁美洲和加勒比地区公共债务总额占国内生产总值比重

单位：%

国家与地区	2017	2018	2019	2020
拉丁美洲和加勒比地区	60.2	61.2	62.2	76.0
拉美地区20国	43.4	46.8	50.1	60.0
阿根廷	56.5	85.2	88.8	102.8
玻利维亚	37.2	37.9	43.2	57.4
巴西	74.0	77.2	74.3	88.8
智利	32.1	34.9	38.4	42.7
哥伦比亚	54.4	57.5	57.3	71.5
哥斯达黎加	58.0	61.8	71.9	77.0
厄瓜多尔	44.5	45.0	52.3	63.1
萨尔瓦多	52.2	51.4	52.6	62.4
危地马拉	24.6	26.0	25.8	28.8
海地	38.3	39.9	47.0	47.0
洪都拉斯	47.5	48.8	48.9	58.9
墨西哥	46.9	46.9	46.8	53.8
尼加拉瓜	34.5	38.0	42.7	50.4
巴拿马	37.6	39.4	46.4	69.8
秘鲁	18.2	19.7	22.7	33.6
巴拉圭	24.9	25.8	26.8	34.8
多米尼加	36.9	37.6	40.4	56.6
乌拉圭	52.0	54.3	65.8	65.4
加勒比地区	80.8	78.9	77.1	95.6

资料来源：笔者根据拉加经委会数据整理。

表3　2017～2020年拉丁美洲和加勒比地区政府最终财政平衡状况（占GDP的比重）

单位：%

国家与地区	2017	2018	2019	2020
拉丁美洲和加勒比地区	-3.0	-2.3	-2.4	-7.0
拉美地区20国	-3.2	-2.9	-3.0	-6.9
阿根廷	-5.8	-5.6	-3.7	-3.7
玻利维亚	-5.0	-6.0	-6.9	—
巴西	-7.8	-7.2	-5.7	-13.8
智利	-2.8	-1.7	-2.9	-7.3
哥伦比亚	-3.7	-3.1	-2.5	-7.8

续表

国家与地区	2017	2018	2019	2020
哥斯达黎加	− 5.9	− 5.7	− 6.7	− 8.1
厄瓜多尔	− 5.9	− 3.6	− 5.0	− 7.5
萨尔瓦多	− 0.1	− 1.1	− 1.6	− 9.2
危地马拉	− 1.4	− 1.9	− 2.2	− 4.4
洪都拉斯	− 2.7	− 2.1	− 2.5	− 7.0
墨西哥	− 1.1	− 2.0	− 1.7	− 2.8
尼加拉瓜	− 0.6	− 1.9	0.3	− 1.0
巴拿马	− 3.1	− 3.2	− 4.1	− 9.2
秘鲁	− 1.1	− 1.3	− 2.8	− 6.2
巴拉圭	− 2.8	− 2.0	− 1.4	− 8.4
多米尼加	− 3.4	− 2.3	− 2.1	− 8.3
乌拉圭	− 2.7	− 1.9	− 2.8	− 5.0
加勒比地区	− 2.7	− 1.5	− 1.6	− 7.3

资料来源：笔者根据拉加经委会数据整理。

三 拉丁美洲和加勒比地区经济展望和长期挑战

在新冠肺炎疫情面前，拉丁美洲和加勒比地区各国表现出的抵御能力十分薄弱，不管是从感染人数占比还是从死亡率来看，该地区都是世界范围内的重灾区。同时，该地区经济增长受影响的程度也是全球各地区中最严重的。根据世界银行 2021 年 6 月份发布的《世界经济展望》，该地区 33 个国家在 2020 年的整体经济衰退幅度为 6.5%①，不仅远远高于其他新兴经济体

---

① 2021 年 8 月，拉加经委会在其公布的《2021 年拉丁美洲和加勒比经济研究》中指出，该地区 2020 年的经济衰退幅度为 6.8%，高于世界银行公布的 6.5%。CEPAL, "Estudio Económico de América Latina y el Caribe 2021: Dinámica Laboral y Políticas de Empleo para una recuperación Sostenible e inclusiva, más allá de la crisis del COVID － 19", agosto de 2021. https：// repositorio. cepal. org/bitstream/handle/11362/47192/58/S2100608_ es. pdf.

和发展中国家的 1.7%，而且也高于发达国家的 4.7% 和世界平均水平的 3.5%[①]。

2021 年 8 月，拉加经委会在其发布的《2021～2022 年经济增长预测报告》中指出，拉美地区在 2021 年有望实现 5.9% 的经济增长率，2022 年则为 2.9%。从整个地区来看，尽管 2021 年的经济增长水平是过去十几年中最高的，但经济总量依然无法恢复至疫情前的规模，按照拉加经委会的预计，在 2022 年，整个地区的经济总量将有可能超出 2019 年 1.6%。

具体到各个国家的情况，如果按照拉加经委会的预测，在拉美地区 20 国中，只有 7 个国家可以在 2021 年成功走出衰退，其国内生产总值届时也能够超过 2019 年的水平，它们分别是巴西、智利、哥伦比亚、危地马拉、尼加拉瓜、巴拉圭和多米尼加，而对于其余的 13 个国家来说，玻利维亚、哥斯达黎加、萨尔瓦多、墨西哥、秘鲁和乌拉圭会在 2022 年摆脱困境，阿根廷、古巴、厄瓜多尔、海地、洪都拉斯、巴拿马和委内瑞拉则需要在 2022 年之后才能恢复至疫情前的水平（见图 6）。

对于加勒比地区的国家来说，除了圭亚那之外，其他 12 个国家的经济恢复可能会困难重重，特别是那些对旅游业依赖程度较高的国家，完全走出疫情导致的经济衰退很大概率是在 2023 年之后。

需要指出的是，同其他地区一样，拉丁美洲和加勒比地区国家的经济恢复工作，还将受到疫情反复、疫苗接种进展缓慢以及国际金融市场不确定性增加等不少负面因素的影响。实际上，进入 2021 年 4 月份之后，随着全球通胀压力的不断加大，该地区许多国家的货币政策不得不开始收紧，考虑到大部分国家的财政政策调整空间本就极为有限，这将会进一步加大经济恢复的难度。尽管原材料和大宗商品价格的上升很大程度上有利于那些依赖此类产品出口的国家，但是该地区的主要国家（包括墨西哥、巴西，以及智利等）的央行为了遏制通胀水平，开始调整其自新冠肺炎疫

---

① World Bank，"Global Economic Prospects"，p. 4，June 2021. https：//thedocs. worldbank. org/en/doc/600223300a3685fe68016a484ee867fb – 0350012021/original/Global – Economic – Prospects – June – 2021. pdf.

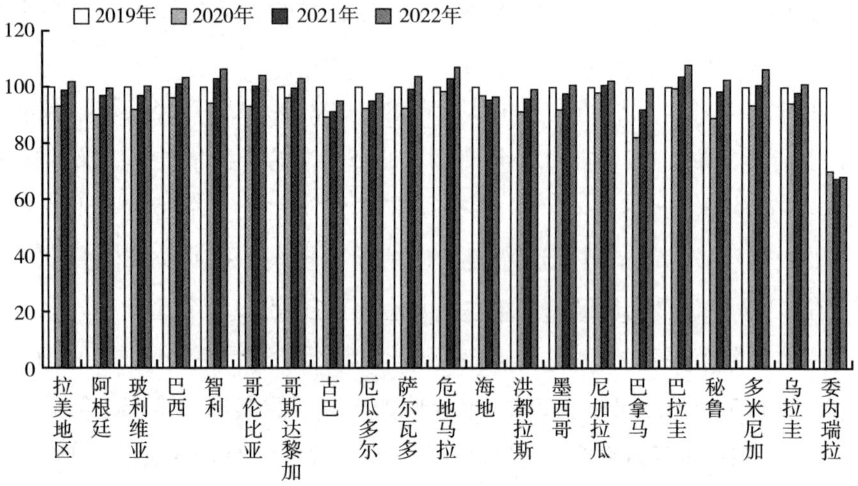

图 6　2019～2022 年拉美地区及该地区 20 个国家经济状况
（2019 年国内生产总值为 100）

资料来源：笔者根据拉加经委会数据整理。其中 2019 年和 2020 年为实际数据，2021 年和 2022 年则根据拉加经委会预测数据计算。

情发生以来实行的宽松货币政策，并屡次提高参考利率水平，这将不利于该地区尽快走出衰退并重振经济。

国别与地区报告
Country and Region Reports

B.2

2020～2021年阿根廷经济发展分析与展望

李仁方　蒋念周*

摘　要： 2019年12月，费尔南德斯就任阿根廷总统，但旋即遭遇新冠肺炎疫情和经济衰退双重打击。2020年，阿根廷经济连续第三年衰退，增长率为 -9.9%，这是过去十年以来该国最严重的经济衰退。尽管新政府达成了663亿美元债务重组协议，短期内在一定程度上减轻了阿根廷偿债压力，但总体债务负担依然相当沉重。受国内营商环境不佳、疫情形势难以快速好转和经济复苏乏力影响，外国企业对阿根廷直接投资大幅度减少，对外贸易出现严重萎缩。面对糟糕的经济状况和严峻的疫情形势，费尔南德斯政府力图再次以相对稳健的经济政策扭转阿根廷经济社会形势，但始终难以遏止通货膨胀和债

---

* 李仁方，西南科技大学拉美研究中心副教授，主要研究方向为拉美经济、农村经济；蒋念周，西南科技大学经济管理学院2020级企业管理专业硕士研究生。

务压力的上升态势。2021年阿根廷经济反弹明显，恢复性增长势头良好，在2021年10月发布的《世界经济展望报告》中，国际货币基金组织预测2021年阿根廷经济将增长7.5%。然而，考虑到影响阿根廷经济增长的不确定性因素颇多，经合组织、国际货币基金组织等均认为，阿根廷经济复苏还需要很长时间。

关键词： 阿根廷　宏观经济政策　中阿合作

一　新冠肺炎疫情冲击下阿根廷2020年度经济发展概况

在严重而且持续的新冠肺炎疫情打击下，2020年的阿根廷经济不仅延续了前两年的下滑态势，而且还经历了过去十年以来该国最严重的经济衰退。

（一）新冠肺炎疫情影响下阿根廷经济严重衰退

受新冠肺炎疫情影响，2020年阿根廷经济未能止住2018年和2019年连续下滑的态势，国内生产总值（GDP）进一步降到3944.5亿美元，增长率为-9.9%，这是过去十年以来该国最严重的经济衰退（见图1）。

2020年，在新冠肺炎疫情导致的全球经济大衰退中，阿根廷大量企业倒闭，外国直接投资大幅度减少。根据科尔多瓦证券交易所数据，2021年4月，阿根廷公司数量比2020年2月减少了19210家，其中大多数是小公司，这使该国公司数量降至2007年以来的最低水平①。基于英维科（Invecq）经济咨询公司《2021年5月酒店和餐饮行业状况监测报告》，阿根廷酒店和餐

---

① 丝雨：《受疫情影响，阿根廷近2万家公司倒闭》，《新大陆周刊》，2021年7月16日，https://mp.weixin.qq.com/s/Gv3NAJkCMe7cXzyfsa8TAg。

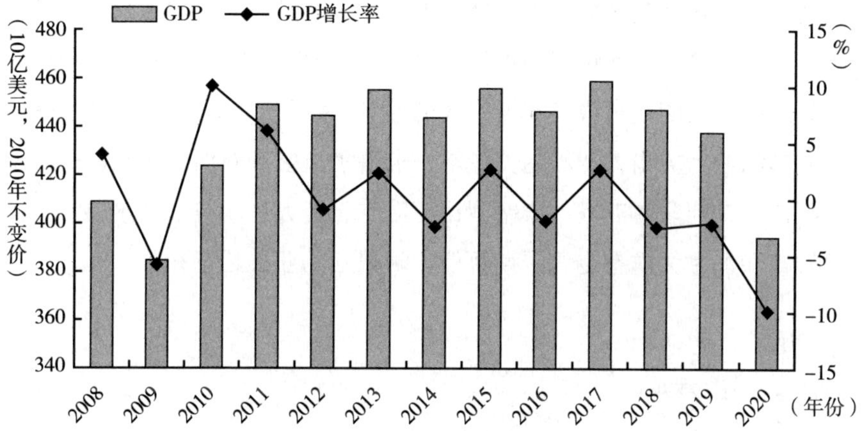

图1　2008～2020年阿根廷GDP及其增长率

资料来源：世界银行数据库，https：//data. worldbank. org. cn/indicator/NY. GDP. MKTP. KD？locations = ZJ - AR。

饮业联合会主席格拉西埃拉·弗雷斯诺表示："现状比我们预计的最悲观情况还要糟糕。现在已有11800家公司消失了，2020年8000家关门，2021年又增加了3800家。"① 阿根廷中型企业商会表示，2020年全国有90700个商业场所关闭，相当于阿根廷商业场所总数的15.6%。根据阿根廷商业和服务业商会2021年2月的调查，首都布宜诺斯艾利斯的主要商业区空店数量比隔离前增加了31.2%②。

面对新冠肺炎疫情的沉重打击，外国资本对阿根廷直接投资大幅度减少，原有外国公司也纷纷撤离阿根廷市场。2020年外国对阿根廷直接投资净额为27.25亿美元③，比上年减少了46.82%（见图2），是拉美地区外国直接投资净额增长最少的国家之一。2020年以来，许多外国公司已经离开

① 丝雨：《2020年，阿根廷一半以上的酒店和餐馆破产》，《新大陆周刊》，2021年5月28日，https：//weibo. com/ttarticle/p/show？id = 2309404641673375252489。

② 丝雨：《在疫情第二年，阿根廷越来越多的商业场所和办公室关闭》，《新大陆周刊》，2021年5月20日，https：//weibo. com/ttarticle/p/show？id = 2309404638777199951891。

③ 该项数据为外国直接投资净额。根据联合国贸发会议2021年6月发布的《2021年世界投资报告》，2020年阿根廷吸纳外国直接投资的流量为41亿美元。

阿根廷，其中很多是新冠肺炎疫情的限制、宏观经济不稳定和缺乏明确的规则所导致的。第一资本集团的报告显示，自2019年8月以来，至少有32个跨国集团决定关闭或出售其在阿根廷的业务①。严峻的疫情形势对国际航空运输业影响尤为突出，智利南美航空、卡塔尔航空和新西兰航空已先后离开阿根廷市场，阿联酋航空、埃塞俄比亚航空、意大利航空、高尔航空、蓝色巴西航空和加拿大航空也无限期暂停在阿根廷的业务运营②。

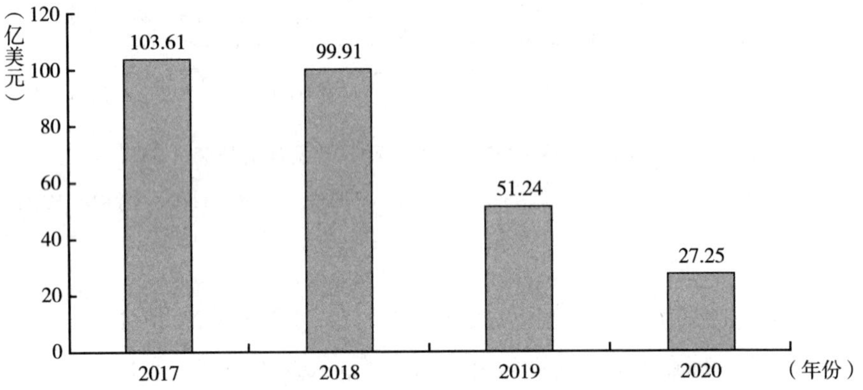

图2 2017～2020年阿根廷外国直接投资净额

资料来源：CEPAL，"Estudio Económico de América Latina y el Caribe"，2021（LC/PUB. 2021/10 – P），2021，p. 247。

（二）债务已成为困扰阿根廷经济可持续发展的长期问题

长期以来，债务问题始终是阿根廷经济发展面临的达摩克利斯之剑，这也是阿根廷经济风险的最重要影响因素之一。阿根廷国家统计局数据显示，截至2019年底，阿根廷外债总额为2785亿美元（见图3），其中约62%属于阿根廷政府，26%属于非金融机构或企业，阿根廷央行则拥有约9%，但

---

① 丝雨：《阿根廷接受外国直接投资全球排名倒数第二》，《新大陆周刊》，2021年8月3日，https：//card. weibo. com/article/m/show? id=2309404665953291206732。

② 丝雨：《已有9家航空公司在阿根廷停止运营，业界警告还会增加》，《新大陆周刊》，2021年7月9日，https：//weibo. com/ttarticle/p/show? id=2309404656901484052510#related。

阿根廷外汇储备仅有 448.48 亿美元, 还不到该国外债总额的 1/6, 可以说已经 "资不抵债" 了。2019 年 11 月 28 日, 还是候任总统的费尔南德斯在阿根廷工业企业联合会第二十五届研讨会上表示, 阿根廷会偿还外债, 但只能是阿根廷经济开始增长之后, 当生产开始恢复的时候, 阿根廷能够挣来足够的外汇还债。

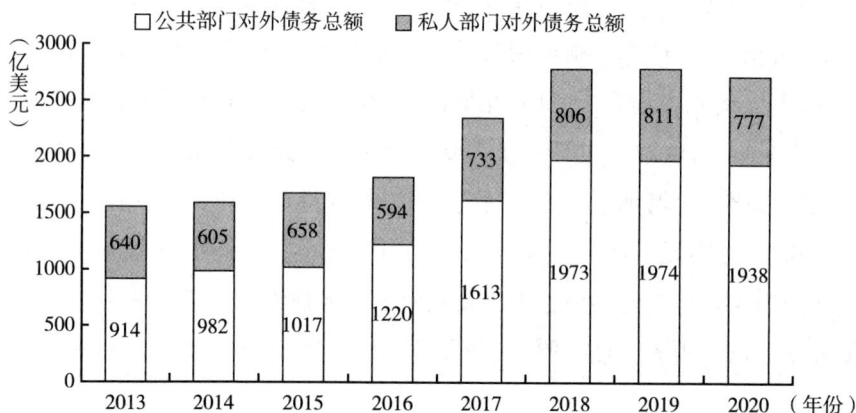

图 3　2013～2020 年阿根廷公共部门和私人部门的对外债务总额

资料来源: CEPAL, "Estudio Económico de América Latina y el Caribe", 2021 (LC/PUB. 2021/10 - P), 2021, p. 248。

2019 年 12 月, 费尔南德斯总统领导的新政府上台后, 把公共债务重组作为政府工作的首要任务。但不幸的是, 2020 年初, 新冠肺炎疫情发生, 阿根廷经济衰退加剧, 政府公共财政日益困难, 基本上丧失对外支付能力。费尔南德斯政府为了寻求 "本金和利息扣除的最佳组合", 与三大国际债权人谈判小组 (el Grupo Ad Hocde Bonistas Argentinos, el Comité de Acreedores de Argentina, el Grupo de Bonistas del Canje yotros tenedores) 进行了艰苦谈判, 最终在 2020 年 8 月 4 日就 663 亿美元债务达成重组协议①。阿根廷《金

---

① 沈安:《重组谈判进展顺利 阿根廷有望走出债务危机》,《南方》2020 年第 17 期; 沈安:《专家解读: 阿根廷与债权人达成债务重组协议》,《新大陆周刊》, 2020 年 8 月 7 日, https://weibo.com/ttarticle/p/show? id =23094045351879323156656。

融界报》2020年9月6日报道,根据知名咨询公司拉丁经济发布的报告,阿根廷与国际债权人达成的这项债务重组协议将在短期内为该国减少约415亿美元债务负担,债务期限延长和利率降低将为阿根廷赢得极大的偿债空间。基于债券互换和资产转换业务,阿根廷经济部得以在2020年将外币债务存量减少8.3%。

尽管阿根廷政府与国际债权人达成了债务重组协议,但阿根廷的公共债务总额仍在进一步增加。根据阿根廷财政部数据,国家公共债务从2019年底的3231亿美元增加到了2020年底的3336亿美元(这个公共债务不包括各省和中央银行的债务,见图4)。2020年,以比索和外币计算的阿根廷国家公共债务比上年增加了125.17亿美元,若将待重组债务包括在内则增加额为130.69亿美元。此外,截至2021年10月底,阿根廷与国际货币基金组织之间约440亿美元的债务重组谈判尚未达成最终协议。总体来看,阿根廷债务压力依然很大,债务规模不断增长导致国家经济风险还在攀升。

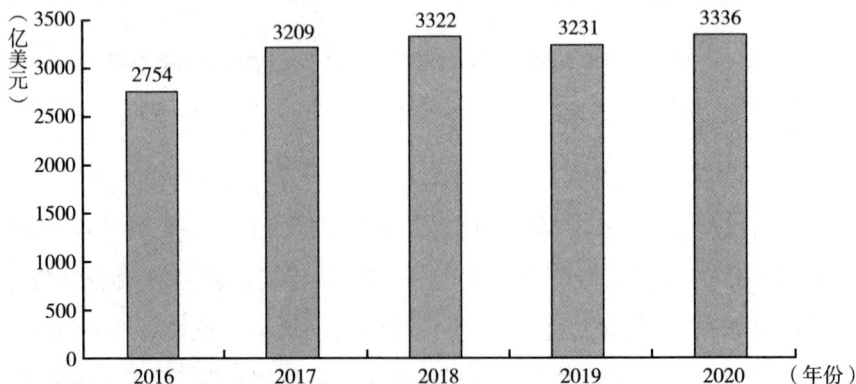

图4 2016~2020年阿根廷公共债务总额

资料来源:拉加经委会统计年鉴(2021年)。

(三)失业人口和贫困人口正在不断增加

由于受新冠肺炎疫情影响严重,社交隔离范围和频率增加,经济活动大

幅度减少，阿根廷的失业人口和贫困人口都在不断增加。2020 年底，阿根廷
就业人数比 2019 年减少了 105.9 万。2020 年阿根廷失业率比上年增加了 1.7
个百分点（见图5）。根据阿根廷国家统计局数据，2019 年底阿根廷就业人数
为 2124.1 万，2020 年底降为 2018.2 万，比上年减少了 5%。其中受打击最严重
的是非正式工薪族，失去了 63.3 万个工作岗位（-12.4%）；其次是正式工人，
失去了 27.6 万个工作岗位（-2.6%）；之后是自雇人士，失去了 15 万个工作岗
位（-2.7%）。工作岗位丧失最多的是家庭雇工、商业、酒店和餐饮业以及房
地产行业，相比而言，工业丧失的工作岗位较少①。

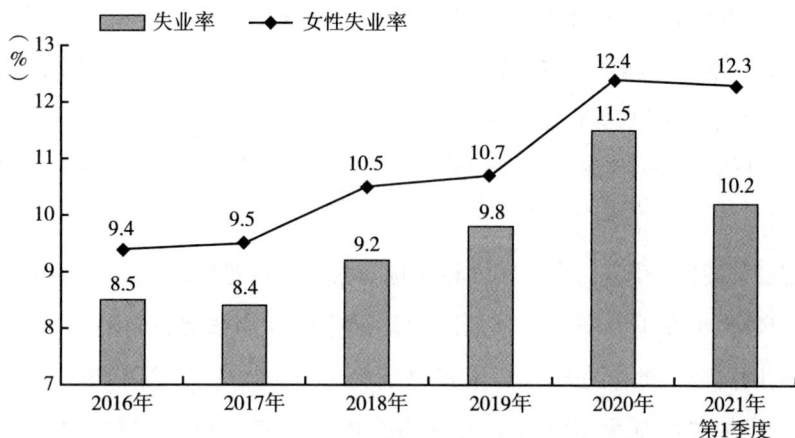

图5　2016 年~2021 年第 1 季度阿根廷失业率及女性失业率

资料来源：CEPAL，"Estudio Económico de América Latina y el Caribe"，2021（LC/
PUB. 2021/10 - P），2021，p. 256。

伴随失业率的上升，阿根廷通货膨胀率也始终居高不下，民众工资收入
的购买力不断下降，使得依靠最低工资收入生活的弱势阶层民众的生存状况
持续恶化。根据拉加经委会数据，2020 年阿根廷通货膨胀率高达 34.1%②，

———————————

① 《阿根廷 2020 年丧失 106 万个工作岗位》，《新大陆周刊》，2021 年 5 月 9 日，https：//
m. weibo. cn/2110149794/4635068389397666。

② CEPAL，"Estudio Económico de América Latina y el Caribe"，2021（LC/PUB. 2021/10 - P），
2021，p. 267.

比拉丁美洲和加勒比地区平均通货膨胀率高出 31.1 个百分点。因此，尽管按名义价值计算，2020 年阿根廷工人月平均工资从 16875 比索升至 20587.5 比索，增长了 22%，但按照拉加经委会公布的通胀指数，工资收入的实际购买力下降了 9.0%。根据阿根廷社会发展部部长丹尼尔·阿罗约的报告，这直接影响了 76 万名社会计划受益人，他们获得的收入只有最低工资的一半（10294 比索）。对于一个典型家庭（已婚夫妇和两个孩子）来说，即使夫妻双方都有工作，如果只能获得最低工资，其家庭收入也远远不能满足贫困线标准的支出——减去退休金和医疗保险（17%），再加上子女津贴，最低工资收入总额约为 24000 比索，而 2020 年 12 月阿根廷国家统计局评估的贫困家庭生活基本开支为 55000 比索。因此，经济学家阿特米奥·洛佩兹说："目前的最低、可生活和可浮动工资，对于生活在大都市的典型家庭，只能覆盖贫困线基本开支价值的 40%。"①

在新冠肺炎疫情、就业形势和通货膨胀都明显恶化的背景下，阿根廷贫困人口数量也在不断增加。根据阿根廷国家统计局数据，2020 年底全国生活在贫困线以下的家庭和人口数量分别为 2926890 户和 12000998 人，相比上年的增加幅度都为 20.8%，分别占全国家庭和人口总数的 32% 和 42%（见图 6、图 7）②。其中，2020 年底收入无法满足基本生活需要的阿根廷家庭有 720678 户，比 2019 年底增加了 34.34%。尤其值得注意的是，2020 年底阿根廷有 63% 的儿童和青少年生活在贫困家庭中，圣地亚哥－德尔埃斯特罗和查科是儿童贫困率最高的省份③。

---

① 《2020 年，阿根廷最低工资受通胀打击下降 14 个百分点》，《新大陆周刊》，2021 年 1 月 19 日，https://m.weibo.cn/2110149794/4594911305010290。
② 根据阿根廷国家统计局 2021 年 5 月发布的补充报告，对永久住户调查的"微观数据"进行调整后，2020 年底阿根廷的贫困率达 45.3%，参见 https://overseas.weibo.com/detail/4637329790337190。
③ 丝雨：《阿根廷 700 万儿童和青少年生活在贫困家庭中》，《新大陆周刊》，2021 年 8 月 3 日，https://weibo.com/ttarticle/p/show?id=2309404665952582107195。

图6　2018年上半年至2021年上半年阿根廷贫困家庭数量及其占比

资料来源：阿根廷国家统计局（INDEC），https：//www.indec.gob.ar/indec/web/
Institucional – Indec – InformesTecnicos – 152。H1为上半年，H2为下半年。

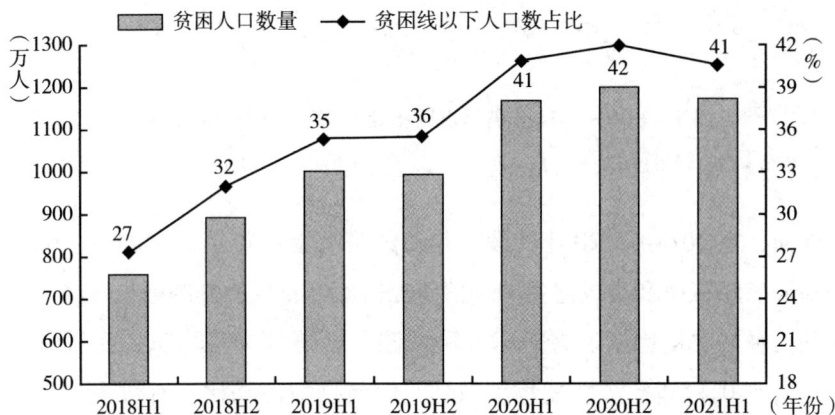

图7　2018年上半年至2021年上半年阿根廷贫困人口数量及其占比

资料来源：阿根廷国家统计局（INDEC），https：//www.indec.gob.ar/indec/web/
Institucional – Indec – InformesTecnicos – 152。H1为上半年，H2为下半年。

（四）阿根廷经济显现出迈过谷底缓慢复苏的迹象

尽管2020年阿根廷深陷疫情危机之中，全年经济总量比上年下降了
9.9%，但分季度来看，阿根廷经济增长在迈过了第二个季度的谷底之后，

从第三个季度开始衰退程度逐步减弱，进而显现出微弱的复苏迹象。在进入
2021 年后，随着疫情对经济活动的不利影响逐步减弱，阿根廷的经济复苏
迹象更加明显，经济增长率连续两个季度为正（见图 8）。

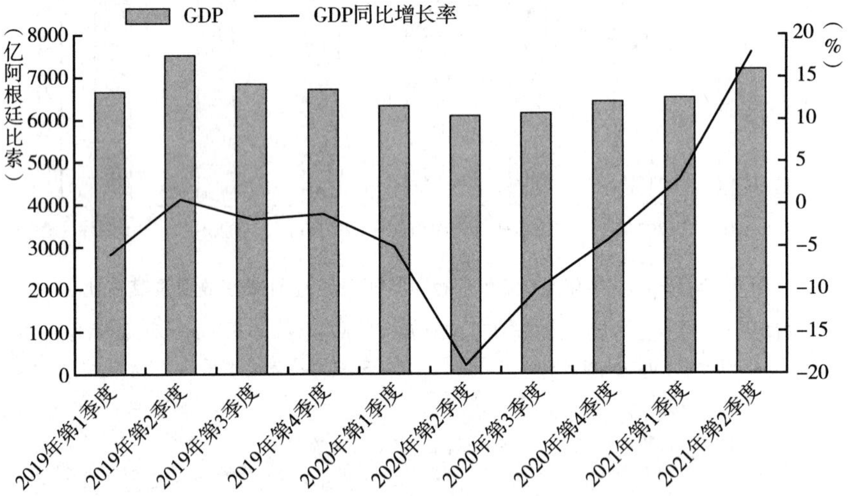

图 8　2019～2021 年各季度阿根廷 GDP 及其同比增长率

资料来源：阿根廷国家统计局（INDEC），万得数据库（WIND）。

　　然而，在 2018～2020 年持续三年的经济衰退因疫情而加剧后，无法遏
止的高通货膨胀率和难以避免的疫情防控措施，正成为制约阿根廷经济进一
步强劲反弹的关键因素。在全球经济回暖、新冠肺炎疫情防控变得有序之
后，2021 年阿根廷经济恢复势头强劲，但与疫情前相比仍有较大差距，并
且将伴随着较高的通货膨胀率。在 2021 年 5 月 31 日发布的报告中，经济合
作与发展组织（OECD）预计 2021 年阿根廷经济将增长 6.1%[①]；在 2022 年
6 月 8 日发布的《经合组织世界经济展望》（2022 年第一期）中，经合组织
预计，在经过了 2021 年下半年的强劲反弹后，2022 年阿根廷经济将增长

[①]　经济合作与发展组织：《经合组织世界经济展望》（2021 年第一期），2021 年 5 月 31 日，
https：//read. oecd－ilibrary. org/economics/oecd－economic－outlook/volume－2021/issue－1_
edfbca02－en#page71。

3.6%，2023 年将增长 1.9%。①。在 2021 年 6 月 8 日发布的《全球经济展望》报告中，世界银行将 2021 年阿根廷经济增长率预期从年初的 4.9%上调至 6.4%，同时将 2022 年增长率预期从 1.9%下调至 1.7%，并指出包括阿根廷在内的新兴经济体容易受到市场波动的影响，通胀风险将有所上升②。

不断高涨的通货膨胀率、汇率的剧烈变动和不断扩大的债务规模，这些问题将会是阿根廷经济发展过程中难以摆脱的难题。2021 年 6 月，阿根廷通货膨胀率已达 48.3%③，国际货币基金组织 2021 年 10 月的报告预测阿根廷全年通货膨胀率将达到 48.5%，这将比 2020 年末上升 12.4 个百分点。2020 年末，阿根廷债务存量占 GDP 比例已达 102.8%，较 2019 年上升了 14 个百分点。在阿根廷宣布国际债务重组成功后，2021 年第 1 季度末对外债务规模仍然高达 2695.08 亿美元，仅比上一个季度降低了 0.74%④。根据国际清算银行（BIS）数据，2020 年底阿根廷比索汇率为 70.36 比索/美元，相比 2019 年底，比索已经对外贬值了 46.1%；2021 年 8 月底，阿根廷比索又进一步贬值 38.16%，兑美元汇率为 97.21⑤。此外，财政赤字、对外贸易逆差和国内产业发展的不平衡，都将一直影响阿根廷经济恢复的持续性。

2021 年，阿根廷经济发展正处于恢复期，提高社会就业率和稳控通货膨胀率，努力实现经济增长，这是当前阿根廷经济发展的重中之重。与此同时，高债务违约风险、严重的通货膨胀和货币大幅度贬值又将在较长时期内

---

① 经济合作与发展组织：《经合组织世界经济展望》（2022 年第一期），2022 年 6 月 8 日，https：//read. oecd – ilibrary. org/economics/oecd – economic – outlook/volume – 2022/issue – 1_62d0ca 31 – en#page78。

② 世界银行：《2021 年全球经济展望》，2021 年 6 月 8 日，https：//openknowledge. worldbank. org/handle/10986/35647。

③ CEPAL，"Estudio Económico de América Latina y el Caribe"，2021（LC/PUB. 2021/10 – P），2021，p. 72.

④ 拉加经委会（CEPAL），https：//estadisticas. cepal. org/cepalstat/WEB _ CEPALSTAT/esta disticasIndicadores. asp？idioma = i；阿根廷国家统计局（INDEC），https：//www. indec. gob. ar/indec/web/Nivel3 – Tema – 3 – 35。

⑤ 国际清算银行（BIS），https：//stats. bis. org/statx/srs/table/i3？m = A。

阻碍经济的增长。综合各方面来看，阿根廷经济要真正实现增长，需要费尔南德斯政府实施更加有效的财政政策和货币政策来稳定经济并促进发展。

二　当前阿根廷经济发展情况分析

（一）当前阿根廷经济反弹势头强劲，但前景不确定性很大

阿根廷经济在 2020 年经历了连续第 3 年衰退之后，2021 年第 1 季度和第 2 季度分别实现了 2.9% 和 17.9% 的正增长。尽管 2021 年经济增长势头强劲，但很大程度上属于 2020 年大衰退后的恢复性增长，经济增长的可持续性仍具有较大的不确定性。

根据阿根廷国家统计局数据，按 2004 年价格计算，2018～2021 年阿根廷各季度私人部门消费支出总体上呈现出下降趋势，2020 年第 4 季度较上一季度下降 2.59%，而 2021 年第 1 季度逆势增长 14.82%，达到 4.5951 亿比索（见图 9）。公共部门消费支出波动变化特征明显，在一年中呈现上升趋势，而在新一年第 1 季度则迅速回落：2020 年第 1 季度环比下降 8.63%，第 4 季度环比增加 9.15%，较第 1 季度增长 9.55%；2021 年第 1 季度则迅速下降了 9.16%（见图 10）。固定资本形成总额自 2018 年第 2 季度达到近年最高值（1.5091 亿比索）以来，一直处于波动下降态势；2020 年第 2 季度达到近年的最低值（7644 万比索），第 3 季度实现环比增长 52.42%（见图 11）。2021 年第 1 季度末，阿根廷私人部门消费和公共部门消费与上年同期相比分别下降了 0.73%、0.49%，而固定资本形成总额、对外出口额和对外进口额同比分别增长了 38.4%、1.2%、18.8%，GDP 总量比上年同期增长了 2.5%①。虽然 2021 年全年的数据尚未最终公布，但各项经济指标显示，2021 年阿根廷经济会得到一定程度的恢复性发展并部分挽回 2020 年新冠肺炎疫情造成的巨大损失。

---

① 阿根廷国家统计局（INDEC），https：//www.indec.gob.ar/indec/web/Institucional - Indec - InformesTecnicos - 47。

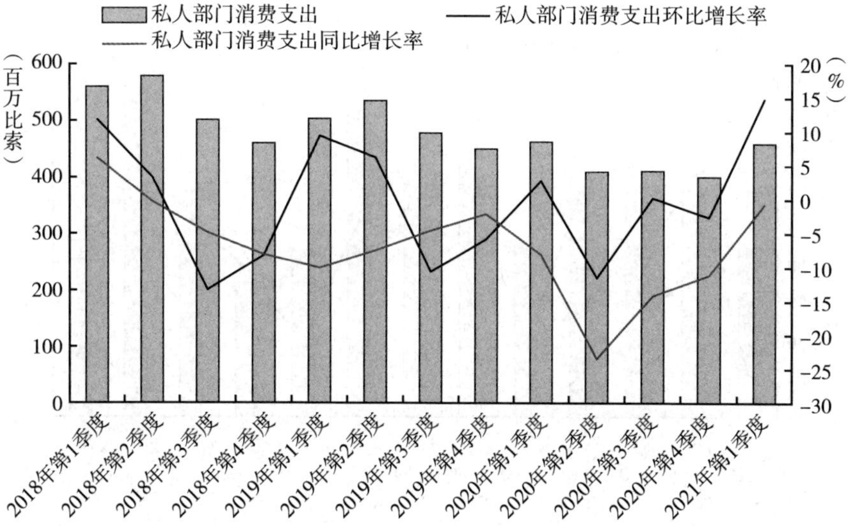

图例：私人部门消费支出 ▬ 私人部门消费支出环比增长率
私人部门消费支出同比增长率

图9　2018～2021年各季度阿根廷私人部门消费支出及其增长率

资料来源：阿根廷国家统计局（INDEC），https：//www. indec. gob. ar/indec/web/Nivel3 - Tema - 3 - 9。

（二）阿根廷通货膨胀居高不下，并有不断攀升之势

在前总统马克里执政时期，阿根廷绝大多数时期处于经济衰退和高通货膨胀状态，2020年费尔南德斯政府采取了一系列积极措施以控制疫情、促进经济增长，但通货膨胀仍高达36.1%[①]。从长期来看，基什内尔夫妇执政的12年时间里只有2014~2015年通货膨胀率超过25%；而在马克里执政的4年时间里阿根廷政府有3年通货膨胀率超过40%，在马克里卸任的2019年阿根廷通货膨胀率高达53.8%，创28年新高，是南美国家平均水平的17倍，仅次于委内瑞拉[②]。

[①]　根据国际货币基金组织2021年10月《世界经济展望报告》，2020年阿根廷通货膨胀率以年末消费者价格指数衡量为36.141%，以全年平均消费者价格指数衡量为42.015%。International Monetary Fund, World Economic Outlook Database, October 2021, https：//www. imf. org/en/Publications/WEO/Issues/2021/10/12/world - economic - outlook - october - 2021.

[②]　陈朝先、刘学东主编《拉丁美洲和加勒比经济发展分析与展望（2019）》，北京：社会科学文献出版社，2020，第55页；赵旭梅：《后新自由主义经济模式与通胀治理困境——阿根廷通胀问题的成因分析与借鉴》，《价格理论与实践》2013年第2期。

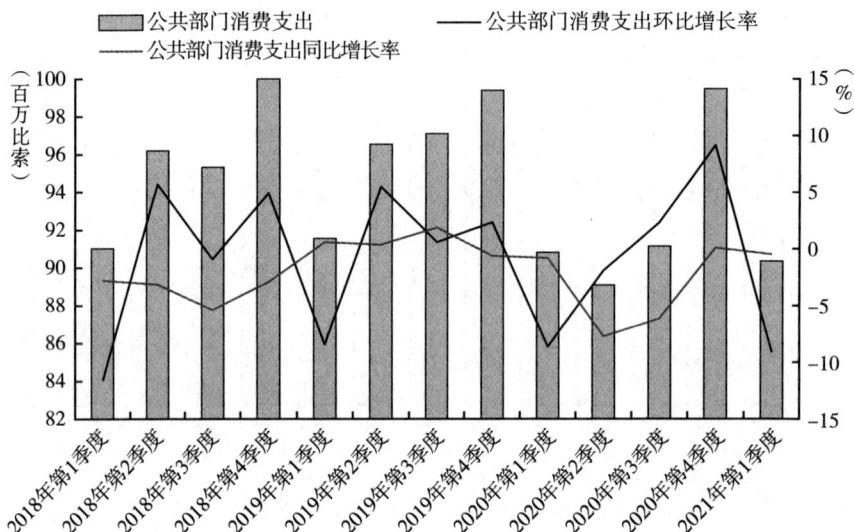

图 10　2018~2021 年各季度阿根廷公共部门消费支出及其增长率

资料来源：阿根廷国家统计局（INDEC），https：//www. indec. gob. ar/indec/web/Nivel3 – Tema – 3 – 9。

　　根据阿根廷国家统计局数据，2020 年 1 月通货膨胀率为 2.3%，随后逐渐下降，6 月达到最低的 1.5%，之后不断攀升，12 月达到 4%；全年通货膨胀率高达 36.1%，较 2019 年有所缓解，下降了 17.7 个百分点。在 2021 年前 8 个月里，每月的通货膨胀率均在 2% 以上，并且呈现出不断上升的趋势，累计通货膨胀率为 32.3%，其中 8 月与上年同期相比通货膨胀率达到 51.4%，食品饮料商品上涨 32.6%。政府在解决高通胀问题上显得十分乏力，因此可以预见 2021 年通货膨胀率很难得到有效控制。根据阿根廷央行 2021 年 8 月的市场预期调查数据预测，2021 年零售通货膨胀率将达到 48.4%，平均通货膨胀率为 48.8%[①]。

（三）阿根廷比索继续大幅度对外贬值，且遏止难度不小

　　2015 年 12 月 10 日马克里总统就职，阿根廷当日汇率为 9.85 比索/美

---

① 阿根廷央行（BCRA），http：//www. bcra. gov. ar/PublicacionesEstadisticas/Relevamiento _ Expectativas_ de_ Mercado. asp。

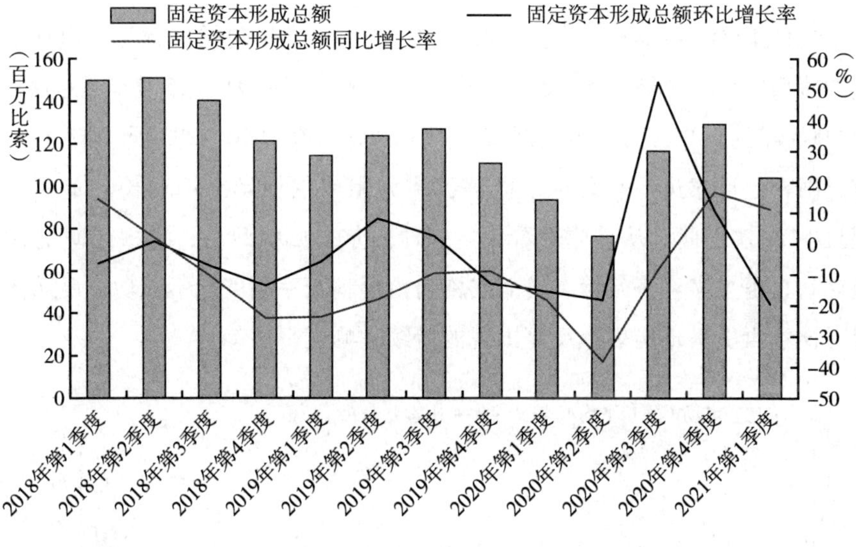

图 11 2018~2021 年各季度阿根廷固定资本形成总额及其增长率

资料来源：阿根廷国家统计局（INDEC），https：//www. indec. gob. ar/indec/web/Nivel3 -
Tema - 3 - 9。

元，此后维持了 26 个月的缓慢贬值，2018 年 2 月 8 日突破 20 比索/美元，
2018 年 9 月 13 日突破 40 比索/美元，至此阿根廷比索比马克里就职时贬值
306.09% [1]。在此后的国家治理期间，虽然马克里政府采取了一系列措施稳
定比索汇率，但比索贬值的趋势已难以控制。2019 年 12 月 10 日新任总统
费尔南德斯就职时，阿根廷汇率达到 63.04 比索/美元，比马克里总统就职
时贬值 540%。2020 年阿根廷比索贬值趋势进一步加强，2020 年 1 月 2 日币
值为 63 比索/美元，5 月 14 日跌破 70 比索/美元（为 70.05 比索/美元），9
月 25 日为 80.05 比索/美元，12 月 30 日为 89.87 比索/美元，年末贬值
42.65%，并且没有缓解的迹象。截至 2021 年 8 月 31 日，阿根廷比索汇率
为 103.14 比索/美元，比马克里总统就职时贬值 947.11%，比费尔南德斯

---

[1] 陈朝先、刘学东主编《拉丁美洲和加勒比经济发展分析与展望（2019）》，北京：社会科学
文献出版社，2020，第 56 页。

总统就职时贬值 63.61%①。

总体上看，在基什内尔夫妇执政的 12 年时间里阿根廷就已经出现了严重的货币贬值，2015 年阿根廷市场零售年平均汇率为 9.25 比索/美元，相比 2003 年的 2.95 比索/美元贬值了 213.56%。在 2016~2020 年的 5 年时间里，阿根廷比索进一步贬值，俨然已成为阻碍阿根廷经济增长的重要因素（见图 12）。因此，从总体来看，自基什内尔夫妇执政后，阿根廷政府彻底抛弃新自由主义经济政策、转而实施自由浮动汇率制度并不成功，反而使阿根廷比索再次呈现历史上反复出现的持续大幅度贬值趋势。

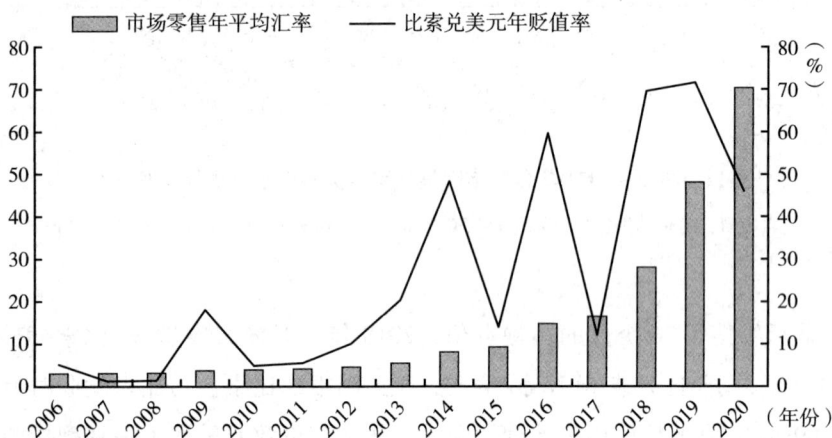

图 12　2006~2020 年阿根廷比索市场零售年平均汇率和比索兑美元年贬值率

资料来源：国际清算银行（BIS），https：//stats. bis. org/statx/toc/LBS. html。

（四）阿根廷营商环境不佳，外国直接投资减少

营商环境是一个国家或地区经济软实力的重要体现，好的营商环境更能吸引外来投资。根据世界银行《2020 年营商环境报告》，阿根廷营商环境指

---

① 阿根廷央行（BCRA），http：//www. bcra. gov. ar/PublicacionesEstadisticas/Principales_ variables_ datos. asp。

数为 59.0 分，在 190 个经济体中排名第 126 位①，营商环境指数较上年有所
改善，但全球排名却下降了 7 位，营商环境有待进一步改善。据联合国贸发
会议数据，2017 年阿根廷吸纳外国直接投资流量迅猛增长了 253.26%，达
到 115.17 亿美元，2018 年达到 118.73 亿美元；在 2019 年迅速下滑，较
2018 年下降 47.41%，跌破 100 亿美元（见图 13）。同时，联合国贸发会议
2021 年 6 月发布的《2021 年世界投资报告》显示，2020 年全球外国直接投

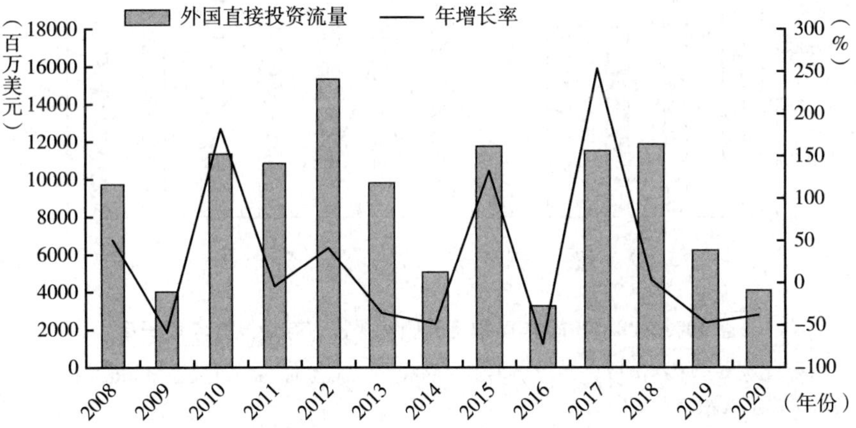

图 13　2008～2020 年阿根廷外国直接投资流量及其年增长率

资料来源：2008～2019 年数据来自联合国贸发会议数据库，https://unctadstat.
unctad.org/wds/ReportFolders/reportFolders.aspx；2020 年数据来自联合国贸发会议发布的
《2021 年世界投资报告》，https://unctad.org/publications。

资下降 35%，拉美和加勒比地区吸引外国直接投资下降严重，阿根廷自
2018 年以来持续下滑，2020 年较 2019 年下降 38%，为 41 亿美元②。从外
国直接投资存量来看，阿根廷 2012 年吸纳外国直接投资存量达到顶峰，为
987.06 亿美元（见图 14），截至 2019 年已下降了 29.92%。从阿根廷对外
直接投资（OFDI）角度看，阿根廷对外直接投资流量总体较小，在 20 亿美
元以下。但在 2016 年和 2018 年阿根廷对外直接投资流量出现过快增长，年

---

①　世界银行：《2020 年全球营商环境报告》，https://www.doingbusiness.org/。

②　联合国贸发会议：《2021 年世界投资报告》，https://unctad.org/publications。

增长率分别达到104.21%和55.95%（见图15），导致同期国内外国直接投资存量分别减少6.15%和10.07%。显然，外国直接投资和国内投资的减少都不利于阿根廷经济的恢复发展。

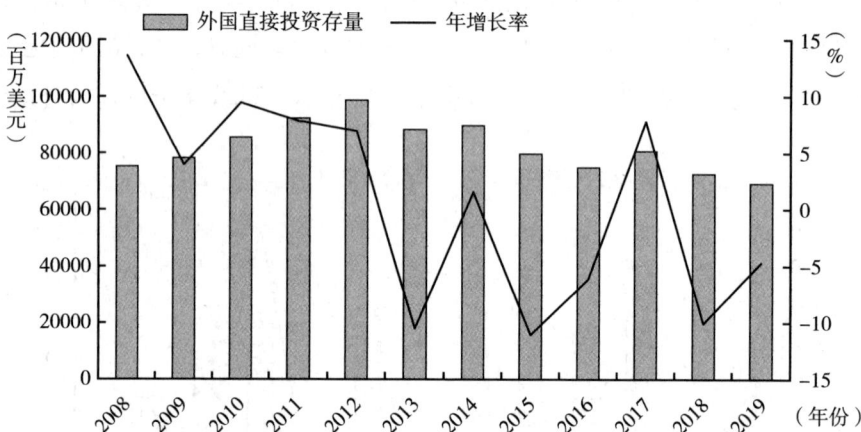

图14　2008～2019年阿根廷外国直接投资存量及其年增长率

资料来源：联合国贸发会议数据库，https：//unctadstat. unctad. org/wds/ReportFolders/reportFolders. aspx。

　　在国内经济发展乏力、营商环境急需改善以及金融环境动荡不安等因素的影响下，阿根廷对外直接投资在马克里总统执政时期增长明显快于基什内尔夫妇执政时期。联合国贸发会议数据显示，阿根廷对外直接投资2016～2019年平均年增长率为28.02%，远高于2007～2015年的平均年增长率1.31%；同时可以发现阿根廷对外直接投资自2014年以来一直处于波动下降期，2019年阿根廷对外直接投资为15.74亿美元，较2018年下降12.68%。同时在联合国贸发会议2021年6月发布的《2021年世界投资报告》中，阿根廷2020年的对外直接投资为12.34亿美元，同比下降了21.60%，阿根廷对外直接投资力度下降趋势明显①。

---

① 联合国贸发会议：《2021年世界投资报告》，https：//unctad. org/publications。

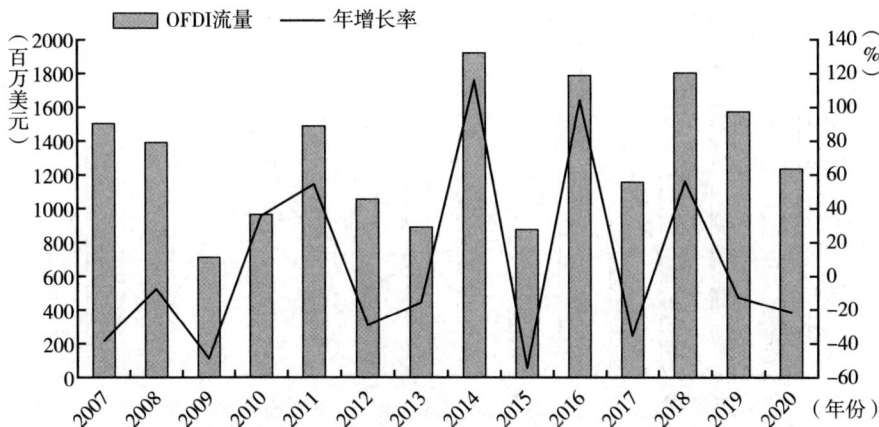

图15　2007～2020年阿根廷OFDI流量及其年增长率

资料来源：2007～2019年数据来自联合国贸发会议数据库，https：//unctadstat. unctad. org/wds/ReportFolders/reportFolders. aspx；2020年数据来自联合国贸发会议发布的《2021年世界投资报告》，https：//unctad. org/publications。

（五）阿根廷对外贸易总额锐减，但仍保持高额贸易顺差

作为拉美和加勒比地区第三大经济体和进出口大国，对外贸易对阿根廷经济稳定恢复有重要作用。总体趋势上，阿根廷对外贸易下降明显，虽然2017～2018年有转好的趋势，但恰逢总统大选，又受到新冠肺炎疫情等因素的冲击，2020年阿根廷对外贸易下跌严重，进出口总额为近10年最低值。从进出口总额看，阿根廷2020年进出口总额为972.37亿美元，较2019年下降14.88%；出口额为548.83亿美元，下降了15.71%；进口额为423.56亿美元，下降了13.78%（见图16）。2006～2020年阿根廷对外贸易长期处于顺差状态，仅在2015年、2017年和2018年为贸易逆差，其中2017年贸易逆差额达到最大为85.15亿美元，2018年贸易逆差额减少为38.83亿美元。在2019年，阿根廷国内经济衰退、需求疲软，进口需求减少，贸易由逆差转为顺差，顺差额达到159.89亿美元；2020年，阿根廷贸易顺差额为125.28亿美元（见图17），顺差主要源自中国、智利、越南、阿尔及利亚、秘鲁等国。

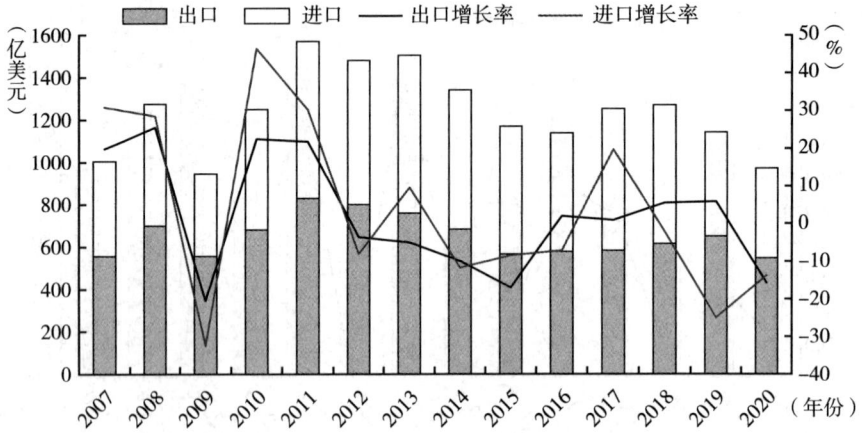

图 16 2007～2020 年阿根廷进出口贸易额及其增长率

资料来源：联合国贸发会议数据库，https：//unctadstat. unctad. org/wds/ReportFolders/
reportFolders. aspx。

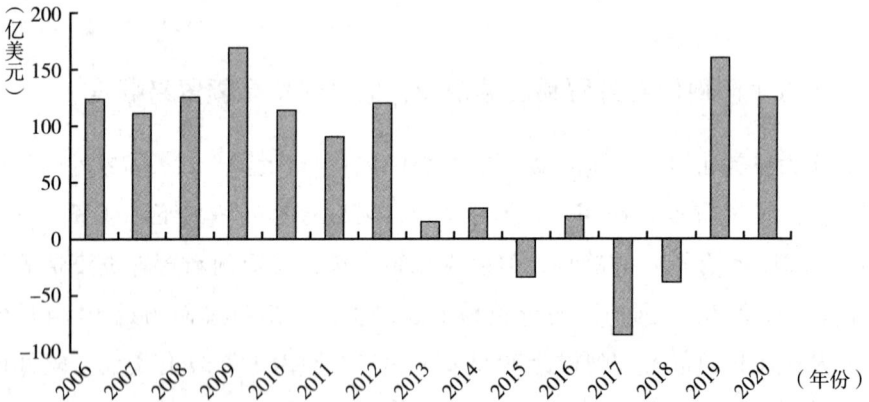

图 17 2006～2020 年阿根廷进出口贸易差额

资料来源：联合国贸发会议数据库，https：//unctadstat. unctad. org/wds/ReportFolders/
reportFolders. aspx。

从阿根廷出口的主要目的国、产品类别以及金额来看，巴西、中国和美
国是阿根廷前三大出口目的国。2020 年阿根廷分别出口巴西、中国和美国
79. 56 亿美元、52. 42 亿美元和 32. 67 亿美元，较 2019 年分别下降了 23. 4%、
23. 1% 和 19. 1%（见表1）。从出口产品类别来看，阿根廷出口前三类产品分

别为植物产品，食品、饮料、烟草，活动物和动物产品，2020 年出口额分别为 145.88 亿美元、110.34 亿美元和 62.72 亿美元，前三类产品出口额总计占阿根廷出口额的 58%。从增长率看，作为第一大出口产品的植物产品 2020 年出口降低 7.4%，食品、饮料、烟草下降了 11.3%，活动物和动物产品下降了 6.5%，阿根廷 2020 年出口总体下滑趋势明显（见表 2）。

据阿根廷国家统计局统计，阿根廷 2021 年上半年出口总额为 353.38 亿美元，同比增长 28.3%。从出口国别看，前三大出口目的国中，阿根廷出口巴西、美国分别为 49.48 亿美元、22.17 亿美元，同比增长 40.1%、43.1%；对中国出口 26.7 亿美元，同比下降 3.8%。从出口产品类别看，出口前三类产品中，植物产品出口 86.38 亿美元，同比增长 0.3%；食品、饮料、烟草出口 79.95 亿美元，同比增长 49.5%；动物油脂出口 43.95 亿美元，同比增长 90.3%，阿根廷 2021 年对外出口贸易发展逐渐回暖。①

表 1   2019~2020 年阿根廷与主要出口目的国贸易情况

单位：亿美元，%

出口目的国	2020 年			2019 年	
	金额	占比	增速	金额	占比
巴西	79.56	15	−23.4	103.85	16
中国	52.42	10	−23.1	68.18	10
美国	32.67	6	−19.1	40.37	6
智利	28.87	5	−5.9	30.69	5
越南	28.52	5	1.6	28.06	4
印度	25.10	5	16.4	21.56	3
荷兰	15.93	3	−11.8	18.07	3
秘鲁	13.79	3	−13.2	15.88	2
印度尼西亚	13.19	2	−18.7	16.23	2
埃及	11.73	2	18.6	9.89	2
出口总额	548.83	100	−15.7	651.15	100

资料来源：阿根廷国家统计局（INDEC），https：//www.indec.gob.ar/indec/web/Nivel3-Tema-3-2。

---

① 阿根廷国家统计局（INDEC），https：//www.indec.gob.ar/uploads/informesdeprensa/i_argent_08_21534D314C43.pdf。

表 2　2019～2020 年阿根廷主要出口产品贸易情况

单位：亿美元，%

出口产品	2020 年			2019 年	
	金额	占比	增速	金额	占比
HS06－14：植物产品	145.88	27	－7.4	157.55	24
HS16－24：食品、饮料、烟草	110.34	20	－11.3	124.33	19
HS01－05：活动物和动物产品	62.72	11	－6.5	67.06	10
HS15：动物油脂	48.06	9	2.3	46.98	7
HS86－89：运输设备	39.36	7	－40.8	66.50	10
HS25－27：矿产品	30.53	6	－16.3	36.48	6
HS28－38：化工产品	33.86	6	－17.3	40.96	6
HS71：贵金属及制品	21.30	4	－16.8	25.61	4
出口总额	548.83	100	－15.7	651.15	100

资料来源：阿根廷国家统计局（INDEC），https：//www.indec.gob.ar/indec/web/Institucional－Indec－InformesTecnicos－40。

从进口的主要来源国、产品类别以及金额看，2019 年巴西是阿根廷第一大进口来源国，中国和美国是其主要进口来源国，进口金额分别为100.94 亿美元、92.59 亿美元和 62.17 亿美元；而在 2020 年阿根廷从各主要来源国进口均大幅度下降的背景下，从中国、巴西、美国进口降幅分别为6.5%、14.3%、29.8%，中国由此超过巴西成为阿根廷第一大进口来源国（见表 3）。从进口产品类别来看，阿根廷进口产品主要为工业制成品。2020年前三类进口产品为机电产品、化工产品、运输设备，其进口额分别为111.44 亿美元、89.46 亿美元和 48.15 亿美元，其中机电产品和运输设备分别降低了 20.5% 和 19.6%，而化工产品也仅有 0.1% 的增长，各类进口产品全面萎缩，2020 年阿根廷进口大幅下降（见表 4）。

根据阿根廷国家统计局数据，阿根廷 2021 年上半年进口总额为 285.98亿美元，同比增长 48.6%。从进口国别看，前三大进口来源国中，阿根廷自中国进口 58.36 亿美元，同比增长 64%；自巴西进口 57.52 亿美元，同比增长 56.5%；自美国进口 24.97 亿美元，同比增长 19%。2021 年阿根廷国内需求增长，经济恢复势头向好。①

① 阿根廷国家统计局（INDEC），https：//www.indec.gob.ar/uploads/informesdeprensa/i_argent_08_21534D314C43.pdf。

表3　2019~2020年阿根廷与主要进口来源国贸易情况

单位：亿美元，%

进口来源国	2020 年			2019 年	
	金额	占比	增速	金额	占比
中国	86.56	20	-6.5	92.59	19
巴西	86.49	20	-14.3	100.94	21
美国	43.66	10	-29.8	62.17	13
巴拉圭	22.18	5	34.7	16.47	3
德国	19.88	5	-28.1	27.66	6
玻利维亚	10.3	2	-24.8	13.69	3
意大利	10.07	2	-10.6	11.26	2
泰国	9.99	2	-15.6	11.84	2
墨西哥	9.46	2	-16.0	11.25	2
印度	8.01	2	-1.0	8.09	2
进口总额	423.56	100	-13.8	491.25	100

资料来源：阿根廷国家统计局（INDEC），https：//www.indec.gob.ar/indec/web/Nivel3-Tema-3-2。

表4　2019~2020年阿根廷主要进口产品贸易情况

单位：亿美元，%

进口产品	2020 年			2019 年	
	金额	占比	增速	金额	占比
HS84-85：机电产品	111.44	26	-20.5	140.13	29
HS28-38：化工产品	89.46	21	0.1	89.38	18
HS86-89：运输设备	48.15	11	-19.6	59.90	12
HS25-27：矿产品	30.24	7	-36.8	47.84	10
HS39-40：塑料、橡胶	28.49	7	-4.0	29.68	6
HS72-83：贱金属及制品	23.47	6	-15.7	27.83	6
HS06-14 植物产品	27.37	6	15.5	23.7	5
HS90-92：光学、钟表、医疗设备	12.32	3	-14.1	14.35	3
HS50-63：纺织品及原料	11.17	3	-4.7	11.72	2
进口总额	423.56	100	-13.8	491.25	100

资料来源：阿根廷国家统计局（INDEC），https：//www.indec.gob.ar/indec/web/Institucional-Indec-InformesTecnicos-40。

（六）阿根廷失业率与名义工资变化情况

失业率是反映一个国家或地区失业状况的主要指标，从侧面反映出该国家或地区的经济发展状况。根据国际劳工组织 2021 年 3 月 30 日发布的《2020 年拉丁美洲和加勒比地区劳工概览》，新冠肺炎疫情严重冲击了该地区劳动力市场，2020 年该地区失业人数约有 3010 万。[①] 根据国际货币基金组织数据，2020 年阿根廷失业率达 11.5%，比 2019 年增加了 1.54 个百分点，预计 2021 年将下降为 10.55%[②]。阿根廷失业率和失业人数在 2020 年第 2 季度达到近年来最高值，分别为 13.1% 和 143.6 万，在第 3 季度失业率降低了 1.4 个百分点至 11.7%；2021 年第 1 季度，阿根廷失业率和失业人数在经历上升期后，失业率降低至 10.2%、失业人数减少至 135.5 万（见图 18）。由此可知，在费尔南德斯政府一系列稳定就业政策措施实施的背景下，阿根廷就业形势呈现转好的势头。

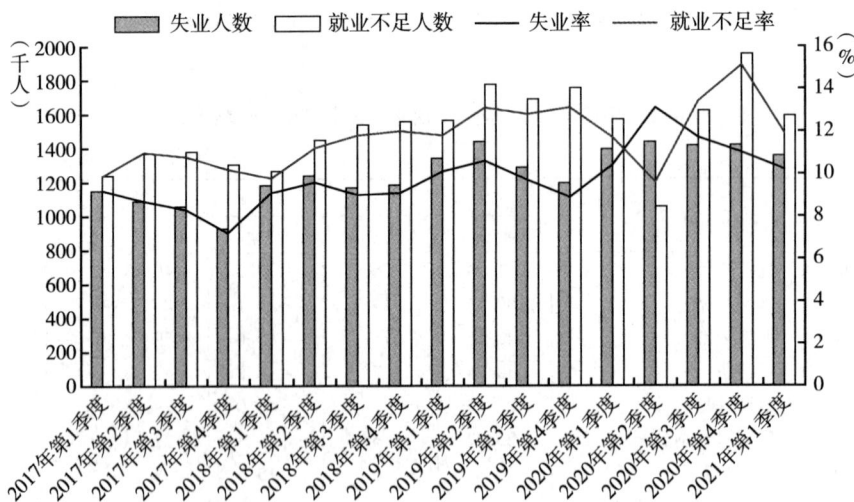

图 18　2017～2021 年各季度阿根廷失业人数和失业率

资料来源：阿根廷国家统计局（INDEC），https：//www. indec. gob. ar/indec/web/Nivel3 - Tema -4 -31。

---

① 国际劳工组织：《2020 年拉丁美洲和加勒比地区劳工概览》，https：//www. ilo. org/ caribbean/ newsroom/WCMS_ 777630/lang - - en/index. htm。
② 国际货币基金组织（IMF），https：//www. imf. org/en/Home。

根据阿根廷国家统计局的统计，2021 年第 1 季度失业人数为 135.5 万，失业率达到 10.2%，就业不足（每周工作时间少于 35 小时）人数为 159.2 万，就业不足率为 11.9%。与 2020 年第 4 季度相比，2021 年第 1 季度失业人数和就业不足人数分别减少了 6.3 万和 36.3 万，失业率和就业不足率虽然都有下降趋势，但仍然处于一个较高水平。

与阿根廷经济衰退和较高的失业率相伴随的是名义工资指数的不断上涨。根据阿根廷国家统计局数据，2021 年 6 月名义工资指数（2016 年 10 月 = 100）为 400.5，相当于 2019 年 6 月的 1.97 倍。同时，私人部门名义工资指数增长幅度比公共部门工资指数和综合月工资指数增长幅度分别低 2.2 个百分点和 0.7 个百分点，阿根廷名义工资增长有待进一步提高。

三 阿根廷经济政策及其影响

（一）财政政策：预算赤字与公共债务同步增加

2020 年为应对疫情和社会危机，费尔南德斯政府采取了一系列改善民生、稳定就业的财政举措，例如设立了一个 300 亿比索的专项拨款基金以减轻企业负担、增加社会福利支出，导致其 2020 年债务总额上升至最近 15 年以来的最高水平。2020 年底，阿根廷对内债务为 1833.66 亿美元、对外债务为 1522.16 亿美元，分别占 GDP 的 56.2%、46.6%（见图 19），同比分别增长 10.2 个百分点和 3.8 个百分点。

从政府收入支出结构看，阿根廷中央政府长期处于赤字状态。阿根廷中央政府收入占 GDP 的比重在 2013 ~ 2016 年维持在 20% 以上，2017 ~ 2018 年有所下降，2019 ~ 2020 年有一定增长；与此同时，2011 ~ 2016 年阿根廷中央政府的支出年年上涨，2016 年支出规模占 GDP 的 26%，2017 ~ 2020 年支出规模略有下降，但比重都维持在 20% 以上。财政盈余方面，阿根廷中央政府在 2011 ~ 2020 年的 10 年间都是

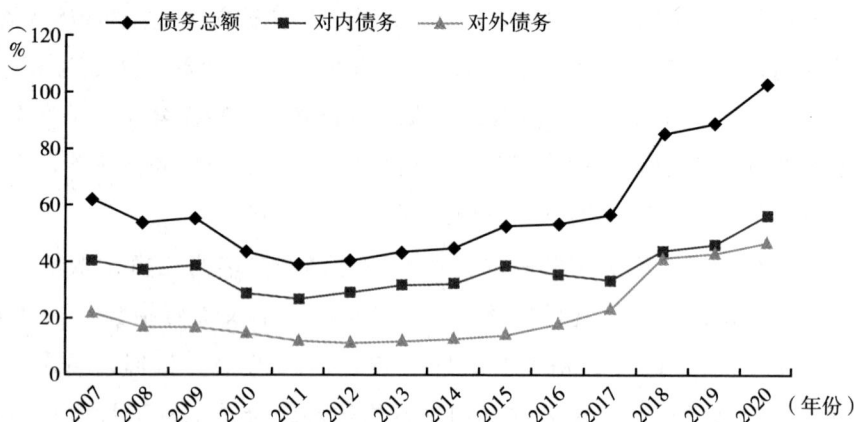

图 19   2007～2020 年阿根廷中央政府债务占 GDP 的比重

资料来源：拉加经委会官方统计数据库，https：//estadisticas. cepal. org/cepalstat/WEB_
CEPALSTAT/publicacionesEstadisticas. asp？idioma = i。

入不敷出，2017 年最为严重，赤字规模占 GDP 的 6%，2020 年降为
3.7%（见表 5）①。

表 5   2011～2020 年阿根廷中央政府收入、支出、盈余情况占 GDP 的比重

单位：%

	2011 年	2012 年	2013 年	2014 年	2015 年	2016 年	2017 年	2018 年	2019 年	2020 年
收入	18.7	19.4	19.9	20.6	20.4	20.3	18.3	17.1	18.2	22.2
支出	20.7	21.3	22.4	24.8	24.0	26.0	24.3	22.7	21.9	25.9
盈余情况	-2.0	-1.9	-2.5	-4.2	-3.6	-5.7	-6.0	-5.6	-3.7	-3.7

资料来源：2011～2017 年数据来源于拉加经委会官方统计数据库，https：//esta disticas. cepal. org/
cepalstat/Portada. html；2018 年数据来源于拉加经委会《2020 年拉丁美洲和加勒比经济研究》，
https：//www. cepal. org/en/publications；2019～2020 年数据来源于拉加经委会《2021 年拉丁美洲和加
勒比经济研究》，https：//www. cepal. org/en/publications。

---

① 收入包括税收收入、非税收收入、接受捐赠和资本性收益；支出包括工资和薪金、购买商
品和服务、利息支付、补贴和经常性转移、其他费用支出、购置固定资产、资本转移和其
他资本支出。

　　2020 年费尔南德斯政府不断加强货币政策逆周期调控，不断加大基础货币投放，2020 年末基础货币（M0）达 2.6 万亿比索，较 2016 年末的 0.5 万亿比索增加了 4 倍；多次降低基准利率，2019 年 12 月以来，累计 10 次下调基准利率（7 天短期央行票据收益率 LELIQ），从 63% 下调至 2020 年 10 月的 36%；不断放松监管要求、降低银行准备金要求，截至 2020 年末，私营部门信贷余额同比增长 10.3%[①]。总体上看，阿根廷各届政府在控制通货膨胀、稳定汇率以及调整产业结构上都做出了不同的选择和努力，但要实现阿根廷经济复苏，还需克服很多的艰难险阻。

　　阿根廷广义货币供应量不断增加，通胀率不断走高。阿根廷广义货币供应量总体上呈现出不断上升的势头（见图 20）。截至 2020 年底，阿根廷广义货币供应量为 77740.3 亿比索，较 2019 年增长 82.62%，是近十年增长速度最快的一年。在 2020 年广义货币供应量不断扩大的同时，比索贬值幅度

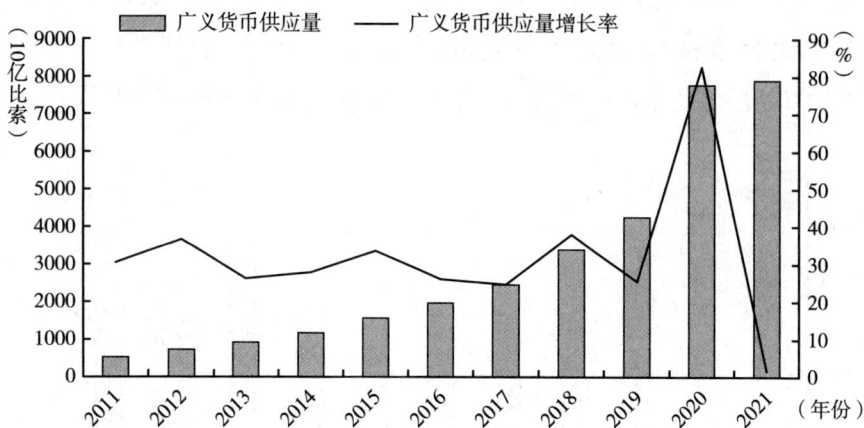

图 20　2011~2021 年阿根廷广义货币供应量及增长率

资料来源：拉加经委会官方统计数据库，https://www.cepal.org/en/work - areas/statistics；2011~2020 年以时期期末值代替年度值，2021 年为第一季度值。

---

① 谢斐：《疫情国别分化背景下的新兴经济体经济复苏——以阿根廷为例》，《当代金融研究》2021 年第 Z2 期，第 90~98 页。

也在不断扩大，2020 年阿根廷对外汇率为 70.36 比索/美元，较 2019 年的 48.16 比索/美元降低了 22.2 比索/美元；通货膨胀水平越来越高，阿根廷 2020 年 12 月消费者价格指数较 11 月增长了 4%，比去年同期增长了 35.8%。

阿根廷货币政策利率不断攀升，但加息效果不明显。阿根廷的货币政策利率总体水平不断攀升，同时呈现出明显的阶梯特征。2011～2013 年货币政策利率围绕 12% 的利率水平向上平稳浮动，紧缩性货币政策趋向不明显；而在 2014 年，为抑制严重的通货膨胀，阿根廷政府转而开始实施紧缩性货币政策，其货币政策利率突破 20% 达到 26.66%，较 2013 年增长了 12.09 个百分点，一直维持到 2017 年；2018 年再度出现汇率危机，阿根廷政府不得不进一步调整利率水平，2018 年货币政策利率达到 45.24%，这也标志着阿根廷利率水平进入到 40% 以上的第三梯度，并且在 2019 年达到最高值 65.3%；2020 年出现回落，降低了 25.64 个百分点，为 39.66%（见图 21）。货币政策利率的不断提高在短期内效果并不明显，直到 2018 年阿根廷第 5 次加息后，比索汇率才进入了短暂稳定期，通货膨胀率也在同年 12 月

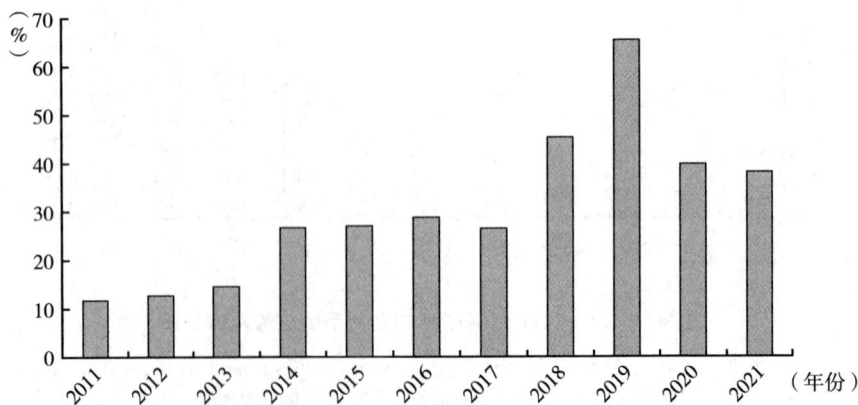

图 21 2011～2021 年阿根廷央行货币政策利率

资料来源：拉加经委会官方统计数据库，https://www.cepal.org/en/work-areas/statistics；2021 年为第一季度货币政策利率。

有了微小的回落，降至 2.6%。从长期来看，阿根廷通货膨胀率在 2020 年同比下降 17 个百分点，但 2021 年仍呈上升趋势；而比索币值则不见增长，即使货币政策利率一直处于较高水平，阿根廷货币贬值幅度也不见降低，反而出现了逐步上升趋势。

（二）物价政策：仅仅依靠价格控制无法遏止通货膨胀上升

面对难以遏止的通货膨胀，很多国家可能都会把物价管制作为重要的配套经济政策选项。根据货币数量理论，通货膨胀最重要的根源是纸币发行量超过了经济发展的实际需要，仅靠管制物价无法遏止通货膨胀，物价管制只是应对通货膨胀问题的辅助政策之一。然而，长期以来阿根廷政府在约束货币发行上作为相当有限，却对物价管制政策十分偏爱，只是价格控制几乎从来没有真正奏效过。

在马克里执政时期，阿根廷政府先后对能源价格和食品价格进行各种形式的管制，但根本无法阻止物价上涨态势，在四年里有三年通货膨胀率超过40%①。为了控制居民基本消费品价格上涨，费尔南德斯政府上台后立即推出"食品计划"（Programa Alimentar）。2019 年 12 月 11 日，阿根廷联邦社会政策委员会主席维多利亚·托洛萨·帕斯（Victoria Tolosa Paz）在食品工业协调总部（COPAL）会见各主要食品公司负责人，要求他们提供"支持和配合"，以较低的价格供应食品和饮料，帮助收入较低的人群解决饥饿问题。随后，新政府生产发展部部长马蒂亚斯·库尔法斯（Matías Kulfas）、生产发展部国务秘书保拉·埃斯帕诺尔和消费者保护协会负责人劳拉·戈德堡（Laura Goldberg）又会见阿根廷主要连锁超市的负责人，进一步讨论马克里政府实施的"价格保护计划"（Precios Cuidados）到期后的新的价格控制问题。

费尔南德斯总统执政以来，面对无法控制的通货膨胀问题，阿根廷政府多次推出各种价格管制政策，但始终无法降低国内通货膨胀率。即使居民购

---

① 陈朝先、刘学东主编《拉丁美洲和加勒比经济发展分析与展望（2019）》，北京：社会科学文献出版社，2020，第 53 页。

买力受到疫情沉重打击，2020 年第 4 季度阿根廷通货膨胀率仍然高达 34.1%，2021 年第 2 季度通货膨胀率升高至 48.3%（见图 22）。随着通货膨胀率不断攀升，费尔南德斯政府一直在寻找缓解通货膨胀压力的办法，阿根廷生产发展部在与各大食品制造企业和连锁超市集团进行多轮谈判后仍无法达成一致协议。2021 年 10 月 20 日，阿根廷生产发展部凭借第 1050/2021 号决议单方面宣布对 600 多类共 1432 种产品强制实施售价冻结政策，再次推出新的"价格关怀计划"。根据决议内容，这次物价冻结的时间将持续到 2022 年 1 月 7 日，产品主要为食品、饮料、清洁用品、个人护理用品等基本民生产品。不过，很多阿根廷企业家和食品生产商认为冻结价格从来没能抑制通货膨胀，反而会造成相关商品供应短缺，这次的"价格关怀计划"也很难取得预期成效。

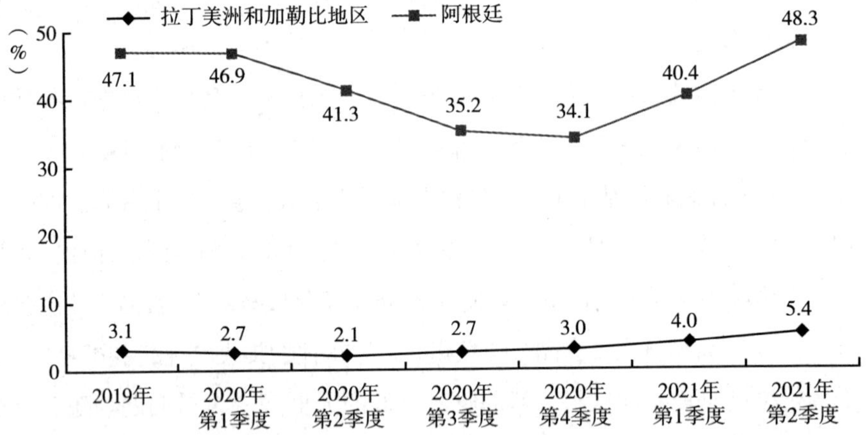

图 22　2019 年至 2021 年第 2 季度拉丁美洲和加勒比地区、阿根廷通货膨胀率

资料来源：CEPAL，"Estudio Económico de América Latina y el Caribe"，2021（LC/PUB. 2021/10 - P），2021，p. 267。

四　阿根廷与中国经济贸易关系

（一）双边贸易：中国成为阿根廷重要的农产品出口目标市场

阿根廷与中国具有良好的政治、经济合作基础，在经济及产业结构上互补性强，自1972年2月19日两国建交以来，双方经贸合作领域不断拓宽，合作不断深化。2018年12月2日，中国和阿根廷签署了《中华人民共和国政府与阿根廷共和国政府共同行动计划（2019－2023）》以及一系列合作文件，为两国多领域合作奠定了坚实的基础。2019年，国务院副总理胡春华出席第二次联合国南南合作高级别会议并访问阿根廷，增进了两国友好关系。2020年8月，中国与阿根廷签署1300亿元人民币的货币互换协议，进一步加深了两国的互惠合作关系。

从贸易总额上看，中国与阿根廷双边贸易势头减缓。中国当前是阿根廷第二大贸易伙伴和第一大农产品出口目标市场，2019年阿根廷对华出口大豆超过其出口总量的80%，牛肉、鸡肉等产品的一半以上销往中国。中阿双边贸易总额在2020年下滑到138.98亿美元（见图23），2015~2020年双边贸易累计下滑17.01%。在新冠肺炎疫情以及阿根廷经济环境不断变化的背景下，2020年阿根廷与中国双边货物贸易进出口额较2019年下降了13.55%。其中，阿根廷对华出口52.42亿美元，下降23.10%，占阿根廷出口总额的9.55%，

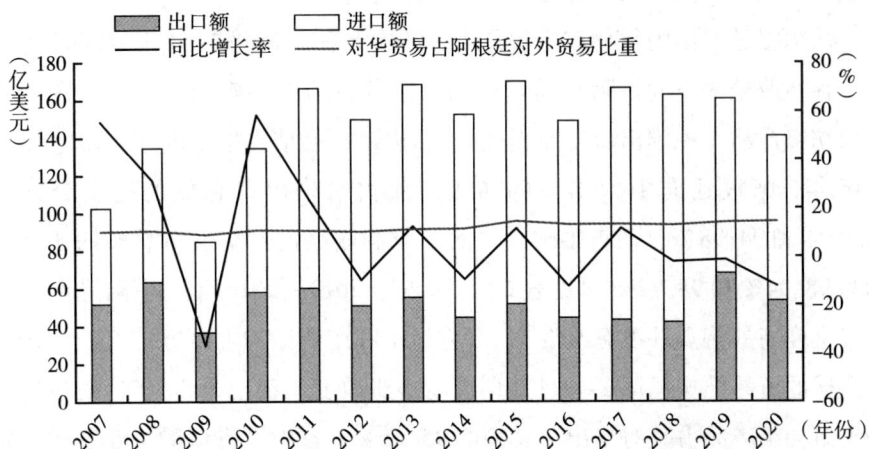

图23 2007~2020年阿根廷对华进出口额及其同比增长率

资料来源：联合国贸发会议数据库，https：//unctadstat.unctad.org/wds/ReportFolders/reportFolders.aspx。

下降 0.92 个百分点；阿根廷自华进口 86.56 亿美元，降低 6.50%，占阿根廷进口总额的 20.44%，上升 1.6 个百分点。

2020 年之后，各国政府逐步取消了严格的疫情管控举措，国际贸易环境逐渐向好。2021 年 1～6 月，阿根廷与中国双边货物贸易进出口额为 69.36 亿美元，同比增长 23.27%。其中，阿根廷对华出口 22.97 亿美元，同比下降 20.3%；阿根廷自华进口 46.38 亿美元，同比增长 68.8%。①

从贸易差额上看，阿根廷与中国双边贸易呈现出不平衡问题。在 2007～2020 年的 14 年间，自 2008 年起阿根廷对华双边贸易长期处于逆差状态。2017 年阿根廷对华双边贸易逆差额达到历史最高值，为 79.89 亿美元，随后逐渐下降。2019 年降幅最大，阿根廷对华双边贸易逆差额减少了 54.21 亿美元，同比下降 68.95%（见图 24）。受新冠肺炎疫情冲击以及不断下滑的经济形势影响，阿根廷国内需求疲软，而中国对阿根廷的需求始终保持增长，2020 年阿根廷贸易逆差额逆向增长至 34.14 亿美元，同比增长了 39.85%。2021 年上半年，全球经济回暖、需求增加，阿根廷对华双边贸易逆差额为 23.41 亿美元，有逐渐扩大趋势。

从阿根廷与中国货物双边贸易商品结构上看，双边进出口产品集中度较高，存在改善的空间。阿根廷与中国双边贸易结构的典型特点是"阿根廷出口初级产品，中国出口工业制成品"，进口产品结构集中度高。2012 年和 2016 年，阿根廷向中国出口的初级产品占对华出口总额的比重分别为 94.97% 和 94.98%，而自中国进口的工业制成品占自华进口总额的比重分别为 98.94% 和 98.72%（见表 6），这表明 2012～2016 年，中阿进出口产品集中度高的特点并没有改变②。双方经济和产业结构上良好的互补性造就了这样的贸易结构局面，并且短期内将很难改变。截至 2020 年，阿根廷对华出口初级产品占其对华出口总额的 95.25%，自中国进口的工业制成品占自华进口总额的比重则高达 98.54%。

---

① 《2021 年 6 月中国与阿根廷双边贸易额与贸易差额统计》，华经情报网，2021 年 7 月 27 日，https://www.huaon.com/channel/tradedata/735028.html。

② 初级产品包括 0～4 类；工业制成品为 5～8 类。

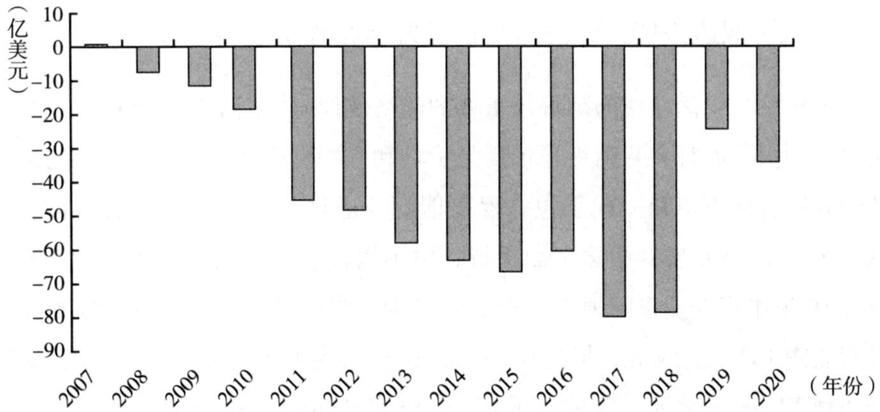

图 24　2007~2020 年阿根廷对华双边贸易差额

资料来源：联合国贸发会议数据库，https：//unctadstat. unctad. org/wds/ReportFolders/
reportFolders. aspx。

表 6　2012 年、2016 年、2020 年阿根廷与中国的商品贸易结构

单位：%

商品种类	2012 年		2016 年		2020 年	
	进口	出口	进口	出口	进口	出口
0 类：食品及活动物	0. 42	4. 92	0. 39	14. 47	0. 34	33. 18
1 类：饮料及烟类	0. 00	2. 46	0. 01	2. 11	0. 00	1. 48
2 类：非食用原料(燃料除外)	0. 36	56. 12	0. 49	66. 21	0. 51	49. 71
3 类：矿物燃料、润滑油及相关原料	0. 02	12. 84	0. 06	8. 98	0. 16	7. 2
4 类：动植物油、脂及蜡	0. 00	18. 63	0. 00	3. 21	0. 00	3. 68
5 类：化学成品及有关制成品	13. 43	2. 48	13. 52	2. 94	14. 29	2. 55
6 类：按原料分类的制成品	9. 01	2. 26	10. 75	1. 81	11. 05	1. 54
7 类：机械及运输设备	61. 97	0. 24	59. 49	0. 21	58. 31	0. 14
8 类：杂项制品	14. 53	0. 05	14. 96	0. 06	14. 89	0. 52
9 类：未分类的商品和交易	0. 25	0. 00	0. 33	0. 00	0. 44	0. 00

资料来源：根据联合国贸发会议数据库数据计算，https：//unctadstat. unctad. org/wds/
ReportFolders/reportFolders. aspx。

（二）双边投资：中国与阿根廷经济合作机遇日益增多

近年来，中国已成为阿根廷重要的经济伙伴，中国不仅是阿根廷重要的出口目的国，而且还是阿根廷重要的货物和资本供应来源国。中国在阿根廷持续开展直接投资和工程承包，覆盖能源、通信、交通基础设施及农业领域。截至 2019 年底，中国工商银行、中国银行、中石化、中海油、中国建筑等 80 家中资企业在阿根廷设有分支机构，中国在阿根廷承包工程累计完成营业额 103.3 亿美元，同比增长 18.4%；新签承包工程合同 57 份，新签合同额 17.98 亿美元，完成营业额 16.13 亿美元；直接投资 3.54 亿美元，投资存量 18.08 亿美元①。拉丁美洲和加勒比地区中国学术网（Red ALC - China）2021 年 3 月发布的《2021 年中国在拉丁美洲和加勒比地区直接投资报告》显示，2010 ~ 2014 年阿根廷和巴西吸收了中国在拉美和加勒比地区直接投资的 61.17%、创造就业量的 46.02%，但在 2020 年这两个国家接收中国在拉美地区投资额的比例分别下降了 17.61 个百分点和 3.01 个百分点，其中阿根廷 2020 年吸收中国直接投资 1.47 亿美元，创造就业岗位 1101 个，分别较 2019 年下降了 5.89% 和 57.75%②。

基础设施建设合作是中阿经济合作中的重要内容。近几年来，中国企业凭借高性价比的技术、设备和丰富的经验，在促进阿根廷经济发展、造福民生上发挥了重要的作用。根据拉丁美洲和加勒比地区中国学术网数据，2015 ~ 2020 年中国在阿根廷投资基础设施项目 23 个，项目金额达 221.36 亿美元，平均每个项目创造就业岗位 3017 个，集中在能源、通

---

① 中华人民共和国商务部、中国对外承包工程商会：《中国对外承包工程国别（地区）市场报告（2019 - 2020）》，http://images.mofcom.gov.cn/fec/202012/20201201174252820.pdf；中华人民共和国商务部国际贸易经济合作研究院、中国驻阿根廷大使馆经济商务处、中华人民共和国商务部对外投资和经济合作司：《对外投资合作国别（地区）指南：阿根廷（2020 年版）》，http://fec.mofcom.gov.cn/article/gbdqzn/#。

② 《2021 年中国在拉丁美洲和加勒比地区直接投资报告》，拉丁美洲和加勒比地区中国学术网，https://www.redalc - china.org/monitor/；《中国对拉丁美洲直接投资统计》，拉丁美洲和加勒比地区中国学术网，https://www.redalc - china.org/monitor/informacion - por - pais/busqueda - por - pais。

信、交通等领域，在造福民生、促进当地经济发展方面贡献了力量①。阿根廷不断完善营商环境以吸引外资，阿根廷在 2018 年开始通过政府和社会资本合作模式（PPP）建设基础项目，进一步吸纳境内外私营资本进入该领域。2018 年，中国建筑股份有限公司下属的中建美国巴拿马公司和当地合作伙伴绿色建筑公司组成的联营体中标国道 B 线项目，预计总投资 13.1 亿美元，项目特许经营 15 年。2020 年 12 月，阿根廷交通部和铁路运营公司与中国机械设备工程股份有限公司、中国铁建股份有限公司、中国中车国际有限公司签署 4 项铁路合作协议，涉及铁路改造、车厢采购等，协议总金额达 46.95 亿美元，将创造 2.8 万个工作岗位②。中阿牢固的友谊以及阿根廷能源领域对华合作的强烈意愿奠定了双方在基础设施领域合作的坚实基础，同时阿根廷政府不断提高对现有基础设施项目改造和新项目建设的重视程度，推出阿根廷国家公共工程发展计划，这为中阿在基础设施建设领域的广阔合作提供了平台和机会。

中阿金融合作日趋深入，成为中国和阿根廷经贸发展的重要推动力。2012 年 2 月，中国工商银行收购南非标准银行旗下阿根廷标准银行及其关联公司 80% 的股份，2013 年获得阿根廷商业银行牌照，成为第一家进入当地市场的中资金融机构。2019 年 3 月，阿根廷中央银行批准中国银行在阿根廷设立分行并开展业务，中国银行首轮投资达到 5000 万美元。2014 年 7 月，中国和阿根廷两国央行签署了 700 亿元人民币的货币互换协议，2017 年 7 月续签 700 亿元人民币双边本币互换协议，2018 年 9 月新增 90 亿美元，2020 年达成 1300 亿元人民币的货币互换协议，为进一步提升双边贸易合作水平、稳定阿根廷金融市场提供了保障。③

---

① 《2021 年中国在拉丁美洲和加勒比地区基础设施项目报告》，拉丁美洲和加勒比地区中国学术网，https：//www. redalc - china. org/monitor/。

② 《阿根廷与中企签署多项铁路合作协议》，新华网，2020 年 12 月 12 日，http：//www. xinhuanet. com/world/2020 - 12/12/c_ 1126852124. htm。

③ 中华人民共和国商务部国际贸易经济合作研究院、中国驻阿根廷大使馆经济商务处、中华人民共和国商务部对外投资和经济合作司：《对外投资合作国别（地区）指南：阿根廷（2020 年版）》，http：//fec. mofcom. gov. cn/article/gbdqzn/#。

五　阿根廷经济发展前景展望

新冠肺炎疫情虽然还没有结束，但当前全球疫苗供应能力显著增强，各国疫苗接种正在不断普及，相关医疗技术与药物研发也在推进中，疫情对世界经济发展的不利影响已呈现出缓慢衰减的迹象，大部分国家经济在2021年都表现出不错的恢复性增长态势，阿根廷也不例外。尽管社区隔离现象还偶有发生，但该国政府正在为全面开放社会经济活动而努力，旨在加快经济复苏的进程。

在经历了2020年深度衰退之后，2021年阿根廷经济恢复性增长总体上表现不错。阿根廷国家统计局数据显示，2021年上半年该国GDP与上年同期相比增长10.3%，尤其是第2季度同比增长率达到了17.92%，增速比第1季度提高了15个百分点①。由于第2季度经济活动强于预期，国际货币基金组织在2021年10月发布的《世界经济展望报告》中预计阿根廷2021年经济增长率将达到7.5%（见表7），这个预期增长率比国际货币基金组织7月的预测高出了1.1个百分点，也超出2020年实际经济增长率17.4个百分点②。

表7　国际货币基金组织对主要拉美国家经济增长率的预测

单位：%

国家	2019年	2020年	2021年	2022年	2023年	2024年	2025年	2026年
阿根廷	-2.088	-9.905	7.5	2.465	2	1.799	1.751	1.836
巴西	1.411	-4.059	5.229	1.522	2.014	2.102	2.117	2.129
智利	1.015	-5.845	10.999	2.471	1.878	1.99	2.273	2.49

---

① 阿根廷国家统计局（INDEC）：《国内生产总值季度报告》，https：//www.indec.gob.ar/indec/web/Nivel3 - Tema - 3 - 9。

② 国际货币基金组织（IMF）："World Economic Outlook：Recovery during a Pandemic—Health Concerns, Supply Disruptions, and Price Pressures"，https：//www.imf.org/en/Publications/WEO/Issues/2021/10/12/world - economic - outlook - october - 2021。

国家	2019 年	2020 年	2021 年	2022 年	2023 年	2024 年	2025 年	2026 年
哥伦比亚	3.281	−6.796	7.608	3.834	3.256	3.41	3.445	3.5
墨西哥	−0.177	−8.309	6.247	4.001	2.204	1.999	1.998	2
秘鲁	2.15	−11.004	10.038	4.562	4.513	3.254	3.201	3.167

资料来源：International Monetary Fund，World Economic Outlook Database，October 2021。

从 2021 年第二季度数据看，阿根廷 GDP 达 7179.53 亿比索（2004 年不变价）。其中，投资与上年同期相比增长 76.6%，私人消费和公共消费分别同比增长 21.9% 和 8.2%，出口和进口分别同比增长 6.3% 和 36.6%，失业率降到 9.6%，比上年同期降低约 3.5 个百分点，比上个季度也降低 0.6 个百分点。从第二季度不同部门情况来看，制造业同比增长率达到 32.4%，建筑业同比增长 84.2%，酒店和餐厅业同比增长 90.3%，运输、仓储和通信业同比增长 14.5%，社会服务和医疗卫生同比增长 13.6%，其他社区服务、社会服务和个人服务同比增长 113.8%，渔业和矿业也分别增长 28.2% 和 13.9%，不过农业、畜牧业、狩猎和林业同比下降了 3.9%（见表8）[①]。总体来看，随着经济活动管控措施的逐步放开，服务业恢复性增长相当强劲，制造业复苏也较为明显，这是阿根廷在 2021 年第 2 季度实现经济高速度恢复性增长的关键推动力。

表8　2020～2021 年阿根廷各经济活动部门分季度增加值

单位：百万比索，按 2004 年不变价计算

	2020 年				2021 年	
	第一季度	第二季度	第三季度	第四季度	第一季度	第二季度
农业、畜牧业、狩猎和林业	38425	92832	35076	35108	39959	89195
渔业	1578	1762	2775	1546	1681	2259
矿业	21047	17789	19190	19217	19865	20270

---

① 阿根廷国家统计局（INDEC）：《国内生产总值季度报告》，https：//www.indec.gob.ar/indec/web/Nivel3 - Tema - 3 - 9；阿根廷国家统计局（INDEC）：《劳动力市场季度报告》，https：//www.indec.gob.ar/indec/web/Nivel3 - Tema - 4 - 31。

续表

| | 2020 年 | | | | 2021 年 | |
	第一季度	第二季度	第三季度	第四季度	第一季度	第二季度
制造业	92735	87323	106392	113051	103481	115619
电力、燃气、自来水供应	12710	11483	12683	12225	12303	12737
建筑业	17470	10605	17347	20079	21623	19533
批发、零售及修理业	76789	70880	82367	87139	84620	89304
酒店和餐厅业	10384	2899	4485	5587	7025	5517
运输、仓储和通信业	52598	46027	44754	44934	47461	52694
金融服务业	24453	24509	25373	26054	25176	24703
房地产、商业和租赁活动	71320	65017	70916	74273	74145	75509
公共行政和国防,强制性社会保障计划	33568	29425	30342	31213	31895	31940
教育行业	27002	25100	26334	26868	26512	26697
社会服务和医疗卫生	23028	19507	21754	22128	22773	22164
其他社区服务、社会服务和个人服务	16941	5857	8208	12996	15144	12521
私人家庭佣工	4459	2715	3353	3640	3733	3385

资料来源:阿根廷国家统计局(INDEC),https://www.indec.gob.ar/indec/web/Nivel3 - Tema - 3 - 9。

尽管 2021 年阿根廷表现出良好的经济复苏态势,不过这种增长势头很难延续,经济恢复到疫情前水平还需要更长时间。国际货币基金组织预测了拉美地区主要国家 2022 年及以后的经济增长率,阿根廷除了 2022 年和 2023 年外,都处于最低水平。2021 年 10 月初,标准普尔(S&P)在拉丁美洲经济第四季度展望中预测,阿根廷将是拉美地区从新冠肺炎疫情的衰退中恢复得最慢的国家,直到 2022 年底才会恢复到 2019 年的 GDP 水平[1]。2021 年 9 月 28 日,英国《金融时报》发表的《阿根廷可能重演其经济困境》一文甚至预测阿根廷未来可能会再次出现经济危机[2]。

---

[1] https://www.spglobal.com/ratings/en/research/articles/210927 - economic - outlook - latin - america - q4 - 2021 - settling - into - the - new - post - pandemic - normal - of - slow - growth - 12122907.

[2] "Argentina could repeat its economic woes", September 28, 2021, https://www.ft.com/content/31c3bf47 - 76c8 - 4578 - 96cb - 3ddc22866d39.

考虑到较低的外汇储备和沉重的外币债务负担，阿根廷比索汇率将继续承受巨大压力。在贫困家庭增加和收入购买力不断下降的情况下，中低收入阶层推动政府上调工资的压力很大，这将进一步推动阿根廷通货膨胀上涨，2022年初通货膨胀率达到50%左右的概率很大。费尔南德斯总统领导的执政联盟经历了2021年9月议会选举初选失利后，联盟内部矛盾骤然凸显并最终导致内阁改组，为了在11月14日终选投票中实现逆转，新内阁更倾向于放松财政货币政策。在债务压力、汇率风险、通货膨胀和社会不稳定等问题不断累积的情况下，2022年阿根廷经济增长将会面临多重阻力。

近些年以来，由于阿根廷经济整体处于衰退期，名义工资增长率难以赶上通货膨胀率，2021年下半年就业市场向好的势头难以长期保持，阿根廷经济发展要恢复到疫情前水平甚至实现经济完全复苏，还需阿根廷政府不断深化结构性改革，促进社会经济平稳、可持续发展。

B.3
2020～2021年巴西经济发展分析与展望

张 宇*

摘 要： 受到新冠肺炎疫情的影响，2020年巴西经济整体陷入萎缩：GDP总量下降4.1%；出口下降6.9%，进口下降10.4%；失业率创历史新高，为13.5%；通货膨胀上升，为4.5%；固定资产投资小幅下降，占GDP的比重为16.4%；外国直接投资规模下降50.6%；债务规模和初级财政赤字均创新高。本报告首先简要总结了巴西2020年的宏观经济形势；其次，本报告回顾了巴西近年来的宏观经济概况以及巴西的财政政策和货币政策；再次，本报告探讨了巴西对外贸易和吸引外资情况，并着重分析了巴西与中国的经贸合作；最后，本报告结合内外部环境和新冠肺炎疫情的影响，对巴西经济形势进行了简要展望。

关键词： 巴西 新冠肺炎疫情 宏观经济形势

一 巴西经济发展概况

作为当前各国面临的共同挑战，新冠肺炎疫情对全球公共卫生、经济社会发展以及国际贸易的开展造成了严重冲击。自疫情在巴西发生并持续蔓延以来，巴西始终是全球遭受新冠肺炎疫情影响最严重地区之一，也是

---

* 张宇，博士，西南科技大学教授，主要研究方向为产业经济、拉美经济。

南美疫情的重灾区。截至 2020 年 12 月底，巴西累计确诊病例已经超过 750 万例，累计死亡病例超过 19 万例。持续蔓延的疫情对巴西经济发展造成了严重冲击。数百万人失业以及国内投资和消费的严重下滑导致 2020 年巴西经济未能延续 2017～2019 年的低速增长，出现了 21 世纪以来的第三次衰退。

（一）经济整体下行，GDP 增速创1990年以来的最大年度跌幅

世界银行数据显示，按 2015 年不变价美元计算，2020 年巴西 GDP 为 17491.1 亿美元，同比下降 4.1%。这不仅是巴西 GDP 连续三年低速增长后的首次下降，还创下该国自 1990 年以来的最大年度跌幅。2020 年，巴西人均 GDP 为 8228.8 美元，同比增长率为 -4.7%，为 25 年来的最低水平。从增长动因看，三大产业中占巴西 GDP 比重超过 60% 的服务业同比下降 4.5%，这是巴西经济下滑的主要原因。同期，巴西工业同比下降 3.5%，这也是造成巴西经济下滑的重要原因。农业同比增长 2.0%，是三大产业中唯一保持正增长的产业。

（二）进出口均大幅下滑

受新冠肺炎疫情影响，2020 年巴西进出口总额均严重下滑。根据巴西经济部统计，2020 年巴西货物贸易总额为 3687.5 亿美元，同比下降 8.4%。其中，出口 2098.2 亿美元，同比下降 6.9%；进口 1589.3 亿美元，同比下降 10.4%。在进出口均大幅下滑之时，巴西对华出口逆势增长，达到创纪录的 676.9 亿美元，占巴西全年出口总额的 32.3%。中巴双边货物贸易额达 1017.28 亿美元，中国成为巴西首个年度双边货物贸易额突破 1000 亿美元的贸易伙伴。

（三）失业率创历史新高

巴西国家地理统计局（IBGE）数据显示，2020 年巴西失业率达到 13.5%，为该机构 2012 年有此项数据统计以来的最高值。统计数据显示，

2020 年巴西全年平均失业人数为 1340 万，同比增长 6.7%。全国就业人数为 8610 万，同比减少 739 万，就业人数是自 2012 以来的最低值。其中，服务业裁员 21.3%，紧随其后的建筑业和工业裁员比例也都在 10% 以上，这些都是失业率大幅上升的主要因素。在全国主要就业部门中，只有与公共管理相关的岗位出现了 1% 的增长，其中安全卫生管理和教育领域新增 172 万个岗位。

（四）通货膨胀率上升，创2016年以来新高

巴西国家地理统计局数据显示，2020 年巴西通货膨胀率为 4.5%，不仅高于当年设定的 4% 的目标上限，同时也是自 2016 年以来通货膨胀率最高的一年。从通胀率上涨的原因看，食品和饮料价格是推动通货膨胀率上升的主要因素。2020 年巴西食品和饮料价格上涨 14.1%，助推全国消费者价格指数上涨 5.5%，显著高于 2019 年的 4.5%。此外，住房、家用电器、通信、医疗卫生、教育和交通等居民日常消费价格也不同程度上升，推动了通货膨胀率的提高。

（五）固定资产投资小幅下降，仍位于较低水平

拉加经委会《2020 年拉丁美洲和加勒比经济初步概述》报告的数据显示，2020 年巴西固定资产投资占 GDP 的比重为 16.4%，低于 2019 年的 16.5%，但高于 2018 年的 16.3%。整体来看，目前巴西投资水平仍处于历史低位，且自 2013 年达到 21.4% 的历史高点后呈下降趋势。固定资产投资是社会固定资产再生产的主要手段，被认为对经济增长特别是长期经济增长有重要意义，但巴西固定资产投资占 GDP 的比重却长期偏小，且整体呈下降趋势，不利于巴西经济实现复苏和持续增长。

（六）外国直接投资（FDI）规模大幅下降

巴西央行数据显示，2020 年巴西共吸引外国直接投资 341.67 亿美元，相比较于 2019 年的 691.74 亿美元，下滑 50.6%，外商直接投资金额创

2009 年以来的新低。巴西吸引外国直接投资规模的大幅下降也导致巴西在全球主要国家吸引外国直接投资排名中位置下滑。联合国贸发会议（UNCTAD）统计显示，2020 年巴西在该排名中的位置已由 2019 年的第六位下降至第八位。除了新冠肺炎疫情直接导致巴西吸引外国直接投资下降外，疫情期间巴西私有化计划和基础设施特许权处于"暂停"状态、巴西对外资的吸引力下降等结构性因素也是巴西吸引外资下滑的重要原因。

（七）债务规模和初级财政赤字均创新高

巴西国库局数据显示，2020 年巴西公共债务达 5.01 万亿雷亚尔（约合 9940.5 亿美元），同比增长 17.9%，增幅创 2004 年有记录以来新高。同时，巴西 2020 年初级财政赤字达 7431 亿雷亚尔（约合 1376.1 亿美元），也创下自 1997 年有该项数据统计以来的最高纪录，约占当年巴西 GDP 的 10.0%。自 2014 年起，巴西已经 7 年出现初级财政赤字。新冠肺炎疫情是造成巴西财政赤字的主要原因，2020 年巴西抗疫支出高达 5209 亿雷亚尔（约合 964.6 亿美元）。此外，经济下滑造成税收减少也是助推巴西财政赤字增加的主要原因。

二　巴西经济发展特征

作为拉丁美洲和加勒比地区（以下简称"拉美地区"）第一大经济体，巴西经济的发展对于拉美地区整体经济发展至关重要。但过度去工业化投向金融服务业、债务规模庞大以及产业结构不合理等因素导致巴西经济发展潜力不足、对外依赖度偏高、抵御风险能力差。巴西经济要实现持续有效增长，仍面临巨大挑战。

（一）整体经济抵御风险能力不足

巴西作为拉美地区人口最多，面积最大，资源种类特别是石油、铁矿石等矿产资源最丰富的国家，长期以来一直是拉美地区第一大经济体。但作为拉美地区受新冠肺炎疫情冲击最严重的国家之一，2020 年巴西的经济表现出较低的风险抵御能力。

从经济总量看，按 2015 年不变价美元计算，2020 年巴西 GDP 为 17491.1 亿美元，占拉美地区经济总量的 33.5%，继续位居拉美地区首位，远高于墨西哥（22.0%）、阿根廷（9.8%）、哥伦比亚（5.7%）和智利（4.7%）等区域内经济总量排名第 2～5 位的经济体。从增长率看，2020 年巴西 GDP 增长率为 -4.1%，好于拉美地区平均水平的 -6.6%（如图 1 所示），但低于全球同期 -3.4% 的增长率。从人均 GDP 看，世界银行数据显示，2020 年巴西人均 GDP（2015 年不变价美元）为 8228.8 美元，略高于拉美地区平均水平（8013.2 美元）。在有统计数据的 33 个拉丁美洲和加勒比地区经济体中，巴西人均 GDP 排第 17 位，仅处于中游水平。从增长率看，2020 年巴西人均 GDP 增长率为 -4.7%，高于拉美地区 -7.5% 的增长率（如图 2 所示），略低于全球 -4.4% 的增长率。尽管新冠肺炎疫情冲击是 2020 年巴西经济下滑的主要原因，但巴西经济表现明显差于同样遭受疫情冲击的金砖国家中国和俄罗斯，表明巴西经济应对外部冲击的能力不足、韧性差。

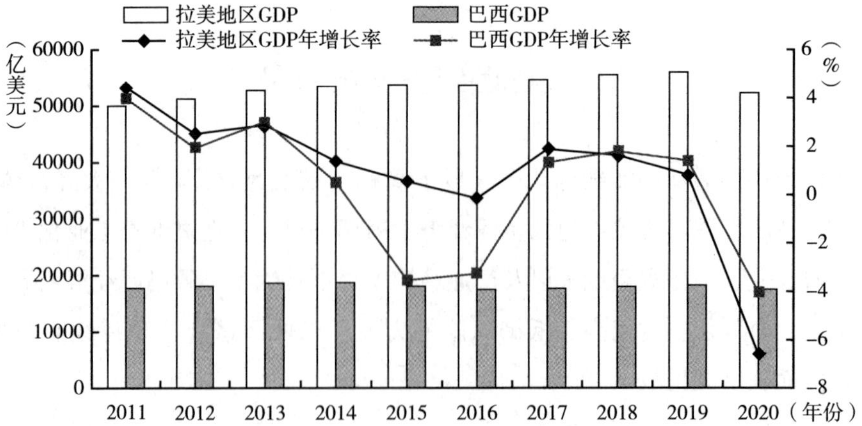

图 1 2011～2020 年巴西及拉美地区 GDP 及其增长率

资料来源：世界银行数据库，https：//data. worldbank. org。

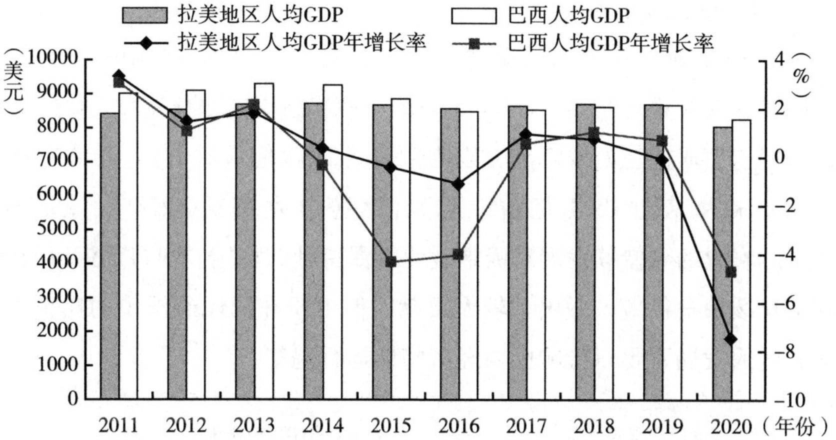

图2 2011~2020年巴西及拉美地区人均GDP及其增长率

资料来源：世界银行数据库，https://data.worldbank.org。

（二）农林牧渔业比重小，不足以影响经济整体运行趋势

巴西农林牧渔业（简称"农业"），是指巴西国内的种植业、畜牧业、渔业等第一产业的总和。巴西幅员辽阔、土地肥沃、降水丰沛，自然条件优越、农业资源丰富，是全球少数适宜农、林、牧、渔业全面发展的国家之一，享有"21世纪的世界粮仓"美誉。巴西有优质高产良田3.88亿公顷，其中的9000万公顷尚未被利用；还有2.2亿公顷的牧场。巴西农业不仅种植种类丰富（例如巴西种植蔬菜种类超过80种），且种植面积也在不断增加。通过大力研发推广农业新技术、加强农业基础设施建设、实施农业保险制度和农产品最低保护价格三大"招数"，巴西农业实现了可持续发展，生产效率持续上升。

从在国民经济中的地位看，农林牧渔业是占比最小的产业。2011~2019年，巴西农业增加值占GDP的比重均小于5%（如图3所示）。2020年，受巴西国内物价水平上升、粮食肉类出口向好、农业丰收、中国市场对农产品需求旺盛、雷亚尔兑美元贬值等有利因素共同影响，巴西农产品产值创历史新高。以2015年不变价美元计算，2020年巴西农业增加值为875.4亿美

元，占 GDP 的比重达到了 5.9%，占比创近 10 年来的新高。从增长率看，2020 年巴西农业增加值增长率为 1.96%，延续了 2017～2019 年的增长势头。同时，农业也是巴西三大产业中唯一保持正增长的产业。其中，2020 年产值增速位居前三的农产品分别为大豆（2437 亿雷亚尔）、玉米（995 亿雷亚尔）和牛肉（1263 亿雷亚尔），增速分别高达 42.8%、26.2% 和 15.6%。农业的可持续发展对吸纳就业、保持社会稳定、出口创汇以及实现全球可持续粮食供应，做出了较大贡献。但由于在国民经济中的比重不高，仅靠农业的发展不足以影响巴西经济整体运行趋势。

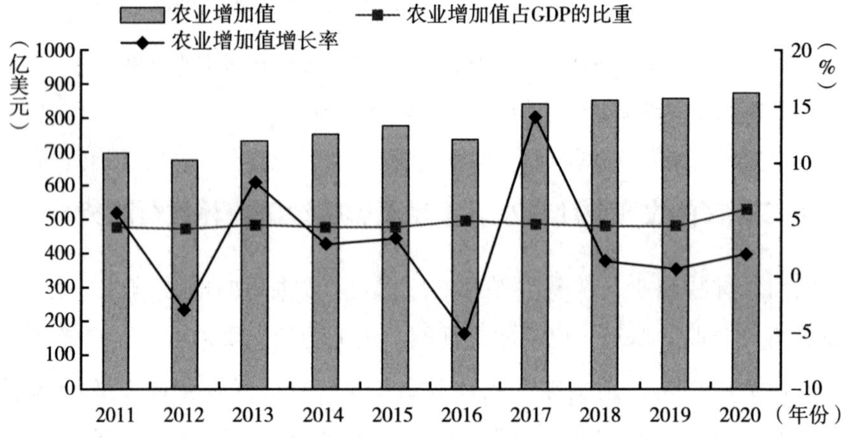

图 3　2011～2020 年巴西农业在国民经济中的地位

资料来源：世界银行数据库，https://data.worldbank.org。

据预计，2021/2022 年度巴西农业将有望再创历史新高。数据显示，2021～2022 年，巴西总种植面积预计为 7290 万公顷，与 2020/2021 年度相比增长 4.4%；产量预计达 2.693 亿吨，同比增长约 5.4%。

（三）工业比重较大，近年陷入衰退

工业是巴西国民经济的重要产业部门，巴西的工业产值及规模均位列拉美地区之首。巴西主要工业产业部门包括航空航天、造船、冶金、电力、钢

铁、化工等。在 20 世纪末, 巴西已经建立了比较完善的工业体系, 基础工业部门门类相当齐全。1989 年, 巴西的工业增加值占 GDP 比重达到了历史最高的 42.3%。但巴西过早开始去工业化, 导致工业在国民经济中的地位不断下滑。

2014 年以来, 巴西工业持续陷入衰退。除 2018 年和 2019 年分别实现了 0.72% 和 0.37% 的缓慢正增长外, 其余年份均为负增长。2020 年巴西工业增加值为 3232.5 亿美元, 占巴西 GDP 的比重为 17.7%, 同比下降 3.5% (如图 4 所示), 拖累了巴西经济的整体复苏。

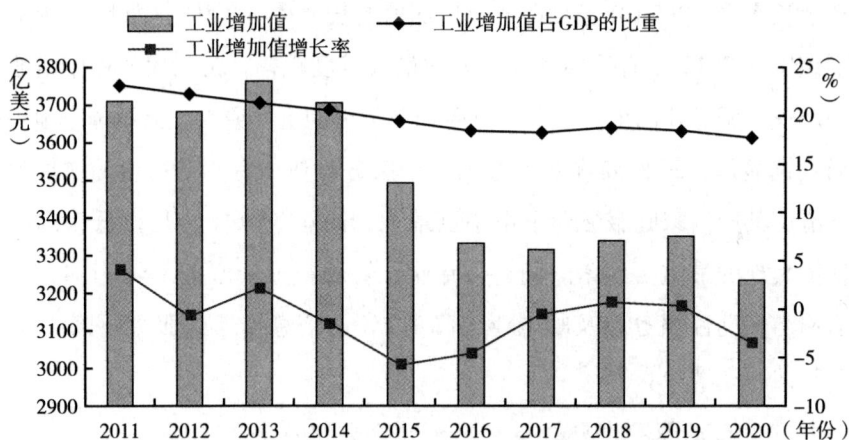

图 4　2011～2020 年巴西工业在国民经济中的地位

资料来源: 世界银行数据库, https://data.worldbank.org。

尽管服务业占 GDP 的比重上涨是各国经济发展的共同趋势, 但巴西去工业化的速度过快。2011～2020 年工业占巴西 GDP 的比重从 23.1% 下滑至 17.7%。2020 年巴西工业增加值占 GDP 的比重不仅远低于同为发展中国家的中国 (37.8%), 还远低于发达国家, 例如德国 (26.5%) 和日本 (28.8%)。工业的衰退使得巴西面临着主要出口商品为资源类大宗商品的局面。由于大宗商品价格波动大, 且巴西缺乏大宗商品的议价能力, 巴西经济在全球经济形势较好的时候能够发展, 但在近年全球经济波动较大、全球贸易摩擦不断加剧的背景下, 经济发展可持续性较差。

（四）服务业比重最大，但近年增长乏力

服务业是在巴西国民经济中占比最高的产业。巴西服务业集中在餐饮、旅游、住宿、休闲健身等领域，雇佣全国70%以上劳动力，对巴西经济增长起到了至关重要的作用。

自2014年以来，巴西服务业增加值占GDP的比重始终高于60%。按2015年不变价美元计算，2020年巴西服务业增加值为10969.25亿美元，占GDP的比重高达62.7%，远高于农业增加值和工业增加值占GDP的比重。但从增长率看，2020年巴西服务业增加值增长率为－4.5%（如图5所示），创下该国自2012年有该项统计以来的最大年度跌幅，是三大产业中增幅最低的产业。服务业的增速下滑是巴西经济下滑的主要原因。巴西国家地理统计局数据显示，2020年在受调查的5个服务行业中有4个行业的增加值出现下滑。其中，家庭服务业下滑幅度最大，高达35.6%，是拉低该国服务业整体表现的最重要因素。同时，专业、管理与配套服务下降11.4%，交通运输与辅助性服务以及邮电业下降7.7%，信息与通信服务下降1.6%，仅有其他服务增长6.7%。

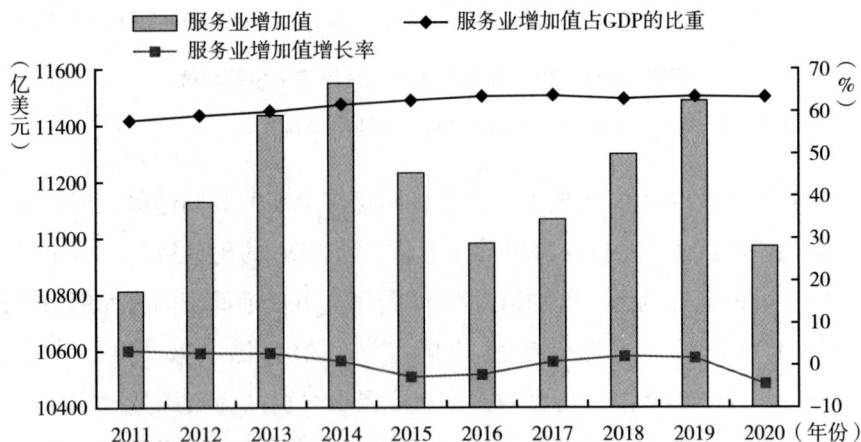

图5 2011～2020年巴西服务业在国民经济中的地位

资料来源：世界银行数据库，https：//data. worldbank. org。

（五）新冠肺炎疫情对巴西经济的冲击

疫情的快速蔓延对巴西造成了全方位冲击，并使2020年的巴西经济陷入深度衰退。其中，旅游业遭受重创，损失严重，游客活动指数暴跌36.7%。疫情还使巴西众多行业深陷泥潭，并导致超过30%的小微企业破产①。疫情不仅导致巴西2020年私人消费、政府消费和进出口下滑，还导致巴西面临严重的通货膨胀和失业风险，税收和收入的减少以及防疫支出的增加又导致巴西联邦政府公共债务持续攀升，进一步限制了巴西经济的复苏（如表1所示）。

表1　疫情背景下巴西2020～2022年各主要宏观经济指标预测

主要宏观经济指标	2020 年	2021 年	2022 年
国内生产总值	− 5.0	2.6	2.2
私人消费	− 6.2	2.7	2.2
政府消费	− 4.8	0.5	0.0
固定资本形成总额	− 5.1	4.4	5.6
出口额	− 2.0	− 0.6	4.0
进口额	− 14.3	− 4.4	4.6
失业率	13.6	16.0	15.0
居民消费价格指数	3.1	3.6	3.2
消费者价格指数	3.8	2.9	3.4
总账财政余额	− 15.6	− 7.2	− 6.3
主要财政余额	− 10.7	− 2.8	− 2.3
公共债务（占 GDP 的百分比）	91.4	94.3	96.6
经常账户（占 GDP 的百分比）	− 0.3	− 0.5	− 0.9

资料来源：根据 OECD 预测数据整理。

出于对政府抗击新冠肺炎疫情不力的严重不满，2021年5月29日，巴西200多个城市爆发大规模示威游行，目标直指执政的博索纳罗政府。在疫情期间，巴西民众"不顾危险走上街头"，凸显出公众对于政府施政

---

① 展颜：《受疫情和经济影响，巴西经济复苏缓慢》，《中国对外贸易》2021年第11期。

的不满情绪日益高涨，也成为博索纳罗政府 2018 年执政以来面临的最大执政困境，对巴西 2022 年总统大选以及未来的内外政策都具有重要影响①。

不过，疫情也带动了巴西众多企业的发展，并增加了相关就业。疫情期间公众外出活动受到限制，公众原有的行为模式发生改变，远程办公、在线教育、远程医疗、远程购物等在此背景下得到了迅速发展。例如，服务机器人在医疗、餐饮等领域迎来爆发式增长，带动了对直接负责服务机器人的需求反馈、应用与推广的应用技术员的需求。在医疗领域，为有需求的老年人提供健康状况测量和评估老年人生活自主能力的健康评估师，运用卫生健康及互联网知识技能为社区居民提供保健咨询、医疗陪护等服务的健康助理员等在市场上的需求也很旺盛。同样是在疫情期间，巴西电子商务迅猛发展，对电商人才的需求日趋旺盛。相关行业不仅需要电商工程师等高技术人才，也带动了物流行业的发展，提供了司机、快递员等大量岗位。

三 巴西宏观经济政策及其影响

减少财政赤字、降低失业率、将通货膨胀率维持在合理区间、促进经济增长是近年巴西宏观经济的主要目标，围绕上述目标，2020 年巴西执行了不同的财政政策和货币政策。

（一）财政紧缩政策取得一定成效

过去几年，面对持续增加的政府债务，巴西政府同大多数拉美地区国家一样，采取了财政紧缩政策，减少政府各方面开支，且取得了一定成效。2019 年巴西联邦政府总支出占 GDP 的比重为 28.3%，同比下降 0.6 个百分点。同期下降的还有公共债务利息支出和资本支出，二者占 GDP 的

---

① 孙岩峰：《博索纳罗政府遭遇最大执政困境》，《世界知识》2021 年第 13 期。

比重分别为4.5%和0.9%，分别下降1.1个百分点和0.1个百分点（如图6所示）。

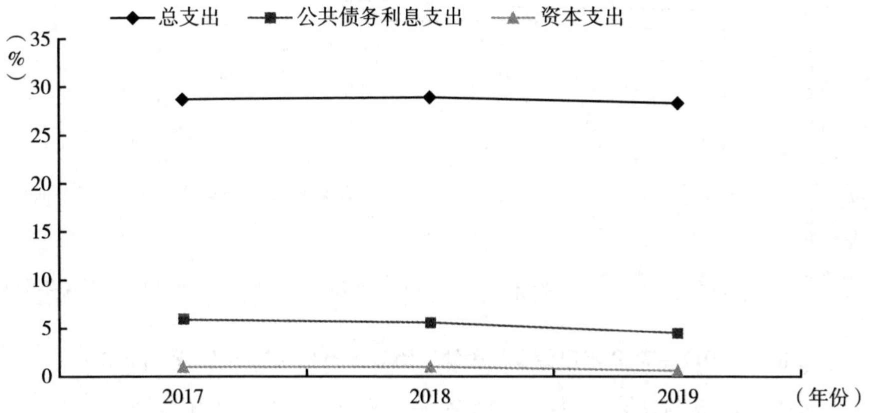

图6　2017~2019年巴西联邦政府支出占GDP的比重

资料来源：拉加经委会，*Preliminary Overview of the Economies of Latin America and the Caribbean 2020*，United Nations，2021。

支出的减少一定程度上也带来了巴西联邦政府财政平衡状况的改善。从纵向比较看，2019年巴西联邦政府初级财政平衡和最终财政平衡占GDP的比重分别为-1.3%和-5.8%，同比分别上升0.4和1.5个百分点，表现出了较好的改善趋势。不过从横向比较看，巴西联邦政府财政赤字水平仍远高于拉美地区（如图7所示）。

尽管2019年巴西财政赤字状况得到了一定程度的改善，但进入2020年，巴西疫情不断蔓延导致巴西政府防疫支出大幅增加，巴西联邦政府财政赤字状况急剧恶化。2020年巴西防疫支出达到5209亿雷亚尔（约合964.6亿美元），导致当年巴西初级财政赤字达7431亿雷亚尔（约合1376.1亿美元），创下1997年开始统计该项数据以来的最高纪录。巨额防疫支出使得巴西财政赤字大幅上升。2020年巴西联邦政府初级财政平衡和最终财政平衡占GDP的比重分别高达-10.0%和-13.9%，赤字水平分别同比大幅上升8.7和8.1个百分点。

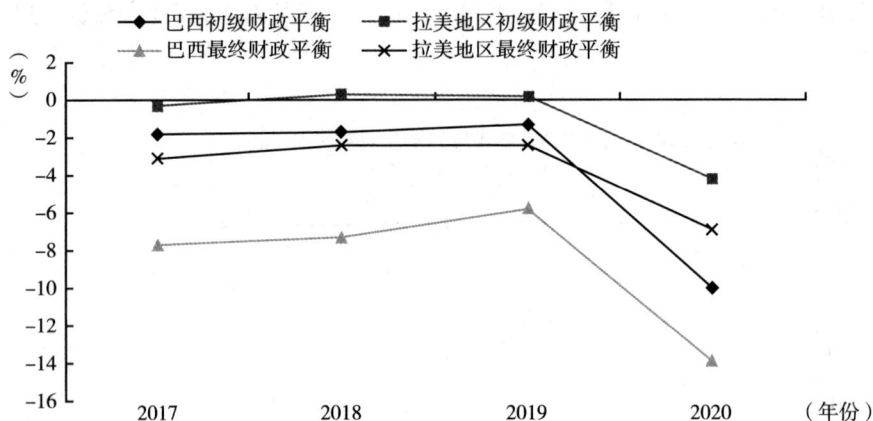

图 7　2017~2020 年巴西及拉美地区财政平衡状况（占 GDP 的比重）

资料来源：拉加经委会，*Preliminary Overview of the Economies of Latin America and the Caribbean 2020*，United Nations，2021；CEPAL，"Estudio Económico de América Latina y el Caribe 2021：Dinámica laboral y políticas de empleo para una recuperación sostenible e inclusiva más allá de la crisis del COVID – 19"，agosto de 2021。

（二）防疫支出导致巴西政府债务和财政赤字大幅增加

巨额财政支出导致巴西政府国内外债务规模呈持续上升趋势。2020 年巴西国内债务和国际债务占 GDP 的比重分别为 77.8% 和 11%，两项合计占 GDP 的比重高达 88.8%，同比上升 14.6 个百分点（如图 8 所示）。

（三）提高支出效率是应对财政挑战之道

巨额财政赤字一直是困扰巴西经济发展和限制巴西政府财政政策自由度的重要因素，因此改善巨额财政赤字是巴西的主要挑战之一。OECD 数据显示，新冠肺炎疫情导致巴西公共债务占 GDP 的比重进一步上升了 15 个百分点。在经济恢复速度有限、政府收入难以在短期内增加的背景下，巴西政府可以通过提高支出效率来实现减少赤字的目标，不需要提高税率或增加新税、损害增长或包容性。具体举措包括但不限于打击腐败和经济犯罪，并为之提供可靠的法律支持；提高审查税收支出力度，包括对特定

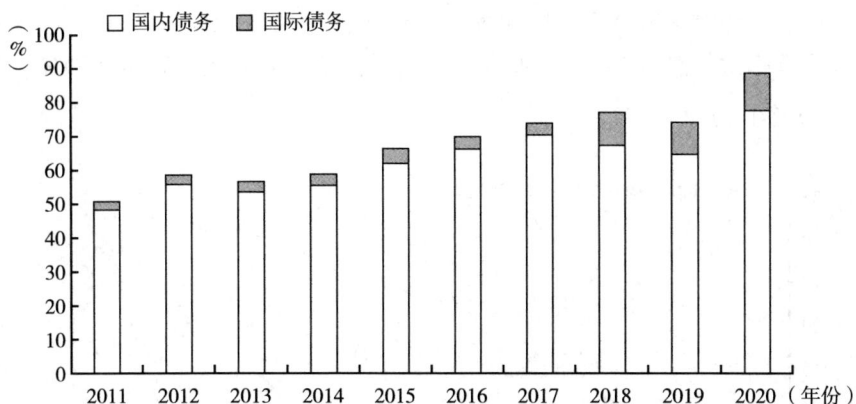

图8 2011～2020年巴西联邦政府债务占GDP的比重

资料来源：拉加经委会数据库，https：//statistics. cepal. org/portal/cepalstat/national - profile. html？theme = 2&country = bra&lang = en。

活动的无效补贴和特殊税制。通过这些举措可以节约开支，同时改善公共管理。在短期内巴西财政政策的主要目标仍是缩减财政支出、控制政府预算。因此，2021年巴西政府需要在保证防疫支出的前提下，进一步压缩政府行政开支和基础设施投资，但对社会保障项目的投资不应减少，对义务教育和医疗支出的投资也应予以保留，巴西政府应着力减少政府非投资性支出，扩大税基，增加非税收入，积极偿还公共债务，减少后期利息支出，逐步实现财政平衡。

（四）通胀压力加大，货币政策由松转紧

2020年出于防疫的需要以及为了避免经济陷入过度衰退，巴西政府实行了较为宽松的货币政策。2020年巴西三大货币指标M0、M1、M2呈现明显扩张趋势，表明巴西央行试图通过量化宽松政策来增加投资和消费，促进经济增长（如图9所示）。但过度宽松的货币政策导致2021年巴西通货膨胀率不断上升。2021年，巴西通货膨胀率已经连续八个月上升，受电价、机票、燃料和食品价格持续上涨的影响，9月巴西通货膨胀率高达10.2%，远高于政府年初制定的5.8%的通胀预期（如图10所示）。不断上涨的价格

使巴西央行不得不进入新一轮加息周期。截至 2021 年 10 月，巴西政府年内已经连续多次加息（如图 11 所示）。基准利率从 2% 大幅上升至 7.75%，上升 5.75 个百分点。

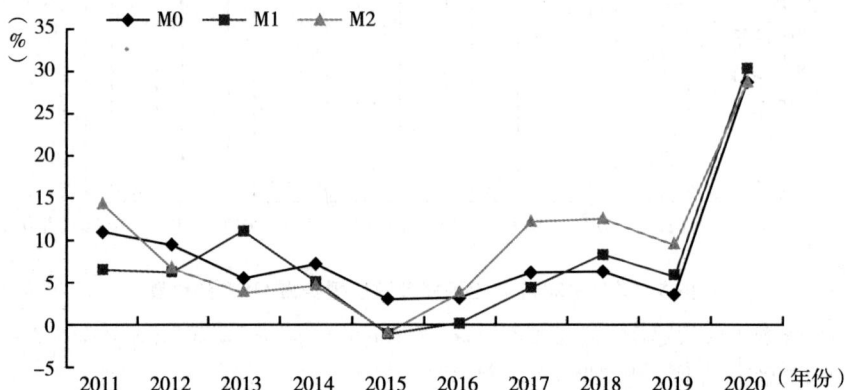

图 9　2011～2020 年巴西三大货币指标（平均余额相对于上年同期的百分比变化）

资料来源：拉加经委会，*Preliminary Overview of the Economies of Latin America and the Caribbean 2020*，United Nations，2021。

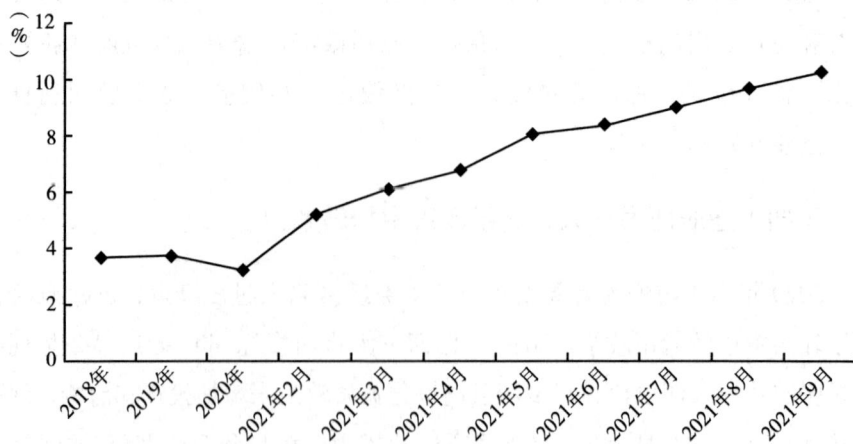

图 10　2018 年～2021 年 9 月巴西通货膨胀率

资料来源：经合组织数据库，http://stats.oecd.org/。

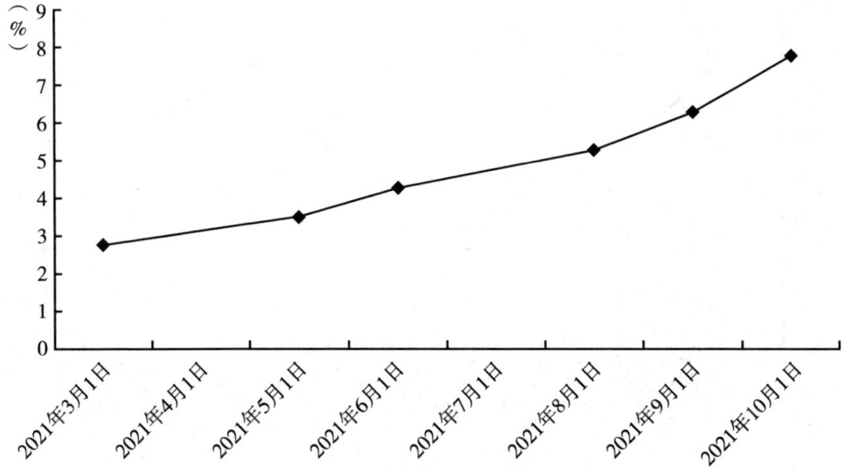

图11 2021 年 3 月~2021 年 10 巴西央行基准利率

资料来源：巴西央行，https：//www. bcb. gov. br/pt－br/#！/home。

为抑制通货膨胀，巴西货币政策出现了明显的由松转紧的趋势。货币政策收紧，加之财政政策在巨额赤字下难以放松，巴西政府在短期内可能会实行双紧的宏观调控政策，这不利于经济复苏。此外，2021 年 3 月以来雷亚尔兑美元整体呈升值趋势（如图12 所示）。货币升值可能降低巴西产品在国际市场上的竞争力，不利于巴西商品出口，进而对巴西经济复苏产生不良影响。因此，如果通货膨胀能够得到有效控制，巴西政府可能会采取适度宽松的货币政策，以便刺激投资，减少失业，加速经济复苏。

四 巴西对外贸易与吸引外资概况

对外贸易和吸引外资一直在巴西经济发展中发挥着重要作用。近年来，在全球经济下行特别是新冠肺炎疫情不断蔓延的背景下，巴西进出口和吸引外资均承受了一定压力。

（一）巴西对外贸易大幅下滑

巴西是拉美地区进出口大国，对外贸易对促进巴西经济增长有重要作

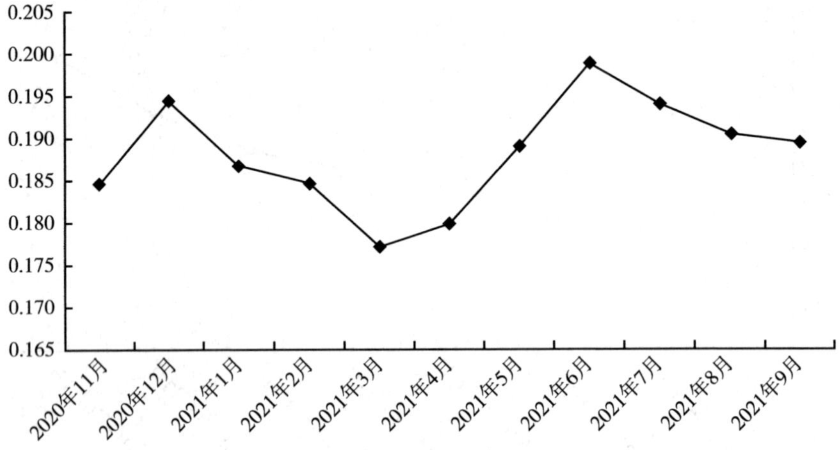

图 12　2020 年 11 月~2021 年 9 月雷亚尔兑美元汇率

资料来源：经合组织数据库，http://stats.oecd.org/。

用。从金额看，以 2015 年不变价美元计算，2020 年巴西货物与服务出口额
为 2454.9 亿美元，增长率为 -1.76%，高于 2019 年的 -2.4%，但远低于
2017 年和 2018 年 4.9% 和 4.1% 的增长率（如图 13 所示）。同期巴西货物
与服务进口额为 2377.6 亿美元，增长率大幅下滑至 -10.0%，远低于 2017
年和 2018 年 6.7% 和 7.7% 的增长率，也低于 2019 年 1.1% 的增长率（如图
14 所示）。2020 年巴西货物与服务贸易顺差为 77.3 亿美元，同比上
升 154.1%。

从主要出口目的国看（如图 15 所示），2020 年巴西出口额居前五位的国
家依次为中国、美国、阿根廷、荷兰、加拿大。2020 年巴西对这五个国家的
出口额分别为 676.9 亿美元、214.6 亿美元、84.7 亿美元、74.0 亿美元、42.4
亿美元，增长率分别为 8.7%、-26.6%、-11.5%、-26.2%、29.5%，分
别占巴西出口额的 32.3%、10.2%、4.0%、3.5%、2.0%。巴西对这五个国
家累计出口额为 1092.6 亿美元，占巴西货物贸易出口额的 52.1%。

从主要进口来源国看（如图 16 所示），中国、美国、巴拿马、德国、
阿根廷是巴西进口额排名前五位的国家。2020 年巴西对五国的进口额分别
为 340.4 亿美元、241.2 亿美元、126.2 亿美元、86.0 亿美元、77.9 亿美

图13 2011～2020年巴西货物与服务出口情况

资料来源：世界银行数据库，https：//data. worldbank. org。

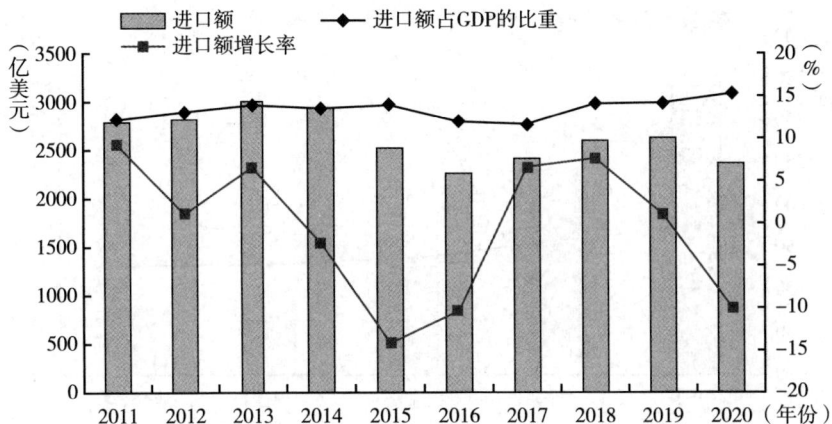

图14 2011～2020年巴西货物与服务进口情况

资料来源：世界银行数据库，https：//data. worldbank. org。

元，增长率分别为 -3.5%、-19.8%、79.8%、16.4%、26.20%，分别占巴西进口额的 21.4%、15.2%、8.0%、5.4%、4.9%。巴西对这五个国家累计进口额为 871.7 亿美元，占巴西货物贸易进口额的 54.8%。

从贸易顺差来源国看（如图17所示），中国、荷兰、新加坡、加拿大

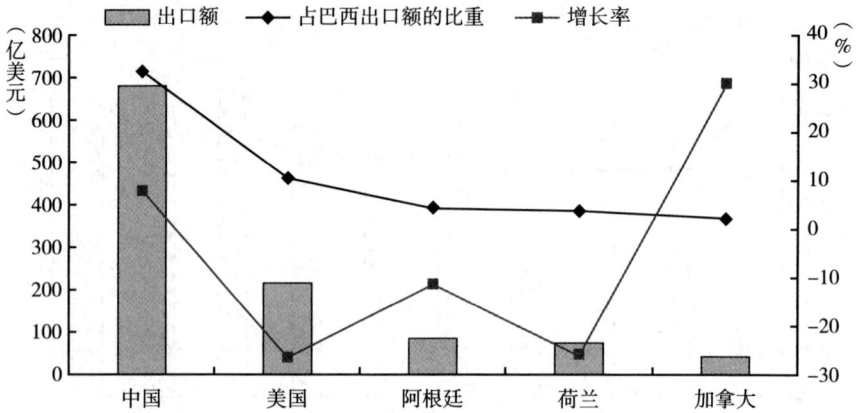

图 15　2020 年巴西前五大出口目的国

资料来源：CEIC Data，https：//www.ceicdata.com/en/brazil/exports-by-product-group-volume。

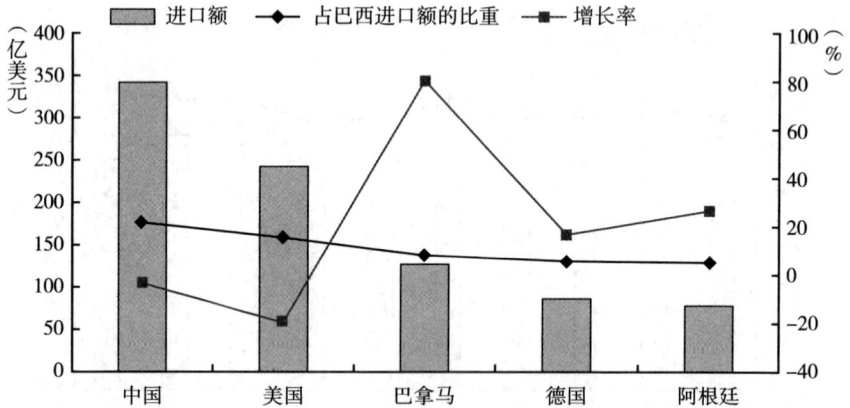

图 16　2020 年巴西前五大进口来源国

资料来源：CEIC Data，https：//www.ceicdata.com/en/brazil/exports-by-product-group-volume。

和土耳其是巴西贸易顺差的前五大来源国。2020 年巴西对这五国的贸易顺差分别为 336.5 亿美元、60.6 亿美元、28.5 亿美元、24.3 亿美元、22.1 亿美元。从贸易逆差来源国看（如图 18 所示），巴拿马、德国、美国、法国和俄罗斯是巴西贸易逆差的前五大来源国。2020 年巴西对这五国的贸易逆差分别为 126.1 亿美元、44.7 亿美元、26.6 亿美元、12.1 亿美元、11.7 亿美元，增长率分别为 79.89%、 – 20.2%、212.6%、32.0%、 – 44.3%。

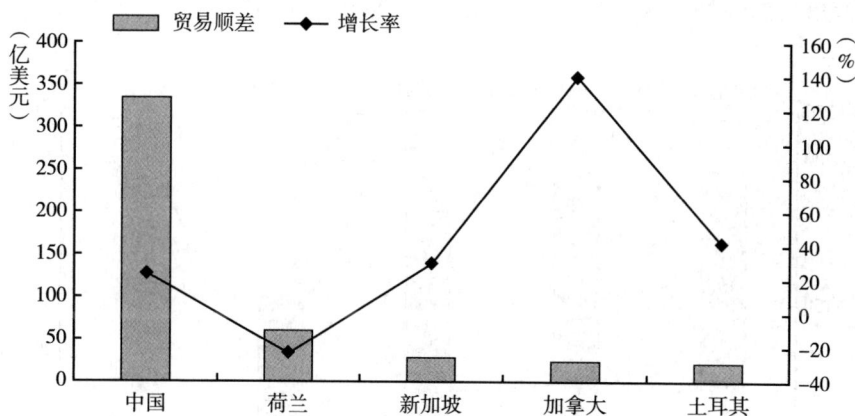

图 17　2020 年巴西前五大贸易顺差来源国

资料来源：CEIC Data, https：//www. ceicdata. com/en/brazil/exports-by-product-group-volume。

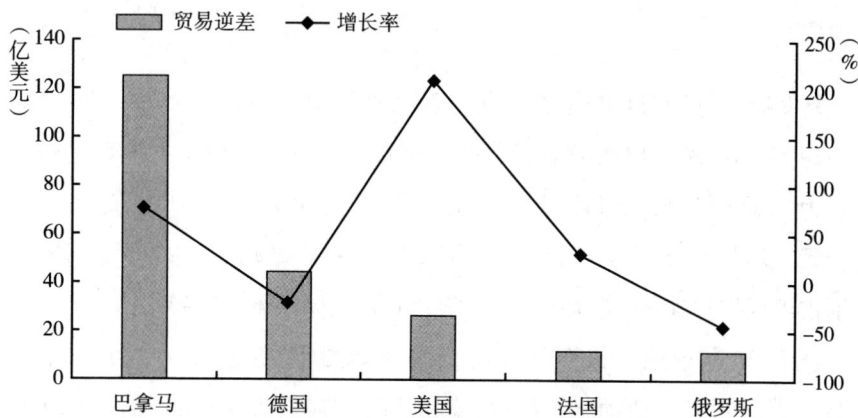

图 18　2020 年巴西前五大贸易逆差来源国

资料来源：CEIC Data, https：//www. ceicdata. com/en/brazil/exports-by-product-group-volume。

从 2020 年巴西出口商品（章）看（如图 19 所示），12 章、26 章、27 章、02 章、17 章是巴西的前五大出口商品。2020 年巴西这五大商品的出口额分别为 290.5 亿美元、288.5 亿美元、247.3 亿美元、158.2 亿美元、89.1 亿美元，增长率分别为 10.6%、16.0%、17.6%、6.0%、65.8%，分别占巴西出口额的 13.8%、13.8%、11.8%、7.5%、4.3%。

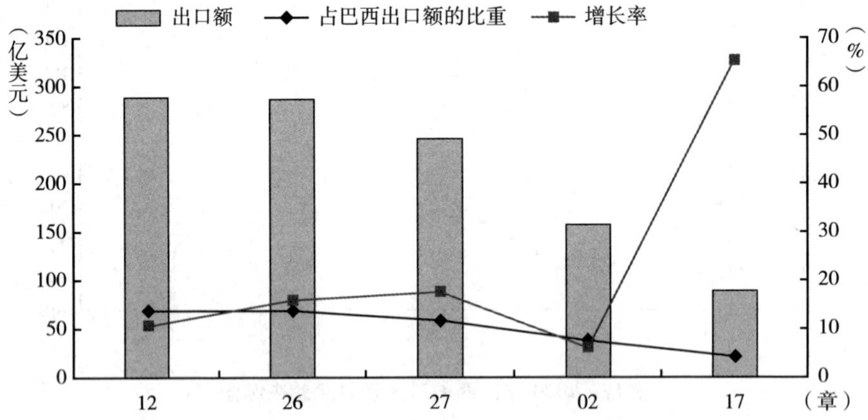

图 19　2020 年巴西前五大出口商品（章）

资料来源：CEIC Data，https：//www.ceicdata.com/en/brazil/exports-by-product-group-volume。

从 2020 年巴西进口商品（章）看（如图 20 所示），85 章、84 章、27 章、29 章、89 章是巴西的前五大进口商品。2020 年巴西这五大商品进口额分别为 205.7 亿美元、198.5 亿美元、141.3 亿美元、104.1 亿美元、102.3 亿美元，增长率分别为 -6.9%、-6.8%、-41.0%、-5.00%、122.8%，分别占巴西进口额的 12.9%、12.5%、8.9%、6.6%、6.4%。

从 2020 年巴西出口商品（类）看（如图 21 所示），矿物产品、植物产品、食品饮料、活动物、贱金属是巴西的前五大出口商品。2020 年巴西这五大类商品的出口额分别为 541.5 亿美元、423.7 亿美元、228.2 亿美元、172.0 亿美元、125.4 亿美元，增长率分别为 -2.4%、5.2%、15.8%、4.4%、-22.6%，分别占巴西出口额的 25.8%、20.2%、10.9%、8.2%、6.0%。

从 2020 年巴西进口商品（类）看（如图 22 所示），机械器具、化学产

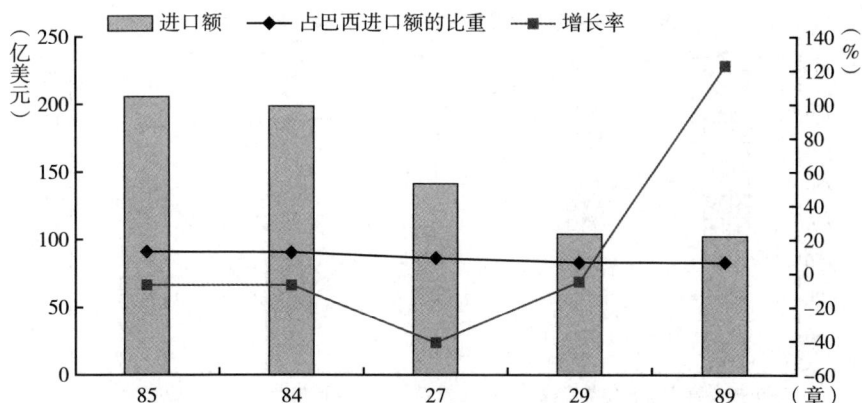

图20 2020年巴西前五大进口商品（章）

资料来源：CEIC Data，https：//www.ceicdata.com/en/brazil/exports-by-product-group-volume。

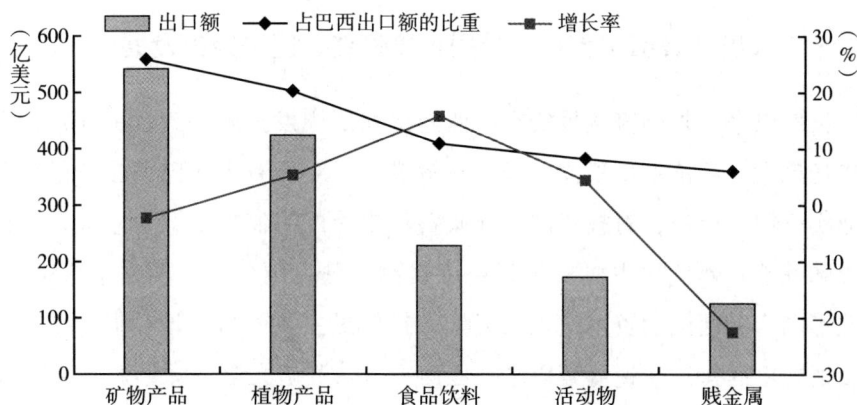

图21 2020年巴西前五大出口商品（类）

资料来源：CEIC Data，https：//www.ceicdata.com/en/brazil/exports-by-product-group-volume。

品、运输设备、矿物产品、贱金属是巴西的前五大进口商品，2020年巴西这五大类商品进口额分别为404.2亿美元、356.1亿美元、194.7亿美元、153.87亿美元、129.7亿美元，增长率分别为 - 6.8%、 - 5.8%、6.1%、 - 40.5%、 - 2.6%，分别占巴西进口额的25.4%、22.4%、12.3%、9.7%、8.2%。

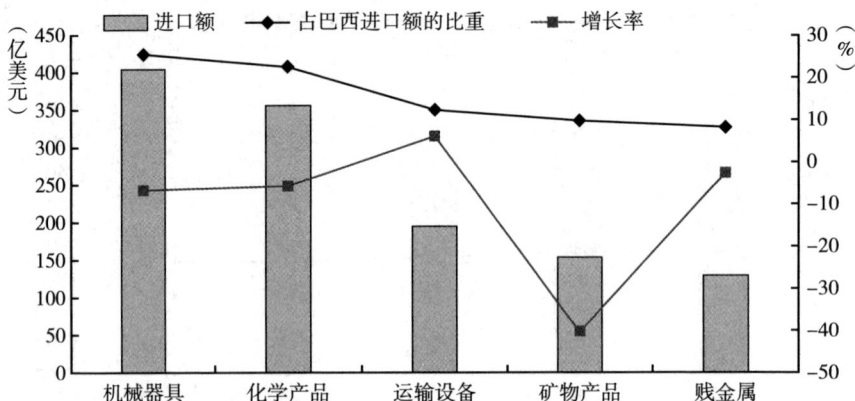

图22　2020年巴西前五大进口商品（类）

资料来源：CEIC Data，https：//www. ceicdata. com/en/brazil/exports-by-product-group-volume。

（二）巴西吸引了大量的外国直接投资，促进经济发展

长期以来，外国直接投资在巴西经济发展中发挥着关键性的作用。巴西市场庞大，经济基础稳固，经济政策成熟，对所有进入巴西投资的外商企业实行国民待遇，对投资准入和收益汇出等的限制较少，对企业资产的征收和补偿、赔偿损失以及争议解决机制成熟，因此，巴西是来自中国、欧美等国家和地区的资本进入拉美地区投资最主要的目的地。但自新冠肺炎疫情在巴西持续快速蔓延以来，巴西吸引外资呈大幅下降趋势。2020年巴西吸引外国直接投资总额为341. 67亿美元，与2019年的691. 74亿美元相比，下降了50. 6%，同时该数字也是2011年以来的最低值（如图23所示）。

巴西吸引外国直接投资的规模大幅下降，一方面是受到新冠肺炎疫情的影响，全球投资规模大幅下降。当前全球为防控疫情而采取了多项限制性措施，降低了现有投资项目的进展速度，而全球经济衰退的预期也使跨国公司对新的投资项目更加慎重。2020年全球外国直接投资从2019年的1. 48万亿美元下降至0. 96万亿美元，跌幅高达35. 1%。另一方面是受到巴西国内

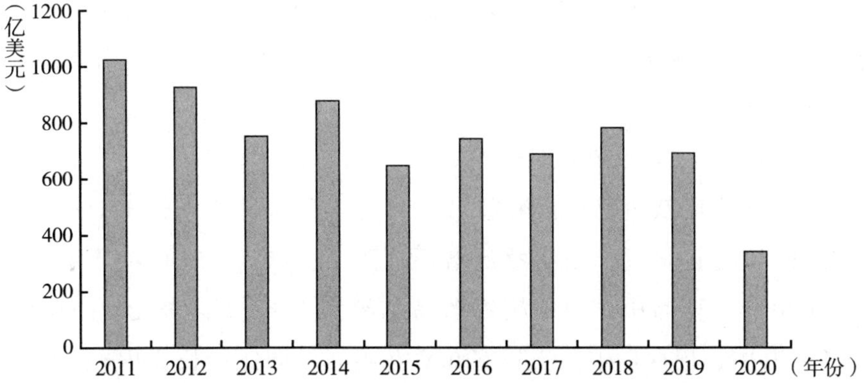

图23 2011～2020年巴西外国直接投资净流入总额（现价美元）

资料来源：世界银行数据库，https：//data. worldbank. org。

因素的影响。缺乏有效疫情防控措施导致巴西经济受到严重冲击，经济和政治前景面临着巨大不确定性，外国企业在 2020 年大幅减少了在巴西石油和天然气开采、电力供应和金融服务方面的投资。

五　中巴经贸关系持续向好

伴随"一带一路"延伸至拉美地区，巴西作为地区强国，在中国与拉美地区的经贸关系中始终发挥着"桥头堡"和"稳定器"的作用。基于经济良好的互补性，近年来中巴经贸发展迅速。中国是巴西第一大进口国和出口国，中国连续十二年作为巴西第一大贸易伙伴，发展同中国经贸关系对巴西至关重要。随着两国经济不断发展，中巴两国贸易互补程度仍会不断加深，经贸关系将会更加紧密。

（一）双边贸易逆势增长，未来前景可期

2017 年以来，中巴双边贸易摆脱了 2015 年和 2016 年全球大宗商品价格下滑带来的短暂下滑趋势，2018 年中巴双边贸易进出口总额首次突破 1000 亿美元。中国成为巴西首个双边贸易总额超过千亿美元的贸易伙伴，

中巴双边贸易在 2019 年和 2020 年全球贸易规模萎缩以及疫情冲击背景下实现逆势增长，表现出了强劲的增长势头和韧性。总体来看，巴西和中国贸易呈现以下特点。

1. 巴西和中国双边贸易发展势头强劲，贸易额创新高

2020 年中巴双边贸易总额为 1190.4 亿美元，同比增长 3.1%，实现了连续四年的正增长，四年累计增幅达到 75.5%（如图 24 所示）。其中，2020 年巴西与中国双边货物贸易总额为 1017.3 亿美元，同比增长 4.3%。其中，巴西对中国出口 676.9 亿美元，同比增长 8.7%；巴西自中国进口 340.4 亿美元，同比下降 3.5%。巴西对中国的贸易顺差为 336.5 亿美元，同比增长 24.7%。中国也牢牢占据巴西第一大顺差来源国的位置。

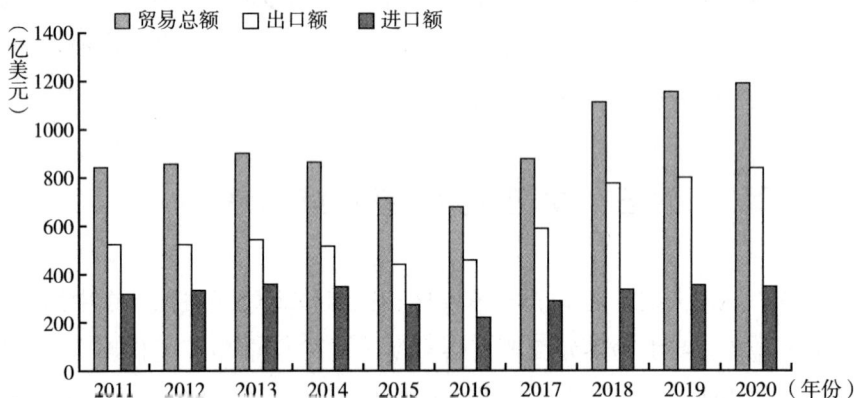

图 24　2011~2020 年中巴双边贸易额

资料来源：中国国家统计局，http://data.stats.gov.cn/。

分商品看（如图 25 所示），12 章、26 章、27 章、85 章、02 章是中巴双边贸易前五大商品（章），2020 年这五章商品的进出口额分别为 209.2 亿美元、192.0 亿美元、114.4 亿美元、107.0 亿美元、65.7 亿美元，增长率分别为 2.6%、40.0%、-26.4%、-0.7%、48.0%，分别占双边贸易进出口额的 20.6%、18.9%、11.3%、10.5%、6.5%。

12 章、26 章、27 章、02 章、47 章是巴西 2020 年前五大对中国出口商

图25 2020年中巴双边贸易前五大商品（章）

资料来源：CEIC Data, https：//www. ceicdata. com/en/brazil/exports-by-product-group-volume。

品（章）（如图26所示）。2020年这五章商品的出口额分别为209.1亿美元、192.0亿美元、113.0亿美元、65.7亿美元、28.7亿美元，增长率分别为2.6%、40.0%、–26.4%、48.0%、–12.1%，分别占巴西对中国出口额的30.9%、28.4%、16.7%、9.7%、4.2%。

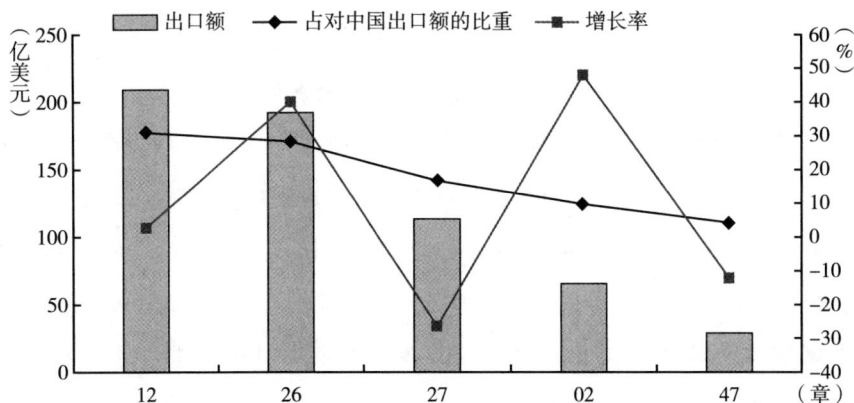

图26 2020年巴西前五大对中国出口商品（章）

资料来源：CEIC Data, https：//www. ceicdata. com/en/brazil/exports-by-product-group-volume。

85 章、84 章、29 章、89 章、90 章是巴西 2020 年前五大自中国进口商品（章）（如图 27 所示）。2020 年这五章商品的进口额分别为 106.1 亿美元、50.9 亿美元、30.7 亿美元、18.9 亿美元、11.0 亿美元，增长率分别为 -0.9%、2.5%、2.3%、-10.6%、26.46%，分别占巴西自中国进口额的 31.2%、15.0%、9.0%、5.6%、3.2%。

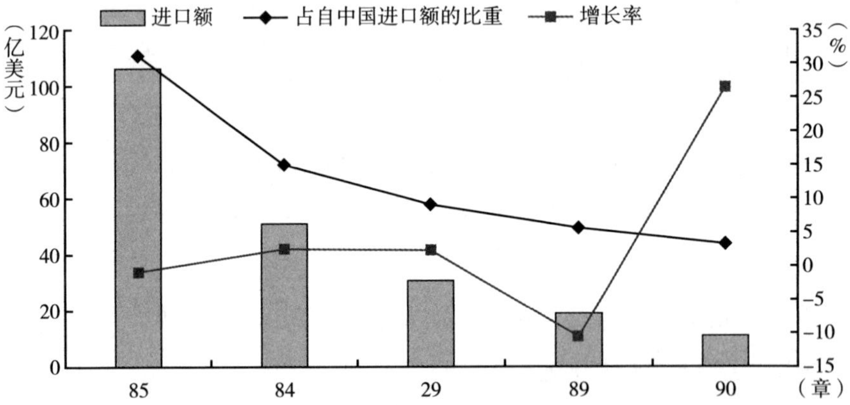

图 27 2020 年巴西前五大自中国进口商品（章）

资料来源：CEIC Data，https://www.ceicdata.com/en/brazil/exports-by-product-group-volume。

2. 双边进出口产品集中度仍然较高，存在改善的空间

当前，巴西与中国双边贸易结构仍然维持"巴西出口初级产品，中国出口工业制成品"的长期趋势，进出口产品结构集中度偏高。2020 年巴西向中国出口的前五大类商品分别为矿物产品、植物产品、活动物、木浆纸品、贱金属，出口金额分别为 306.8 亿美元、209.9 亿美元、66.0 亿美元、29.5 亿美元、22.9 亿美元，分别占巴西对中国出口额的 45.3%、31.0%、9.8%、4.4%、3.4%。前五大类商品出口额合计约占巴西对华出口额的 93.9%。同期，巴西从中国进口的前五大类商品分别是机械器具、化学产品、运输设备、纺织原料、贱金属，进口额分别为 157.0 亿美元、55.8 亿美元、29.2 亿美元、25.4 亿美元、20.5 亿美元，分别占巴西自中国进口额

的46.1%、16.4%、8.6%、7.5%、6.0%。前五大类商品进口额合计约占巴西对华进口额的84.6%（如表2所示）。这表明中巴进出口产品集中度偏高的趋势并没有缓解，反而进一步加强。巴西认识到改善中巴贸易结构的重要性和迫切性，并制定了旨在改善中巴贸易结构的"中国议程"①。为了促进中巴贸易可持续发展、进一步深化中巴经贸关系，中国也有意识地提高了对巴西高附加值产品的进口。例如，2014年7月习近平主席访问巴西期间，经两国政府批准，中方有关企业签署了向巴西航空工业公司购买60架飞机的合作协议。然而，目前中巴贸易结构还未得到彻底改善。

表2　2020年巴西与中国的商品贸易结构

出口			进口		
前五大类	金额(亿美元)	比重(%)	前五大类	金额(亿美元)	比重(%)
矿物产品	306.8	45.3	机械器具	157.0	46.1
植物产品	209.9	31.0	化学产品	55.8	16.4
活动物	66.0	9.8	运输设备	29.2	8.6
木浆纸品	29.5	4.4	纺织原料	25.4	7.5
贱金属	22.9	3.4	贱金属	20.5	6.0
合计	635.1	93.9	合计	287.9	84.6

资料来源：笔者根据联合国商品贸易统计数据库数据计算得出，https://comtrade.un.org/db/default.aspx。

（二）新冠肺炎疫情给中巴贸易发展带来的挑战

1. 疫情对中巴贸易发展提出的挑战

疫情发展的高度不确定性成为中巴贸易发展的阻碍因素。当前中巴均在一定程度上受到新冠肺炎疫情的困扰。特别是巴西，进入2021年，新冠肺炎确诊病例仍呈快速增加趋势，累计确诊病例分别于2月17日突破1000万

① 周志伟：《中国与巴西关系：从南南合作典范到大国关系》，载《复旦国际关系评论》（第十一辑），上海：上海人民出版社，2012，第206~223页。

例、8月3日突破2000万例，数量仅低于美国和印度。累计死亡病例于2020年6月20日突破50万例，仅低于美国。疫情导致商品检测周期拉长，货物运输成本提高，部分商品出口周期明显拉长甚至取消出口。疫情期间巴西几十家肉类生产加工企业受到影响，有上万名员工受到感染。为此，中国要求巴西出口中国的肉类加工企业执行高标准和严格的措施，严格按照中国的卫生标准和安全标准来落实对中国的肉类产品出口。其中，8家巴西肉类加工企业因为涉及疫情，已被采取了措施，巴西方面暂停了其对中国的肉类出口。

疫情加剧了巴西国内通货膨胀，导致巴西出口中国货物成本上升。疫情发生以来，雷亚尔持续贬值，巴西国内通货膨胀水平持续提高，导致巴西以美元购买的生产资料所需的投入也出现一定程度的上涨，推动出口中国的商品价格提升。以巴西出口中国的主要商品——大豆为例，与2019年相比，2020年巴西大豆生产成本每公顷增加了201雷亚尔。地租增幅最大，增长率达到39%，化肥、化学品以及种子增幅也达到3.8%[①]。货币持续贬值预期将使巴西出口中国的大豆价格出现一定增长，巴西面临贸易成本增加的风险。

2. 疫情并未对中巴贸易发展造成根本性冲击

中巴经济高度的互补性和互利性有助于推动双边贸易水平进一步发展。当前中国已经连续12年作为巴西第一大贸易伙伴，同时也是巴西第一大出口国。尽管中巴均不同程度受到新冠肺炎疫情影响，但巴西政府非常重视维持生产水平及出口贸易水平，减少疫情对经济的冲击，中国市场需求也很旺盛。中巴两国贸易数字反映出，虽然有疫情影响，但是中国国内需求没有大幅减少。以农牧产品为例，巴西是世界最大的农牧产品出口国，中国是世界上重要的农牧产品进口国，双边贸易结构表现出了中巴贸易的互补性、互利性。

---

① 许鑫怡、曹历娟、李天祥：《新冠疫情下的中巴大豆贸易：现状、机遇与挑战》，《大豆科学》2021年第4期。

（三）中国对巴西投资发展迅速，投资结构逐步优化

双边投资是中巴经贸合作的重要内容，近年来中国已经成为巴西第一大外资来源国。从最初以资源寻求型为主要特征、主要流向资源开采业，到近年来投资结构逐步优化，中国对巴西投资发展迅速。

1. 通过企业并购等途径开展的投资规模大

巴西作为拉美地区第一大经济体，自然资源丰富，市场需求巨大，政治经济形势较为稳定，对外国资本投资限制相对较少，吸引了包括中国企业在内的全球投资者的目光。联合国《2018 年世界投资报告》数据显示，在全球外国直接投资下降23%的背景下，2017 年巴西吸引了全球 627 亿美元的外国直接投资，同比增长 8.1%，位列全球第四，仅次于美国、中国和中国香港[1]。2017 年中国对巴西直接投资 6.43 亿美元，排名第 16 位，远低于美国 110.78 亿美元的投资额[2]。虽然中国对巴西直接投资规模不大，但通过其他途径如企业并购的方式开展的投资规模大。2017 年，拉美地区十大跨境并购交易中，有九项跨境并购发生在巴西，其中七项的买家来自中国，典型案例为中国国家电力投资集团出资 22.5 亿美元取得圣西芒水电站特许经营权的协议。

2. 投资模式不断丰富，投资结构不断优化

当前，中国对巴西投资呈现多点开花的状态，一方面中国企业对巴西的自然资源和农产品仍保持较高需求，巴西相关企业吸引了大量中国企业投资。例如在石油领域，2020 年中国石油天然气集团公司（CNPC）与巴西石油公司（Petrobras）签署了一份合作备忘录，在里约州建造炼油厂（Comperj 项目），预测完工还需要 30 亿美元。洛阳钼业以 1.5 亿美元买下

---

[1] 由于数据来源不同，此处数据与第一部分此项数据存在差异，为了说明巴西外国直接投资在全球的排名，此处使用了联合国《2018 年世界投资报告》的数据。

[2] 中华人民共和国驻巴西联邦共和国大使馆经济商务参赞处：《2017 年巴西吸收外国直接投资 603.45 亿美元》，2018 年 2 月 27 日，http：//br. mofcom. gov. cn/article/jmxw/201802/20180202715750. shtml。

英国英美资源集团（位于圣保罗州和戈亚斯州）的铌和磷酸盐的采购权。上海鹏欣集团下属的大康农业要投入 2 亿美元收购菲格瑞尔（Fiagril）57.57% 的股权。[①]

另一方面，除了传统企业外，部分高科技企业也开始在巴西投资。例如，电子视频监控产品供应商——海康威视看重巴西因城市暴力问题对监控摄像机产生的需求，力图成为巴西政府的主要供应商，并筹划在巴西开设工厂。此外，其他企业如华为、中兴、百度、联想等也开始不断加大在巴西的投资，在巴西市场扮演越来越重要的角色。

（四）金融合作规模不断扩大，形式不断丰富

随着中巴经贸关系向纵深发展，金融合作成为中巴经贸关系的新亮点。始于 2005 年的中巴金融合作规模不断扩大，形式不断丰富。

基础设施建设计划融资安排。基础设施落后一直是困扰巴西经济发展的主要障碍之一，基础设施资金需求量大，项目周期长，因此需要资金支持。国家开发银行在全球范围内投资了 3000 亿美元，其中 250 亿美元投向巴西，主要投资方向就是为巴西基础设施建设计划提供资金支持，主要方式包括贷款、租赁和发行债券等。国家开发银行在巴西的一项投资计划是将圣保罗的公交一卡通（bilhete único）支付模式转变为移动设备支付模式。

为巴西中小企业提供融资方案。巴西中小企业具有非常大的发展潜力，但缺乏资金一直是困扰其发展的重要因素。2017 年圣保罗州工业联合会外贸及国际关系部特意组织了研讨会，邀请中国五大银行的代表为巴西企业家介绍融资方案。融资领域包括但不限于贸易、信贷和房地产投资等。这为进一步开展中巴双边金额合作提供了新的方向。

银行间并购。近年来中国银行对巴西银行展开的并购逐渐增多。2014 年 8 月 30 日，中国建设银行收购巴西 BIC 银行总股本 72.00% 的股份买卖

---

① 《大康农业牵手巴西 Fiagril 更名元年开启国际化并购序幕》，中国证券网，2016 年 6 月 15 日，https://ggjd.cnstock.com/company/scp_ ggjd/tjd_ bbdj/201606/3817492.htm。

交易正式完成交割，涉及金额约16亿雷亚尔（按经合组织数据库2014年汇率，约合6.02亿美元）①。2020年中国建设银行再度注资2亿美元（约合6亿雷亚尔）。2016年12月1日，交通银行以5.25亿雷亚尔（约合10.74亿人民币）收购巴西BBM银行股份完成交割，获得BBM银行全部发行在外约80%的股份，这是交通银行开展的首次海外并购，此举有助于交通银行拓展巴西市场业务，服务于中巴两国投资与贸易活动，为中资企业"走出去"和巴西本地客户提供金融服务②。

考虑到目前巴西发展对于资金的巨大需求以及中国强大的融资能力，在未来一段时间内，中巴金融合作还有巨大的发展空间。中拉国际产能合作"3×3"新模式中的第三个"3"要求拓展基金、信贷、保险三条融资渠道，强调金融支持对于推动中拉经贸关系的作用。在此背景下，预计未来中巴金融合作的规模仍会继续扩大、程度仍会继续加深，但这需要巴西扩大金融开放程度、双方金融合作的形式不断丰富以及参与到金融合作中的主体不断增加。

六　巴西经济发展展望

2021年以来，全球新冠肺炎疫情得到一定程度的控制，全球疫苗接种率不断提高。综合来看，巴西经济有望摆脱2020年大幅下滑的局面，实现一定程度的复苏，但复苏程度仍取决于疫情得到控制的程度以及全球经济复苏带来的全球贸易和投资增长的程度。综合内外部环境和新冠肺炎疫情的影响，本报告对2021年巴西经济做出以下预测：

经济发展实现正增长。2021年10月国际货币基金组织（IMF）发布的《世界经济展望报告》预测2021年巴西经济增长5.2%，较7月份的预期降

---

① 《建设银行完成收购 BIC 银行 72% 股权》，经济参考网，2014 年 9 月 2 日，http：//www.jjckb.cn/2014－09/02/content_519355.htm。

② 《交通银行首次海外收购：控股巴西 BBM 银行》，环球网，http：//w.huanqiu.com/r/MV8wXzk3NTk4OTBfMjM1XzE0ODA1OTkwNjg＝。

低了 0.1 个百分点，但相较于 4 月份的预期提高了 1.5 个百分点，表现出对巴西经济增长谨慎乐观的态度。其中，农林牧渔业受市场行业利好、中国市场对巴西农产品需求旺盛、雷亚尔兑美元贬值提高了巴西大宗商品在国际市场上的竞争力等有利的影响，有望再创历史新高，增幅预计在 10% 以上。制造业受第二波疫情、相关限制措施造成的产量下降、原材料获取困难和生产成本上升的共同作用，预计增长速度较慢，全年产值预计将略高于疫情前水平。受疫情影响最为严重的服务业随着巴西疫情的缓和和整体经济的复苏，有望重新步入发展轨道，恢复增长。

进出口总额有望再创历史新高。随着疫情在全球得到初步控制，各国经济出现了一定反弹趋势，带动全球大宗商品价格上涨。预计 2021 年巴西进出口总额将达到约 5000 亿美元，创历史新高。其中，在出口平均价格和出口数量双增长的推动下，2021 年巴西出口额预计将超过 2800 亿美元。咖啡、玉米、大豆等产品价格上涨是农业出口大国巴西的出口额增加的重要因素。同样，随着巴西国内经济的复苏，2021 年巴西进口额预计也将达到约 2200 亿美元。天然气、石油、煤炭等巴西主要进口产品价格上涨是进口额增加的主要因素。

通货膨胀率大概率高于目标区间。巴西国家货币委员会设定的 2021 年通胀率管理目标中值为 3.75%，允许上下浮动 1.5 个百分点。随着电价、工业品价格的大幅上升，以及食品价格高于往年同期水平，巴西通货膨胀压力较大，最终通胀率可能远高于年初设定的目标区间。为此，巴西政府已经多次调高通货膨胀预期。例如当地时间 2021 年 9 月 16 日，巴西经济部将 2021 年巴西全国消费者价格指数从此前 6.2% 的年度预期提升至 8.4%，反映出巴西国内通货膨胀状况正在进一步加剧。

失业率有望下降。随着巴西国内经济的复苏，巴西失业率整体呈下降趋势。巴西国家地理统计局发布的数据显示，2021 年 6~8 月，巴西失业人数为 1370 万，失业率为 13.2%，失业率下降 1.4 个百分点，较上季度失业人数减少 110 万，降幅为 7.4%，失业率比 2020 年同期下降 1.2 个百分点，但失业人口仅减少 1%。同时，就业人数为 9020 万，较上一季度增长 350 万，增幅为4%。随着巴西经济的复苏，巴西失业率有望进一步降低，但降低幅度仍取决于巴西疫情的控制情况。

结　语

在疫苗接种覆盖率上升、各种防疫限制措施逐步放松带动消费和投资回暖、强劲的外部需求和财政刺激措施等因素的作用下，全球经济正在复苏。这会给高度依赖外部环境的巴西经济带来更多的机遇，也有利于巴西经济更快摆脱2020年的负增长，迎来复苏。但需要注意的是，巴西政府应该采用长期有效的政策工具提振国内的经济信心，改善财政绩效，加强社会保护，提高生产率，降低失业率，并高度重视可能存在的通货膨胀风险。

B.4
2020~2021年哥伦比亚经济发展分析与展望

严复雷　陈贝贝*

摘　要：　2020年突如其来的新冠肺炎疫情对哥伦比亚经济增长造成了重大冲击。快速蔓延的疫情导致国际市场需求骤降、产业链和供应链受阻、国际大宗商品价格大幅波动、正常经济活动受阻，哥伦比亚经济发展面临外部和内部环境骤然恶化的困局。2020年，哥伦比亚的对外贸易、外资引进快速萎缩，就业市场环境急剧恶化，失业率高企，扩张性财政政策致使赤字扩大、物价急速上涨、通货膨胀严重。尽管哥伦比亚政府采取积极措施应对疫情，但还是没能改变经济快速下滑的局面，2020年是自2008年金融危机以来经济状况最糟糕的一年。受疫情冲击，2020年中哥贸易额快速萎缩。2021年，新冠疫苗接种快速推进，国际市场需求逐渐恢复，原油、煤炭等国际大宗商品价格大涨，为哥伦比亚经济增长带来利好，但受到地缘政治和全球经济低迷等因素制约，哥伦比亚经济增长仍面临诸多挑战和不确定性。

关键词：　哥伦比亚　宏观经济　中哥经贸合作

---

* 严复雷，博士，西南科技大学经济管理学院副教授，主要研究方向为国际贸易学、金融学等；陈贝贝，西南科技大学经济管理学院应用经济学硕士研究生，主要研究方向为国际贸易学、金融学。

一 2020年度哥伦比亚经济发展概况

哥伦比亚总统杜克自2018年当选以来，财税改革法案落地、简政放权等改革措施在经济领域取得了实质性的进展，哥伦比亚在经历2016年、2017年经济增长减速的低谷后，2018年实现经济复苏，GDP同比增长2.5%，2019年GDP达到3945.7亿美元，同比增长3.3%，经济增长出现稳定趋势。然而，新冠肺炎疫情在全球蔓延，严重冲击了世界各国经济，2020年哥伦比亚GDP同比下降7%，下降幅度略高于拉丁美洲和加勒比地区（以下简称"拉美地区"或"拉美"）的平均水平（-6.9%）①。

2020年，哥伦比亚比索兑换美元的汇率跌宕起伏，从1月的1美元兑换3277哥伦比亚比索迅速贬值到3月的1∶4100，之后贬值程度逐渐减小，12月处于1∶3482的水平，使对外经贸受到一定的不利影响。受到石油、煤炭等资源品价格低迷的影响，国内通货膨胀率符合央行制定的目标通胀区间值，为1.61%，较2019年下降2.19个百分点。受到地缘政治因素影响，邻国委内瑞拉移民人数的增加给本来就遭到新冠肺炎疫情冲击的哥伦比亚的就业和财政造成巨大的压力，失业率攀升。综合来看，财政赤字扩大、汇率剧烈波动、对外贸易逆差、失业率飙升等是哥伦比亚2020年经济发展的主要特征。

二 2020～2021年影响哥伦比亚经济发展的主要因素

（一）新冠肺炎疫情成为阻碍哥伦比亚经济复苏的首要因素

2020年3月17日，哥伦比亚总统杜克宣布国家进入紧急状态，实施了

---

① ECLAC, "Economic Survey of Latin America and the Caribbean", 2022 (LC/PUB. 2022/9 - P), 2022, p. 211.

居家隔离、限制边境往来、暂停娱乐场所营业等一系列防疫措施和政策，根据美国约翰斯·霍普金斯大学截至2021年7月30日的统计数据，哥伦比亚累计确诊病例达478万例，死亡12万人，累计确诊病例总数在拉美地区排名第三，仅次于巴西和阿根廷。为应对新冠肺炎疫情采取的必要性防疫措施必然在短期内对哥伦比亚经济造成负面影响，阻碍其2018年来的经济稳定复苏态势，主要表现如下。

1. 新冠肺炎疫情防控措施直接影响了对外贸易

为控制新冠肺炎疫情，缓解公共卫生危机，哥伦比亚政府实施了边境管制、居家隔离、检疫手续从严等防疫必要措施，致使国际运输仓位紧缺，对物流人员及货物的检查更加严格，甚至限制游轮停靠港口，对哥伦比亚海运、空运、陆运产生了负面影响，尤其是海上贸易。拉加经委会资料显示，2020年上半年哥伦比亚巴兰基亚（Barranquilla）、布埃纳文图拉（Buenaventura）和卡塔赫纳（Cartagena）港口的集装箱海运贸易活动较2019年同期分别下降了20.2%、14%、3.1%①。另外，边境的限制性措施也使货物运输延误、物流价格高企，这增加了企业外贸业务的时间和成本，物流运输成为哥伦比亚进出口贸易的一大挑战。从外部环境看，全球经贸形势不容乐观，世界贸易量大幅缩减，世界贸易组织报告显示2020年全球货物贸易总额同比下降了5.3%，旅游和运输服务分别同比下降了63%和19%②。拉美地区的贸易表现是自2008年全球金融危机以来最差的，拉加经委会资料显示，2020年拉美地区的货物出口值和进口值分别同比下降9.5%和15.4%③。欧洲国家和美国新冠肺炎疫情的持续恶化使哥伦比亚国际贸易外部环境恶化，需求骤降。例如，哥伦比亚鲜花产业出口受新冠肺炎疫情重创，哥伦比亚是全球第二大鲜切花出口国，其鲜花产品主要出口欧美发达国家，但受新冠肺炎疫情影响，欧美国

① ECLAC, "International Trade Outlook for Latin America and the Caribbean", 2020 (LC/PUB. 2020/21 - P), 2021, p. 46.
② 技术性贸易措施信息服务平台：《2020年全球货物贸易总额下降5.3% ——WTO发布2021年年度报告》，2021年7月16日，https://mp.weixin.qq.com/s/PS8x8MGwWT2vuyF77ALsOA。
③ ECLAC, "International Trade Outlook for Latin America and the Caribbean", Summary (LC/PUB. 2021/14 - P/Rev. 1), 2021, p. 89.

家需求大幅下降，国际订单锐减，加之新冠肺炎疫情下物流运输价格高昂、运力下降，哥伦比亚鲜花企业利润缩水，损失巨大，据该国鲜花出口协会数据，2020年5月哥伦比亚全国鲜花出口较去年同期下降了40%[①]，于是不少企业将目光转向了国内市场和亚洲市场。另外，煤炭是哥伦比亚仅次于石油的第二大出口创汇商品，而全球需求疲软，煤炭价格下跌，加之长达三个月的罢工活动导致哥伦比亚煤炭出口和产量双双下滑（根据哥伦比亚国家统计局的数据，2020年哥伦比亚煤炭产量同比下降40%，煤炭出口累计为7119.0万吨，同比下降4.7%），煤炭出口创汇收入下降。塞雷洪公司（Cerrejon）是哥伦比亚最大的煤炭生产商之一，2020年煤炭出口量为1360万吨，同比下降48.2%，创18年来新低[②]。

2. 新冠肺炎疫情致使失业率急剧攀升

由于全球经济增长乏力，以及哥伦比亚原油、鲜花等主要行业的机械化、自动化程度提升，生产企业对一般劳动力需求下降，从2016年开始，哥伦比亚的就业情况逐渐恶化，2019年失业率加速上升至9.96%，新冠肺炎疫情的发生使这一情况进一步加剧。受防疫措施影响，企业被迫停工停产，经济活动暂停或受限，大批就业者面临家庭收入下降或就业机会减少的困境，拉加经委会公布的资料显示，新冠肺炎疫情使就业岗位减少了490万个，使城市地区的就业人数减少了四分之一，尤其是非正规就业者，限制性隔离措施令其失去了维持生计的途径，直接面临失业的残酷现实。2020年5月，哥伦比亚就业形势持续恶化到灾难性的局面，失业率高达21.4%，在哥伦比亚政府开始放松对流动性的限制、部分经济活动逐渐恢复后，一些自营业者重返岗位，就业状况有所好转，但整体上2020年哥伦比亚失业率上升至15.44%，高于2008年全球金融危机后的失业率，是近13年以来的最高水平。

---

① 《因疫情影响哥伦比亚鲜花产业受重创 出口订单锐减》，环球网，2020年6月17日，https://world.huanqiu.com/article/3ygtPX2hO2Q。

② 《多重因素影响哥伦比亚塞雷洪公司2020年煤炭产销量大降》，煤炭网，2020年1月14日，http：//www.coal.com.cn/News/403688.htm。

3. 新冠肺炎疫情致使财政赤字扩大，债务恶化

受新冠肺炎疫情影响，一方面，国内正常的经济活动受限，商业活动受阻，私人消费下降，导致政府税收大幅下降，特别是餐饮、酒店、酒吧和汽车销售等服务性行业的税收收入下降最为严重。为缓解国内旅游业和航空业的压力，哥伦比亚总统杜克宣布实施报税延缓期限以及旅游业财政款项支付的相关措施。拉加经委会资料显示，2020 年 1～9 月哥伦比亚增值税收入同比下降 13.2%，所得税收入同比下降 7%[1]。另一方面，哥伦比亚政府扩大了公共支出以减轻新冠肺炎疫情的不利影响。具体采取的措施有：强化公共卫生系统，缓解卫生健康危机；解决民生保障问题，增加对弱势群体的财政支出转移，尤其是为非正规就业者创造新的转移收入；缓解企业财务危机，给予企业补贴，降低新冠肺炎疫情对就业的消极影响。这些扩大的财政支出很大程度上是政府转移支付的增加，包括补贴、退休金和其他养老金、社会福利等项目。哥伦比亚财政部部长在 2020 年 10 月 18 日披露，哥政府为缓解新冠肺炎疫情带来的负面影响已斥资 35 万亿哥伦比亚比索，占全年 GDP 的 3.5%[2]。因此，新冠肺炎疫情影响下哥伦比亚政府收入减少、支出增加的反向变化使其被迫改变了政府在收入、支出和借贷方面的财务计划，哥伦比亚财政规则咨询委员会甚至决定放弃 2020 年和 2021 年的财政规则。2020 年 3 月，标准普尔将哥伦比亚的评级维持在"BBB"，前景从稳定变为负面，4 月，惠誉将评级从"BBB"下调至"BBB－"，2021 年 5 月，标准普尔将哥伦比亚的长期外币评级下调至"BB＋"，理由是哥伦比亚财政调整可能比先前估计得更长、更渐进，从而降低了扭转最近公共财政恶化的可能性[3]。

税收的减少加之以转移支出和补贴形式增加的政府支出，导致财政账户

---

① ECLAC, *Preliminary Overview of the Economies of Latin America and the Caribbean 2020*, United Nations, 2021, p. 83.

② 《哥伦比亚政府抗疫开支已达 35 万亿比索 占 GDP 比重 3.5%》，中国新闻网，2020 年 10 月 19 日，https：//www. chinanews. com. cn/gj/2020/10－19/9316815. shtml。

③ Reuters，"Mercados de Colombia en caída libre luego de que S&P le retirara el grado de inversión al país"，May 20, 2021. https：//www. americaeconomia. com/economia-mercados/finanzas/mercados- de－colombia－en－caida－libre－luego－de－que－sp－le－retirara－el－grado.

赤字扩大，哥政府公共债务状况恶化。2019 年 12 月，哥伦比亚中央政府公共债务占 GDP 的比重为48.6%，而 2020 年底哥伦比亚中央政府公共债务占GDP 的比重达到61.4%，虽低于巴西（89.3%）和阿根廷（104.5%），但在拉美国家中属于较高水平（见图1）。

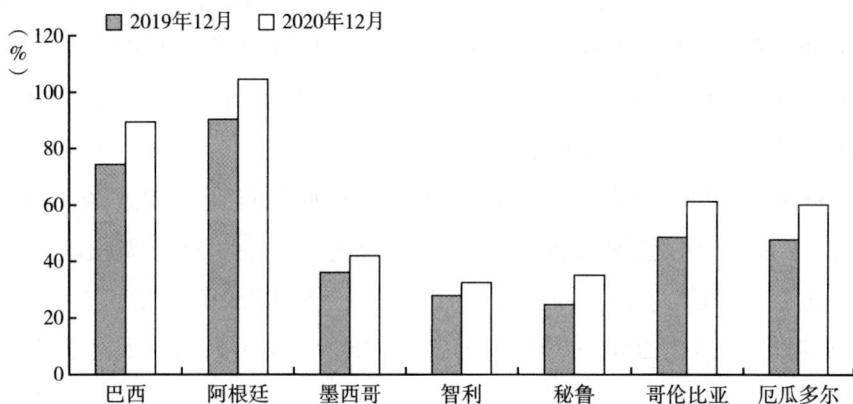

图1　2019 年 12 月和 2020 年 12 月拉美 7 个国家中央政府公共债务总额占 GDP 比重

资料来源：ECLAC，"Fiscal Panorama of Latin America and the Caribbean（2021）"，April 2021，p. 30. https：//www. cepal. org/es/publicaciones/46808 – panorama – fiscal – america – latina – caribe – 2021 – desafios-la-politica – fiscal – la。

（二）国际原油价格巨幅波动对哥伦比亚经济产生不利影响

2020 年国际原油市场价格大幅波动，作为世界原油市场上三大基准价格之一的美国西得克萨斯轻质原油价格（简称"WTI 原油期货价格"）甚至出现"负油价"。2020 年 1 月，国际油价处于约 60 美元/桶的水平，新冠肺炎疫情发生后，全球市场对原油需求骤减，加之 3 月份"OPEC +"[①] 委员会会议未达成原油减产协议，沙特等 OPEC 组织产油大国为了与俄罗斯等国争夺石油市场，大幅增加原油产量以抢占市场份额，导致原油价格暴跌，

---

① "OPEC +" 委员会会议是指石油输出国组织（OPEC）的 13 个成员国与俄罗斯等非 OPEC 成员国的产油大国召开的全球石油供应大会。

2020 年 3 月 17 日，国际原油价格驶入历史低位，布伦特原油期货价格下降到约 30 美元/桶，较年初价格下降约 50%。2020 年 4 月，沙特、俄罗斯等多国联合减产，但由于美国页岩油产量过多，且其输送及储存接近满负荷状态，加之国际原油需求还未完全恢复，2020 年 4 月 20 日，美国 5 月份 WTI 原油期货价格降至历史最低点，惊现"负油价"，约为 -37 美元/桶。从 2020 年 5 月起，随着中国经济的快速复苏，OPEC + 成员如期开始减产，月末国际原油价格反弹，布伦特原油期货价格收盘于约 38 美元/桶，之后，2020 年下半年，国际原油价格整体呈复苏态势。

哥伦比亚是拉丁美洲第四大原油生产国，石油是哥伦比亚最重要的出口产品之一，是其经济发展的关键驱动力，国际原油价格上涨有利于哥伦比亚获得外汇收入，促进国内经济发展。2019 年哥伦比亚日均石油产量增长 2.4%，至 88.59 万桶[1]。但 2020 年全球石油需求大幅下降，油价崩跌，加之长达数月之久的防疫措施的封锁，哥伦比亚石油产量预期下降，哥伦比亚石油行业拉响警报，哥各大石油企业最大程度优化开支以应对盈利的缩减，哥最大油企哥伦比亚石油公司表示，其采取了压缩办公开支、削减本年度计划投资额、延期发放大股东部分股息等紧缩财政支出措施[2]。据哥伦比亚石油协会统计，2020 年石油生产投资降至 17 亿美元，同比下降 48%，2020 年哥伦比亚的日均石油产量下降至 78 万桶[3]。随着世界各国防疫取得成效，世界经济逐步复苏，对原油需求回暖，WTI 原油期货价格从 2020 年 4 月 20 日最低点的 -7.02 美元上涨到 2021 年 6 月 16 日的 72.99 美元，这对于严重依赖石油出口获取外汇收入，以便缓解政府财政赤字压力、推动经济增长的哥伦比亚来说无疑是个重大利好。

---

[1] 《2019 年哥伦比亚石油产量增长 2.4%》，光明网，2020 年 2 月 5 日，https://m.gmw.cn/baijia/2020 - 02/05/1300920043.html。

[2] 《哥伦比亚〈证券报〉：国际油价暴跌，哥石油行业拉响警报》，中华人民共和国驻哥伦比亚共和国大使馆经济商务处，2020 年 3 月 18 日，http://co.mofcom.gov.cn/article/jmxw/202003/20200302946017.shtml。

[3] 《2020 年哥伦比亚油气投资下降 49%》，中国石化新闻网，2021 年 2 月 3 日，http://www.sinopecnews.com/news/content/2021 - 02/03/content_ 1842292.htm。

（三）美国贸易保护主义对哥伦比亚经济带来不利影响

2018年以来，世界市场需求低迷，经济增长乏力，国际贸易摩擦逐年增加，贸易保护主义抬头，特别是美国总统特朗普入主白宫以来，奉行"美国优先""购买美国货"等外贸政策，特朗普政府的狭隘民族主义、贸易保护主义、单边主义、霸权主义等政策主张与具体措施对全球贸易投资自由化与便利化造成非常不利影响，严重阻碍了世界经济增长。美国仍是哥伦比亚的第一大贸易伙伴国，美国的贸易保护主义给哥伦比亚的咖啡、鲜切花等特色产品出口欧美发达国家市场设置了诸多贸易壁垒。在贸易保护主义和新冠肺炎疫情的双重影响下，2020年哥伦比亚货物出口额为310.6亿美元，同比下降21.3%（见图2），哥伦比亚外贸部门压力倍增，出口创汇收入下降。美国是哥伦比亚最重要的出口目的国之一，2020年占哥伦比亚总出口额的28.7%，长期主要依赖美国的哥伦比亚外贸在特朗普贸易保护主义政策下压力重重，增长缓慢。近年来，中国与哥伦比亚在政治上互信，在经济上加大贸易往来，哥伦比亚特色产品对中国的出口大幅增长，2018年同比增长102.3%，2019年同比增长9.4%，受疫情影响2020年同比下降39.7%，哥伦比亚对中国货物出口额占其出口总额的比重扩大，这也在一定程度上表明在美国贸易保护主义日趋严重的环境下，中国进一步扩大开放，与世界共享中国发展红利，哥伦比亚与中国的双边贸易趋势向好。

（四）税制改革计划流产冲击哥伦比亚经济增长

2021年4月下旬，哥伦比亚总统杜克宣布将推出新的财政改革法案，增加税收并减少政府开支，该计划引发了哥伦比亚全国性抗议活动，民众纷纷走上街头进行示威游行，联合工会随后加入抗议行列，宣布2021年4月28日举行全面罢工，抗议者甚至与国家安全部队发生了暴力冲突，还蓄意破坏警察局、封锁主要的国家公路和太平洋沿岸的主要港口，导致全国的食品供应中断。这场抗议活动使本已因新冠肺炎疫情封锁限制而紧

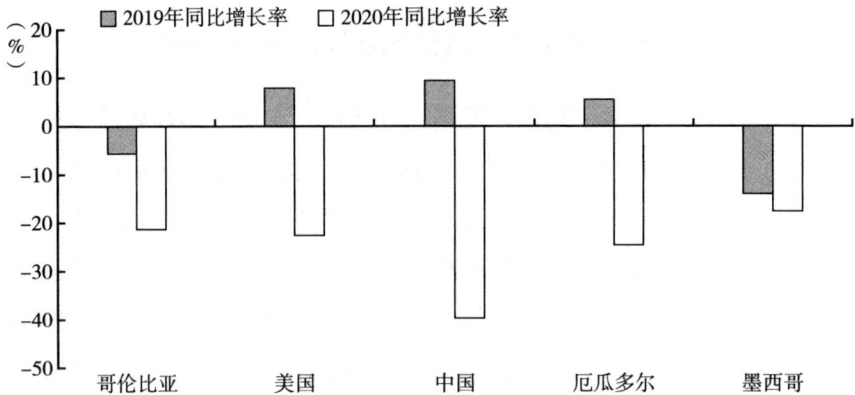

图2　2019～2020年哥伦比亚及其对主要出口市场出口总额同比增长率

资料来源：哥伦比亚国家统计局，https：//www. dane. gov. co/index. php/estadisticas –
por – tema/comercio – internacional/exportaciones。

张的供应链陷入困境，进一步对经济造成冲击，2021 年 5 月，哥伦比亚
的物价水平暴涨，达到 3.3%，是 1998 年以来的最大增幅。2021 年 5 月
14 日，西班牙对外银行高级经济学家发布的报告强调，这场大规模抗议
活动将对经济产生较为强烈的冲击，对哥伦比亚第二季度 GDP 增长造成
负面影响。[1]

三　当前哥伦比亚经济发展状况

（一）2021年哥伦比亚经济逐渐复苏

为控制新冠肺炎疫情的蔓延，哥伦比亚政府采取了封锁措施，导致其住
宿和餐饮业、建筑业、采矿和采石业出现大幅下滑。新冠肺炎疫情使哥伦比
亚经济政策不确定性增加，经济复苏压力加大。根据世界银行数据，2020

---

[1]　BBVA，"Colombia ｜ The economic activity recovered strongly at the beginning of 2021"，May 14，
2021. https：//www. bbvaresearch. com/en/publicaciones/colombia – the – economic – activity –
recovered – strongly – at – the – beginning – of – 2021/.

年哥伦比亚 GDP 较 2019 年下降 7%，这个经济数据为 1905 年有记录以来的最差数据，2018 年、2019 年的经济复苏态势中断。在疫苗接种计划实施，人员流动管制逐步取消，家庭消费和投资实现反弹，原油、煤炭等国际大宗商品价格持续上涨等因素的推动下，2021 年哥伦比亚 GDP 同比增长 10.6%（见图 3）。

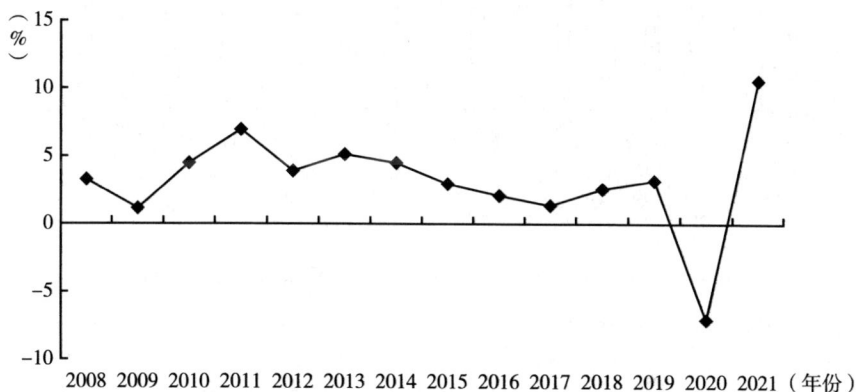

图 3　2008～2021 年哥伦比亚 GDP 同比增长率

资料来源：世界银行数据库，https：//data. worldbank. org/。

分季度看，2020 年第一季度哥伦比亚 GDP 同比增长 0.8%，第二季度 GDP 同比下降 16.6%，是 2020 年经济表现最糟糕的季度，随着哥伦比亚国内经济活动部分恢复，第三、第四季度分别同比下降 8.8% 和 3.6%，均小于第二季度下降幅度，2021 年第一、第二、第三、第四季度分别同比增长 0.9%、18.3%、13.7% 和 10.8%（见图 4），经济复苏势头逐渐明显。

新冠疫苗如同"及时雨"。2021 年 2 月 20 日，首批 19.2 万剂中国科兴疫苗运抵哥伦比亚，4 月 27 日下午，最后一批 100 万剂中国科兴疫苗运抵哥伦比亚埃尔多拉多机场（El Dorado），哥伦比亚政府向科兴公司定购的 750 万剂新冠疫苗已全部交付完毕。截至 7 月，已有 210 万剂由私营企业购买的科兴疫苗送达哥伦比亚，足够供全国 2600 家购买了新冠疫苗的私企完成下属员工的

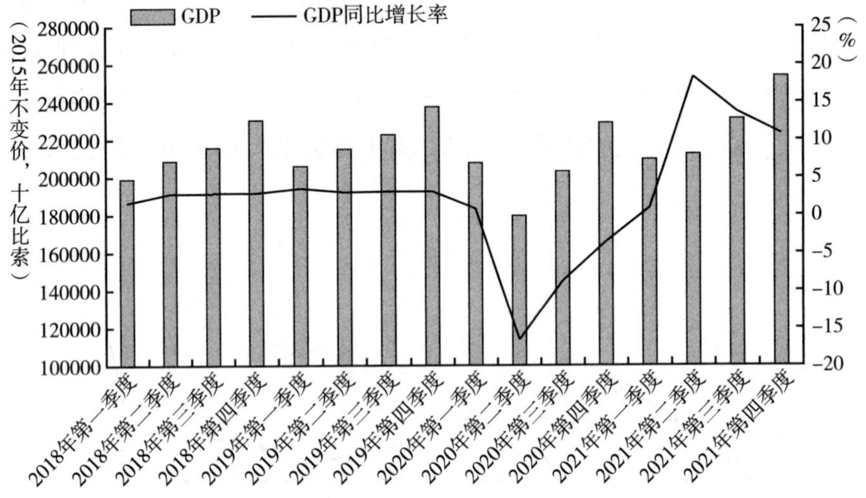

图4　2018～2021年哥伦比亚各季度GDP及其同比增长率

资料来源：哥伦比亚国家统计局，https：//www. dane. gov. co/index. php/estadisticas－por－tema/。

接种工作。截至7月1日，哥伦比亚累计接种新冠疫苗1858万剂①，完全接种新冠疫苗的人口比例为13.85%，高于世界平均水平（8.18%），仅部分接种新冠疫苗的人口比例为8.86%，低于世界平均水平（15.54%）②。另外，根据哥伦比亚卫生当局统计的数据，截至7月19日，哥伦比亚已经收到超过3156万剂新冠疫苗，其中已应用剂量超过1025万剂③。新冠疫苗在哥伦比亚接种进程加快，有助于更快地实现群体免疫，促进国内经济和社会活动恢复。

从支出法形成的国内生产总值角度来看，根据哥伦比亚国家统计局的数据，2020年第一季度哥伦比亚的最终消费支出同比增长3.1%，第二、第三、第四季度分别同比下降11.9%、6.7%、0.8%，但这三个季度持续环

① 《2021年7月4日全球新冠肺炎疫情及疫苗接种简报：日新增37.1万，全国多地恢复新冠病毒疫苗首针接种》，2021年7月4日，https：//www. medsci. cn/article/show_ article. do? id＝1a5d213e16cd。

② "Coronavirus（COVID－19）Vaccinations"，Our World in Data，September 27, 2021. https：//ourworldindata. org/covid－vaccinations.

③ 《哥伦比亚企业购60万剂科兴疫苗为员工接种》，南美侨报网，2021年7月20日，http：//www. br－cn. com/news/nm_ news/20210720/170715. html。

比增长。2021 年第一季度最终消费支出同比增长 1.78%，第二季度同比增长 21.8%，表明国内需求逐渐回暖，是哥伦比亚经济复苏的主要动力（见图 5）。哥伦比亚的资本形成总额 2020 年的四个季度均比去年同期下降，2021 年第一季度实现同比增长 1.76%，第二季度同比增长 29.5%（见图 6）。哥伦比亚净出口额在 2020 年第二季度最低，比 2019 年同期下降了 40.6%（见图 7），这是因为第二季度哥伦比亚进口同比下降幅度远远小于出口同比下降幅度。2021 年第二季度净出口额较去年同期大幅增加，同比增长 129.3%。由此可见，新冠肺炎疫情在消费、投资、进出口贸易三个方面都对哥伦比亚 2020 年经济增长造成了冲击，拖累其经济增长。随着哥伦比亚疫苗接种计划推进，2021 年第一、第二季度哥伦比亚经济表现稍微好转，但经济不确定性依然存在。

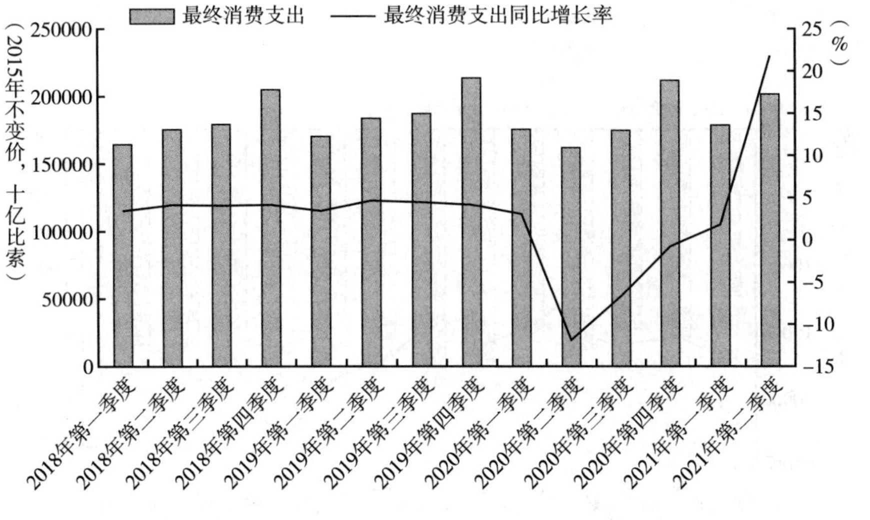

图 5　2018 年第一季度～2021 年第二季度哥伦比亚各季度最终消费支出及其同比增长率

资料来源：哥伦比亚国家统计局，https：//www. dane. gov. co/index. php/estadisticas－por－tema/。

（二）全球通货膨胀预期令哥伦比亚经济增长喜忧参半

自 2016 年来，哥伦比亚年通货膨胀率保持了连续 3 年的下降趋势，但

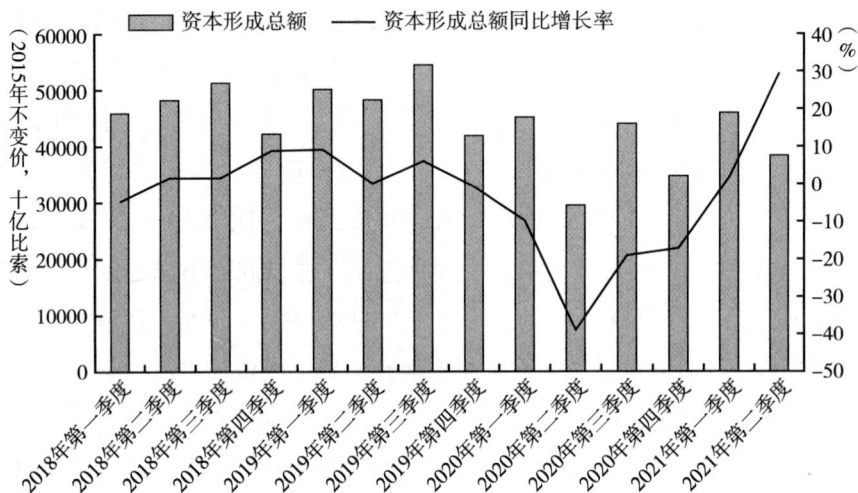

图 6　2018 年第一季度~2021 年第二季度哥伦比亚各季度资本形成总额及其同比增长率

资料来源：哥伦比亚国家统计局，https：//www. dane. gov. co/index. php/estadisticas – por – tema/。

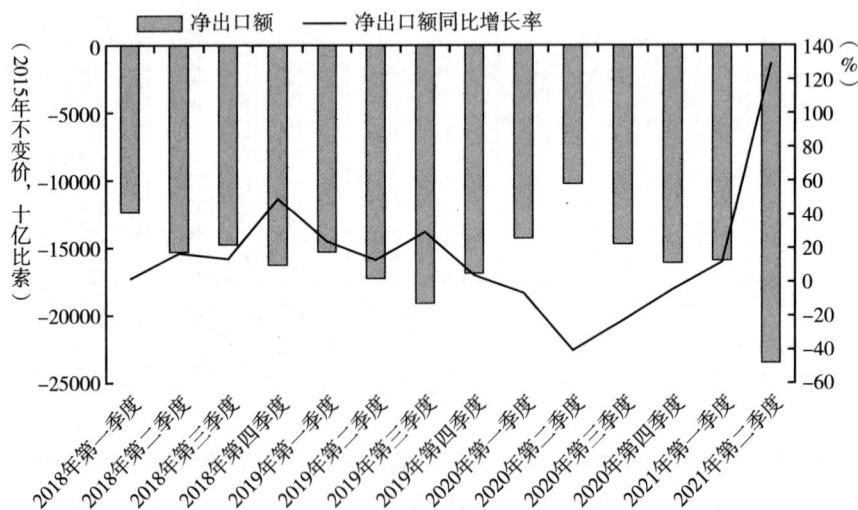

图 7　2018 年第一季度~2021 年第二季度哥伦比亚各季度净出口额及其同比增长率

资料来源：哥伦比亚国家统计局，https：//www. dane. gov. co/index. php/estadisticas – por – tema/。

2019 年，哥伦比亚比索兑美元大幅贬值、国内部分商品短期供给冲击等因素推高了哥伦比亚通货膨胀，食品和非酒精饮料、教育、烟酒、住宿和餐饮四个领域消费价格增幅高于总体①，尽管如此，哥伦比亚 2019 年通货膨胀率为 3.80%，比 2018 年高 0.62 个百分点，在哥伦比亚央行 2%~4% 的通货膨胀率目标区间内。2020 年在新冠肺炎疫情背景下，限制经济活动的影响反映在了消费者价格指数上，2020 年通货膨胀率为 1.61%，相比 2019 年 3.80% 的通货膨胀率，低 2.19 个百分点，延续了 2016 年以来哥伦比亚通货膨胀率整体下降的趋势，低于目标通货膨胀率 3 个百分点（见图 8）。

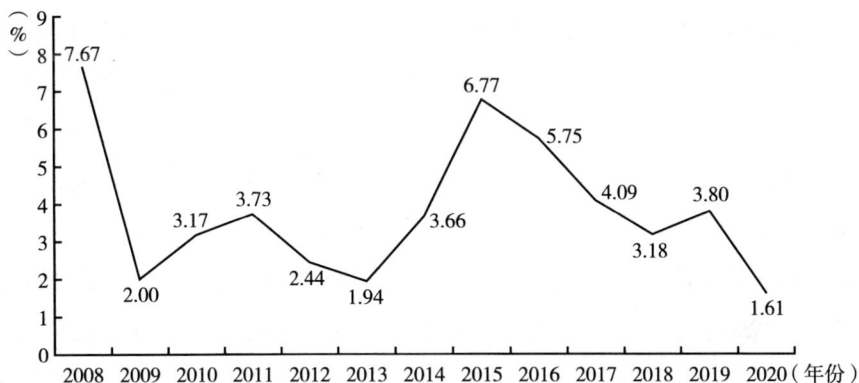

图 8 2008~2020 年哥伦比亚通货膨胀率

资料来源：哥伦比亚国家统计局，https：//www.dane.gov.co/index.php/estadisticas－por－tema/。

在新冠肺炎疫情背景下，美国为促进经济复苏，采取了"无上限"量化宽松货币政策，导致全球通货膨胀风险上升，给哥伦比亚带来输入型通货膨胀风险压力，且哥伦比亚 2021 年 4 月底爆发了反对政府财税改革方案的全国性示威游行，抗议造成国家主要高速公路、港口等被封锁，全国各地商品供应链中断，2021 年 5 月通胀率创 1998 年以来的最大涨幅，涨幅达 1.35 个百分点，通胀率从 4 月份的 1.95% 上涨到 5 月份的 3.3%，6 月份仍维持在 3.63%。适度温和的通货膨胀有助于增强经济活力，促进经济增长，但

---

① 《哥伦比亚综合媒体：2019 年哥通胀率为 3.80%，较上年增加 0.62 个百分点》，中华人民共和国驻哥伦比亚共和国大使馆经济商务处，2020 年 1 月 8 日，http：//co.mofcom. gov.cn/article/jmxw/202001/20200102928592.shtml。

输入型通货膨胀往往会给哥伦比亚政府自身的货币政策、财政政策实施效果带来诸多挑战，2020 年 2 ~ 9 月哥伦比亚央行连续 6 次下调利率以刺激经济增长，2021 年前三季度哥伦比亚央行利率为 1.75%，但由于通胀风险上升，第四季度哥伦比亚央行将货币政策基准利率调整为 2.5%。[1]

（三）哥伦比亚比索汇率不稳给经济增长带来挑战

2019 年拉丁美洲多国货币兑美元贬值，哥伦比亚比索平均贬值了 11%，尤其是 2019 年 8 ~ 12 月，哥伦比亚比索兑美元汇率（月平均）在 3400 比索/美元上下波动，11 月 27 日，哥伦比亚比索兑美元汇率跌至 3502.97∶1，其原因是哥伦比亚国内爆发民众抗议、全国大罢工，加之邻国政治动荡、民众抗议激烈，各国财政政策或偏向民粹主义，这些不确定性因素引发国际投资者对其政治经济风险的担忧。2020 年，新冠肺炎疫情的发生使哥伦比亚比索雪上加霜，全球需求疲软，油价连续下跌，煤炭出口萎缩，哥伦比亚比索大幅贬值，2020 年 4 月，月平均汇率为 3986.56 哥伦比亚比索/美元，再创历史新低点，12 月哥伦比亚比索兑美元汇率回升到 3400 比索/美元上下，月平均为 3468.5 比索/美元（见图 9），这受益于油价的复苏。2021 年上半年哥伦比亚比索兑美元汇率整体降低，6 月平均汇率为 3756.67 比索/美元，这有益于哥伦比亚石油、煤炭、咖啡等产品的出口，增加其外汇储备。

（四）吸纳外国直接投资压力大

根据世界银行《全球营商环境报告》，自 2014 年以来哥伦比亚营商环境排名整体呈下降趋势，在 2018 年、2019 年排名分别为第 65 位、第 67 位（参与排名经济体共 190 个），哥伦比亚的排名在拉美主要经济体中落后于智利、墨西哥，但好于巴西和阿根廷。从外国直接投资（FDI）流量看，根据拉加经委会数据，2014 ~ 2018 年哥伦比亚吸纳外国直接投资流量整体呈下降趋势，2014 年哥伦比亚吸纳外国直接投资额为 161.69 亿美元，而 2018 年下降至

---

[1] ECLAC, "Economic Survey of Latin America and the Caribbean", 2022 (LC/PUB.2022/9 – P), 2022, p.238.

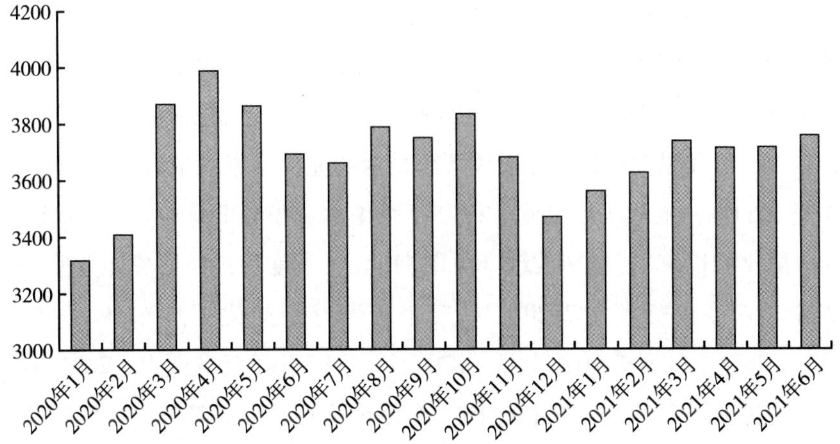

图9 2020年～2021年6月各月哥伦比亚比索兑美元月平均汇率

资料来源：2020 年数据来自 CEIC Data，https：//www. ceicdata. com/zh－hans/indicator/colombia/exchange－rate－against－usd；2021 年数据来自哥伦比亚央行经济指标公报，https：//www. banrep. gov. co/es/bie。

115. 35 亿美元。2018 年 8 月，哥伦比亚新任总统杜克上台后，大力推动财税改革、"简洁政府"、"橙色经济" 等一系列措施，2019 年哥吸纳外国直接投资额大幅增长，达到 143. 13 亿美元，同比增长 24. 1%（见图 10）。

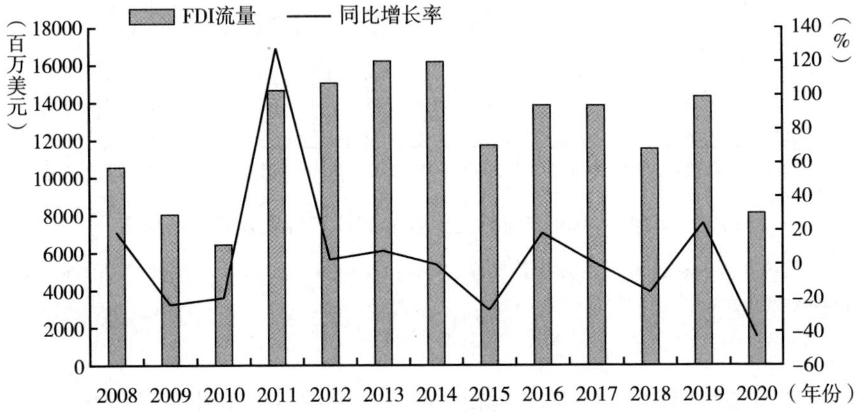

图10 2008～2020年哥伦比亚吸纳 FDI 流量及其同比增长率

资料来源：拉加经委会：《2021 年拉丁美洲和加勒比地区外国直接投资》，第 74 页。

由于新冠肺炎疫情冲击，全球经济低迷，哥伦比亚经济萎缩，2020年哥吸纳外国直接投资额显著下降，流入量仅有81亿美元，同比下降了43.4%，这是自2009年和2010年以来，哥吸纳外国直接投资额首次降至100亿美元以下，其中自然资源类和制造业投资下降最为明显，其流入量较2019年分别下降47%、60%。从FDI存量看，2020年哥伦比亚吸纳FDI存量为2122.99亿美元，同比增长4%，增速放缓（见图11）。分季度看，根据统计数据，哥伦比亚外国直接投资额在2020年的四个季度分别同比下降6.5%、66.5%、73.3%、38.1%，下滑幅度较大，其中第三季度下降至最低点，2021年第一季度虽同比下降25.9%，但相比前三个季度有所增长，2021年第二、第三、第四季度分别同比增长48.2%、226.8%、4.7%，可见，2021年哥伦比亚外国投资情况较2020年有好转，但仍然低于疫情前的水平（见图12）。

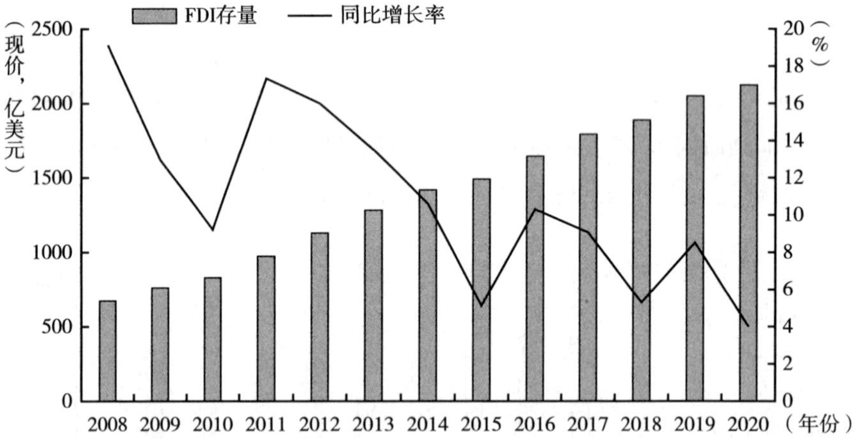

图11　2008～2020年哥伦比亚吸纳FDI存量及其同比增长率

资料来源：联合国贸发会议数据库，https：//unctadstat. unctad. org/wds/TableViewer/tableView. aspx。

（五）对外贸易萎缩与持续的贸易逆差仍将不利于哥伦比亚经济增长

2018年杜克总统执政以来，支持私人企业和自由市场的发展，2019

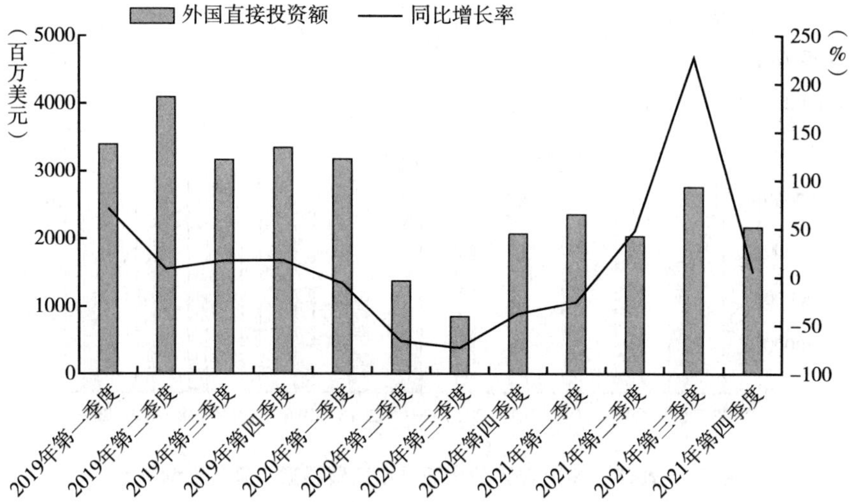

图 12　2019 年第一季度到 2021 年第四季度哥伦比亚的
外国直接投资额及其同比增长率

资料来源：CEIC Data，https：//www.ceicdata.com/zh - hans/indicator/colombia/foreign - direct - investment。

年实现经济持续增长，但外贸部门表现较差，尤其是 2019 年下半年受全国大罢工影响后。尽管 2019 年哥伦比亚比索大幅贬值，哥伦比亚的非传统出口部门却没有实现显著增长，进口则仍保持增长态势。哥伦比亚国家统计局数据显示，2019 年出口额为 394.9 亿美元，同比下降 6%，进口额为 502.7 亿美元，同比增长 3%，贸易逆差进一步扩大，达到 107.8 亿美元。2020 年在新冠肺炎疫情之下，全球石油、煤炭需求大幅下降，矿产品是哥伦比亚最主要的出口产品，其销售量受新冠肺炎疫情影响大幅下跌，哥伦比亚国内需求因限制性隔离政策而活力降低，哥伦比亚出口、进口贸易额双双下滑，2020 年出口额为 310.6 亿美元，同比下降 21.3%，进口额为 411.9 亿美元，同比下降 18.1%（见图 13）。可见，2020 年哥伦比亚出口下降幅度大于进口，因此，其贸易逆差仍然显著，2020 年进出口贸易逆差额为 101.3 亿美元，只同比下降了 6%（见图 14）。

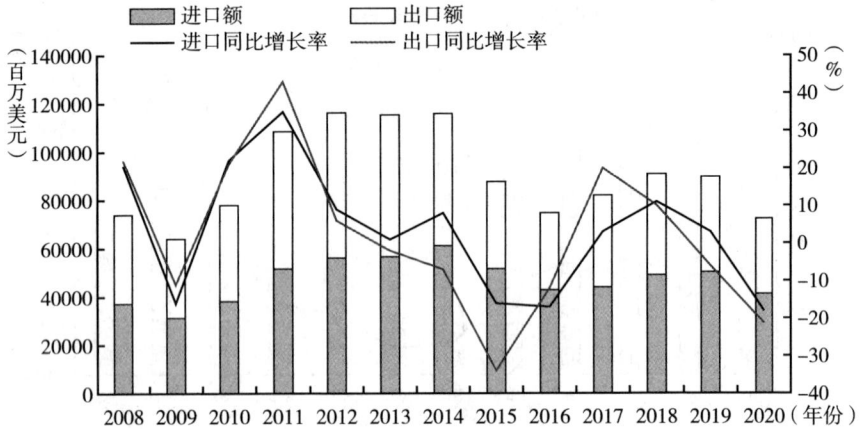

图 13　2008~2020 年哥伦比亚进出口贸易额及其同比增长率

资料来源：哥伦比亚国家统计局，https：//www.dane.gov.co/index.php/estadisticas - por - tema/comercio - internacional/balanza - comercial。

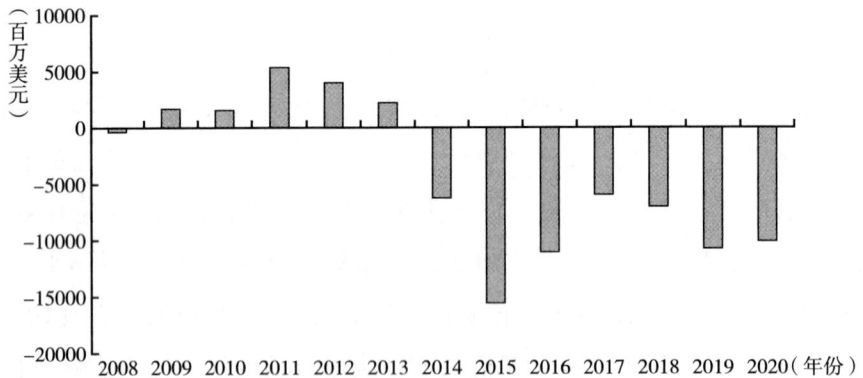

图 14　2008~2020 年哥伦比亚进出口贸易差额

资料来源：哥伦比亚国家统计局，https：//www.dane.gov.co/index.php/estadisticas - por - tema/comercio - internacional/balanza - comercial。

从贸易差额来看，2019 年哥伦比亚对外贸易逆差主要来自中国、墨西哥、美国，分别为 66.2 亿美元、24.7 亿美元、19.9 亿美元，中国是其产生贸易逆差最主要来源国；同年其对外贸易顺差主要来自巴拿马和厄瓜多尔，顺差额分别为27.5亿美元和11.3亿美元①。哥伦比亚国家统计局数据显示，2020年中国仍是哥伦比亚最主要的贸易逆差来源国，贸易逆差额最大，为70.5亿美元，其次是墨西哥、德国、巴西、美国，贸易逆差额分别为16.7亿美元、10.9亿美元、10.5亿美元、9.9亿美元。

从出口目的国看，美国、中国、厄瓜多尔是哥伦比亚三个最重要的出口市场，根据哥伦比亚国家统计局公布的数据，2020年美国是哥伦比亚第一大出口目的国，哥伦比亚对美国出口额为89.2亿美元，同比下降22.6%，占哥伦比亚出口总额的28.7%，对中国出口27.5亿美元，同比下降39.7%，占哥伦比亚出口总额的8.9%，对厄瓜多尔出口14.7亿美元，同比下降24.6%，占哥伦比亚出口总额的4.7%（见表1），其次是墨西哥、秘鲁，近年来，哥伦比亚对中国、墨西哥出口整体呈增长趋势。

表1　2020年哥伦比亚的主要出口目的国

国家	出口额（亿美元）	占出口总额比重（%）
美国	89.2	28.7
中国	27.5	8.9
厄瓜多尔	14.7	4.7
墨西哥	11.6	3.7
秘鲁	8.5	2.7
德国	5	1.6

资料来源：哥伦比亚国家统计局，https：//www. dane. gov. co/index. php/estadisticas – por – tema/comercio – internacional/exportaciones。

从进口来源国看，美国和中国是哥伦比亚稳定的前两大进口来源国，其次是墨西哥、巴西等国家。美国是哥伦比亚第一大进口来源国，2020年哥伦比亚自美国进口105.4亿美元，占哥伦比亚进口总额的25.6%，同比下降20.6%，同年哥伦比亚自中国的进口额为98亿美元，占哥伦比亚进口总额的23.8%，同比下降10.7%，此外，2020年哥伦比亚自墨西哥、巴西进

---

① 《国别贸易报告》，中华人民共和国商务部国别报告网，https：//countryreport. mofcom. gov. cn/record/view110209. asp? news＿ id＝67533。

口额分别为 29.3 亿美元、24.4 亿美元，合计占哥伦比亚进口总额的 13%，同比分别下降 24.5%、23.0%。

（六）失业率处于历史高位

自 2016 年来，哥伦比亚失业率呈逐年上升趋势，逐渐恶化。受委内瑞拉移民人数增加、农业就业人数减少等因素影响，2019 年哥伦比亚失业率上升到 9.96%，接近于 2008 年全球金融危机下哥伦比亚 10.49% 的失业率水平。哥伦比亚高等教育与发展基金会在 2019 年的统计显示，哥伦比亚有六成企业属于非正规经济①，2020 年，在新冠肺炎疫情冲击下，长达数月的强制隔离措施重创了哥伦比亚各个行业的企业，近六成企业的非正规就业者面临"手停嘴停"的难题，这些从业人员没有社会福利保障机制的支持，就业更加不稳定，哥伦比亚全国商人联合会调查显示，波哥大市商贸从业者中有 24% 正考虑永久停业，因此，2020 年哥伦比亚就业形势严峻，失业率攀升，达到 15.44%（见图 15），是 2008 年以来的最高水平，这也在一定程度上反映出哥伦比亚在 2020 年面临着严重的经济衰退问题。

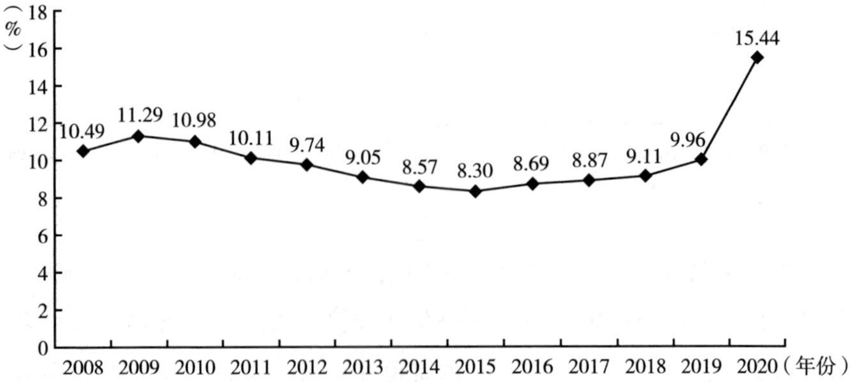

图 15　2008～2020 年哥伦比亚失业率

资料来源：世界银行数据库，https：//data. worldbank. org. cn/indicator/SL. UEM. TOTL. ZS? end =2020&locations =CO&start =2008&view =chart。

---

① 中华人民共和国驻哥伦比亚共和国大使馆经济商务处：《哥伦比亚证券报：哥六成企业属非正式经济》，2019 年 3 月 19 日，http：//co. mofcom. gov. cn/article/jmxw/201903/201903 02844098. shtml。

根据哥伦比亚国家统计局数据，尽管哥伦比亚政府从 2020 年 3 月开始采取了就业保护措施，4~7 月仍是哥伦比亚失业高峰时期，失业人数都在 400 万以上，累计失业人数为 1787 万，占 2020 年失业人数总额的 39.6%。2020 年 5 月哥伦比亚劳动力市场形势最严峻，失业人数达 470 万，失业率达到 21.4%，为近年来失业率最高水平，就业率为 43.4%，8 月哥伦比亚失业人数下降至 396.5 万，失业率为 16.8%，比 2019 年同期高 6 个百分点，从 8 月至 2020 年底，哥伦比亚劳动力市场形势有所改善，失业人数整体呈下降趋势，12 月失业人数为 330 万，就业率提高到 53.4%，2021 年 1~6 月，就业率整体维持在 50% 左右，截至 2021 年 6 月，全国失业率为 14.4%，而 2020 年同期为 19.8%，下降了 5.4 个百分点，就业率为 51.1%，比 2020 年 6 月（46.1%）增加了 5.0 个百分点（见图 16）。

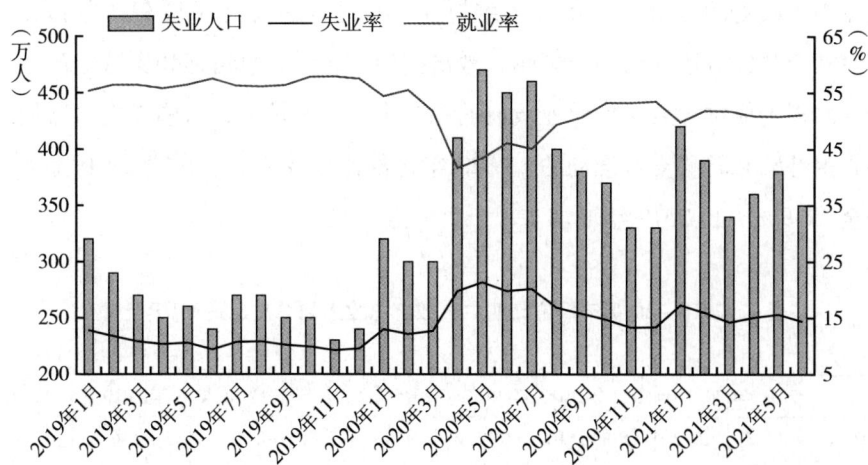

图 16　2019 年 1 月~2021 年 6 月哥伦比亚各月失业人口、失业率和就业率

资料来源：哥伦比亚国家统计局，https://www.dane.gov.co/index.php/estadisticas-por-tema/mercado – laboral/empleo – y – desempleo。

四　哥伦比亚宏观经济政策及其影响

减少财政赤字、精简财政支出、降低失业率稳定就业、维持通货膨胀率在目标区间内仍是哥伦比亚宏观经济政策的主要目标,而在新冠肺炎疫情冲击下,为降低疫情对宏观经济的负面影响,2020 年哥伦比亚中央政府财政政策和货币政策都较为宽松。

(一)适度放宽的财政政策:公共支出扩大、财政赤字和政府债务增加

2008 年以来,哥伦比亚政府总收入整体呈上升趋势,2019 年哥伦比亚中央政府总收入占 GDP 的比重达到 16.2%。但受新冠肺炎疫情影响,国际原油价格下降、国内经济活动暂停以及一揽子财政措施导致哥伦比亚创汇收入和税收大幅收缩,2020 年哥伦比亚中央政府总收入占 GDP 比重下降到 15.1%,较 2019 年同期下降 1.1 个百分点;与此同时,2010~2019 年哥伦比亚中央政府的支出占 GDP 比重维持在 19% 上下,但为了缓解新冠肺炎疫情对社会和经济造成的消极影响,救济措施、应对紧急情况和支持经济活动复苏的措施成本导致哥伦比亚政府的总支出进一步扩大,这些支出的增加主要是由补贴和转移支付推动的,2020 年哥伦比亚政府总支出占 GDP 比重上升至 22.9%,比 2019 年增加 4.3 个百分点(见表 2)。

表 2　2010~2020 年哥伦比亚中央政府总收入和总支出占 GDP 比重

单位:%

	2010 年	2011 年	2012 年	2013 年	2014 年	2015 年	2016 年	2017 年	2018 年	2019 年	2020 年
收入	13.8	15.2	16.1	16.9	16.6	16.2	15.0	15.79	15.3	16.2	15.1
支出	17.6	18.0	18.4	19.2	19.1	19.2	19.1	19.47	18.4	18.6	22.9

资料来源:2010~2017 年数据来源于拉加经委会数据库,https://estadisticas.cepal.org/cepalstat/Perfil_ Nacional_ Economico. html? pais = COL&idioma = english;2018 年、2019 年数据来源于拉加经委会,"Estudio Económico de América Latina y el Caribe(Octubre 2020)",https://www.cepal.org/es/publicaciones/ee;2020 年数据来自拉加经委会《2021 年拉丁美洲和加勒比地区的财政全景》,第 18、22 页。

哥伦比亚中央政府财政连年赤字,2019 年哥伦比亚政府重申逐步削减中央政府赤字的财政政策承诺,财政赤字有所改善,2020 年在新冠肺炎疫

情对哥伦比亚经济、社会的强烈冲击下，政府宣布在2020年和2021年暂停执行财政规则，以便灵活调整财政支出，通过扩大公共支出减轻新冠肺炎疫情的消极影响。出口创汇收入和税收的明显下降、抗击新冠肺炎疫情的成本增加导致哥伦比亚财政赤字进一步扩大，2020年政府财政赤字占GDP比重攀升到7.8%，高于拉美地区平均水平（6.9%），也高于哥伦比亚2019年同期水平，较2019年上升5.3个百分点（见图17）。

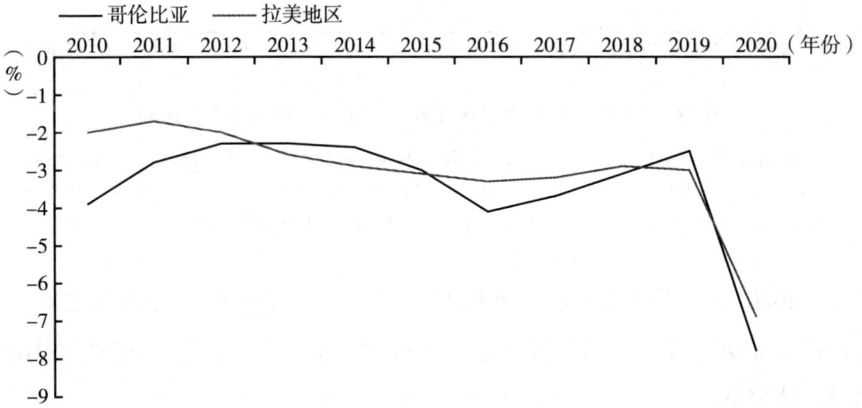

图17　2010～2020年哥伦比亚及拉美地区最终财政平衡状况（占GDP的比重）

资料来源：拉加经委会：《2021年拉丁美洲和加勒比地区的财政全景》，第27~28页。

哥伦比亚连年的财政赤字推动了公共债务增加，2011～2018年，哥伦比亚政府公共债务持续增加，占GDP比重呈现上升趋势，哥伦比亚政府为了应对债务不断攀升的危机，果断采取了削减财政赤字的措施，2019年哥伦比亚政府公共债务占其GDP比重下降至48.6%，但新冠肺炎疫情打乱了正常的经济政策，财政赤字恶化，哥伦比亚政府公共债务占GDP比重上升到61.4%，为10年来最高水平（见图18）。

（二）扩张性的货币政策：流动性增加，通胀压力小，汇率波动大

2014～2016年哥伦比亚央行实行了趋紧的货币政策以降低其显著增长的通胀率，2017年其通胀率下降到了4.09%，近年来其通胀率均处于较低

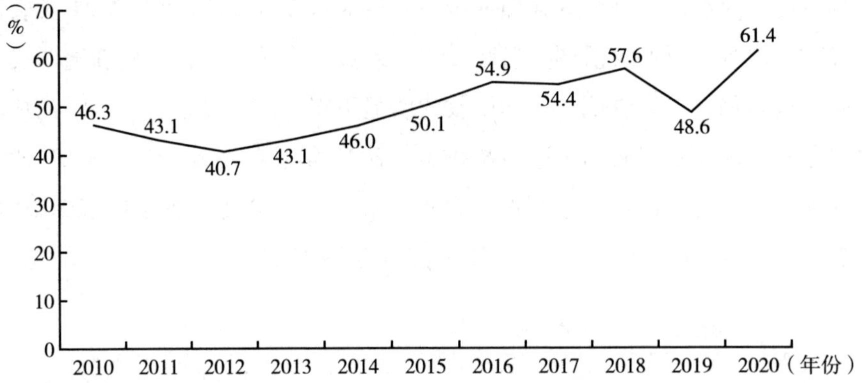

图18 2010～2020年哥伦比亚政府公共债务占GDP比重

资料来源：2010～2018 年数据来源于拉加经委会数据库，https：//estadisticas. cepal. org/cepalstat/Perfil_ Nacional_ Economico. html？pais = COL&idioma = english；2019 年和 2020 年数据来自拉加经委会《2021 年拉丁美洲和加勒比地区的财政全景》，第30 页。

水平，2020 年通胀率达到近年最低的 1.61%，低于央行目标通胀区间，这为哥伦比亚央行降低货币政策基准利率提供了空间，央行得以放宽货币政策刺激经济复苏。

自 2017 年以来，哥伦比亚央行实行较为宽松的货币政策，2017 年货币政策基准利率下调至 6.0%，较上年下降了 1.1 个百分点，2018 年货币政策基准利率进一步下调至 4.3%，2019 年货币政策仍保持适度扩张的趋势，新冠肺炎疫情的蔓延及国际原油价格的下跌冲击了哥伦比亚经济，哥伦比亚央行进一步放宽货币政策基准利率以刺激经济，2020 年哥伦比亚央行货币政策基准利率为 2.8%，较 2019 年下降 1.5 个百分点（见图19）。

从月度数据看，2020 年 3 月，哥伦比亚央行开启了一个货币强劲扩张的阶段，以便为经济提供足够的流动性，同时采取其他干预手段保障支付系统和信贷市场良好运转，3～9 月哥伦比亚央行连续 6 次下调货币政策基准利率，将其从 2 月的 4.25% 下调至 9 月的 1.75%，累计下调了 2.5 个百分点，10 月、11 月、12 月货币政策基准利率都保持在 1.75%；2021 年哥伦比亚通货膨胀率从第一季度的不到 2.0% 上升到 5 月的 3.3% 和 6 月的

3.63%，哥伦比亚央行货币刺激规模空间有限，但经济仍存在产能过剩，且随着疫苗接种的推进，经济有望增长，2021 年 1 ~ 6 月哥伦比亚央行仍将货币政策基准利率维持在 1.75%（见图 20）。

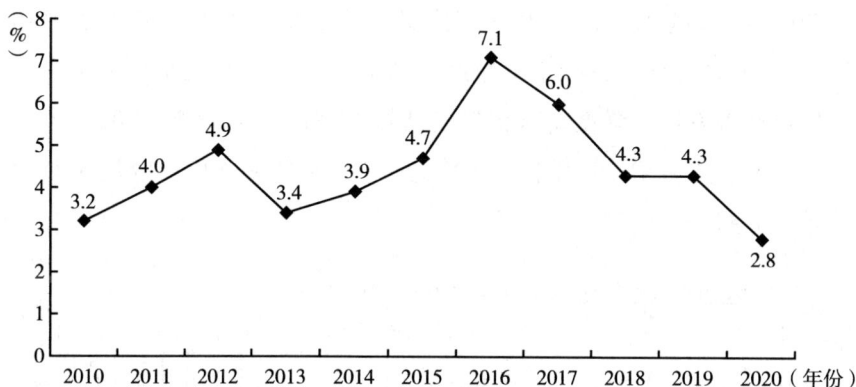

图 19　2010 ~ 2020 年哥伦比亚中央银行货币政策基准利率

资料来源：拉加经委会数据库，https：//estadisticas. cepal. org/cepalstat/Perfil_ Nacional_ Economico. html？pais = COL&idioma = english。

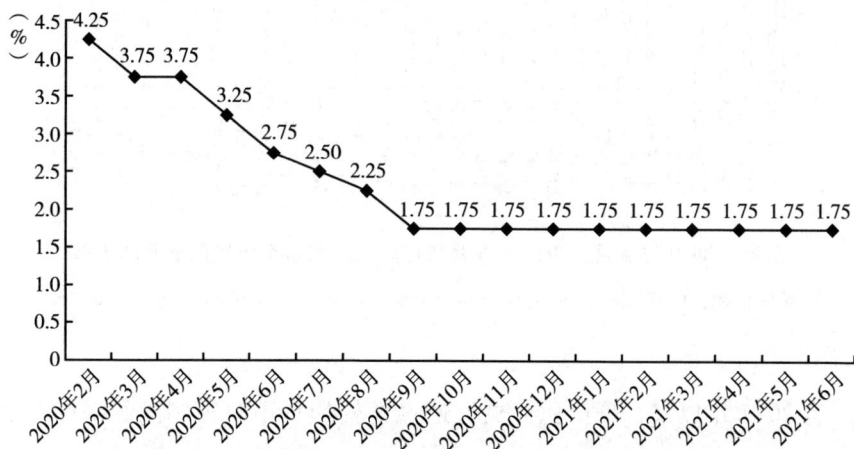

图 20　2020 年 2 月 ~ 2021 年 6 月哥伦比亚中央银行货币政策基准利率

资料来源：哥伦比亚央行，https：//www. banrep. gov. co/es。

从货币供给来看，货币供给是影响汇率和通货膨胀率的主要因素，由于自 2017 年以来哥伦比亚央行实行宽松的货币政策，其广义货币供应量

整体呈上升趋势，2020 年 3～7 月广义货币供应量持续增加，其中 6 月广
义货币供应量增长率达 17.17%，12 月广义货币供应量达到当年最高值，
为 1661.4 亿美元，截至 2020 年 12 月底，哥伦比亚广义货币供应量已相
当于 2019 年底的 1.1 倍，2020 年广义货币供应量每月平均增长率达到
1.3%，表明哥伦比亚央行希望通过增加货币市场流动性来刺激消费和投
资，稳定经济发展，降低新冠肺炎疫情对经济的负面影响。2021 年 1～6
月广义货币供应量增长率整体呈下降趋势，6 月广义货币供应量为 1561.4
亿美元（见图 21）。

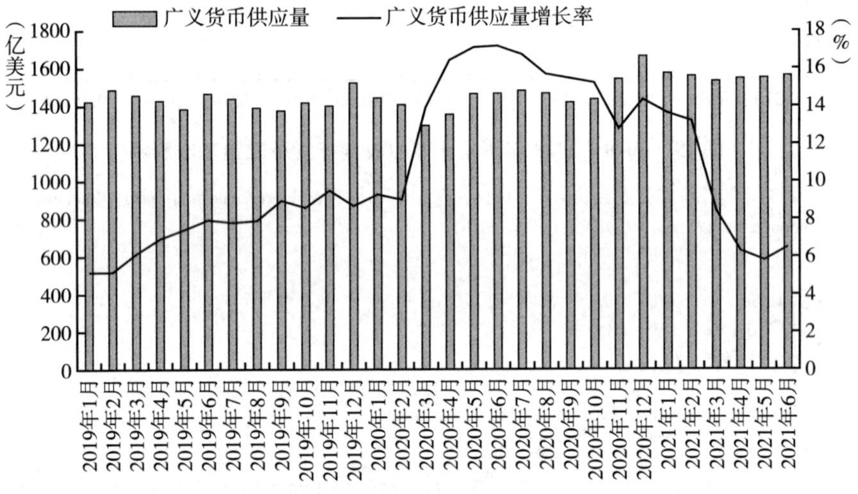

图 21 2019 年 1 月～2021 年 6 月哥伦比亚广义货币供应量及其增长率

资料来源：CEIC Data，https://www.ceicdata.com/zh - hans/indicator/colombia/m2 - growth。

自 2017 年以来，哥伦比亚央行通过宽松的货币政策刺激经济的发展，
导致哥伦比亚比索贬值压力加大，其名义汇率的年平均增长率整体呈上升趋
势。2019 年，国际市场不稳定性增加、国内年末的社会抗议等因素使得投
资者避险情绪增强，导致哥伦比亚比索大幅贬值，2019 年名义汇率年平均
增长率为 3.4%。2020 年，由于国际油价下跌加剧哥伦比亚比索贬值压力，
名义汇率年平均增长率上升至 3.8%（见图 22）。为了向市场提供对冲汇率

风险的工具和美元流动性，哥伦比亚中央银行在 2020 年 3 月宣布通过交割远期合同出售 10 亿美元。同样在 3 月份，中央银行董事会通过互换出售了 4 亿美元[①]。

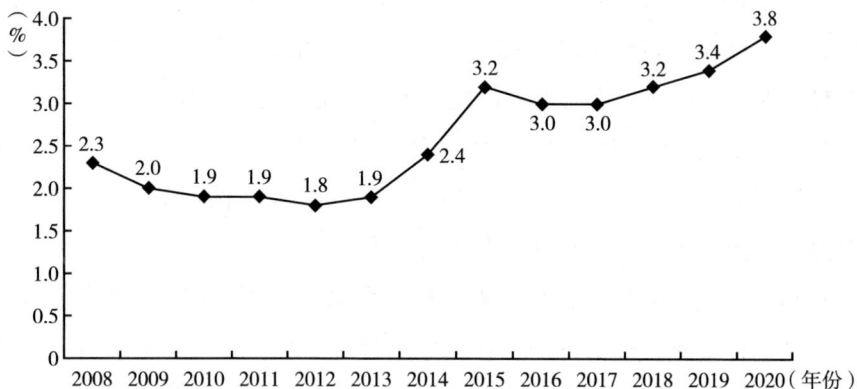

图22　2008～2020 年哥伦比亚名义汇率年平均增长率

资料来源：拉加经委会数据库，https：//estadisticas. cepal. org/cepalstat/Perfil_ Nacional_ Economico. html？pais = COL&idioma = english。

五　哥伦比亚与中国的经贸关系

自 1980 年 2 月中国与哥伦比亚建立外交关系以来，双方在经贸、文化、教育等领域不断深化合作，互利共赢。2019 年哥伦比亚总统杜克首次访华，加强了与中国在经济、教育、投资、农产品贸易等多领域的交流，推动中哥友好合作关系迈上新台阶。在经贸方面，截至 2021 年，中哥两国政府已成功举行八届经贸混委会，双方经贸合作取得积极进展。中国是哥伦比亚第二大贸易伙伴，仅次于美国，哥伦比亚是中国在拉美第六大贸易伙伴。中哥经济合作涉及多个领域，包括电信、基础设施建设、石油勘探开发等。

---

① ECLAC，"Economic Survey of Latin America and the Caribbean 2020"，March 2020，https：//www. cepal. org/sites/default/files/publication/files/46071/S2000370_ en. pdf.

（一）中国与哥伦比亚双边贸易状况

1. 中哥双边贸易规模

近年来，中哥双边贸易趋势向好，2017～2019 年中哥双边贸易持续环比增长，进口和出口均呈增长趋势，根据中国商务部国别报告数据，2019年哥伦比亚与中国双边货物进出口额为 153.1 亿美元，同比增长 5.7%。其中，哥伦比亚对中国出口 43.4 亿美元，增加 10.3%，占其出口总额的11%，增加 1.6 个百分点；哥伦比亚从中国进口 109.7 亿美元，增加 4.0%，占其进口总额的 20.8%，增加 0.2 个百分点。

2020 年，受新冠肺炎疫情影响，中哥贸易额显著收缩，进口额、出口额都出现明显下降。根据哥伦比亚国家统计局数据，2020 年哥伦比亚与中国双边货物贸易进出口额为 125.5 亿美元，同比下降 18%。其中，哥伦比亚对中国的出口额为 27.5 亿美元，同比下降 36.6%，占其出口总额的8.2%；哥伦比亚从中国的进口额为 98 亿美元，同比下降 10.7%，占其进口总额的 23.8%（见图 23）。截至 2020 年底，我国是哥伦比亚第二大出口目的国和第二大进口来源国，均仅次于美国。

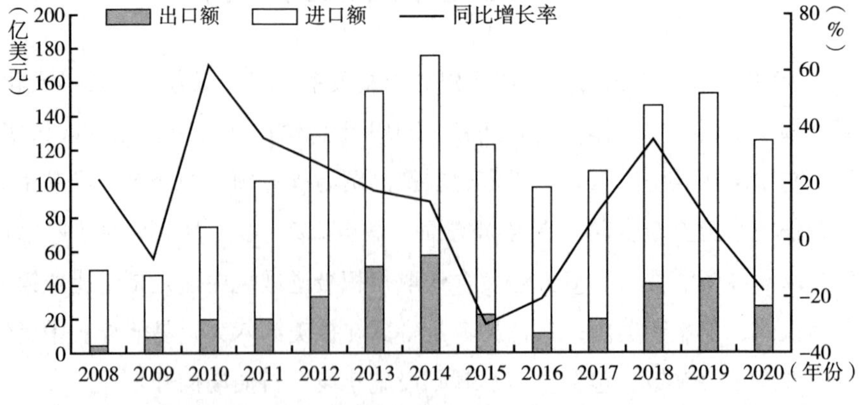

图 23　2008～2020 年哥伦比亚对华进出口额及同比增长率

资料来源：哥伦比亚国家统计局；《国别贸易报告》，中华人民共和国商务部国别报告网，https：//countryreport. mofcom. gov. cn/default. asp。

2. 中哥双边贸易结构

从商品贸易结构来看，中哥两国贸易结构互补性强、稳定性好。矿产品是哥伦比亚对中国出口的最主要产品，哥伦比亚从中国的进口则以机电产品占比最大。2017～2019年，矿产品占哥伦比亚对中国出口商品总额的80%以上；机电产品占哥伦比亚从中国进口商品总额的45%左右。哥伦比亚对中国出口的主要商品包括矿产品、贱金属及制品，皮革制品、箱包，化工产品和植物产品，等等（见表3）。哥伦比亚从中国进口的主要商品包括机电产品、纺织品及原料、贱金属及制品、化工产品和塑料、橡胶等（见表4）。根据中国商务部国别报告数据，2019年哥伦比亚对中国出口矿产品达38.69亿美元，占其对中国出口总额的89.1%；其次是贱金属及制品，2019年哥伦比亚对中国出口了4.06亿美元的贱金属及制品，占其对中国出口总额的9.3%。2019年哥伦比亚从中国进口了49.79亿美元的机电产品，占其从中国进口总额的45.4%；贱金属及制品进口额为10.53亿美元，占比为9.6%；纺织品及原料进口额为10.2亿美元，占比为9.3%；此外，化工产品进口额为9.25亿美元，占比为8.4%。总体来看，中哥双边贸易互补性强，应持续加强双边贸易合作，实现互利共赢。

表3　2017～2019年哥伦比亚对华出口主要商品贸易额及其占比

单位：百万美元，%

产品	2017年		2018年		2019年	
	出口额	占比	出口额	占比	出口额	占比
矿产品	1624	81	3497	86.2	3869	89.1
贱金属及制品	299	14.9	475	11.7	406	9.3
皮革制品、箱包	31	1.6	12	0.3	8	0.2
化工产品	12	0.6	8	0.2	13	0.3
植物产品	11	0.5	19	0.5	24	0.6
其他商品	27	1.4	45	1.1	25	0.5
合计	2004	100	4056	100	4345	100

资料来源：《国别贸易报告》，中华人民共和国商务部国别报告网，https://countryreport. mofcom. gov. cn/default. asp。

表4 2017～2019年哥伦比亚自华进口主要商品贸易额及其占比

单位：百万美元，%

产品	2017年		2018年		2019年	
	进口额	占比	进口额	占比	进口额	占比
机电产品	4007	45.8	4822	45.7	4979	45.4
纺织品及原料	800	9.1	1028	9.8	1020	9.3
贱金属及制品	777	8.9	1062	10.1	1053	9.6
化工产品	795	9.1	845	8	925	8.4
塑料、橡胶	512	5.9	627	6	691	6.3
其他商品	1863	21.2	2161	20.4	2299	21
合计	8754	100	10545	100	10967	100

资料来源：《国别贸易报告》，中华人民共和国商务部国别报告网，https：//countryreport. mofcom. gov. cn/default. asp。

3. 中哥双边贸易不平衡问题

根据中国商务部国别贸易报告数据，自2008年以来哥伦比亚对中国进出口贸易长期处于逆差状态，目前，中国已成为哥伦比亚最大的贸易逆差国。2015年哥伦比亚对华贸易逆差达到77.7亿美元，是近十余年来的最高纪录。2016～2018年，哥伦比亚对华贸易逆差同比下降，2019年、2020年又恢复到同比增长态势。2019年和2020年哥伦比亚对中国的贸易逆差额分别为66.3亿美元、70.5亿美元。受新冠肺炎疫情影响，尽管2020年哥伦比亚对华进口下降，但出口下降幅度大于进口，哥伦比亚对华贸易逆差增长6.3%（见图24）。

（二）中国与哥伦比亚双边投资状况

尽管近年来哥伦比亚在《全球营商环境报告》中排名不断下滑，但哥伦比亚在拉美地区仍是在对投资者保护和获得信贷容易度方面得分最高的国家之一。此外，在新冠肺炎疫情背景下，国际评级机构标准普尔对哥伦比亚仍保持"BBB"评级，惠誉下调至"BBB－"评级，在整个拉美地区哥伦比亚仍是投资环境相对较好的国家之一，对中国企业仍颇具吸引力。

在"走出去"战略指引下，近年来中国与哥伦比亚投资合作不断加强，成果显著。一直以来，中哥双边秉持务实合作精神，中国企业在哥伦比亚投资已涵盖多个领域，包括能源、电信、汽车、基建等，目前开展的投资项目

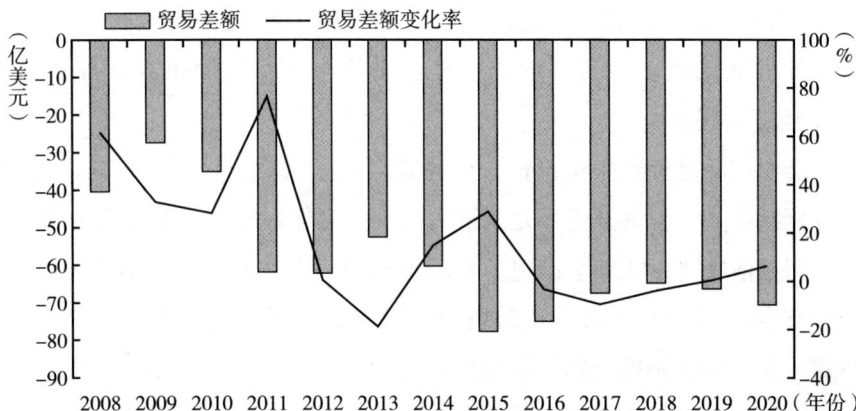

图 24　2008~2020 年哥伦比亚对华贸易差额及其变化率

资料来源：《国别贸易报告》，中华人民共和国商务部国别报告网，https：//countryreport. mofcom. gov. cn/default. asp。

正在取得积极进展，波哥大地铁一号线、西部有轨电车、波哥大等市电动公交车等重大项目成为 2019 年以来中哥投资合作的标志性项目。其中，波哥大地铁一号线项目是哥伦比亚至今规模最大、影响力最大的项目，项目金额超过 355 亿元，中国交通建设公司表示该项目有助于稳固和提升中哥两国战略合作关系，也有利于促进公司在哥伦比亚的可持续发展。[①] 在哥伦比亚投资比较多的企业有华为、中兴、中石化和中国港湾等，这些企业在哥伦比亚业务量增长迅速，辐射拉美市场，扩大了品牌在拉美地区的影响力。

　　基础设施建设是中哥投资合作的重要领域。哥伦比亚近 50 年的内战导致其国内基础设施建设相对落后，目前哥伦比亚是拉美地区基础设施在建项目数量排名第二的国家。哥伦比亚在基础设施建设方面对人才、技术、资金的需求非常大，潜力十足，而中国在基础设施建设领域经验丰富、运作规范、技术突出，尤其是在道路建设、隧道和地铁系统建设等方面具有世界领先的技术和建设经验，这能很好地满足哥伦比亚在基

[①] 《中国交通建设：同意中国港湾投资哥伦比亚地铁项目 金额逾 355 亿元》，中国网，2019 年 11 月 19 日，http：//house. china. com. cn/Company/view/1611377. htm。

础设施建设方面的需求。与此同时，中国企业的投资为哥伦比亚建设了一批优质的基础设施项目，创造了就业岗位与员工培训机会，促进了哥伦比亚经济发展。

新能源产业是近年中哥投资合作的新兴热点领域。哥伦比亚的太阳能、风能等资源丰富，但其开发不足，潜力巨大，例如哥伦比亚拥有充足的光照资源，但目前在哥伦比亚全国电力消费结构中，光伏发电占比不足 3%，而中国拥有全球 70%的光伏产业链资源，拥有全球 40%的风电产业链资源，中哥双边在新能源领域合作互补性强①。2020 年 1 月，天合光能公司在哥伦比亚国家矿业和能源部首次新能源项目竞拍中中标，赢得全部三个太阳能光伏项目，总计约 350 兆瓦；3 月，晶科能源为哥伦比亚塞萨尔省某大型太阳能发电厂提供 25 万块光伏组件。此外，在新能源汽车方面，2021 年比亚迪再次中标哥伦比亚纯电动大巴订单，累计订单总数超过 1500 台，创哥伦比亚甚至美洲纯电动大巴订单纪录。中国企业在哥伦比亚新能源领域的投资，不仅扩大了企业在哥伦比亚市场乃至拉美市场的影响力，还为哥伦比亚清洁能源革命贡献了力量，促进其经济绿色、可持续发展。

此外，中哥金融合作不断推进。2019 年 4 月 22 日，中国与拉美之间首个多边金融合作机制——中拉开发性金融合作机制正式成立，它由国家开发银行牵头，包括哥伦比亚国家发展金融公司在内的 7 家具有区域代表性和影响力的拉美开发性金融机构作为拉方创始成员行，这是中哥在金融领域具有里程碑意义的一次合作②。2019 年 7 月 31 日，中国出口信用保险公司与哥伦比亚贸易投资旅游局签署了《中国出口信用保险公司与哥伦比亚贸易投资旅游局合作谅解备忘录》，与哥伦比亚外贸银行签署了《中国出口信用保险公司与哥伦比亚外贸银行框架合作协议》，这进一步加强了中哥两国在融

---

① 新能源海外发展联盟：《2021 中国-拉美（墨西哥、哥伦比亚）新能源国际合作视频研讨会成功举行》，https://mp. weixin. qq. com/s？ src = 11&timestamp = 1619317555&ver = 3029&signature = qBb7dSkXGmvAeKTIu0hr ∗ KppQ7tAWAUvaRan838RfaqMQ4sWCBOUpqyndQP ∗ ∗ aXBpA04 ∗ 2sFvmh ∗ Io887 - f0q18sLc9amCspHamJhFpEYZBB7YcWwpCH356NgEUCkRQ&new =1。

② 《中国与拉美之间首个多边金融合作机制成立》，中国一带一路网，2019 年 4 月 22 日，https：//www. yidaiyilu. gov. cn/xwzx/roll/86715. htm。

资保险方面的合作，能够更好地为中资企业赴哥伦比亚投资兴业和出口提供融资便利和风险保障。①

六　哥伦比亚经济发展展望

尽管新冠肺炎疫情的冲击导致哥伦比亚 2020 年经济下滑，但在快速增长的家庭消费和投资反弹的共同推动下，2021 年经济活动比预期更有活力。

（一）经济增长：逐渐回暖，但增速放缓

2021 年第一季度以来，哥伦比亚经济形势有所好转，国内需求和资源类产品出口成为刺激经济增长的主要动力。拉加经委会数据显示，2021 年哥伦比亚 GDP 增长率为 10.7%，高于拉美地区平均水平（6.5%）②。然而，2021 年 4 月下旬，送交国会的政府财政改革方案引发了全国性的示威活动，税制改革失败，示威活动在短期内影响了哥伦比亚供应链。通货膨胀反弹并偏离目标，2021 年第四季度，哥伦比亚政府开始提高基准利率，从 2021 年前三季度的 1.75% 上调至 2.5%，2022 年第一、第二季度又分别提高至4%、5.67%③。此外，全球新冠肺炎疫情的阴霾还未消散，变异毒株仍然具有威胁，哥伦比亚经济复苏仍具复杂性和困难性。拉加经委会认为，在2022 年全球经济增速放缓、劳动力市场复苏乏力、通货膨胀率上升、财政政策空间有限等背景下，2022 年哥伦比亚经济增速将放缓，预测为 6.5%④。

---

① 《中国信保与哥伦比亚贸易投资旅游局、哥外贸银行签署合作文件》，中国一带一路网，2019 年 8 月 5 日，https：//www.yidaiyilu.gov.cn/xwzx/gnxw/99118.htm。

② ECLAC，"Economic Survey of Latin America and the Caribbean"，2022（LC/PUB.2022/9 – P），2022，p. 211.

③ ECLAC，"Economic Survey of Latin America and the Caribbean"，2022（LC/PUB.2022/9 – P），2022，p. 236.

④ ECLAC，"Economic Survey of Latin America and the Caribbean"，2022（LC/PUB.2022/9 – P），2022，p. 117.

（二）对外经贸：进出口额增长，存在贸易逆差

随着全球经济回暖，需求增长，2021 年国际市场大宗商品价格普遍上涨，其中农产品价格增长 24%，矿物和金属价格增长 37%，能源价格增长 62%，[①] 这对以原油、矿产品、农产品等资源类产品出口为主的哥伦比亚来讲十分有益，既有利于增加出口收入，也有助于吸引外国投资者增加在哥伦比亚能源、矿业等领域的投资，为其经济复苏助力，拉加经委会数据显示，2021 年哥伦比亚商品出口额增长了 32%[②]。哥伦比亚矿业协会表示，2021 年采矿业出口额增长了 22%，达到 134 亿美元，煤炭产量从 2020 年的 4930 万吨上升到 2021 年的 5960 万吨，2022 年，哥伦比亚的煤炭产量预计将增加约 700 万吨，煤炭是该国政府的重要收入来源[③]。与此同时，2021 年哥伦比亚商品进口额增长 38%，增幅大于出口额，因而哥伦比亚对外贸易表现为逆差。拉加经委会预计 2022 年大宗商品价格平均比 2021 年的水平高出 21%，但矿物和金属平均价格将保持在 2021 年的水平[④]，因此，预计 2022 年哥伦比亚商品进出口额仍将增长。

（三）通货膨胀：上涨压力大，处于历史高位

2020 年，欧美发达国家为了应对新冠肺炎疫情对经济的不利影响、刺激经济增长，纷纷采取"量化宽松"政策，在经济全球化的今天，必然导致全球通胀预期显著增加。虽然 2021 年全球经济回暖，但全球产业链、供应链等还未完全恢复到新冠肺炎疫情发生之前的水平，国际大宗商品价格高

---

① ECLAC，"Economic Survey of Latin America and the Caribbean"，2022（LC/PUB. 2022/9 - P），2022，p. 32.

② ECLAC，"Economic Survey of Latin America and the Caribbean"，2022（LC/PUB. 2022/9 - P），2022，p. 214.

③ 《ACM：哥伦比亚采矿业产量及出口量在 2021 年有所增长》，2022 年 2 月 8 日，上海金属网，https：//www. shmet. com/news/newsDetail. html？version = 2&newsId = 854907。

④ ECLAC，"Economic Survey of Latin America and the Caribbean"，2022（LC/PUB. 2022/9 - P），2022，p. 32.

涨，加之 2021 年 4 月哥伦比亚国内爆发示威活动进一步冲击市场供应，在内忧外患叠加的背景下，哥伦比亚通货膨胀率呈现上涨态势。根据拉加经委会数据，截至 2021 年 12 月，哥伦比亚消费者价格指数增长了 5.6%，是过去五年来的最高水平，这主要是食品价格和能源价格大涨导致的。面对通货膨胀上涨压力，哥伦比亚从 2021 年 10 月开始逐步取消货币刺激措施，10 月货币政策基准利率为 2%，较 9 月提高了 0.25 个百分点，2022 年 6 月，哥伦比亚货币政策基准利率上调至 6%[①]。

（四）劳动力市场：失业率仍处于高位，就业压力大

自 2016 年以来，哥伦比亚失业率逐年升高，就业形势日趋严峻，失业问题成为哥伦比亚近年来经济发展面临的挑战之一，尤其是在新冠肺炎疫情的消极影响下，2020 年哥伦比亚失业率攀升。根据拉加经委会数据，2020 年哥伦比亚失业率高达 15.1%，就业率从 2019 年的 56.6% 下降至 49.8%，受到新冠肺炎疫情影响，在艺术、娱乐和其他服务活动部门就业人数损失最多。随着疫苗接种情况向好、国内经济形势好转、外国直接投资增加，就业机会也会增加，拉加经委会数据显示，2021 年哥伦比亚就业率增长至52.5%，失业率下降至 13.4%[②]，但就业压力依然存在。

---

① CEIC Data, https：//www.ceicdata.com/zh – hans/indicator/colombia/policy – rate.
② ECLAC, "Economic Survey of Latin America and the Caribbean", 2022 (LC/PUB. 2022/9 – P), 2022, pp. 229 – 230.

B.5
2021年智利经济发展分析与展望

贾洪文 史子宇 张伍涛*

摘 要： 进入21世纪，智利经济一直保持稳健增长，多年来在拉丁美
洲和加勒比地区处于领跑地位。2013年，智利被世界银行列
入高收入国家名单。2020年受新冠肺炎疫情影响，智利GDP
增长率同比下降5.8%，创下该国自1983年以来的历史新低。
随着新冠肺炎疫情被有效防控，正常生产生活秩序不断恢
复，据智利央行预计，2021年GDP增长率为11.5%~12%。从
目前来看，智利经济复苏进程仍面临不平等、贫困、经济结
构单一等深层问题。智利需要重视就业不足、分配不均、引
资乏力等长期风险，应通过减免税收刺激总需求等方式，确
保宏观调控政策实现预期目标，推动经济高质量增长。

关键词： 智利 宏观经济政策 自由贸易协定

一 智利年度经济发展概况

进入21世纪，智利经济一直保持稳健增长，多年来在拉丁美洲和加勒
比地区处于领跑地位。2008年金融危机使智利国内工业部门，包括建筑业

---

* 贾洪文，兰州大学经济学院教授，主要研究方向为金融、人口和区域经济发展；史子宇，兰
州大学经济学院硕士研究生，主要研究方向为金融学；张伍涛，兰州大学经济学院硕士研究
生，主要研究方向为金融学、区域经济。

和商业都受到冲击，根据世界银行2010年美元不变价统计数据，2008年，智利GDP增长率为3.53%，2009年受经济金融危机影响有所下降，GDP增长率为-1.56%，2010年经济开始稳步复苏，全年GDP增长率达到5.84%，2011年GDP增长率达到6.11%。2011年以来，智利GDP增长率一直呈现增速减缓、小幅波动的趋势，2018年智利人均GDP已接近1.3万美元①，相较于其他拉丁美洲和加勒比地区国家经济发展失衡或经济困难加剧的情况，智利经济发展模式无疑是成功的，"智利模式"也被称为发展中国家治理的典范。

2019年10月14日，地铁票价上涨30比索在首都圣地亚哥诱发了严重抗议示威活动和暴力事件，为缓解社会矛盾，政府采取了提高最低收入群体的养老金水平、增税以增加社会服务供给的资金保障、取消电费涨价等一系列短期措施。根据智利央行2020年3月18日发布的《2019年第四季度经济报告》，受2019年第四季度发生的社会动荡影响，智利2019年国内生产总值增长率由2018年的3.71%下降到0.94%，为十年来经济增长最低水平。报告中指出：直至2019年第三季度，智利GDP增长率仍然达到2.2%，但是2019年底发生的社会动荡和新冠肺炎疫情造成智利经济增长比上年同期萎缩2.1%。由于政府和个人消费需求下降，主要出口产品铜的价格下跌，矿业产值下降2%，智利全年进出口额下降2.3%，铜、铁和加工产品出口减少，汽车、纺织品、成衣和鞋以及化工产品的进口大幅减少。智利政府原定的全年3%的经济增长目标落空。

2020年席卷全球的新冠肺炎疫情不可避免地对智利的经济、政治、社会造成多方面冲击。为应对全国面临的疫情冲击和世界经济衰退带来的挑战，智利政府于2020年7月31日宣布推出"智利逐步复苏计划"，政府将采取就业补贴计划、加大基础设施建设和扩大公共投资等措施。其中包括将实施一项约20亿美元的就业补贴计划，受益者超过100万。2020~2022年政府增加投资340亿美元，扩大全国基础设施等相关领域建设，

---

① 除特定说明外，本报告中美元指的是2010年美元不变价，数据来源于世界银行并经过整理。

加大对全国中小企业的扶持力度，积极为私人投资提供政策支持等。2020
年由于受到新冠肺炎疫情影响，智利 GDP 增长率创下自 1983 年以来的历
史新低，智利央行 2021 年 3 月 18 日发布的 GDP 数据显示，2020 年智利
GDP 扣除价格因素后，同比下降 5.77%，比 2019 年大幅下降 6.71 个百
分点（见图 1）。

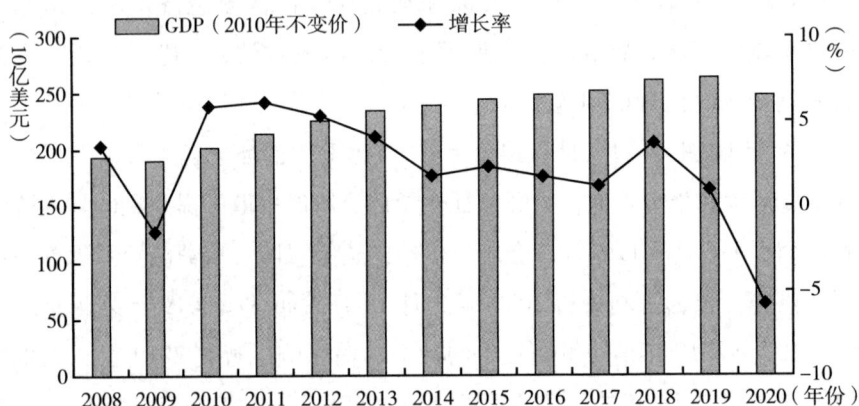

图 1　2008～2020 年智利 GDP 及其增长率

资料来源：世界银行数据库，https：//data. worldbank. org. cn/。

2021 年，新冠肺炎疫情仍是影响智利经济发展的关键因素，但随着疫
情被有效防控，正常生产生活秩序不断恢复，由于 2020 年智利经济衰退
5.77%，2021 年计算基期较低，如果持续维持目前的经济表现，经济有望
走出低谷。根据摩根大通在 "拉丁美洲的十字路口" 论坛上发布的预测，
拉丁美洲和加勒比地区 2021 年的平均 GDP 增长率将达到 6.6%，智利 GDP
增长率将达到 9.5%。2021 年 8 月，智利央行预测智利 2021 年 GDP 增长率
为 11.5%～12%，而联合国拉丁美洲和加勒比经济委员会（拉加经委会）
2020 年 8 月份的预测称，智利 2021 年的 GDP 增长率为 9.2%[①]。

---

① CEPAL, "América Latina y el Caribe: proyecciones de crecimiento, 2021 - 2022", agosto de 2021,
https://www. cepal. org/sites/default/files/pr/files/tabla_ prensa_ pib_ estudioeconomico2021 -
esp. pdf.

二 智利经济发展的基本特征

（一）智利经济增长在拉丁美洲和加勒比地区处于引领地位

世界银行数据显示，自 2008 年以来，智利的经济总量长期呈上升趋势，占拉丁美洲和加勒比地区经济总量的比重持续增加，2019 年智利经济占拉丁美洲和加勒比地区经济总量的比重为 4.69%，2020 年智利经济占拉丁美洲和加勒比地区经济总量的比重约为 4.74%（见图 2）。

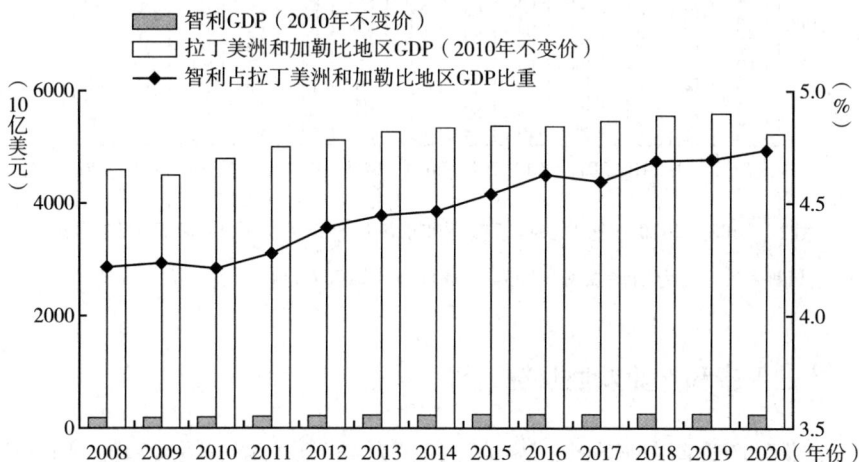

图 2　2008～2020 年智利 GDP 及其占拉丁美洲和加勒比地区比重

资料来源：世界银行数据库，https：//data. worldbank. org. cn/。

从 GDP 增长趋势来看，2010 年智利 GDP 总值为 2014.94 亿美元，2019 年达到最高的 2628.07 亿美元，截至 2020 年 12 月末，智利全年 GDP 总值为 2476.39 亿美元，较 2019 年下降了 5.77%，下降的主要原因是受新冠肺炎疫情影响，但相较 2010 年则 GDP 总值增长了 461.45 亿美元。从人均 GDP 增长趋势来看，2011 年智利人均 GDP 为 12406.41 美元，2018 年达到最高的 13901.02 美元，是拉丁美洲地区 20 国的最高值。2020 年智利人均 GDP 达到

12954.41 美元，同比下降 6.6%，比 2019 年减少了 912.55 美元，下降的主要原因是受新冠肺炎疫情影响，但与 2010 年人均 GDP 数据相比，近十年来增长了 1145.27 美元。[①] 从近年人均 GDP 数据来看，智利高于拉丁美洲和加勒比地区的同期平均值，在拉丁美洲和加勒比地区国家中长期处于领先地位（见图 3）。

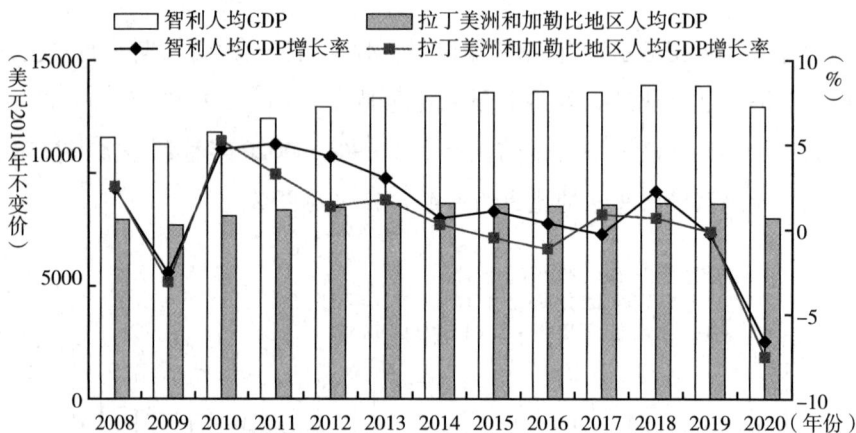

图 3　2008～2020 年智利、拉丁美洲和加勒比地区的人均 GDP 及其增长率

资料来源：世界银行数据库，https://data.worldbank.org.cn/。

（二）智利产业发展状况

农业生产方面。智利全国耕地面积约为 480 万公顷，可耕地面积不到国土总面积的 10%，大约只占全国陆地面积的 6.5%；人均耕地面积在南美洲地区算是较小的国家。智利的永久性牧场面积较大，约 1360 万公顷。智利农业以畜牧、粮食、水果为主，沿海渔业资源丰富，海产养殖发达，三文鱼、鲑鱼和鲍鱼出口较多。智利注重因地制宜发挥优势，全国已形成了中部水果、南方林牧和沿海渔业的区域经济专业化生产格局。从农业生产地位看，农业是智利国民经济占比最小的产业，2008～2020 年，农业生产占智利国民经济的比重均小于 4%，以 2010 年不变价美元计算，2019 年智利农

---

① 世界银行数据库，https://data.worldbank.org.cn/。

业增加值为93.72亿美元，占国民经济的比重仅为3.6%，2020年农业增加值占国民经济的比重下降到3.5%（见图4）。从农业增加值增长率看，2018年智利农业同比仅微增1.65%，2019年下降1.56%。2008～2020年，智利农业增加值增长率起伏波动较大，2009年从6.85%骤降至-5.07%，2010年有所回升，在2011年达到了最高值11%，2012年以来三年处于负增长。农业增长容易受到全球农产品价格和农业气候的影响，人均耕地面积少（2018年仅为0.07公顷）、自然灾害频繁也是限制智利农业生产可持续发展的重要因素①。

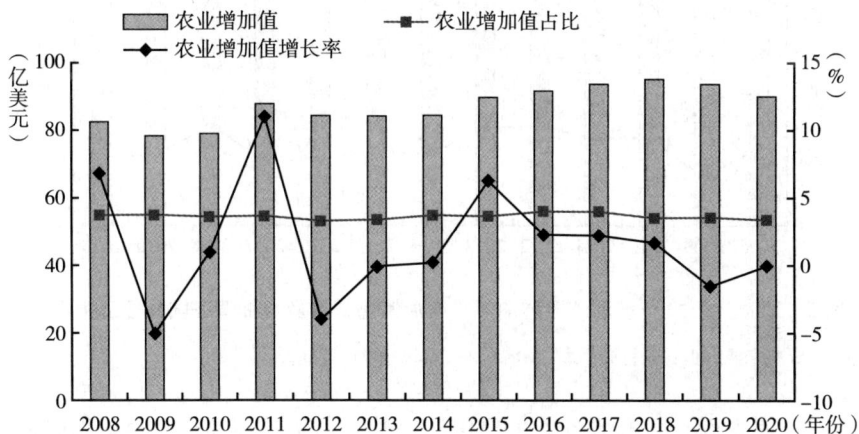

图4 2008～2020年智利农业增加值、增加值增长率及增加值在国民经济中占比

资料来源：世界银行数据库，https://data.worldbank.org.cn/。

工业生产方面。智利的工业生产相较农业生产而言更为发达，经过多年的发展，逐渐形成矿业、纺织、面粉、玻璃、钢铁、造纸、炼油和建筑等主要行业。2010年以来，工业增加值占国民经济的比重呈现下降趋势，工业增加值所占比重由2010年的35.7%下降至2020年的29.12%（见图5）。在此期间，2016年和2017年智利工业增加值出现了负增长现象，增长率分别为-0.25%和-0.53%。2018年工业增加值的增长率上升到4.86%，2019

---

① 世界银行数据库，https://data.worldbank.org.cn/。

年又下滑至 0.38%①。现代经济社会发展实践表明，制造业等工业部门能够更快地提升生产效率，实现生产力的大发展，是经济增长的发动机。智利工业化虽发展较早，但工业制造业发展水平不高，缺乏国际竞争力，主要原因是过早去工业化造成大量劳动力进入了低端服务业。

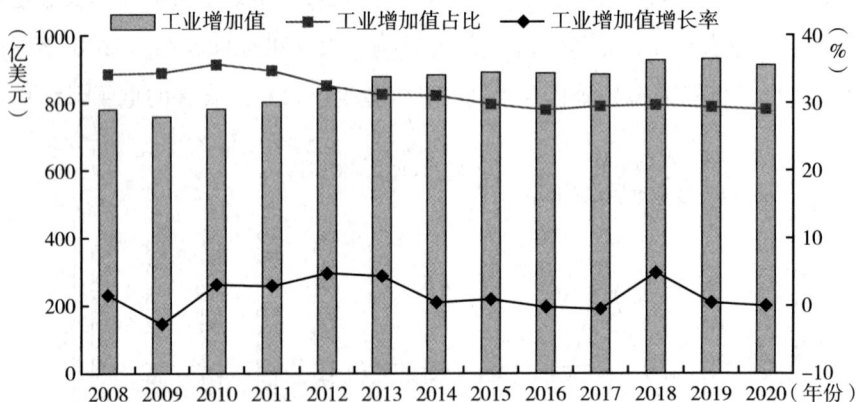

图 5　2008～2020 年智利工业增加值、增加值增长率及增加值在国民经济中占比

资料来源：世界银行数据库，https://data.worldbank.org.cn/。

服务业方面。智利服务业主要包括旅游、租赁、不动产、金融保险服务等行业，对智利经济增长起到了至关重要的作用。2008～2019 年，服务业占国内生产总值的比重不断攀升，从 2008 年的 53.6% 增加到 2019 年的58.7%（见图6）。2019 年智利服务业增加值为 1679.24 亿美元，占国民经济比重为 58.7%②。服务业是拉动智利经济增长最重要的引擎，对智利的经济复苏起到了巨大推动作用。但 2013 年以来智利服务业增速明显放缓，增长率降低。

（三）智利对外贸易发展概况

智利是拉丁美洲和加勒比地区通往亚太地区的重要枢纽，具有天然的对

---

① 世界银行数据库，https://data.worldbank.org.cn/。
② 世界银行数据库，https://data.worldbank.org.cn/。

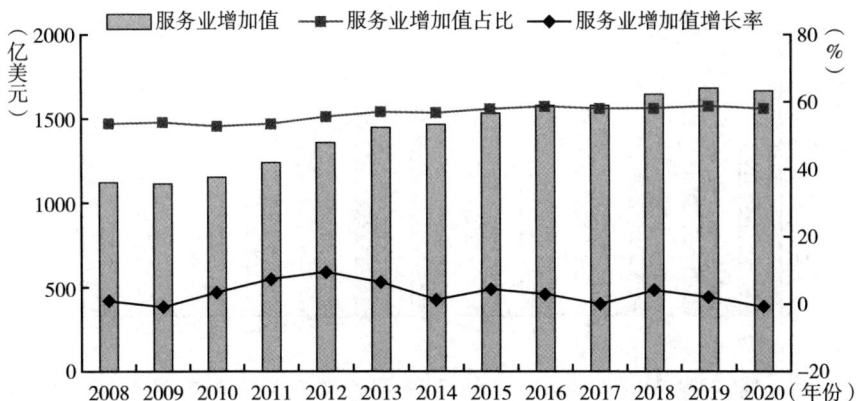

图6 2008～2020年智利服务业增加值、增加值增长率及增加值在国民经济中占比

资料来源：世界银行数据库，https：//data.worldbank.org.cn/。

外贸易区位优势。截至2020年，智利与中国、美国、加拿大以及同一地区的墨西哥、哥伦比亚等多个国家签署了23个自由贸易协定。根据世界银行数据（按2010年不变价），2008～2019年，智利货物和服务进出口贸易额呈波动型变化（见图7），进口与出口基本保持着相同的发展趋势。出口总额在2018年达到峰值756.57亿美元，进口总额在2018年达到峰值823.07亿美元。2014年以来，智利进出口贸易额多数年份呈下降趋势，2018年虽有所回升，但受2019年底发生的社会动荡和新冠肺炎疫情影响，智利2019年货物和服务贸易出口和进口总额分别为727.11亿美元和803.36亿美元，较2018年分别下降3.9%和2.4%①。2020年货物和服务贸易出口额为719.1亿美元，同比下降1.1%，进口额为701.35亿美元，同比下降12.7%。从贸易顺差来看，2008～2010年，智利对外贸易处于贸易顺差地位，2011年以来，受到贸易结构变化、国际市场需求变化等因素影响，智利对外贸易顺差持续收窄，贸易逆差的趋势正在形成，逐步趋向贸易平衡的格局。

智利出口的产品多为资源密集型产品，包括矿产资源、农产品等。智利进口的产品主要为机电产品、运输设备等高端制造业产品。值得一提的是，

① 世界银行数据库，https：//data.worldbank.org.cn/。

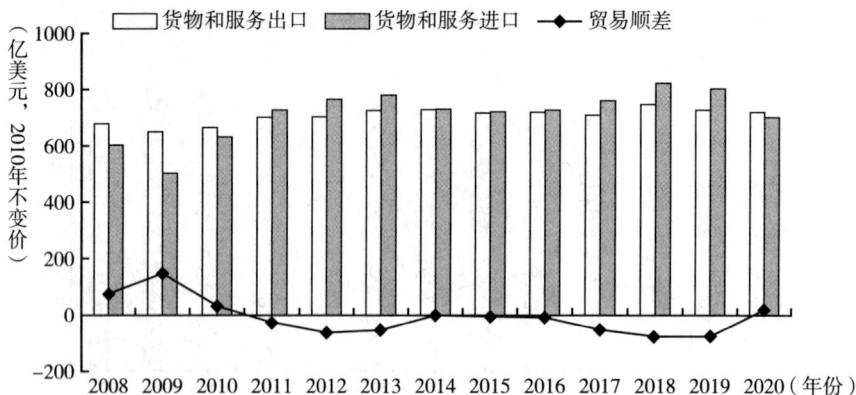

图 7 2008～2020 年智利对外贸易状况

资料来源：世界银行数据库，https：//data. worldbank. org. cn/。

智利矿产资源丰富、资源禀赋优越，是全球铜矿资源最丰富的国家，是全球生产和出口铜最多的国家，享有"铜矿王国"美誉，智利也是世界上唯一生产硝石的国家。1998 年以来，智利铜出口额基本呈增长态势：1998～2003 年基本稳定在 100 亿美元之内，2004 年出口额开始迅速增大且首次突破 100 亿美元，2007 年达到了第一个高峰，随后两年有较大回落，2010 年又迅速跃升至历年来的最高峰 392. 17 亿美元。2010 年以来，铜作为国际上重要的有色金属品种，价格一直处在低位，曾经"靠铜发财"的智利，铜出口额占全国出口总额的比例连续下降，2016 年以来，特别是近两年铜矿价格大幅上涨并创多年来新高。智利央行数据显示①，截至 2020 年 12 月 23 日，智利商品出口总额接近 700 亿美元，同比增长 2.1%，其中矿产品出口额超过 380 亿美元，同比增长 9.2%；铜出口额增长 7.5%，增幅为 112%；从占比看，铜出口额 2014 年以来首次超过全国商品出口额的一半，达到 51%。这主要是因为全球铜价大幅上涨，以及其他商品出口下降，包括工业制品以及农产品。

---

① 智利央行，https：//www. bcentral. cl/web/banco - central/。

（四）中国与智利的经贸关系

2005 年，中国与智利正式签署了自由贸易协定，智利成为第一个同中国签署自由贸易协定的南美洲国家。中智经济贸易合作进入高速发展的阶段。目前智利已成为中国在拉丁美洲和加勒比地区第二大贸易伙伴，中国也是智利第一大贸易伙伴。中智双方在多个领域积极开展经贸合作，从贸易结构来看具有较强的互补性，智利对中国出口的商品以资源密集型商品为主，包括矿产资源、农产品等。自由贸易协定的签署大大降低了智利优质农产品等优势出口品种的关税，极大促进了非铜产品对中国的出口，尤其是纸浆、樱桃、铁、三文鱼和鳟鱼、鲜食葡萄、各类木制品、锂、瓶装红酒和猪肉等产品。智利自中国进口的商品主要是劳动密集型商品，例如服装和机电设备等产品。

随着中国和智利双边自由贸易协定签署，中国与智利经贸关系发展迅速。2008～2019 年，中国与智利双边贸易额持续增长，智利在对中国的贸易中处于顺差地位，且顺差额在一定范围内增减波动。2015 年，中国与智利双边贸易额小幅下降，主要是因为全球经济增速放缓和大宗商品价格的下跌。2018 年，中国与智利双边货物贸易额达到历史峰值，智利对中国的出口额为 252.9 亿美元，自中国进口商品的金额为 175 亿美元，增长率分别为 33.8% 和 12.9%。2019 年，智利对中国出口 225.7 亿美元，同比下滑 10.76%；智利从中国进口 165.5 亿美元，同比下滑 5.43%，智利对中国的贸易顺差为 60.2 亿美元（见图 8）。智利海关总署 2021 年 1 月发布的数据显示，2020 年智利出口总额为 689.03 亿美元，同比下降 3.2%；进口总额为 558.49 亿美元，同比下降 13.5%。其中智利对中国出口 256.32 亿美元，智利从中国进口 152.47 亿美元。根据中国海关的数据，2021 年 1～6 月中国对智利出口商品总值为 114.3 亿美元，相比 2020 年同期增长了 50.2 亿美元，同比增长 78.4%；中国自智利进口商品总值为 193.8 亿美元，相比 2020 年同期增长了 53.7 亿美元，同比增长 38.3%[①]。总体而言，中国与智利经贸关系发展持

---

① 中国海关统计数据在线查询平台，http：//43.248.49.97。

续向好，随着两国友好关系的不断发展和"一带一路"合作的持续深入，中国与智利双边经贸合作水平有望迈上新的台阶。

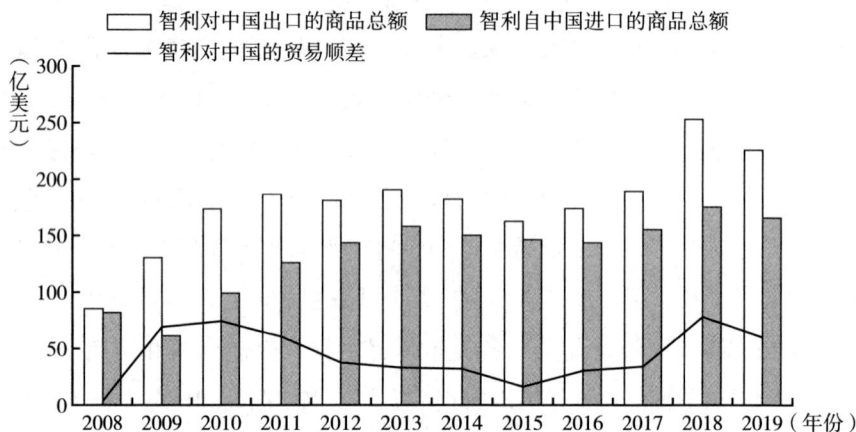

图8　2008～2019年中国和智利双边贸易进出口状况

资料来源：世界银行数据库，https：//data. worldbank. org. cn/。

（五）收入分配与社会福利

2019年10月，智利爆发全国性社会抗议运动，对国家政治、经济、社会产生了极为严重的连锁影响，也引起世界范围内的高度关注。从政治层面看，这一事件反映出智利制度的脆弱性，对其传统政党关系与政局博弈造成了重大影响。

智利军政府时期（1973～1989年）长期实行低税收低福利政策，自20世纪90年代民主化以来，智利文人政府在社会经济发展模式上基本延续了军政府时期新自由主义核心理念。在此基础上，文人政府对社会经济制度进行了一些修补，试图加强国家职能，弥补政府在社会政策等方面的缺位。文人政府在税制、劳动法规、社会保障等经济社会领域进行了改革尝试，试图通过改革促进国民经济和社会保障体系的发展、缓解不同社会阶层之间的利益冲突，但从智利经济社会发展实践来看，改革在改善国家社会经济状况和普通民众生活方面的成效并不明显。2011年智利就曾出现大学生因为高额学费进行抗议的事件。总统皮涅拉在竞选时曾表示要进行改革，但其上任后的改革举措只实现了局部改善，并未从根源上触及制度脆弱性问题，特别是未能兼顾效率与公平。

智利民主选举保障广大民众政治权利的合法行使，提高了公民对政府回应其诉求的期待。智利政府虽大力实行开放型经济政策，但历届政府都未能将这种顺应全球化的发展红利通过"涓流效应"充分惠及中下阶层，反而加剧了智利社会的不平等，基尼系数长期处于 0.48 以上。历届政府的一系列改革举措始终未能充分发挥社会兜底保障功能，贫富分化日益严重，而且上升渠道受到阻滞，出现阶层固化。特别是精英政府对中下阶层诉求的关注度不足，清除治理结构性积弊未能达到预期，因此民众对政府和传统政党制度的认同度严重下降。

从贫富差距来看，拉丁美洲和加勒比地区各国最富有的 1% 人口的收入在其国民总收入中所占比重差别很大（见图 9）。2019 年，巴西、智利和墨西哥三国最富有的 1% 人口的收入在国民总收入中所占的比重最高，超过27%。排名靠后的是阿根廷、厄瓜多尔、萨尔瓦多和乌拉圭，比重低于17%。比重排名在中间的大约为 20%，包括哥伦比亚、哥斯达黎加和秘鲁。

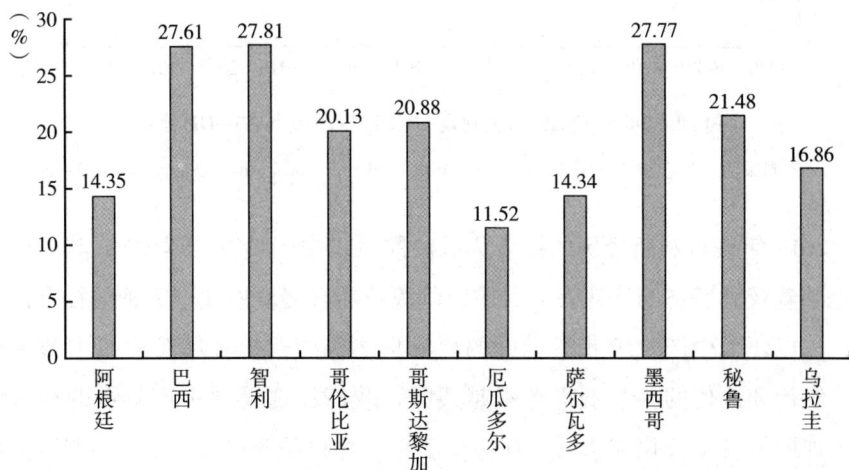

图 9　拉丁美洲和加勒比地区各国最富有的 1% 人口的收入占其国民总收入比重

资料来源：拉加经委会；全球不平等数据库，http：//wid.world/es/。

从税收来看，智利税收总量不高且税收增长乏力，这极大地制约了智利政府提供社会保障和公共服务的能力。根据经合组织（OECD）公布的数据，2008～2019 年，智利税收占 GDP 的比重平均为 20.2%，OECD 成员国同期的数据为 33.1%。2019 年智利税收占 GDP 的比例为 20.7%，OECD 成员国的平均水平为 33.8%（见图 10）。税收收入占 GDP 的比重较低极大地限制了智利政府的财政再分配能力。根据世界银行数据，2019 年智利总税率约为 34%，与 2018 年基本持平，而且近几年总税率增长率呈下降趋势，2019 年总税率增长率降为 0%（见图 11）。税收水平偏低削弱了智利政府在收入再分配过程中的作用，不能有效缩小收入差距。

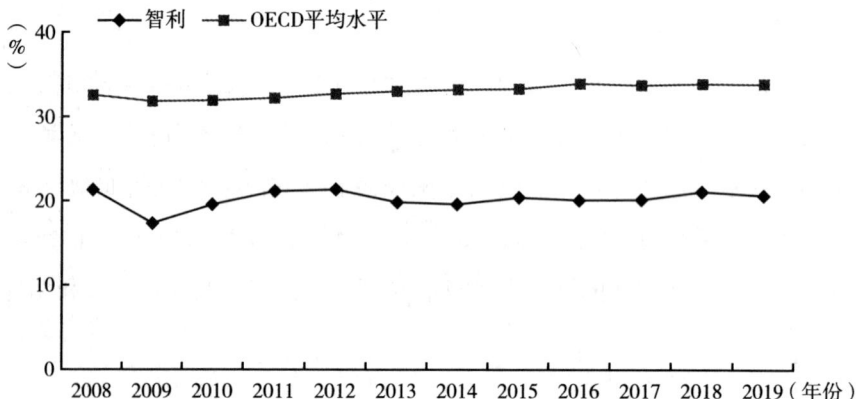

图 10   2008～2019 年智利及 OECD 税收收入占 GDP 比重

资料来源：经合组织数据库，https：//stats. oecd. org/Index. aspx？QueryId = 26902。

2019 年底智利所经历的社会危机被称为"中产阶级的爆发"，其主要原因是随着智利经济的快速发展，中产阶级不断督促政府建立完善的社会保障体系，以便为中产阶级获得更好的生活提供保障，但在精英阶层中政治权力、统治和地位的斗争变得越来越残酷，政府往往无视中产阶级的利益诉求，加剧了贫富分化和降低了社会流动性；智利经济对出口收入的严重依赖使得政府忽视了产业结构调整和升级的必要性，特别是大宗商品的价格起伏会引起经济大幅波动，给智利 GDP 增长和国民生活带来不确定性。这二者是 2019 年底智利社会危机的根源。

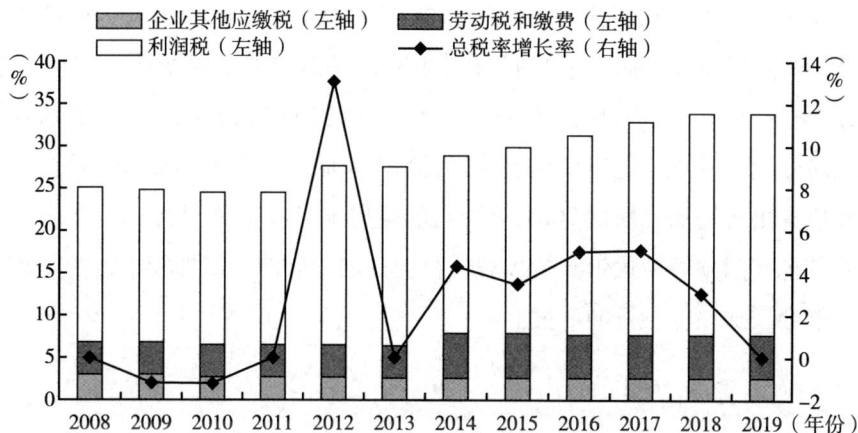

图11　2008~2019年智利税率及其构成

资料来源：世界银行数据库，https://data.worldbank.org.cn/。

三　智利宏观经济政策及其影响

（一）财政政策

财政收支方面，智利政府债务呈逐年升高趋势，但处于合理区间，政府具有很强的偿债能力。2020年，智利政府债务余额占GDP的比重为33%，远低于国际社会公认的60%的警戒线水平。

财政政策方面，2019年，智利主要经济活动的放缓和10月爆发的社会危机在很大程度上重塑了智利公共收支结构，迫使智利政府改变了2018年开始实行的紧缩性政策。一方面，政府公共收入出现明显下降，主要原因是财政收入主要来源——铜矿部门中智利国家铜业公司的几次大规模罢工直接拉低了企业效益，影响了政府总体税收水平。另一方面，政府公共支出大幅增加，主要原因是为应对社会危机，政府不得不放弃2018年经常性支出削减计划，通过采取一揽子举措来表明政府对社会保障领域的重视，加大了对养老金、最低工资、医疗卫生的支持力度。2019年，智利财政赤字规模上涨 0.5%，占 GDP 总额的 2.2%。为减轻应对社会危机的政府行为所造成的后续影响，以及新冠肺炎疫情扩散对生产活动造成的负面影响，2020 年智利政府进一步扩大了财政赤字规模。为解决收支平衡恶化问题，智利执政党与反对党达成共识，通过税制改革来提高财政收入。考虑到疫情防控等方面的政府支出会增加，预计 2021 年智利的政府债务将面临上行压力。由于以削减其他部门预算为代价支持大规模社会计划开展的可能性较小，智利政府很可能会增加债券发行的额度。

（二）货币政策

货币政策方面，2019 年初，智利央行将货币政策基准利率提高至 3%，以对冲 2018 年经济强劲回暖所带来的通胀压力。由于自 2019 年第一季度起智利国内各经济部门增长较为乏力，通胀总体水平低于政策区间下限，智利央行开始实施货币宽松政策。2019 年 6 月、9 月和 10 月，智利央行先后三次下调利率，由 3% 降至 1.75%。2020 年 3 月，为减轻社会危机、新冠肺炎疫情和国际铜价下跌的持续负面影响，智利央行将货币政策基准利率由 1.75% 下调至 1%，为 2010 年 6 月以来最低点。2020 年 4 月 1 日，智利央行政策委员又一致通过降息决定，将货币政策基准利率下调 50 个基点，从 1% 下调至 0.5%。针对本次降息，智利央行指出：货币政策将在很长一段时间内保持扩张，以减轻新冠肺炎疫情扩散对生产活动造成的负面影响。在降低货币政策基准利率的同时，智利政府还将加强其他流动性措施的应用，这些措施包括贷款灵活性计划，接受公司和银行债券作为比索流动性业务的合格抵押品等，通过放宽信贷条件，释放更多的流动性，以刺激经济持续快速发展。2021 年 8 月 31 日，智利央行宣布将利率上调至 1.5%，以应对美联储释放的加息信号，缓解国内外通胀压力。

通货膨胀方面，2014 年以来，智利通货膨胀率严格控制在政府财政／货币政策目标规定的 5% 或以下，通货膨胀率由 2014 年的 4.72% 下降至 2019 年的 2.56%，2020 年以来，由于政府采取的宽松货币政策释放了较大数量的货币，加之粮食和能源成本上涨推动了智利等拉美地区国家的物价上涨，

2020 年智利通货膨胀率上升至 3.05%。2021 年 5 月 8 日智利政府公布的数据显示，智利年度通货膨胀率上升至 3.3%，高于政府年度通货膨胀率 3% 的标准。智利央行预计 2021 年平均通胀率从此前的 3% 增长到 3.4%，为应对通货膨胀，智利央行在 2021 年 8 月 31 日将基准利率上调至 1.5%。2021 年 10 月 14 日，智利央行进一步将基准利率从 1.5% 上调至 2.75%，幅度超过预期。智利央行表示，随着通胀预期上升至目标值上方，基准利率将较此前预期的 2022 年早期更早达至中性，达到既不宽松也不紧缩的状态。智利央行令人意外且激进的利率上调动作，表明智利央行正试图通过继续加息控制通货膨胀。

（三）劳动就业

世界银行数据显示，2009～2013 年，智利平均失业率从 11% 下降到了 6.21%，2013 年后智利平均失业率小幅上升，由 2013 年的 6.21% 上升到 2018 年的 7.23%，2019 年，智利平均失业率波动较小，保持在 7.29% 左右，与 2018 年基本持平。2008～2013 年，智利男性和女性的失业率同步变动，但女性的失业率高于男性，拉高了平均失业率水平，这意味着女性面临着更大的就业压力。2013 年以来，智利男女失业率差距不断收窄，就业的性别不平等现象有所减弱（见图 12）。据智利政府官员 2020 年透露的数据，2017～2020 年，大约有 100 万外国人，特别是海地人和委内瑞拉人来到智利寻求就业岗位，据官方统计，新冠肺炎疫情发生后，可能有超过 50 万外国人进入智利境内。由于大批移民涌入智利，智利劳动力市场供需关系日趋紧张，抬高了政府监管成本，实际工资水平涨幅受到影响。从就业部门来看，劳动力扩张最为显著的是医疗卫生和建筑业，制造业部门吸纳就业的能力相对疲弱；从就业关系来看，正规就业和个体经营者出现小幅扩张，而非正规就业人数有所下降。

为应对新冠肺炎疫情对经济的冲击，智利政府于 2020 年 7 月 31 日公布了经济复苏计划，包括就业补贴计划、加强基础设施建设和扩大公共投资等措施。智利政府指出：新冠肺炎疫情令智利失去 180 万个就业岗位，恢复就业是经济复苏计划的重要目标，政府将实施一项约 20 亿美元的就业补贴计划，受益者将超过 100 万。政府还将在 2020～2022 年投资 340 亿美元加强基础设施等领域建设，加大对中小企业的扶持力度，为私人投资提供政策支持等。根据智利国家统计局（INE）最新发布的报告，2021 年 8 月的失业率降至 8.5%，同比下降 4.4 个百分点，智利女性的失业率为 8.7%，男性的失业率为 8.5%，同比分别下降了 3.4 个和 5 个百分点。这也是自新冠肺炎疫情发生以来智利失业率的最低水平。

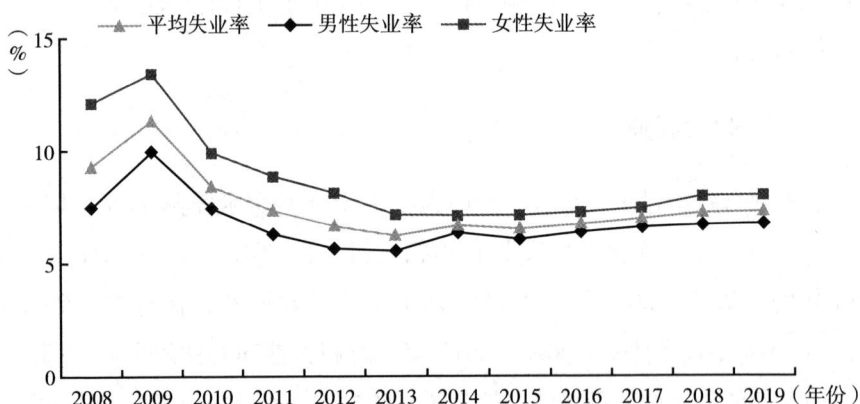

图 12   2008～2019 年智利失业状况

资料来源：世界银行数据库，https://data.worldbank.org.cn/。

四   智利经济展望

2020 年，在新冠肺炎疫情的影响下，智利经济社会遭受重创，随着新冠肺炎疫情得到有效控制，智利总统皮涅拉宣布于 2021 年 10 月结束实施了一年半的灾难紧急状态。由于疫情及防控政策，智利仍处于封锁状态，经济活动大幅受限。2021 年 2 月，智利开始大规模疫苗接种运动，70% 的人口于 2021 年 5～6 月完成第二针疫苗的接种，全国将实现"群体免疫"，经济活动将强劲复苏。2021 年 8 月，智利央行已将智利 2021 年国内生产总值的增长预测调高至 10.5% ~ 11.5%，而联合国拉丁美洲和加勒比经济委员会（拉加经委会）预测称，智利 2021 年的 GDP 增长率为 9.2%。

2021 年 10 月，根据伦敦金属交易所的信息，世界铜库存量降至 1974 年以来的最低水平，促使铜矿价格上涨至每磅 4.788 美元。铜矿价格开创了历史新高，超过了 2011 年的每磅 4.60 美元，智利政府表示这可能会使该国的纳税收入增加一倍。就对外贸易而言，智利将保持扩大开放的态势，同时应积极引导产业多元化发展和产业转型，避免单一出口导向型经济对于国际市场变动的强敏感性。

作为经合组织中负债最少的国家之一，智利是拉丁美洲和加勒比地区国家中 2020 年 GDP 跌幅第二小的国家。穆迪公司指出：较高的增长将为智利政府的财政账户提供支持，预计智利 2021 年财政赤字会逐渐收窄。考虑到社会对提高公共服务质量和扩大其覆盖面以及解决收入不平等问题的需求，智利在 2021 年仍面临债务继续上升的风险。

智利最突出的问题是贫富差距较大，智利在养老、医疗、教育等主要涉及民生的社会保障重点领域引入市场机制，市场经济的逐利本性使得本应突出公平的社会保障领域转而追逐效率，导致富人阶层拥有更多的社会福利，如果社会公平问题得不到根本解决，最终就会引发社会冲突。此外，2021 年 6 月开始起草新宪法以及计划在 11 月举行的总统大选也将带来不确定性。

从中国与智利的经贸关系看，未来几年，矿业以及其他产业，如基础设施建设、电信、新能源、旅游、制造业等，都是中国和智利合作的重点领域。目前智利电力需求量大，供给多来自于高污染的火力发电，智利政府计划到 2024 年实现全国 10% 的电力供应来自非传统可再生能源，因此新能源产业的发展是中国与智利合作的重大契机。通过两国合作，一方面可以解决智利国内的能源困境，与全球环境保护的理念相向而行，另一方面也开拓了中国企业在智利投资的新领域。制造业方面，智利本土制造业不发达，且劳动力成本高昂，产品多从周边国家进口，中国在制造业领域的经验和优势，也将是未来双方合作的一大亮点。随着双方合作的加深和中国 - 智利自贸协定升级议定书的实施，中国和智利双方合作的积极性也被充分调动。

　　智利经济复苏进程仍面临不平等、贫困、经济结构单一等深层问题。智利仍须重视就业不足、分配不均、引资乏力等长期风险，应通过减免税收刺激总需求等方式，确保宏观调控政策实现预期目标，推动经济高质量增长。智利作为拉丁美洲和加勒比地区最具竞争力的国家之一，有望在疫情过后迅速复工复产，推动经济发展，成为对国际投资者具有吸引力的市场。

B.6
2022年秘鲁经济发展分析与展望

陈文君*

摘　要：　秘鲁经济在2019年增长率为2.2%，为2009年以来的新低。2020年受新冠肺炎疫情的影响，GDP衰退11.1%。2021年秘鲁及时采取措施后疫情得到控制，经济大幅反弹，增长率达到13.5%。本报告第一部分介绍了目前影响秘鲁经济发展的主要因素。第二部分分析了秘鲁2022年上半年经济发展状况。第三部分着重阐述了秘鲁的财政与货币政策及其政策效果。第四部分剖析了秘鲁与中国经贸合作关系。最后，本报告对秘鲁2022年经济形势进行了展望。为了继续恢复经济，2022年秘鲁政府采取了宽松的财政政策与紧缩的货币政策；2020年外贸显著滑坡，但2021年大幅反弹；中秘双边贸易有一定潜力；失业率处于较高水平。2022年，受俄乌冲突带来的国际能源和粮食价格上涨等影响，秘鲁经济复苏的速度会放缓，预计2022年秘鲁的经济增长速度为2.5%[①]。

关键词：　秘鲁　经济增长　宏观经济政策　中秘合作

2019年秘鲁经济发展速度放缓，增长率为2.2%。新冠肺炎疫情使得各国

---

* 陈文君，博士，西南科技大学经济管理学院教授，主要研究方向为产业经济、技术创新。

① CEPAL, "Economic Survey of Latin America and the Caribbean 2022: Trends and Challenges of Investing for a Sustainable and Inclusive Recovery", p. 117. https：www. cepal. org/es/publications.

经济大受影响，秘鲁经济在 2020 年也出现大幅度滑坡，增长率为 - 11.1%。2021 ~ 2022 年秘鲁采取了积极宽松的财政与紧缩的货币政策，且采取了积极措施控制疫情，因此 2021 年秘鲁经济在 2020 年较低的基数上大幅反弹，增长率达到了 13.5%。受俄乌冲突带来的国际能源和粮食价格上涨等因素的影响，2022 年秘鲁经济复苏的速度会放缓。根据拉加经委会的预测，2022 年秘鲁的经济增长速度为 2.5%。

一 影响秘鲁经济发展的主要因素

（一）国内政治动荡：总统更换频繁、政治博弈激烈

2016 ~ 2021 年，围绕着总统大选、反腐、总统辞职等事件，秘鲁国内发生了一系列政治动荡，这对秘鲁的经济发展产生了潜在的不良影响。

2016 年 6 月 10 日，在秘鲁总统选举第二轮投票中，库琴斯基以极其微弱的优势在竞选中获胜。2018 年 3 月 21 日，库琴斯基因有关特赦前总统藤森的政治交易事件被曝光，提出辞职。3 月 23 日，秘鲁第一副总统马丁·比斯卡拉在国会宣誓就任总统。

比斯卡拉因反腐在秘鲁民众中威望很高，但秘鲁国会与比斯卡拉之间关系紧张。2020 年 11 月 9 日，比斯卡拉因受到国会弹劾被解职。11 月 10 日，国会主席梅里诺在国会宣誓就任总统。11 月 15 日，秘鲁出现大规模示威活动，示威者对比斯卡拉遭解职表达不满，要求梅里诺辞职。梅里诺是无党派人士，缺乏政治资源，面对上述压力，上任不满一周的梅里诺宣布辞职。秘鲁国会 16 日举行全体会议，76 岁的议员弗朗西斯科·萨加斯蒂当选新一任国会主席。这意味着，他将按宪法程序接任秘鲁总统职务[①]。

秘鲁大选每 5 年举行一次。2021 年 4 月 11 日举行的第一轮大选中，卡

---

① 徐立凡：《一周换 3 位总统，秘鲁何以陷入政治危机》，《新京报》2020 年 11 月 17 日。

斯蒂略和藤森庆子得票分获前两名。由于没有候选人在首轮选举中得票过半，选举进入第二轮角逐。根据秘鲁选举法，在第二轮投票中获得简单多数票者当选总统。秘鲁 6 月 6 日举行总统选举第二轮投票，首轮选举得票领先的自由秘鲁党候选人佩德罗·卡斯蒂略与人民力量党候选人、前总统藤森之女藤森庆子展开最后角逐。秘鲁不少选民对当地媒体表示，无论哪位候选人当政，都应该将抗击新冠肺炎疫情、遏止因疫情造成的经济衰退等民生问题放在首位①。

秘鲁总统选举票数统计已于 2021 年 6 月 15 日 15 时 19 分全部完成。根据统计结果，自由秘鲁党候选人佩德罗·卡斯蒂略得票率约为 50.125%，人民力量党候选人藤森庆子得票率约为 49.875%，二者票数相差 44058 票。据秘鲁媒体报道，此前两名候选人所代表的政党提出申请，指出部分选票存在疑似"违规行为"，应予以作废。由于该申请的诉求仍未解决，秘鲁官方未宣布最终选举结果。经过严格审核后，2021 年 7 月 19 日，秘鲁全国选举委员会宣布了本次大选的最终结果：自由秘鲁党候选人佩德罗·卡斯蒂略在 6 月 6 日举行的总统选举第二轮投票中击败人民力量党候选人藤森庆子，当选秘鲁总统。藤森庆子当天表示接受选举结果，并呼吁支持者保持冷静，不要参加抗议活动②。2021 年 7 月 28 日，秘鲁当选总统佩德罗·卡斯蒂略在国会宣誓就职，2020 年 11 月以来的令人眼花缭乱的总统更迭终于告一段落。

在过去 20 年中，秘鲁政坛腐败丑闻不断，一些政客还以反腐名义争权夺利，导致秘鲁政局频繁动荡。此次大选之前的 5 年内，秘鲁共经历了四任总统和两届国会，引发民众广泛不满。在新冠肺炎疫情冲击下，秘鲁政府未能给民众提供必要有效支持，民众求变意愿愈发强烈。秘鲁人民希望通过此次大选迎来一个政治稳定、社会安定的新局面，但选举过程表明，秘鲁的动

---

① 《秘鲁举行总统选举第二轮投票》，新华网，2021 年 6 月 6 日，http：//www.xinhuanet.com/world/2021－06/06/c_ 1127535907.htm。

② 《佩德罗·卡斯蒂略在秘鲁总统选举中获胜》，新华网，2021 年 7 月 20 日，http：//www.xinhuanet.com/2021－07/20/c_ 1127673476.htm。

荡局势未来仍有可能延续。一方面，选举结果表明，秘鲁当前是一个民意高度分裂的国家，达成团结共识的难度可想而知。另一方面，近年来秘鲁饱受政治动荡、经济萎靡、新冠肺炎疫情等多重危机困扰，这既是秘鲁民众求变的原因，也会给新政府执政带来严峻挑战①。

（二）新冠肺炎疫情：防疫与经济复苏的艰难平衡

尽管秘鲁是拉丁美洲和加勒比地区率先采取措施应对新冠肺炎疫情的国家之一，但该国仍遭受相当严重的公共卫生危机，这将对经济产生深远影响。秘鲁今后一段时间将面临疫情防控和经济复苏的双重挑战。在 2020 年 2 月疫情初期，秘鲁政府就积极进行封城隔离、为了实现全覆盖检测尽最大努力为医疗人员提供资源、发动国内华裔日裔民众从东亚国家大量采购防疫物资并申请医疗援助。

2020 年 3 月 15 日，秘鲁总统比斯卡拉宣布全国于 16 日进入为期 15 天的紧急状态。在实施紧急状态期间，秘鲁政府采取一系列严控措施，包括关闭边境（但保持货运正常）；除外出购买食品、药品等生活必需品以及去银行、紧急就医等，公民应居家"强制隔离"等。政府将全力保障水、电、煤气和燃料供应以及通信、清洁卫生等公共服务，并动用国家警察和军队予以协助。秘鲁"宏观咨询"公司经济学家埃尔梅尔·古巴指出，秘鲁防疫举措对经济造成了严重冲击。许多中小企业失去收入面临破产，政府税收难以为继。仅首都利马地区新增失业人口就达 230 万，全国贫困人口比例达 28%。在经济萎缩、失业率攀升、民生日益艰难的压力下，秘鲁从 2020 年 5 月初开始分阶段推进复工复产。2020 年 6 月 15 日，秘鲁总统比斯卡拉宣布"启动秘鲁"计划，旨在减少新冠肺炎疫情造成的损失、刺激经济发展并创造 100 万个就业岗位。根据这项计划，秘鲁政府将于 2020 年下半年在公共项目上投资 64.36 亿索尔（约合 18.6 亿美元），涉及运输、电信、住

---

① 王慧芝：《秘鲁大选或难终结动荡局势》，中国新闻网，2021 年 6 月 11 日，http：//www. chinanews. com/gj/2021/06 - 11/9497384. shtml。

房、农业和基础设施建设等领域。

2021 年 1 月 13 日，秘鲁总统萨加斯蒂宣布，秘鲁将根据疫情进展划分风险等级，分区分级精准防控，以应对近来全国出现的新一波新冠肺炎疫情。根据上述防控措施，秘鲁将以省、市为单位划分中、高、极高和极度高风险等级。随着疫情的逐步缓解，5 月 10～30 日，秘鲁首都利马和卡亚俄市的疫情风险级别将从"极度高"降为"极高"，疫情防控限制措施也将有所调整。5 月 27 日，经济和财政部部长门多萨表示，秘鲁政府将投入 12.3 亿索尔，用于继续促进经济复苏、创造就业岗位以及在卫生紧急状态下为民众提供医疗服务等。6 月 16 日，福利－健康保险部副部长奥斯托斯预计，到第四季度初，超过 65% 的秘鲁人口将接种两剂新冠疫苗，从而实现对新冠病毒的群体免疫。教育部部长里卡多·昆卡表示秘鲁疫情有所缓和，流行病控制指标发生了积极变化。卫生部部长埃尔南多·塞瓦略斯 9 月 21 日曾表示，为了鼓励外来投资，避免国家经济停滞，政府至少现在还不打算恢复全面隔离，但会密切监测疫情发展，做好准备应对第三波疫情[①]。政府将继续努力为民众接种新冠疫苗，缩小各地区之间的差距，确保尽可能多的人受到保护。

从总体情况来看，秘鲁的新增病例和死亡病例在减少，疫情处于控制之中。与此同时，经济增长也在恢复。2021 年 10 月 18 日，秘鲁卫生部发布的新冠肺炎疫情数据显示，累计确诊病例达到 2190396 例，累计死亡病例达到 199882 例。秘鲁经济和财政部部长弗兰克当天指出，秘鲁经济 2021 年 8 月较 2020 年同比增长了 11.8%，GDP 增速接近 2%，秘鲁经济增速已恢复到疫情前的水平。尽管最近国际机构（如惠誉和标准普尔）调整了秘鲁的信用评级，但与该地区其他国家相比，秘鲁的信用评级处于良好水平，秘鲁仍然是拉丁美洲信用评级第二高的国家[②]。

---

① 《秘鲁卫生部长：预计 15 至 20 天内秘鲁将现第三波疫情》，中国新闻网，2021 年 9 月 22 日，http：//www. chinanews. com/gj/2021/09－22/9571124. shtml。

② 《秘鲁经济增长恢复到疫情前水平 大学拟于 2022 年 3 月恢复线下授课》，中国新闻网，2021 年 10 月 19 日，http：//www. chinanews. com/gj/2021/10－19/9589918. shtml。

（三）铜价上涨：有利于秘鲁经济

秘鲁是仅次于邻国智利的世界第二大铜生产国，其经济严重依赖铜出口，尤其是对最大买家中国的出口。秘鲁矿业公司为全球铜价触及近十年高点而欢呼，称其应提供额外资金以支持投资。

2019 年，秘鲁铜产量为 245 万吨。2019 年，阿雷基帕区铜产量占全国总产量的 19.5%，其次是安卡什（19%）、阿普里马克（15%）、库斯科（12.6%）、塔克纳（10%）。2020 年 3 月份，秘鲁实施了严格的封锁措施，大部分矿业公司关闭了两个月。受疫情因素影响，秘鲁 2020 年上半年铜产量同比下滑 20.4%。2020 年 8 月起，一些关键行业重新开放。2020 年 11 月，秘鲁全国矿业协会（SNMPE）常务会长巴勃罗·德拉弗洛尔（Pablo de la Flor）预测称，秘鲁处于不同开发阶段的铜业项目有 25 个，如果项目进展顺利，其铜产量将增长一倍①。

2020 年 3 月 19 日，伦敦铜（LME 铜）价格跌至 2016 年以来的新低，为 4371 美元/吨。但之后价格大幅上扬，在 2021 年 5 月 10 日创下历史高价 10747.5 美元/吨，与 2020 年 3 月 19 日的低点相比，累计涨幅达到 145.88%。2021 年 2 月，秘鲁南方铜业公司（Southern Copper）财务副总裁劳尔·雅各布表示，将推进庞大的 54 亿美元铜矿项目的开发，包括洛斯詹卡斯和米奇奎莱铜矿项目②。

达到历史最高点之后铜价格有所回落，2021 年 6 月 18 日为 9149 美元/吨，但还是处于较高位置。造成此轮铜价格上涨的主要原因有：①美联储大放水，带动了全球多个经济体不断的量化宽松，欧美国家推出了"无上限"量化宽松政策，使得货币大幅贬值，推动了大宗商品的价格上涨。②中国制造业快速发展，对上游原材料铜的需求日益增加，中国铜消费量全球占比首

---

① 《秘鲁铜产量将增长一倍》，新浪财经，2020 年 11 月 4 日，http://finance.sina.com.cn/money/nmetal/2020 - 11 - 04/doc - iizncktkc9394871. shtml。

② 《铜价触及近十年高点 秘鲁南方铜业将推进新项目》，搜狐网，2021 年 2 月 26 日，https://www.sohu.com/a/452839512_ 249929。

超六成。中国国内受疫情影响时间短，恢复较快，客观上形成国内制造业产能独立供应全球需求的状况，从而带来对上游原材料需求的大幅增长。③疫情在全球范围扩散后，秘鲁、智利等有色金属开采国受到严重影响，供应一度严重萎缩，这也进一步加剧了供需矛盾①。从短期看，国际市场铜价格高企对秘鲁的经济发展绝对是利好消息，秘鲁政府也确实在尽可能多开采以增加收入，促进疫情后经济的复苏。2021年1~6月，秘鲁采矿业产量比2020年同期翻了一番，不可再生自然资源收入增加占秘鲁总收入增加的21%②。然而万事皆是利弊相间，一个完整的商品周期中，商品价格总是随供需在动态变化的。在当前铜的需求增加、价格高涨的形势下，秘鲁采矿业也要居安思危，避免过度扩张，否则将来铜的需求下跌、价格下跌时，市场可能出现产能过剩的情况。

二　秘鲁2022年上半年经济发展概况

秘鲁国家统计和信息局（INEI）2022年5月23日公布的数据显示，秘鲁2022年第一季度实际GDP同比增长3.8%。2022年第一季度，按当前市场价格计算，秘鲁名义GDP为2137.08亿索尔，同比增长8.2%；按2007年不变市场价格计算，秘鲁实际GDP为1329.80亿索尔，同比增长3.8%。自2021年第一季度起，连续五个季度实现正增长。2022年第一季度，秘鲁国内需求同比增长2.5%，其中居民消费增长6.9%，政府消费增长11.3%；国内资本形成总额下降14.0%；货物和服务出口增长8.2%，货物和服务进口增长2.6%。从三大产业实际增速看，2022年第一季度秘鲁农林牧渔业增加值同比增长3.7%，其中种植业增长4.3%，畜牧业增长2.8%，渔业下降26.2%；采矿业增加值增长1.1%，制造业增加值增长1.9%，电力和水生

---

① 《国际铜价突破历史新高！中国铜消费全球占比首超六成，产业链全面提价》，搜狐网，2021年6月25日，https：//www.sohu.com/a/473991385_ 119666。

② CEPAL, "Estudio Económico de América Latina y el Caribe（2021）", p. 86. https：www.cepal.org/es/publications.

产业增加值增长 3.4%，建筑业增加值下降 0.5%；批零贸易业增加值增长 5.9%，其他服务业增长 5.4%[①]。

2022 年第二季度，秘鲁 GDP 同比增长 3.3%[②]。2022 年上半年，秘鲁 GDP 较去年同期增长 3.54%，超过预期值。此外，出口和就业等多方面也显示出积极态势。至少 10 个大区产品出口量打破纪录，包括库斯科大区（Cusco）、阿雷基帕大区（Arequipa）和伊卡大区（Ica）等。经济的改善也使得第二季度的就业率扩大，较去年同期增长 5.9%。然而，就业正规化仍是秘鲁面临的挑战。秘鲁经济复苏离不开新冠疫苗接种工作的开展。秘鲁超过 70% 的人口已接种新冠疫苗，其疫苗接种覆盖率在南美洲排名第三，仅次于智利和乌拉圭[③]。

三 秘鲁经济政策及效果分析

（一）财政政策

公共债务水平增加。2019～2020 年，秘鲁内债、外债均呈现出增加势头、总债务增加幅度较大。为应对新冠肺炎疫情，秘鲁政府公共支出大幅增长，导致中央政府总债务迅速增长 24.8% 和 35.2%（如图 1 所示）。2021 年 5 月，国际评级机构穆迪将秘鲁长期外币债务评级定为 A3 级，并将秘鲁前景从稳定改为负面，同时指出秘鲁政策质量弱化风险上升，不利的政策和突然的变化会破坏宏观政策延续性，危及经济增长和公共财政。

---

① 《2022 年一季度秘鲁经济同比增长 3.8%》，雪球网，2022 年 5 月 21 日，https：//xueqiu. com/5296061618/220568532。

② 《秘鲁二季度 GDP 同比增长 3.3%》，东方财富网，2022 年 8 月 23 日，http：//fund. eastmoney. com/a/202208232486819046. html。

③ 《秘鲁上半年 GDP 同比增 3.54% 多项经济数据复苏》，南美侨报网，2022 年 8 月 17 日，http：//www. br － cn. com/static/content/news/nm ＿ news/2022 － 08 － 17/1009513248074 108928. html。

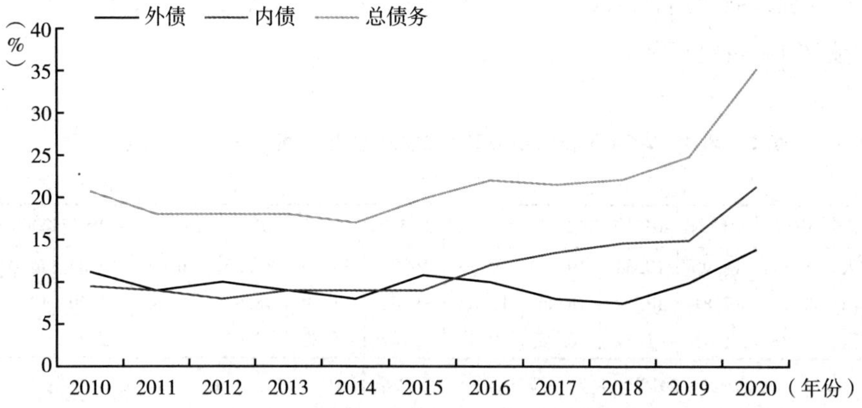

图1　2010～2020年秘鲁中央政府债务增长率

资料来源：2010～2018年数据来源于拉加经委会数据库，CEPALSTAT；2019～2020年数据来源于CEPAL，"Panorama Fiscal de América Latina y el Caribe, Los desafíos de la política fiscal en la recuperación transformadora pos – COVID – 19", pp. 32 – 35。

2014～2019年秘鲁中央政府出现不同程度的赤字（如表1所示）。2020～2021年，疫情导致经济滑坡，中央政府收入减少，而控制疫情及推行政府"经济复苏计划"又需要增加支出。2020年中央政府税收比2019年减少21.3%，而2020年1～6月中央政府支出占到同期GDP的19.6%[①]。中央政府财政状况出现困难局面，政府甚至通过贷款来应对。2020年12月，秘鲁中央政府的公共债务占GDP的32.9%。2021年6月，中央政府的公共债务占GDP的30.6%[②]。2021年6月10日，秘鲁经济和财政部批准向美洲开发银行（IDB）贷款6亿美元，用于"优化社会政策以保护秘鲁脆弱人群的计划"[③]。2021年7月12日，秘鲁经济和财政部部长门多

---

① CEPAL, "Estudio Económico de América Latina y el Caribe (2021)", pp. 85 – 88. https：www. cepal. org/es/publications.

② CEPAL, "Estudio Económico de América Latina y el Caribe (2021)", p. 94. https：www. cepal. org/es/publications.

③ 《秘鲁向美洲开发银行贷款6亿美元》，中华人民共和国驻秘鲁共和国大使馆经济商务处，2021年7月10日，http：//pe. mofcom. gov. cn/article/jmxw/202107/20210703174858. shtml。

萨报告说，截至当日，2021 年政府已经向卫生部门增拨了 73.2 亿索尔，以控制新冠肺炎疫情①。

表 1 2010～2020 年秘鲁中央政府收入和支出情况（占 GDP 百分比）

单位：%

	2010 年	2011 年	2012 年	2013 年	2014 年	2015 年	2016 年	2017 年	2018 年	2019 年	2020 年
收入	18.11	18.96	19.34	19.23	19.36	16.98	15.60	15.35	16.45	16.84	14.91[a]
支出	17.73	17.81	17.67	18.45	19.87	19.80	17.49	18.80	18.54	19.20	19.6[b]
盈余	0.38	1.15	1.67	0.78	−0.51	−2.82	−1.89	−3.45	−2.09	−2.36	—

资料来源：2010～2019 年数据来源于国际货币基金组织，https：//data.imf.org/。数据 a 是笔者根据《拉丁美洲和加勒比经济概览 2021》（"Estudio Económico de América Latina y el Caribe (2021)"），第 85 页中的"2020 年中央政府税收比 2019 年减少 21.3%"推算而来，数据 b 为 2020 年 1～6 月数据。

（二）货币政策

2017～2020 年，秘鲁实施宽松的货币政策。2021 年起，秘鲁实施紧缩的货币政策。秘鲁央行基准利率在 2017 年 5 月 11 日达到 4.25% 的高点后，长期处于下降趋势。2018 年 3 月 9 日降为 2.75%，2019 年 11 月 8 日降为 2.25%。2020 年以来，为应对国内政治动荡、新冠肺炎疫情对经济造成的严重影响，央行基准利率继续走低。2020 年 3 月 20 日，为了促进经济复苏，央行基准利率下调 100 个基点，降为 1.25%；不到一个月，2020 年 4 月 10 日，央行基准利率再下调 100 个基点，降为 0.25%，为秘鲁历史上的最低点，也是拉丁美洲和加勒比地区最低水平。2021 年 8 月 13 日，秘鲁央行将基准利率上调至 0.50%。由于 2021 年 8 月的年通货膨胀率升至 4.95%，为 10 年来最高点，2021 年 9 月 10 日秘鲁央行将基准利率上调至 1%。此后，为了应对居高不下的通货膨胀率，秘鲁央行短期内多次加息，2022 年 8 月将基准利率上调至 6.5%，达到 2010 年以来的最高水平（如图 2 所示）。

---

① 《秘鲁当局：新冠疫苗接种将推动秘鲁经济增长 10% 以上》，中国新闻网，2021 年 7 月 13 日，https：//www.chinanews.com.cn/gj/2021/07 − 13/9518627.shtml。

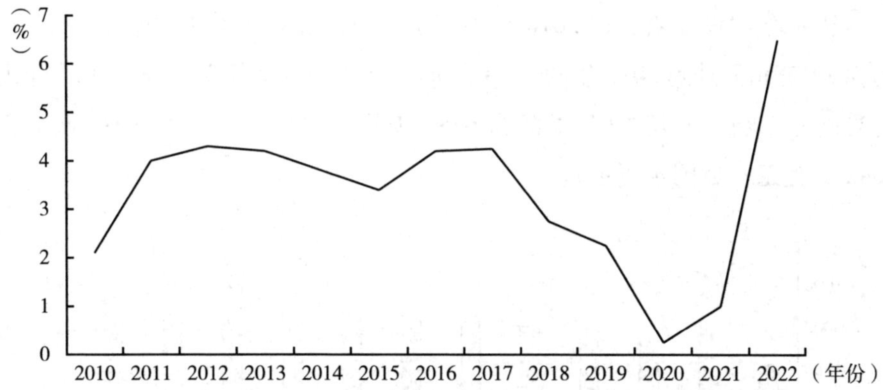

图2　2010～2022年秘鲁央行基准利率

资料来源：拉加经委会数据库，CEPALSTAT。2017－2022年数据均为日期数据，具体日期分别为：2017年5月11日、2018年3月9日、2019年11月8日、2020年4月10日、2021年9月10日、2022年8月11日。

（三）经济政策的效果

1. 国内生产总值

2020年因为受疫情影响，秘鲁GDP总量下降为2072.4亿美元。2021年恢复到2232.5亿美元（如图3所示）。

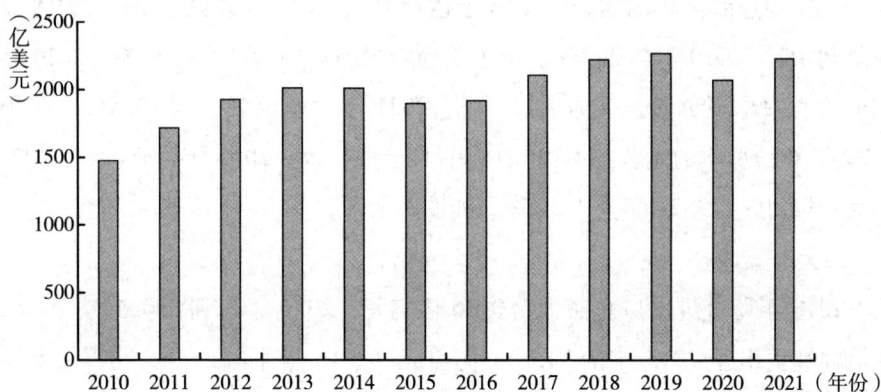

图3　2010～2021年秘鲁GDP

资料来源：拉加经委会数据库，CEPALSTAT。

从人均 GDP 来看，以 2010 年不变价计算的秘鲁人均 GDP，从 2010 年的 5082 美元上升到 2019 年的 6978 美元，10 年一共增长 37.3%。2020 年因为受疫情影响，人均 GDP 下降为 6285 美元。2021 年，人均 GDP 恢复为 6692.2 美元（如图 4 所示）。

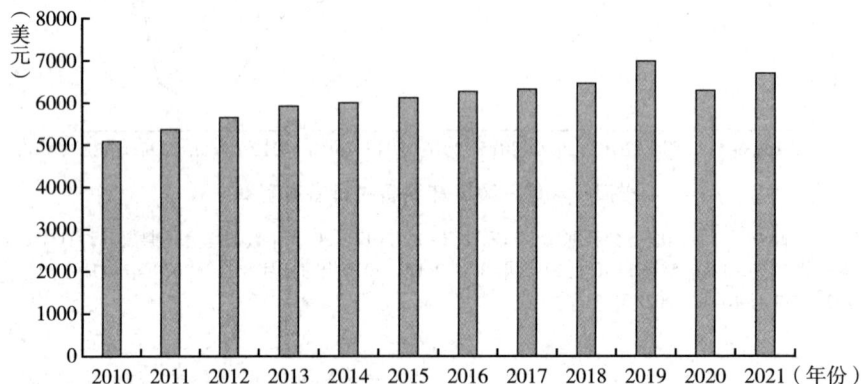

图 4   2010~2021 年秘鲁人均 GDP（2010 年不变价）

资料来源：拉加经委会数据库，CEPALSTAT。

从增长率来看，根据世界银行的数据，2010 年秘鲁 GDP 增长率达到 8.3%，此后连续四年呈回落态势。2014 年 GDP 增长率回落到 2.4%，2015 年起又出现连续两年的增长，2016 年达到 4%，2017 年跌到 2.5%，2018 年恢复到 4%，2019 年为 2.2%。由于受到新冠肺炎疫情的严重影响，2020 年 GDP 增长率出现负增长，为 -11.1%。2021 年大幅反弹，为 13.5%。秘鲁人均 GDP 增长率的走势与 GDP 增长率的走势一致，2019 年为 0.6%，2020 年为 -12.4%，2021 年为 12.2%（如图 5 所示）。

2. 对外贸易

2010 年秘鲁进出口总额为 650.36 亿美元，2012 年达到 880.44 亿美元，之后连续下滑至 2015 年的 715.54 亿美元。2016 年小幅回升，2017~2018 年连续大幅回升，2018 年增加到 950.9 亿美元。2019 年回落到 883.9 亿美元。受疫情影响 2020 年降到 731.03 亿美元，仅与 2016 年的水平相当。2021 年大幅反弹，达到 1226.88 亿美元。

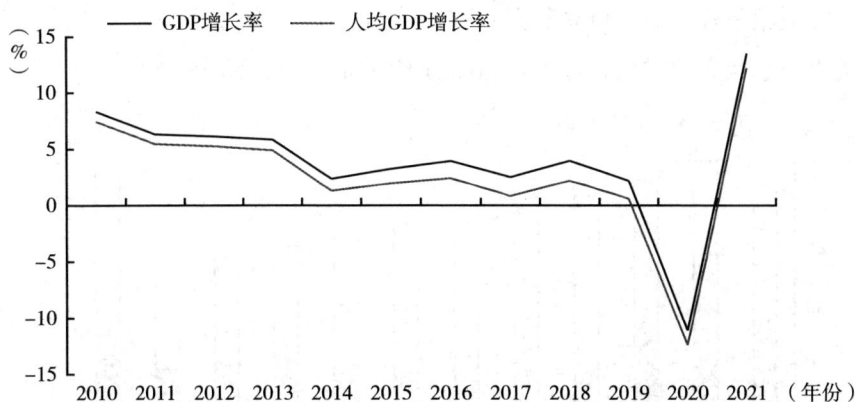

图5 2010～2021年秘鲁GDP增长率和人均GDP增长率（2010年不变价）

资料来源：拉加经委会数据库，CEPALSTAT。

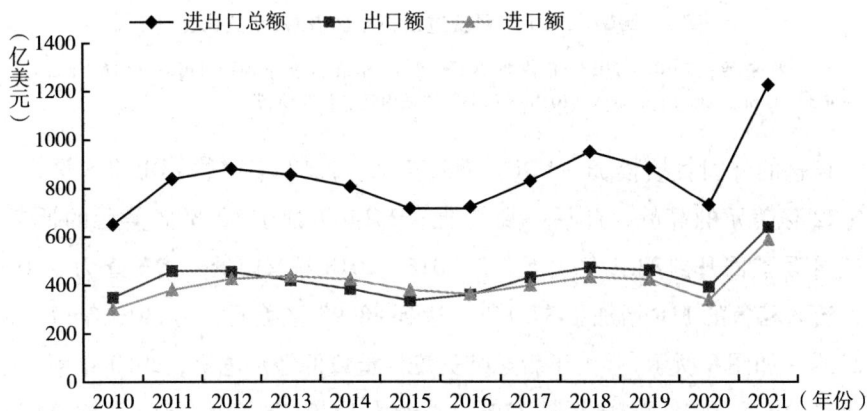

图6 2010～2021年秘鲁进出口额（现价）

资料来源：2010～2020年数据来源于中华人民共和国商务部国别报告网，https://
countryreport. mofcom. gov. cn/。2021年数据来源于：CEPAL，"Preliminary Overview of the
Economies of Latin America and the Caribbean 2021"，p. 3. https：www. cepal. org/es/publications。

　　2010年秘鲁进出口总额占GDP的比重达到51.6%，处于较高水平，2011
年达到56%，为12年里的最高水平。2012年进出口总额占GDP比重降为
52.6%，此后连续八年下滑，2017年降至42.2%，2018年降至40.8%，2019
年降至38.9%。2016～2018年秘鲁进出口总额处于上升势头，但其占GDP的
比重却处于下降势头（如图6、图7所示）。受疫情影响，2020年秘鲁进出

口总额大幅下降，进出口总额占 GDP 的比重更低，降为 35.3%。2021 年秘鲁进出口总额大幅增加，进出口总额占 GDP 的比重达到 54.96%。

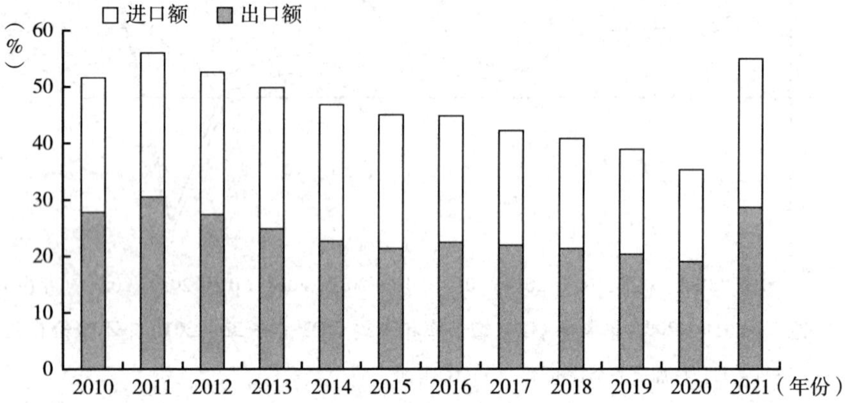

图7　2010~2021 年秘鲁进出口总额占 GDP 的比重

资料来源：2010~2017 年数据来源于世界银行数据库，https://databank.worldbank.org/data/home.aspx；2018~2021 年数据由笔者计算所得。

秘鲁的外国直接投资（FDI）增长乏力。2012 年秘鲁 FDI 流入量达到 136.22 亿美元的高峰，此后一路走低，2014 年处于 39.3 亿美元的低谷，2015 年虽然回升到 83.1 亿美元，但 2016~2018 年又降低，增长乏力。2019 年，流入秘鲁的 FDI 增加了 37.1%，达到 88.92 亿美元，为 2013 年以后的最高值（如图 8 所示）。由于新冠肺炎疫情造成的经济危机，2020 年第三季度秘鲁的 FDI 流入量同比下降 72%，总额为 15.95 亿美元。FDI 的下降幅度是该地区有记录以来最大的[1]。2020 年秘鲁 FDI 流入量为 29.8 亿美元，创 2010 年以来的新低。FDI 净流入量除了 2018 年以外，都低于 FDI 流入量，且两个数据相差不大，说明主要是外国资本到秘鲁投资，而秘鲁资本到其他国家投资很少。2010~2019 年，秘鲁 FDI 平均收益仅为 5%[2]。

3. 汇率变化

汇率波动幅度不大。2010~2012 年，美元兑索尔汇率小幅升值。

[1]　ECLAC, *Foreign Direct Investment in Latin America and the Caribbean 2020*, 2020, p.12.

[2]　ECLAC, *Foreign Direct Investment in Latin America and the Caribbean 2020*, 2020, p.30.

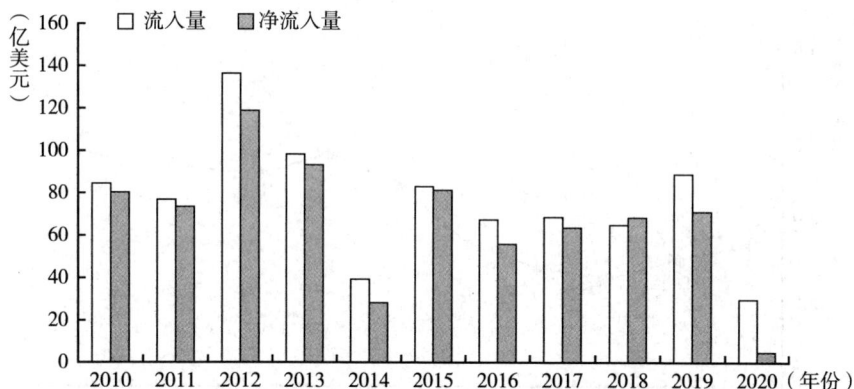

图 8　2010～2020 年秘鲁 FDI 流入量及净流入量

资料来源：2010～2019 年 FDI 流入量来源于 ECLAC, *Foreign Direct Investment in Latin America and the Caribbean 2020*, 2020, p. 27；2020 年 FDI 流入量来源于世界银行，https://data. worldbank. org/；2010～2020 年 FDI 净流入量来源于拉加经委会数据库，CEPALSTAT。

2013～2016 年，美元兑索尔汇率由 2.7 显著贬值到 3.38。2017 年美元兑索尔汇率升值到 3.26，2018～2019 年略微贬值到 3.29 和 3.34。此后，索尔继续贬值，2020 年 5 月为 3.43，这是国际货币基金组织官方网站提供的数据（如图 9 所示）。从新浪财经官网上的美元兑索尔实时行情图来看，此后索尔一直贬值，以下是两个关键时点佐证数据（收盘价）：2020 年 6 月 30 日，3.54；2020 年 12 月 31 日，3.60。

4. 失业率变化

2010～2019 年秘鲁失业率平稳，2020 年显著上升。2010～2018 年秘鲁失业率一直维持在 2%～4%，波动幅度小。2019 年失业率有所回升，为 3.9%。2020 年因受疫情影响，虽然政府采取措施大力促进经济发展和就业，但效果不明显，2020 年第三季度失业率达到 9.6%[①]（如图 10 所示）。

5. 贫困人口比例

秘鲁政府大力发展经济，经过努力使得贫困人口比例从 2010 年的

[①]《秘鲁累计确诊超 93 万 第三季度失业率升至 9.6%》，中国新闻网，2020 年 11 月 17 日，http://www.chinanews.com/gj/2020/11-17/9340244.shtml。

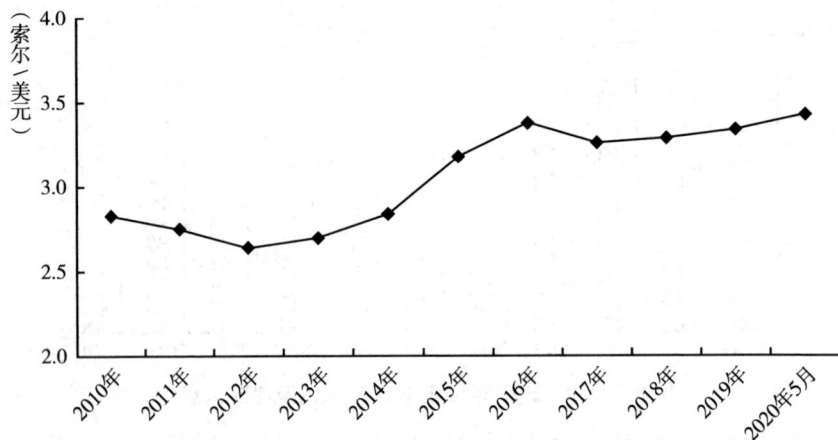

图9　2010年~2020年5月美元兑索尔汇率

资料来源：国际货币基金组织，http：//data. imf. org/（数据为期间内平均数）。

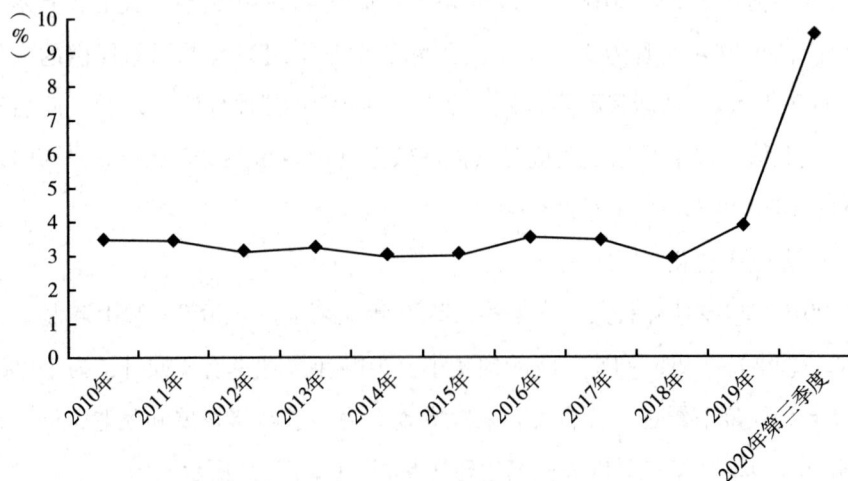

图10　2010年~2020年第三季度秘鲁失业率

资料来源：世界银行数据库，https：//databank. worldbank. org；2019年数据来源于 *Statistical Yearbook for Latin America and the Caribbean*，2020，p. 17；2020年第三季度数据来源于秘鲁国家统计局（INEI）。

30.8%一路下降到2016年的20.7%，2017年略有回升，2019年又下降到十年里的最低水平，20.2%。然而，2020年的疫情使得秘鲁经济滑坡严重，贫困人口比例也一下子上升到30.1%，几乎回到十年前的水平（如表2所示）。

表2　2010～2020年秘鲁的贫困人口比例（占总人口百分比）

单位：%

年份	2010	2011	2012	2013	2014	2015	2016	2017	2018	2019	2020
贫困人口比例	30.8	27.8	25.8	23.9	22.7	21.8	20.7	21.7	20.5	20.2	30.1

资料来源：2010～2019年数据来源于世界银行数据库，https：//databank.worldbank.org；2020年数据来源于《2020年秘鲁赤贫率创八年来新高》，中华人民共和国驻秘鲁共和国大使馆经济商务处，2021年6月12日，http：//pe.mofcom.gov.cn/article/jmxw/202106/20210603070645.shtml。

四　秘鲁与中国经贸合作关系

（一）双边贸易

进入21世纪以来，全球经历了大宗商品持续繁荣的时期，中秘贸易也曾经出现过高速发展阶段。但随着大宗商品贸易进入低谷时期，资源类商品贸易深受影响，2013～2016年中秘双边商品贸易额增速回落，2013～2016年仅累计增长5.9%。2017～2018年增长迅速，同比分别增长21.43%和13.9%。2019年略有增长，同比增长2.8%。2020年略有回落，同比下降约3.2%（如图11所示）。

对于秘鲁而言，中国是其最大的贸易伙伴、第一大出口市场和第一大进口来源国。2010年秘鲁对华贸易占秘鲁对外贸易的16.3%，此后逐年增加。2019年，秘鲁对华贸易总额为237.6亿美元，秘鲁对外贸易总额为883.9亿美元，对华贸易占秘鲁对外贸易的比重达26.9%。2020年秘鲁对华贸易总额为230.1亿美元，秘鲁对外贸易总额为731.03亿美元，对华贸易占秘鲁对外贸易的比重达31.5%，达到2010年来的最高点。与此形成鲜明对比

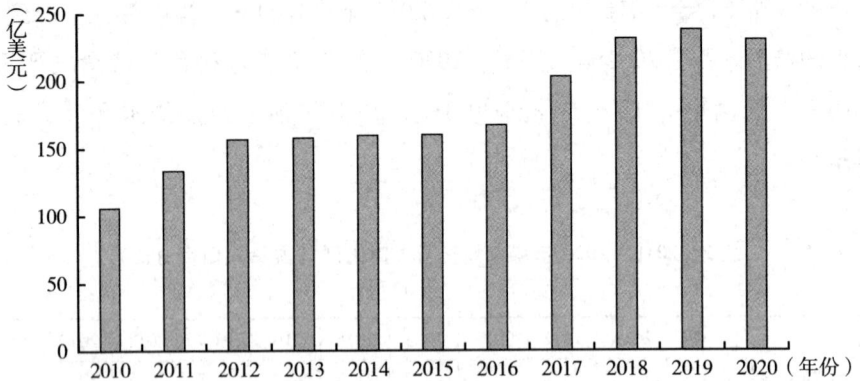

图11　2010～2020年中秘双边商品贸易额

资料来源：联合国商品贸易统计数据库，https：//comtrade. un. org；中华人民共和国商务部国别报告网，https：//countryreport. mofcom. gov. cn。

的是，2020年中国的对外贸易总额为4.646万亿美元，中国同秘鲁贸易占中国对外贸易的比重约为0.5％。可见，中秘双边贸易对双方的重要性差别很大。

从秘鲁对华出口商品结构看，2019年秘鲁对中国出口的商品主要是矿产品，比重达到79.3％，其次是食品、饮料、烟草和贱金属及制品（如表3所示）。

表3　2019年秘鲁对中国出口主要商品构成（前五位）

单位：百万美元，%

商品类别	2019年	上年同期	同比	占比
总值	13546	13047	3.8	100.0
矿产品	10740	10107	6.3	79.3
食品、饮料、烟草	1237	1328	− 6.9	9.1
贱金属及制品	1029	1198	− 14.1	7.6
活动物：动物产品	200	51	292.2	1.5
植物产品	190	161	18.0	1.4

资料来源：中华人民共和国商务部国别报告网，https：//countryreport. mofcom. gov. cn。因特殊情况，中华人民共和国商务部国别报告网没有2020年详细数据，因此采用的是2019年的数据。

从秘鲁对华进口商品结构来看，2019年秘鲁从中国进口的商品主要是工业制成品（如表4所示）。

表4 2019年秘鲁自中国进口主要商品构成（前五位）

单位：百万美元，%

商品类别	2019年	上年同期	同比	占比
总值	10218	10070	1.5	100.0
机电产品	3817	3938	-3.1	37.4
贱金属及制品	1328	1325	0.2	13.0
纺织品及原料	1092	1079	1.2	10.7
化工产品	736	648	13.6	7.2
运输设备	713	651	9.5	7.0

资料来源：中华人民共和国商务部国别报告网，https：//countryreport. mofcom. gov. cn。因特殊情况，中华人民共和国商务部国别报告网没有2020年详细数据，因此采用的是2019年的数据。

2020年的疫情使得中秘贸易受到影响，尤其是上半年双边贸易滑坡较多。2021年上半年的双边贸易增长迅速，2021年1~6月，中国与秘鲁的双边贸易额为174.4亿美元，比2020年1~6月的100.8亿美元增加了73.6亿美元，增长率为73.0%。其中秘鲁向中国出口货物111.1亿美元，增长65.9%；秘鲁从中国进口货物63.3亿美元，增长81.9%。由此可以推断，2021年的中秘双边贸易水平很可能会恢复并超过2019年的水平。

（二）对外投资

中国企业在秘鲁投资经营活动经历了三个发展阶段：1992年开始，首钢、中石油等国有企业率先进入秘鲁，开启了中国企业在秘鲁的第一轮投资热潮；2007年开始，五矿、中铝及一批工程承包企业陆续进入秘鲁，掀起第二轮投资热潮；2016年9月和11月，库琴斯基总统和习近平主席实现历史性互访，使得越来越多的中国企业将目光投向秘鲁，再掀投资热潮。目前在秘中资企业有170多家，投资存量逾300亿美元，涵盖能矿、电力、基础设施、通信、金融、制造等多个行业和领域，影响力不断增强。其中，2009～2020 年，中国在秘鲁矿业部门的投资总额接近 150 亿美元①。

除了中国企业，在秘鲁从事矿产资源勘探开发的还有来自美国、澳大利亚、英国、加拿大及瑞士等国的大型跨国矿企或当地企业集团，嘉能可、必和必拓、力拓等企业在秘鲁均有投资。中国是在秘鲁投资矿业最多的国家，目前在秘鲁投资矿业的主要有中国五矿集团、中国铝业公司、首钢集团等。中国五矿在秘鲁的项目有格兰诺铜矿项目（Galeno）、拉斯邦巴斯项目（Las Bambas）。拉斯邦巴斯项目是中国迄今为止最大的海外矿业项目。中铝在秘鲁有特罗莫克铜矿项目（Toromocho）。2018 年 6 月 1 日，总投资 13 亿美元的中铝秘鲁特罗莫克铜矿二期扩建项目开工。首钢在秘鲁有马尔科纳铁矿项目（Marcona）。除此之外，中国企业还有紫金铜冠矿业公司（白河铜钼矿项目，Rio Blanco）、金兆矿业公司（邦沟铁矿项目，Pampa de Pongo）和庄胜矿产公司（唐泽维尔项目，Don Javier）等。

1993 年，中石油在秘鲁西北的塔拉拉油田（Talara）开启了海外油气合作，标志着中国石油海外事业的启航。该油田年产油气作业当量超过 300 万吨，占据秘鲁市场逾 40% 的份额，实现了较好的经济社会效益。2016 年国际油价在低位震荡，很多大石油公司亏本，塔拉拉油田仍在赚钱，被业界称为"小而肥的塔拉拉"。塔拉拉油田成为合作双赢的典范，累计向秘鲁政府上缴各种矿费、税费 5.1 亿美元，为当地提供各种就业岗位 400 多个。

2019 年 4 月，以三峡集团为首的联合体从以巴西奥德布莱希特（Odebrecht）公司为首的财团手中收购秘鲁第三大水电站运营商瓦亚加发电股份有限公司（Empresa de Generación Huallaga），金额为 13.9 亿美元②。

---

① 《过去 11 年，中国在秘鲁的矿业投资达到 150 亿美元》，中华人民共和国驻秘鲁共和国大使馆经济商务处，2020 年 10 月 7 日，http://www.mofcom.gov.cn/article/i/jyjl/l/202010/20201003006012.shtml。

② ECLAC, *Foreign Direct Investment in Latin America and the Caribbean 2020*, 2020, p. 36.

中国与秘鲁在农业领域的合作前景十分广阔。秘鲁正加大力度生产高附加值产品，尤其是以超级食物（营养全面、热量低、有利于人体健康的天然有机食品）为代表的农产品。中秘两国可以在此方面加强合作，促进经验、科技和成功实践的交流互鉴。事实上，中秘在农业领域已建立良好的合作机制。利马的国际马铃薯中心以及位于北京的国际马铃薯中心亚太中心见证了两国马铃薯科学种植技术合作所取得的成就。国际马铃薯中心培育的抗马铃薯枯萎病品种"合作88株型"在1996～2015年为云南省农户带来了28亿～37亿美元的额外收入[①]。近期，科学家们培育出了富含营养成分的马铃薯品种，又称"富化马铃薯"，这是两国农业合作的最新成果。现代秘鲁经济以农产品出口为导向，秘鲁农业以先进的耕地技术与农业创新为基础，秘鲁已实现农产品生产的多样化，产量快速提升，出口结构更加多样，出口额快速上升，不易存储的新鲜蔬菜水果也得以出口海外。

采矿、能源、基础设施及农业都是两国开展国际贸易的重要领域。此外，华为、长飞等中国科技公司致力于提高秘鲁电信发展水平，使百姓获得更好的服务。完全由中方援建的秘鲁国家应急指挥中心于2019年正式交付。虽然疫情短期内会对中秘贸易和投资合作产生一些不利影响，但双方合作中长期持续向好的趋势没有改变。

（三）金融合作

秘鲁金融体系包括秘鲁中央储备银行（BCRP）、秘鲁国民银行（Banco de la Nacion，政策性金融机构）、秘鲁开发银行（COFIDE，秘鲁国有金融机构）及17家商业银行、15家保险公司、12家金融公司、13家城市和农村储蓄公司、13家小微企业发展机构和租赁、担保、信托服务公司等。在秘鲁经营的外国商业银行主要有美国花旗银行、加拿大丰业银行、哥伦比亚

[①] 《秘鲁驻华大使：新发展蓝图擘画秘中合作新机遇》，澎湃新闻，2021年5月25日，https：//www.thepaper.cn/newsDetail_forward_12839418。

GNB 银行等。

2011 年中国银联卡登陆秘鲁。当时秘鲁最大的银行之一——秘鲁国际银行（Interbank）遍布秘鲁全境的 1700 余台 ATM 可使用银联卡进行取款和余额查询，而且其中一部分 ATM 安装有中文界面。

中国工商银行秘鲁分行（工银秘鲁）2014 年 2 月 5 日在利马举行开业仪式，中秘两国在金融领域的双边合作又向前迈进一步。2016 年 11 月 20 日，中国出口信用保险公司与秘鲁开发银行签署框架合作协议。2016 年 12 月 19 日，中国银行秘鲁代表处开业仪式在秘鲁首都利马举行。

2019 年 4 月 22 日，中拉开发性金融合作机制成立大会暨首届理事会会议在京召开，各成员行共同签署了中拉开发性金融合作机制合作协议。这是中国与拉美之间首个多边金融合作机制，由国家开发银行牵头成立，拉方创始成员行为包括秘鲁开发银行在内的 7 家具有区域代表性和影响力的拉美开发性金融机构。各家成员银行将加强对接、密切合作，积极参与中拉多双边合作机制建设和规划合作，深化政策沟通；共同支持中拉基础设施重大合作项目，促进设施联通；推动中拉经贸往来，助力贸易畅通；推进人民币和拉美地区货币融资合作，引导资金融通；切实履行社会责任，共同支持改善民生和人文交流，推动民心相通。

2020 年 7 月 15 日，中国银行（秘鲁）有限公司开业，成为中国银行在拉美地区第七家经营性机构。秘鲁是第一个与中国建立全面战略伙伴关系并签署自贸协定的拉美地区国家，是中国的重要贸易伙伴之一。中国银行（秘鲁）有限公司开业后，将充分发挥集团全球化业务优势，在国际结算、贸易融资、金融市场等方面向中秘两国企业客户提供金融服务和产品，为两国经贸合作贡献力量①。中国银行是全球化程度最高的中资银行，海外机构覆盖 61 个国家和地区，连续 31 年入选"世界 500 强"，连续 9 年入选全球系统重要性银行。

---

① 《中国银行（秘鲁）有限公司开业》，中国银行网站，2020 年 7 月 16 日，https：//www.boc.cn/aboutboc/bi1/202007/t20200716_ 18141333.html。

五 2022年秘鲁经济发展展望

（一）秘鲁经济发展面临的国际经济环境

2021年，全球经济逐渐开始反弹，但这种复苏也很难回到疫情前的水平。2021年秘鲁的经济增长率达到13.5%，GDP达到2232.5亿美元，但还是没有恢复到2019年GDP为2268.5亿美元的水平。2022年，秘鲁经济发展的国际环境在逐步好转：①随着疫情的缓解及疫苗的推出、人员流动限制的放开，复工复产逐步展开。这将提升消费者和投资者的信心，消费、投资和净出口将形成推动经济增长的合力。②随着全球经济复苏，尤其是发达经济体和中国的市场需求回升，全球对初级产品的需求逐步增强。但是，全球经济增长的不确定性因素仍然很多，如俄乌冲突带来的国际能源和粮食价格上涨、全球通货膨胀等可能给2022年秘鲁经济的进一步恢复带来一定的压力。

（二）2022年秘鲁经济展望

受新冠肺炎疫情影响，2020年秘鲁GDP下降了11.1%，结束了连续22年的不间断增长，为近30年来最低水平。基于2020年较低的经济基数，秘鲁2021年的增长率较高，达到13.5%，但经济总量还是没有恢复到2019年的水平。外贸受疫情影响在2020年出现下滑，进出口总额为731.03亿美元。外贸在2021年有大幅增长，达到1226.88亿美元。2022年1~6月，秘鲁的出口总额为322.11亿美元，同比增长18.4%；进口总额为294.54亿美元，同比增长23.3%。中国是秘鲁最大的贸易伙伴、第一大出口市场和第一大进口来源国。2022年1~6月，中国与秘鲁的双边贸易额为186.4亿美元，同比增长6.9%。2022年的中秘双边贸易额比2021年有所增长，但增长速度不会超过2021年。本报告采纳拉加经委会的预计，认为秘鲁2022年经济增长率为2.5%。

B.7
2020~2021年巴拉圭经济发展分析与展望

樊珊萍*

摘　要：　2020年，突如其来的新冠肺炎疫情给全球经济造成极大的震荡，导致巴拉圭经济在2019年经历停滞的基础上继续萎缩，GDP增长率为-1%。巴拉圭的支柱产业是农业、畜牧业和电力工业，出口商品以农牧产品和电力为主，这种产业结构和进出口贸易特点使巴拉圭受此次疫情影响小于拉美其他国家。面对疫情影响，巴拉圭政府先后颁布《紧急法令》和《经济复苏计划》，利用财政、货币和金融措施遏止经济恶化，但是由于税收锐减，支出激增，巴拉圭财政赤字率超过1.5%的阈值，达6.2%。进入2021年后，各国为应对疫情做出了调整，全球经济回暖，巴拉圭在上半年呈现经济复苏态势，但鉴于国内疫情走向不明朗、债务增加、出口商品对气候条件的高度依赖，未来巴拉圭经济增长将遭遇一定阻力。

关键词：　巴拉圭　支柱产业　《紧急法令》　《经济复苏计划》

2020年，突如其来的疫情给全球经济带来极大的损失，根据国际货币

---

* 樊珊萍，硕士，西南科技大学外国语学院西班牙语系教师，主要研究方向为拉丁美洲研究、西班牙语语言学。

基金组织 2021 年 4 月在《世界经济展望报告》中公布的数据，2020 年全球经济降幅为 3.3%。在二十国集团中，除中国外的其他经济体都遭遇了严重的经济下滑。对外贸易开放程度高的巴拉圭经济也未能在此次疫情中幸免，但是，得益于其产业、贸易结构特点和巴拉圭政府采取的积极措施，该国在 2020 年疫情控制和宏观经济状况等方面要好于同一地区的其他国家。

一　2020年巴拉圭经济发展概况

（一）2020年巴拉圭经济高开低走，呈负增长

2019 年巴拉圭经济局势较为复杂，上半年在主要贸易伙伴阿根廷经济衰退和不利气候条件的影响下，巴拉圭主体经济行业遭遇下滑，包括农业、建筑业和能源生产行业（尤其是电力工业）。为了提振经济，巴拉圭在 2019 年下半年实行了经济复苏措施，投入 69550 亿瓜拉尼用于实物投资，该金额相当于巴拉圭 GDP 的 2.9%。随着国际局势好转，需求增加；国内气候条件改善，农业生产得到恢复。在这种情况下，巴拉圭 2019 年的 GDP 增长率最终停留在 0%[1]，财政赤字率为 2.8%，赤字率在南方共同市场四个成员国当中最低[2]。

2020 年初，国际食品价格延续了 2019 年末的良好发展走势，并且随着国际需求逐步恢复，价格持续走高。根据巴拉圭中央银行在 2019 年 12 月公布的货币政策报告，2020 年巴拉圭 GDP 增长率有望达到 4.1%[3]。

---

[1] 根据巴拉圭财政部和拉加经委会公布的数据，巴拉圭 2019 年 GDP 增长率为 0%；世界银行发布的数据为 -0.4%。

[2] Ministerio de Hacienda del Paraguay, *Informe de Finanzas Públicas de la República del Paraguay: Proyecto de Presupuesto General de la Nación 2021*, 2020, p. 3, https://www. hacienda. gov. py/web - presupuesto/archivo. php? a = b4b4b7bdc8c1c7c2c682858 3858382bcb9c38085838 58481c3b7b9b4053&x = a0a003f&y = b2b2051.

[3] Banco Central del Paraguay, *Informe de Política Monetaria: Diciembre 2019*, 2019, p. 5, https://www. bcp. gov. py/informe - de - politica - monetaria - diciembre - 2019 - i781.

实际上，2020 年初巴拉圭的系列经济指标甚至一度超出预期：1～2 月，巴拉圭月度经济活动指数（Indicador Mensual de Actividad Económica del Paraguay）的平均增长率为 6.5%，商业活动指数（Estimador Cifras de Negocios）环比上升了6.6%[①]。但良好的开局在 3 月份随着首例新冠确诊病例的出现而被迫中断。4 月份，经济活动月度指数和交易数据估算值分别较上月减少了 13.1% 和 19.8%，降到历史最低点[②]。在疫情防控措施的影响下，国内经济活动萎缩，国内需求低迷；此外，国际经济局势特别是欧盟、中国和美国的经济形势对巴拉圭经济的影响也非常明显。因此，2020 年第一季度，巴拉圭经济增速为 4.4%，但到了第二季度，GDP 呈负增长，为 -6.5%[③]。从第三季度开始，巴拉圭经济有所恢复，到第四季度，GDP 增长率回升到 1%。

（二）疫情影响下，三大产业表现不一

相对于发达经济体产业结构来说，巴拉圭的产业结构特点在于第一、第二产业所占比重较高，在出口贸易上对农牧产品和电力等初级产品的依赖性较高。近十年来巴拉圭经济增速明显，但是不太稳定。在疫情冲击下，巴拉圭经济面临下行压力，为此政府相继颁布了《紧急法令》和《经济复苏计划》，加大对卫生健康体系和社会保障的投入，提高对中小企业的资金供给，并结合行政措施和货币金融举措，减轻新冠肺炎疫情带来的负面影响，

[①] Banco Central del Paraguay, *Informe de Política Monetaria：Diciembre 2020*，2020，p. 40，https：//www. bcp. gov. py/userfiles/getFile. php? file = userfiles/files/IPoM_ Diciembre% 202020_ vf. pdf.

[②] Banco Central del Paraguay, *Informe de Política Monetaria：Diciembre 2020*，2020，p. 40，https：//www. bcp. gov. py/userfiles/getFile. php? file = userfiles/files/IPoM_ Diciembre% 202020_ vf. pdf.

[③] Banco Central del Paraguay, *Informe de Política Monetaria：Diciembre 2020*，2020，p. 6，https：//www. bcp. gov. py/userfiles/getFile. php? file = userfiles/files/IPoM_ Diciembre% 202020_ vf. pdf.

最终 2020 年巴拉圭 GDP 增长率为 -1.0%①，三大产业在 GDP 上表现不一。与 2019 年相比，2020 年巴拉圭第一产业和第二产业在 GDP 中的比重有所增加，第三产业占比下滑（见表1）。

表1　2019 年和 2020 年各行业在 GDP 中的比重

单位：%

行业	2019 年	2020 年
农业	7.9	8.7
畜牧业、林业、渔业和矿业	3.0	3.1
工业	19.1	19.2
电力工业	7.2	7.1
建筑业	6.1	7.0
服务业	49.1	47.6
产品税收	7.5	7.2

资料来源：Banco Central de Paraguay, *Informe de Política Monetaria：Marzo de 2020*，2020；Banco Central de Paraguay, *Informe de Política Monetaria：Marzo de 2021*，2021。由于在统计各行业在 GDP 中的比重时进行了四舍五入，数据存在误差，2019 年和 2020 年各行业 GDP 比重相加不为 100%。

在第一产业中，农业和畜牧业分别同比上升了 9.1% 和 4.7%，林业、渔业和矿业则下降了 4.3%。这是因为巴拉圭的出口产品结构以初级产品、农牧产品和电力为主，这三大产品占出口总额的 80%。农牧产品的国际价格和需求在新冠肺炎疫情中所受影响较小，因此，尽管巴拉圭的主要贸易伙伴遭遇经济严重下滑，但巴拉圭的出口贸易整体波动不大，尤其是大豆等农牧产品出口额不降反升。

在第二产业中，制造业和电力工业均出现下滑，唯有建筑业较上年增长了 12.6%（见表2）。

2020 年，受巴拉那河水量影响，三大水电站的发电量均出现不同程度的下降，全国净发电量为 4600 万兆瓦时，比 2019 年下降了 6.2%。疫情期

---

① Banco Mundial, *Crecimiento del PIB（% anual）- Paraguay*，https：//datos. bancomundial. org/indicator/NY. GDP. MKTP. KD. ZG？end＝2020 & locations＝PY&start＝2005&view＝chart.

间，政府实行措施限制社交活动、管控经济活动，住宅区域的电力消耗比上年增加了 15.7%，在最终电力消费结构中的比例达 46.7%，创造了近 15 年来住宅区域电力消耗的新高[①]。由于净发电量下降，国外电力需求减少而国内电力需求增加，2020 年出口到巴西和阿根廷的电力减少了 11.8%。巴拉圭中央银行公布的数据显示，2020 年巴拉圭依靠电力出口获得的收入比上年减少了 7.9%，约合 1.48 亿美元[②]。

建筑业受疫情影响小，并且比上一年有所增加，这得益于巴拉圭政府在《紧急法令》中对基础设施建设的支持和投入。

为了控制疫情蔓延，巴拉圭政府实行了一系列限制社交活动乃至暂停边境贸易的举措，这对第三产业的冲击最大，酒店、餐饮、旅游业、商业和边境贸易首当其冲。但在运输业上，货运运输在一定程度上弥补了客运运输下降带来的经济损失。此外，远程通信、房地产行业以及政府服务业保持着较为良好的发展态势。

表 2　2020 年巴拉圭三大产业 GDP 同比增长率

单位：%

产业	增长率
第一产业	7.1
农业	9.1
畜牧业	4.7
林业、渔业和矿业	-4.3
第二产业	1.7
制造业	-0.5

---

① Viceministerio de Minas y Energía, *Informe Preliminar de Energía Electrónica 2020*, 2021, p. 9, https：//www. ssme. gov. py/vmme/pdf/balance2019/Informe% 20Preliminar% 20de% 20Energia% 20Electrica% 202020. pdf.

② Viceministerio de Minas y Energía, *Informe Preliminar de Energía Electrónica 2020*, 2021, p. 7, https：//www. ssme. gov. py/vmme/pdf/balance2019/Informe% 20Preliminar% 20de% 20Energia% 20Electrica% 202020. pdf.

续表

产业	增长率
建筑业	12.6
电力工业	-1.8
第三产业	-3.3
政府服务	5.2
商业	-7.8
其他服务业	-4.4
税收	-3.9

资料来源：Banco Central de Paraguay, *Informe de Política Monetaria*：*Marzo de 2021*, 2021。

（三）对外贸易总额下降，初级产品和农牧产品出口加大

2020 年巴拉圭在对外贸易上实现顺差。截至 2020 年末，巴拉圭对外贸易总额为 215.40 亿美元，比 2019 年减少了 13.7%。其中出口额为 115.05 亿美元，比 2019 年减少了 9.4%；进口额为 100.35 亿美元，较上一年减少了 18.1%[①]。尽管如此，巴拉圭对南方共同市场的出口额较上一年增加了 7%，这也使它成为南方共同市场中唯一一个实现区域出口增长的国家[②]。

在出口贸易中，出口与再出口在出口总额中分别占 74.1% 和 18.0%。从产品加工层次来看，初级产品和农牧产品占据主要地位，与 2019 年相比，其出口额分别增加了 22.8% 和 6.7%。而工业加工产品和能源出口额都出现下降，比上一年分别减少了 3.8% 和 7.2%。在进口贸易中，用于国内消费的商品进口额为 77.86 亿美元，比上一年减少了 13.3%。从进口产品来看，用于农牧业的杀虫剂、除草剂、矿物肥料等表现出强劲需求，而在手机、燃油、电子游戏控制面板等方面的需求呈现下降趋势。另外，虽然巴拉圭进口石油数量未出现大幅降低，但由于石油价格低迷，进口额也相应减少。

[①] Banco Central del Paraguay, *Reporte de Comercio Exterior*：*Diciembre de 2020*, 2021, https://www.bcp.gov.py/userfiles/getFile.php? file = userfiles/files/Informe_ Diciembre%202020.pdf.

[②] Comisión Económica para América Latina y el Caribe, "Treinta años del MERCOSUR：en busca de una estrategia exportadora exitosa", *Boletín de Comercio Exterior del MERCOSUR*, no. 4, 2021, p. 20.

（四）失业率波动明显，贫困人口增加

巴拉圭国家统计局公布的数据显示，2019 年第四季度巴拉圭全国失业率为 5.7%，2020 年第一季度受疫情影响，未能开展信息采集。巴拉圭在 2020 年第二、第三和第四季度的失业率波动明显。其中，同一时期的城市失业率要远高于农村地区，女性失业率要明显高于男性失业率（见表 3）。

表 3　2019 年第四季度至 2020 年第四季度巴拉圭失业率

单位：%

	2019 年第四季度	2020 年第二季度	2020 年第三季度	2020 年第四季度
全国	5.7	7.6	8.2	7.2
男性	4.1	6.7	5.8	4.9
女性	7.9	8.8	11.5	10.2
城市地区	6.3	9.1	10.1	8.8
男性	4.8	9.1	8.2	6.4
女性	8.1	9.0	12.6	11.8
农村地区	4.6	4.9	4.7	4.2
男性	3.0	3.0	1.8	2.6
女性	7.3	8.5	9.4	6.7

资料来源：Instituto Nacional de Estadadística del Paraguay, *Boletín Trimestral de Empleo EPHC 4to. Trimestre 2020*，2021。

此外，巴拉圭国家统计局在 2020 年第四季度关于贫困人口与收入分配的统计报告数据显示：截至 2020 年第四季度，巴拉圭贫困人口达 192.1 万，占总人口的 26.9%，比 2019 年增加了 3.4 个百分点；极度贫困人口约有 28 万，占总人口的 3.9%，较 2019 年下降了 0.1 个百分点（见图 1）[1]。

---

① Instituto Nacional de Estadística del Paraguay, *Principales Resultados de Pobreza Monetaria y Distribución de Ingresos EPHC 2020*，2021，https：// www. ine. gov. py/Publicaciones/Biblioteca/ documento/b6d1_ Boletin% 20Pobreza% 20Monetaria_ % 20EPHC% 202020. pdf.

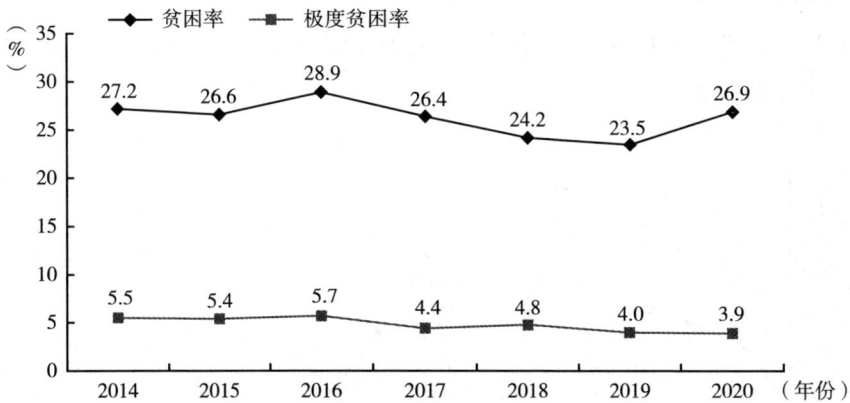

图1 2014~2020 年巴拉圭贫困率和极度贫困率

资料来源：Instituto Nacional de Estadística，*Principales Resultados de Pobreza Monetaria y Distribución de Ingresos EPHC 2020*，2021。

二 巴拉圭经济发展的基本特征

（一）巴拉圭经济状况

根据世界银行数据，2009～2019 年，巴拉圭的经济增长速度在拉丁美洲和加勒比地区位居前列，平均增速达 4.3%。2020 年巴拉圭 GDP 增长率虽呈负值，为 –1%，但仍旧好于同地区其他国家。新冠肺炎疫情发生前，巴拉圭公共债务在 GDP 中的比重平均值为 15.8%；到 2020 年末，这一数值虽上升至 33.6%，但仍远低于拉丁美洲和加勒比地区平均水平。国家主权债券信用等级也在不断提升，2018 年，标准普尔、穆迪和惠誉三大评级机构对巴拉圭信用等级的评价均为 "稳定"①。巴拉圭自 2005 年来，只有 2009

---

① Ministerio de Hacienda del Paraguay，*Informe de Finanzas Públicas de la República del Paraguay*：*Proyecto de Presupuesto General de la Nación 2020*，2019，p. 26，https：//www. hacienda. gov. py/web – presupuesto/index. php？ c = 164.

年、2012 年、2019 年以及 2020 年出现了经济轻度萎缩，分别为 -0.3%、
-0.7%、-0.4% 和 -1%，其余 12 年均为增长，其中 2010 年一度高达
11.1%（见图 2）。

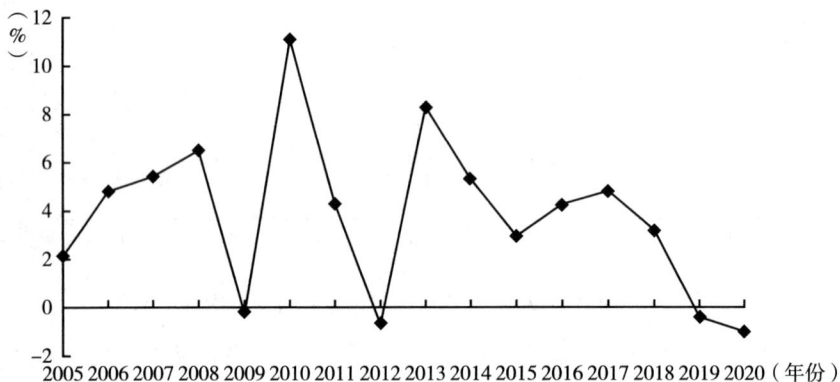

图 2　2005~2020 年巴拉圭 GDP 增长率变化[①]

资料来源：Banco Mundial, *Crecimiento del PIB（% anual）– Paraguay*, https：//datos.
bancomundial. org/indicator/NY. GDP. MKTP. KD. ZG？ end = 2020 & locations = PY&start = 2005&
view = chart。

巴拉圭经济国际化程度较高，对外依赖性较强，进出口总额在国内生
产总值所占比例为 70% 以上，2005 年和 2006 年更是高于 80%[①]，因此其
经济受外部环境影响较大。尽管如此，由于巴拉圭经济基础好，韧性高，
抗压能力强，面对不利的外部环境，经济增长的波动幅度明显低于拉丁美
洲和加勒比地区其他国家。

（二）巴拉圭产业结构特征

巴拉圭在产业结构上的特点主要表现在：第一产业中的农业和畜牧业在
国内生产总值中占据重要地位，大豆、玉米和牛肉在出口产品结构中的比重

---

① Marlon Broncano, Ismael Mendoza, Hugo Vega, "Paraguay：¿ Qué tanto inciden los factores
externos en la actividad económica local？", *BBVA Research*, 2019, p. 2, https：//
www. bbvaresearch. com/wp – content/uploads/2019/03/Observatorio – PIB – Paraguay 2019. pdf

高；第二产业中，尽管建筑业和制造业（尤其是出口加工业）在近年来发展较快，但是电力工业依然占据主要地位；第三产业在GDP中的比重尚未过半，对国民经济的贡献与发达经济体相比仍存在很大差距。

1. 畜牧业比重较高，大豆和冷冻牛肉出口贸易稳健

巴拉圭的农业是其国民经济的重要动力。2015~2019年，由农业、畜牧业、林业、渔业和矿业构成的第一产业在国内生产总值中的平均比重为10%，而农业的平均比重达8%。[①] 以2018年为例，第一产业在巴拉圭国内生产总值中的比重约为11.4%。其中，农业和畜牧业分别占比8.4%和2.1%[②]。根据巴拉圭农业部提供的有关2017~2018年农业生产的数据，巴拉圭的主要作物按照产量依次为大豆、甘蔗、玉米、木薯、大米、小麦、马黛茶和油料作物。主要的出口作物为大豆和玉米。

20世纪70~80年代，随着东部大区垦殖活动的开展，大豆产量得到明显提升，巴拉圭成为世界第六大大豆生产国和第四大出口国，有近35%的人口从事并依赖于大豆生产。2000~2019年，大豆及其副产品和主要粮食作物在巴拉圭出口贸易中的比重由19.3%上升到42.3%。[③] 围绕大豆生产加工而形成的价值产业链不仅限于农业领域，还涉及加工、物流、技术服务、仓储、金融和商业等行业，因此它在巴拉圭的经济体系中扮演着重要角色。

巴拉圭的畜牧业以肉牛业最为突出，它不仅可以满足国内消费，还大量出口国外。近年来，牛肉已成为巴拉圭继电力和大豆之后的第三大出口产品。2019年冷冻牛肉出口额达10.23亿美元，在出口总额中的比重为

---

① "Agricultura tecnificada: composición y perspectivas en la economía paraguaya", ABC Color, 10 de enero de 2021, https://www.abc.com.py/edicion-impresa/suplementos/economico/2021/01/10/agricultura-tecnificada-composicion-y-perspectivas-en-la-economia-paraguaya/.

② Oficina Económica y Comercial de España en Asunción, *Informe Económico y Comercial: Paraguay 2019*, 2019, p.6, https://www.icex.es/icex/wcm/idc/groups/public/documents/documento_anexo/mdiw/odq3/~edisp/dax2020847242.pdf.

③ "Agricultura tecnificada: composición y perspectivas en la economía paraguaya", ABC Color, 10 de enero de 2021, https://www.abc.com.py/edicion-impresa/suplementos/economico/2021/01/10/agricultura-tecnificada-composicion-y-perspectivas-en-la-economia-paraguaya/.

12.9%，仅次于电力（23.6%）和大豆（19.8%）[①]。

2020年，巴拉圭进出口贸易总额虽然出现下降，但大豆、牛肉和豆油出口额比2019年分别增长了36.2%、8.4%和7.2%[②]，在出口贸易中仍然占据重要地位。

2. 电力出口逐年下降，建筑业与出口加工工业缓步上升

巴拉圭中央银行的数据显示，2013～2019年，巴拉圭第二产业在GDP中的比重呈上升趋势。2013年第二产业在国内生产总值中的比重为25.7%[③]；到2019年其比重上升为32.4%[④]。2020年延续了这一发展，比重为33.3%。其中，工业和建筑业的比重在逐年提升。电力工业虽然呈下降趋势，但它仍然是巴拉圭的支柱产业，2019年，在遭遇气候干旱的情况下，电力工业在巴拉圭GDP构成中仍然占有7.2%；2020年，电力工业在GDP中的比重为7.1%

巴拉圭的能源结构以可再生能源为主，其初级能源均为可再生能源：水能和生物质能。虽然目前已探测出石油，但尚未得到开发，天然气的比重也非常少，尚未在国家本土能源供应矩阵中占据一席之地，因此油气主要依赖进口。此外，巴拉圭能源供求关系不对等，在能源供应方面，水电占比最大，但是电力在三大能源消费中所占比重最低。在2017年的国家能源评估报告中，电能、生物质能和化石燃料在供应结构中的比例分别为47%、33%和20%，而在消费结构中的比例分别为15%、44%和40%[⑤]。因此，

① Departamento de Convenios Comerciales & Dirección de Integración, Ministerio de Hacienda de Paraguay, *Perfil Económico y Comercial de Paraguay*, 2020, https：//economia. gov. py/ application/files/1115/9231/4944/Perfil_ Economico_ y_ Comercial_ de_ Paraguay. pdf.

② Banco Central del Paraguay, *Reporte de Comercio Exterior：Diciembre de 2020*, 2021, https：// www. bcp. gov. py/userfiles/getFile. php？file = userfiles/files/Informe_ Diciembre%202020. pdf.

③ Banco Central del Paraguay, *Informe de Política Monetaria：Diciembre 2014*, 2014, p. 21, https：//www. bcp. gov. py/informe – de – politica – monetaria – diciembre – 2014 – i686.

④ Banco Central del Paraguay, *Informe de Política Monetaria：Diciembre 2020*, 2020, p. 25, https：//www. bcp. gov. py/userfiles/getFile. php？file = userfiles/files/IPoM_ Diciembre%202020_ vf. pdf.

⑤ Viceministerio de Minas y Energía, *Balance Energético Nacional 2017*, 2018, p. 53, https：// www. ssme. gov. py/vmme/pdf/balance2017/BEN2017. pdf.

巴拉圭近三分之二的电力都被用于出口，同时国内化石燃料消费主要依赖进口。

巴拉圭是全球人均发电量最高的国家之一，它的电力几乎全部由水力发电提供。构成巴拉圭国家电力供应来源的三大水电站分别是与巴西联营的伊泰普水电站、与阿根廷联营的亚西雷塔水电站以及阿卡拉伊水电站。除阿卡拉伊水电站外，巴拉圭还可获得伊泰普水电站和亚西雷塔水电站50%的发电量。在三大水电站的总产能中，伊泰普水电站的发电量占83%；其次为亚西雷塔水电站，所占比重为16%；阿卡拉伊水电站的比重为1%[①]。根据巴拉圭与巴西在1973年签订的《伊泰普条约》，伊泰普水电站生产的电力由两国均分，两国中任何一方用不完的电量只能以转让形式低价卖给对方，不得出售给第三方。受此条约约束，再加上巴拉圭电力需求小，富余电力多，1984~2017年，巴拉圭将它在伊泰普水电站所得的85.7%的电量转让给了巴西，也就是说，巴西在这些年间使用了伊泰普水电站92.9%的电量，而巴拉圭的用量只占其中的7.1%[②]。近年来，随着巴拉圭国内制造业、商业和服务业的发展，国内的电力需求提升，电力消费在能源最终消费结构中的比重由2004年的10.2%增加到2020年的19%[③]。此外，巴拉那河的水利条件对三大水电站的发电量有着很大影响。2017~2020年，受巴拉那河水量影响，巴拉圭电力产量连续4年出现下降。

巴拉圭的重工业少，但制造业尤其是出口加工业在稳步增长。2000年，巴拉圭为推动建立出口加工企业和规范企业活动，通过了第1064/97号《出口加工工业法令》，为企业提供了一系列海关便利和税务减免福利，使得出

---

① Viceministerio de Minas y Energía, *Informe Preliminar de Energía Electrónica 2020*, 2021, p. 6, https：//www. ssme. gov. py/vmme/pdf/Balance2019/Informe% 20Preliminar% 20de% 20Energia% 20Electrica% 202020. pdf.

② Cecilia Vuyk, "Los Principales Beneficiarios de la Cesión de Energía Paraguaya de Itaipú：Análisis de Actores e Intereses de Caras al 2023", *Revista Libertas*, Vol. 19, No. 2, 2019, pp. 362–386.

③ Viceministerio de Minas y Energía, *Reseña energética*, 14 de octubre de 2021, https：// www. ssme. gov. py/vmme/index. php? option = com_ content&view = article&id = 1213&Itemid = 598&showall = 1.

口加工业获得较快发展。此外，政府在道路、铁路、港口以及其他基础设施上加大投入，推动了建筑业的稳步发展。

3. 服务业结构分散，以小型企业为主

巴拉圭的第三产业结构比较分散，有大量小型企业。近年来，贸易和金融服务业扩展迅速。2019 年，服务业在国民经济中比重为 49.1%，其中商业和公共管理行业分别占据 10.6% 和 9.3%，此外是房地产（6.4%）、金融中介（5.6%）和其他类型的服务业（17.2%）。[1]

（三）影响巴拉圭经济的主要因素

从国际环境来看，第一，国际金融市场的波动使得作为新兴经济体之一的巴拉圭在获取资金流上存在不确定性；第二，国际原材料价格（如大豆和石油价格）的涨跌与以农牧产品和电力出口为主、石油依赖进口的巴拉圭经济休戚相关；第三，国际发达经济体和新兴经济体的经济状况对巴拉圭的经济有着重要影响。根据马龙·布朗卡诺等人对 1998 年第一季度至 2018 年第三季度数据的分析，欧盟、中国和美国的需求变化会造成巴拉圭 GDP 的波动。欧盟从巴拉圭进口的大豆及豆制品占巴拉圭大豆出口总额的 25%，因此，欧盟地区 GDP 增长率每增加 1 个百分点，就会带动巴拉圭次年 GDP 增长率上浮 1.5 个百分点，而中国和美国 GDP 增长率每增加 1 个百分点，次年巴拉圭 GDP 增长率将分别增加 1 个百分点和 0.5 个百分点[2]。

从区域环境来看，对于巴拉圭来说，南美洲是其最重要的区域经济活动范围。而南方共同市场是其对外贸易产品的重要输入地和进口源，同时也是

---

[1] Oficina Económica y Comercial de España en Asunción, *Informe Económico y Comercial*：*Paragua 2021*, 2021, p. 8, https：//www. icex. es/icex/es/navegacion – principal/todos – nuestros – servicios/informacion – de – mercados/paises/navegacion – principal/el – mercado/estudios – informes/inf – economico – comercial – paraguay – doc2021886352. html？ idPais = PY.

[2] Marlon Broncano, Ismael Mendoza, Hugo Vega, "Paraguay：¿Qué tanto inciden los factores externos en la actividad económica local?", BBVA Research, 2019, p. 4, https：// www. bbvaresearch. com/wp – content/uploads/2019/03/Observatorio – PIB – Paraguay 2019. pdf.

它进入国际市场的中转站。在 2021 年南方共同市场成立 30 周年之际，巴拉圭外交部部长欧克利德斯·阿塞韦多表示，巴拉圭作为内陆国家，就像是一座被土地包围的岛屿，南方共同市场是巴拉圭通向国际贸易舞台的重要通道[1]。2019 年，巴拉圭的主要出口目的区域为南美洲、欧洲和亚洲，所占比重分别为 69%、15% 和 11%。主要出口目的国为巴西、阿根廷、智利和俄罗斯，所占比重分别是 36%、21%、8% 和 8%。在进口贸易上，中国、巴西和阿根廷是其主要的来源国，所占比重分别为 34%、21% 和 9%[2]。2020 年上半年，巴拉圭在南方共同市场的进口、出口贸易额分别占国家进口、出口贸易总额的 31% 和 66%。因此，巴拉圭的主要区域贸易伙伴（如巴西和阿根廷）的经济发展状况以及与这些国家的汇率浮动情况也是影响其经济发展的重要因素。

从国内环境来看，水电、大豆及豆制品、冷冻肉和玉米是巴拉圭出口贸易的重要支柱，而气候条件是影响其农牧生产和电力生产的一大条件。巴拉圭 GDP 增长率在 2009 年、2012 年和 2019 年呈现负值的重要原因就是当年气候干旱，影响了农作物的产量和两大跨国水电站的发电量，进而使得出口贸易额下降。

三　巴拉圭经济政策及其影响分析

（一）经济政策

为了应对新冠肺炎疫情对经济造成的冲击，各国纷纷采取了财政和货币措施，以减轻各种社交禁令、闭关等对经济活动造成的影响，这些措施因各

---

[1] Euclides Acevedo, "El MERCOSUR, hito trascendental en la historia de nuestros países", en *MERCOSUR 30 Años: 1991 - 2021*, por Secretaría del MERCOSUR, 2021, p. 26, https://www. mercosur. int/documento/mercosur - 30 - anos - 1991 - 2021 - edicion - conmemorativa/.

[2] MERCOSUR, *Informe Técnico de Comercio Exterior 2019*, 2020, p. 33, https://www. mercosur. int/documento/informe - tecnico - de - comercio - exterior - del - mercosur - 2019/.

国政策影响范围和财政储备不同而呈现出差异。拉美国家针对疫情投入的财政资金占 GDP 的平均比重为 3.2%，而巴拉圭政府通过《紧急法令》投入的财政资金占其 GDP 的 5.5%，是拉美各国中财政投入最高的国家之一，仅次于智利①。

1. 颁布《紧急法令》和《经济复苏计划》，加大财政投入

2020 年 3 月 26 日，巴拉圭国会通过了第 6524/ 2020 号《紧急法令》，法令中明确政府应采取特殊的行政、财政和货币金融措施降低疫情影响：包括允许政府调整预算控制疫情扩散、加大社会保障力度、向受疫情影响的正式和非正式劳工拨付救济款、向公共金融机构提供资金等。《紧急法令》预计投入金额 19.9 亿美元，为 GDP 的 5.5%。其中 26.8% 用于维持国家运转，24.6% 投入到卫生健康体系，22.6% 用于社会保障，3.3% 分配到公共服务，3.1% 致力于为中小企业提供支持，剩余的 19.6% 则是以借贷形式投入到各项具体的扶持经济发展计划中（见表 4）。

表 4　巴拉圭《紧急法令》中的资金分配

单位：亿美元，%

项目	金额	比重	占 GDP 的比重
国家运转	5. 34	26. 8	1. 5
卫生健康体系	4. 89	24. 6	1. 4
社会保障	4. 50	22. 6	1. 1
公共服务	0. 66	3. 3	0. 2
中小企业支持	0. 61	3. 1	0. 2
借贷	3. 90	19. 6	1. 1
总计	19. 90	100. 0	5. 5

资料来源：Ministerio de Hacienda, *Plan de Recuperación Económica Ñapu'ã Paraguay*, 2020。

---

① Ministerio de Hacienda del Paraguay, *Informe de Finanzas Públicas de la República del Paraguay*：*Proyecto de Presupuesto General de la Nación 2021*, 2020, p. 67, https://www. hacienda. gov. py/web – presupuesto/archivo. php? a = b4b4b7bdc8c1c7c2c6828583858382bcb9c3808583 858481c3b7b9b4053&x = a0a003f&y = b2b2051。

作为补充，2020年6月末，巴拉圭总统马里奥·阿布多·贝尼特斯（Mario Abdo Benitez）又公布了《经济复苏计划》（Plan de Recuperación Económica Ñapu'ā Paraguay）。该计划预计投入资金23.149亿美元，占GDP的6.4%。该计划的目的在于缓和2020年经济下滑趋势，并在接下来的几年里促进经济恢复，该计划包含三大主要内容：①加大社会保障力度。②加大公共基础设施建设投入，增加就业。③加大扶持经济活动资金投入额，促进经济增长①。其中，3.276亿美元用于社会保障，13.063亿美元用于公共投入，剩余的6.810亿美元将以借贷形式投入到各产业，以促进经济复苏（见表5）。

表5　巴拉圭《经济复苏计划》中的资金分配

单位：亿美元，%

项目	金额	比重
社会保障	3.276	14.2
公共投入	13.063	56.4
借贷	6.810	29.4
总计	23.149	100.0

资料来源：Ministerio de Hacienda, *Plan de Recuperación Económica Ñapu'ā Paraguay*, 2020。

2. 采取货币政策和金融措施刺激经济

巴拉圭中央银行也采取了相应的货币政策和金融措施。货币政策主要体现在参考利率的变化上。参考利率是中央银行向商业银行贷款时设定的利率，在经济景气时央行会提高利率，经济不景气时，会降低利率，从而有利于增加市场流动性。面对新冠肺炎疫情带来的影响，巴拉圭中央银行基于疲软的经济背景，一再下调参考利率。2020年1~2月基于良好的经济走势，巴拉圭央行一直保持4%的参考利率水平。自3月疫情发生后，巴拉圭央行连续三次下调利率，从3.75%下降到2.25%，并将隔夜利率由4.5%下调至2.5%，长期融资利率由4.5%下调为3.5%。2020年4~5月参考利率又降

① Ministerio de Hacienda del Paraguay, *Plan de Recuperación Económica Ñapu'ā Paraguay*, 2020, p. 3, https：//www. set. gov. py/portal/napuaPy/.

至 1.25%，2020 年 6 月至 2021 年 6 月一直保持在 0.75% 的水平。

金融措施主要包括三点：第一，开放共计 9.57 亿美元的存款准备金；第二，为满足中小企业的资金需求，设立名为"便捷特别信贷"（Facilidad de Crédito Especial）的流动资金窗口，投入金额为 7.6 亿美元；第三，向高信用等级的金融机构开设贴现窗口。总的来说巴拉圭央行的举措可概括为三点：第一，向金融体系注入资金流；第二，在发放贷款和重新制订计划时更加审慎；第三，下调政策利率，促进货币流通。

除此之外，自疫情发生以来，巴拉圭政府采取的措施还包括：2020 年 4 月 23 日和 2021 年 1 月 20 日，在国际市场分别发行 10 亿美元 11 年期和 8.25 亿美元 11 年期、31 年期的主权债券；延期缴税和罚款；调整进口医疗用品的关税，将其设定为 0，增值税由 10% 降至 5%；暂时性下调制造业、酒店餐饮业和旅游业的增值税率；连续三个月将伊泰普水电站和亚西雷塔水电站的员工每月工资发放额限定在 3700 万瓜拉尼以下；暂时性下调公职人员的薪资等。另外，国际货币基金组织在 2020 年 4 月 21 日也通过快速融资工具下的紧急贷款向巴拉圭发放了 2.74 亿美元贷款。

（二）政策影响

1. 财政支出加大，总收入锐减，财政赤字超出红线

截至 2020 年末，该年度中央政府总收入较 2019 年减少了 3.4%。根据巴拉圭国家经济署下属机构——宏观财政政策局的统计，在构成总收入的四个项目中，税收收入、赠予收入和其他收入均出现下降，分别比 2019 年减少了 3.6%、5.4% 和 8.4%：税收收入的降低主要是因为政府实行的限制社交活动和相关经济管理措施影响了经济活动的开展，以及《紧急法令》中的减税和延迟纳税举措；其他收入的主要来源是从伊泰普水电站和亚西雷塔水电站获得的电力转让费和补偿金，这部分收入相比 2019 年有所下降，一方面是由于巴西在 2020 年电力需求下降，巴拉圭在该年度所获得的电力转让费也相应减少，另一方面则是因为 2019 年获得的电力转让费中有 1.2 亿美元为此前阿根廷未能及时支付的逾期债务。虽然社会缴款比 2019 年增加

了 14.9%，但数额较小，因此，2020 年的总收入降幅明显，总额约为
32.494 万亿瓜拉尼，相当于 GDP 的 13.4%。

与之相对应的是，巴拉圭中央政府 2020 年度总支出在加大。截至
2020 年末，总支出比去年增加了 15.5%，总额达 38.51 万亿瓜拉尼，相
当于 GDP 的 15.9%。其中社会福利、利息以及商品和服务使用的上升幅
度最明显，分别为 58.8%、30.2% 和 10.9%。但从数额来看，雇员报酬
和社会福利是总支出中所占比重较高的两个方面（见表6）。

表6 2019~2020 年巴拉圭中央政府财政运行情况

单位：万亿瓜拉尼，%

	2019 年	占 GDP 的比重	2020 年	占 GDP 的比重
总收入	33.633	14.2	32.494	13.4
税收	23.577	9.9	22.739	9.4
社会缴款	2.126	0.9	2.443	1.0
赠予	1.525	0.6	1.443	0.6
其他收入	6.405	2.7	5.869	2.4
总支出	33.329	14.1	38.510	15.9
雇员报酬	16.432	6.9	17.512	7.2
商品和服务使用	3.120	1.3	3.461	1.4
利息	1.962	0.8	2.554	1.1
赠予	4.723	2.0	4.562	1.9
社会福利	5.718	2.4	9.083	3.8
其他费用	1.347	0.6	1.338	0.6
运行净余额	0.304	0.1	-6.016	-2.5
非金融资产净投资	6.955	2.9	8.713	3.6
净贷款/净负债	-6650.7	-2.8	-17111.7	-6.1

资料来源：Ministerio de Hacienda, *Informe de Finanzas Públicas de la República del Paraguay*；
Proyecto de Presupuesto General de la Nación 2022, 2021。

2020 年，雇员报酬比 2019 年提高了 6.6%，主要是因为教职人员和公
共服务部门人员的工资提升以及医务人员雇佣人数和额外津贴花费的增加。
商品和服务使用项目增加了 10.9%，主要反映在医疗设备、器械和药物的

采购花费上。利息的增加与公共债务扩大紧密相关，《紧急法令》和《经济复苏计划》投入的大量资金和政府在国际市场上投放的债券都导致利息支出的上涨。此外，《紧急法令》和《经济复苏计划》中有相当一部分资金用于社会福利，因此不难理解这一项目的支出涨幅最大。

受疫情影响，巴拉圭税收收入缩水严重，而 2020 年 3 月颁布的《紧急法令》和下半年开始执行的《经济复苏计划》使支出大幅增加。如表 6 所示，2020 年巴拉圭中央政府财政赤字率为 6.1%。但根据拉加经委会的统计，2020 年末，巴拉圭中央政府收入为 GDP 的 13.6%，支出相当于 GDP 的 19.8%，最终，2020 年巴拉圭中央政府财政赤字率为6.2%。[1] 虽然在 2019 年，巴拉圭国会通过第 6444 号法令，明确了在遭遇全国性突发状况、国家经济严重受损时，财政赤字率的最高警戒线可由 1.5% 降为 3%，但 2020 年巴拉圭中央政府财政赤字率还是远高于红线。

2. 公共债务增加，以外债为主

政府支出的大幅上升使巴拉圭公共债务水涨船高。巴拉圭财政部 2021 年 7 月更新的统计数据显示，2020 年巴拉圭公共债务总额为 122.1 亿美元，相当于 GDP 的 33.6%。其中，外债数额约为 104.9 亿美元，占总债务的 85.9%，以美元作为债务货币的比重达 87.6%，美元是债务货币中的绝对主体。2021 年上半年，公共债务相比 2020 年增加了 9.5 亿美元，其中外债增加了 7.6 亿美元[2]。对于外债而言，国际金融市场汇率和利率的变化可能会使外债总额陡然增大，即所谓外债金融风险，也就是外债的汇率风险和利率风险[3]。受石油输出国组织与俄罗斯原油减产协议谈崩导致油价暴跌以及

---

① Comisión Económica para América Latina y el Caribe, "Estudio Económico de América Latina y el Caribe", 2021 (LC/PUB. 2021/10 - P), 2021, p. 272, https://repositorio. cepal. org/bitstream/handle/11362/47192/16/S2100393_ es. pdf

② Dirección de Política de Endeudamiento. SSEE. MH, *Estadística Déuda Pública - Julio 2021*, https://www. economia. gov. py/index. php/dependencias/direccion - de - politica - de - endeudamiento/estadisticas - y - publicaciones/deuda - publica.

③ 杨炘、温晓燕、程晓峰：《中国外债的最佳币种结构与期限结构》，《清华大学学报》（自然科学版）2002 年第 10 期。

疫情在美国加速蔓延的双重影响，美国股市自 2020 年 3 月中旬起连续发生暴跌，引发全球美元流动性危机，大规模资金从新兴市场流出回补美国缺口，造成拉美国家货币短时加速贬值①。2020 年，瓜拉尼兑美元平均汇率为 6733 瓜拉尼/美元，与 2019 年相比，瓜拉尼贬值了 8.5%②，2021 年第一季度瓜拉尼兑美元汇率上升了 8.7%，但到第二季度又贬值了 7%③。此外，2020 年，固定利率债务在巴拉圭公共债务中的比重为 70.2%，利率风险较 10 年前已有很大程度的降低，但是以主权债券为例，自 2013 年发行主权债券以来，其平均利率为 5.12%，这使得巴拉圭政府每年在利息支付上背负着一定压力。

3. 就业形势改善，社会成效明显

2020 年 5 月，在巴拉圭有 13% 的家庭无力购买基本粮食物资，面临严峻形势，政府开始为大部分民众发放救济金，覆盖接近 50% 的家庭。因此，到 8 月，这一比例降低到 8%④。尽管在 2020 年后期，巴拉圭民众对于政府为应对疫情所采取的措施的认可度有所下滑，但在整个拉美地区仍然处于中上水平。

就业形势到 2020 年末也有所好转。巴拉圭国家统计局 2020 年第四季度就业报告⑤的统计数据显示，2020 年第四季度，巴拉圭全国劳动人口比例为 72.4%，与 2017 ~ 2019 年大致相同，较上一季度增加了 1.7 个百分点。第二、第三、第四季度的全国劳动人口比例在逐步上升，分别为 66.7%、

---

① 张勇：《疫情冲击下的拉美金融》，《中国金融》2021 年第 5 期。

② Ministerio de Hacienda del Paraguay, *Informe de Finanzas Públicas de la República del Paraguay*：*Proyecto de Presupuesto General de la Nación 2021*, 2020, p. 66, https：//www. hacienda. gov. py/web‐presupuesto/archivo. php? a = b4b4b7bdc8c1c7c2c682858 3858382bcb9c38085 83858481c3b7b9b4053&x = a0a003f&y = b2b2051.

③ Comisión Económica para América Latina y el Caribe, *Estudio Económico de América Latina y el Caribe*, 2021 (LC/PUB. 2021/10 ‐ P), 2021, p. 106, https：//repositorio. cepal. org/bits tream/handle/11362/47192/16/S2100393_ es. pdf.

④ World Bank Group, *Respuestas de los Hogares al Shock del Covid ‐ 19 en Paraguay*, 2020, https：//pubdocs. worldbank. org/en/157471606746438035/HFS ‐ Paraguay ‐ Presentacion. pdf.

⑤ Instituto Nacional de Estadística del Paraguay, *Boletín Trimestral de Empleo EPHC 4 trimestre 2020*, 2021, https：//www. ine. gov. py/Publicaciones/Biblioteca/documento/eef4_ Boletín% 20Trimestral% 20 ‐ % 204to. % 20Trim% 202020. pdf.

70.7%和72.4%。其中第三、第四季度增加的劳动人口中84%为女性,且集中在城市地区。

第三、第四季度劳动人口比例的上升主要得益于就业率的改善和因疫情而无法从业的人口减少。2020年第二、第三、第四季度的就业率分别为61.6%、64.9%和67.2%。其中男性就业人口比例在这三个季度分别是75.8%、79.4%和80.5%,女性比例分别为47.9%、50.9%和54.4%。也就是说,女性就业率上升明显。

与2019年同期相比,2020年第四季度就业率下降了1.5个百分点,主要原因是城市地区就业率的下降,比重为2.4个百分点。妇女就业率是影响城市就业率乃至全国就业率的主要因素,可以看出城市地区的女性就业情况受疫情影响最大。

与2019年同期相比,2020年第四季度失业率上升了1.5个百分点,为7.2%,其中妇女失业率由7.9%上升到10.2%。从地区分布来看,城市失业率要远高于农村失业率,是农村失业率的近两倍。造成这种差异的原因在于城市与农村地区的产业结构不同,而控制疫情的管理举措对不同产业造成的影响也大相径庭。

报告数据显示,2020年第三、第四季度之间增加的就业人口全部来自第三产业,其中以贸易、酒店、餐饮最为突出,农业就业人口在这一时期出现下降。与2019年同期相比,2020年减少的就业人口也都来自第三产业,但农业和建筑业的就业人口有所增加。

拉丁美洲和加勒比经济委员会在《2020年拉丁美洲和加勒比地区财政概况》中提到,2020年拉丁美洲和加勒比地区经济将萎缩5.3%,失业率将达到11.5%左右,这意味着2020年失业率将比2019年增加3.4个百分点,失业人数达1160万。此外,在这一背景下,贫困人口将增加2870万,比例达34.7%,极度贫困人口将增加1590万,极度贫困率将达到13.5%[①]。

---

① Comisión Económica para América Latina y el Caribe, *Panorama Fiscal de América Latina y el Caribe 2020* (LC/PUB. 2020/6 - P), 2020, p. 11, https://www.cepal.org/sites/default/files/publication/files/45730/S2000154_es.pdf.

因此，无论是从年度 GDP 增长率、财政赤字率还是从就业率、贫困率和极度贫困率来看，巴拉圭都应该是整个拉美地区受疫情冲击较小的国家之一。究其原因，一方面，巴拉圭的产业结构特征在一定程度上降低了疫情引发服务业停摆造成的大量民众失业、收入急剧下降的影响，其进出口贸易结构又使其在农产品价格上涨、原油价格下降中获益；另一方面，政府及时采取的措施也减小了疫情对经济的冲击。

四　巴拉圭经济发展趋势分析

（一）政府收紧预算、降低赤字

《紧急法令》和《经济复苏计划》中的举措绝大部分属于财政转移支付手段，而同期的财政收入有所减少，因此提高了 2020 年的赤字，进一步加大了公共债务负担，使得政府将来的财政政策调整空间大幅缩小。

在疫情过程中制定的《2021 年国家预算方案》（Proyecto de Prosupuesto General de la Nación 2021）以维持卫生健康体系运转、保证社会保障和恢复经济活动为优先目标，以便创造条件保障就业，促进经济回暖。由于 2020 年税收收入下降，巴拉圭政府在制定国家预算过程中收紧了预算。《2021 年国家预算方案》总额为 85.7 万亿瓜拉尼，其中中央政府预算占 53%，地方政府和独立部门占 47%。预算资金来源构成为：34.4% 来源于国库，13.2% 为公共债务和贷款，52.4% 为机构资源。按照用途来看，社会服务在预算中占比最高，为 44.1%；其次为经济领域，比重为 34.4%；公共债务服务次之，比重为 9.1%；此后依次为安全服务、政务管理和监管监控，比重分别为 6.1%、5.8% 和 0.5%。

巴拉圭财政部预测，在未来几年里，中央财政赤字率还将保持在一个相对较高水平，因此在制定中期宏观财政目标时，在未来四年里，将努力使财政赤字率趋向《财政责任法》规定的占 GDP 1.5% 这一阈值。为此，政府有必要采取措施提高税收收入，例如进一步推进第 6380/19 号法令，简化税制,打击偷税、漏税现象;此外,合理配置并适度减少公共支出。然而,政府为恢复经济增长需要采取积极的财政政策,尤其在解决社会不公平等问题上需要加大公共支出,因此,财政政策面临"两难处境",可操作空间较为有限。

(二)2021年进出口贸易持续回暖

随着各国在疫情控制上取得成效、疫苗接种持续推进,以及各国政府为刺激经济采取相应的货币和财政措施,2021年国际经济形势好转。在巴拉圭2021年第一季度的对外进出口贸易中,中国仍然是它最主要的进口来源国,进口额约7.568亿美元,所占比重为29.8%,比2020年第一季度减少了12.5%。进口额下降的主要商品包括手机、轮胎和电子游戏遥控器,而手提电脑、电脑附件进口额增加。巴西是巴拉圭第二大进口来源国,所占比重为23.8%,进口额比去年同期增加了15.5%;阿根廷位居第三,所占比重为9.6%。

巴西是巴拉圭的第一大出口目的国,所占比重为35.9%,出口额比2020年同期增长了22%,出口到该国的主要商品为大豆和玉米,电力出口量有所下降,但仍旧占据主体地位。其次是阿根廷,占巴拉圭出口总额的29.4%,出口额比2020年同期增加了13.5%,出口额有所提升的商品为大豆和电缆,有所下降的是电力和马黛茶。智利位居第三,所占比重为10.9%,出口额比上年增加了57.9%,其中牛肉、豆粉和玉米出口额上涨,纸制品和医药品出口额下降[1]。

总体说来,2021年1~3月,巴拉圭出口额在不断攀升,由7.64亿美元增加到30.985亿美元;进口额也在同步增长,由1月的8.043亿美元增加到27.023亿美元,并且在3月份实现对外贸易顺差。出口商品结构中,大豆、玉米和小麦的涨幅明显,能源与燃料(尤其是电力)的出口则呈下

---

[1] Banco Central de Paraguay, *Reporte de Comercio Exterior:Marzo de 2021*, 2021, https://www.bcp.gov.py/informe - de - comercio - exterior - mensual - i466.

滑趋势。

截至 2021 年 12 月, 巴拉圭 2021 年出口额较 2020 年增加了 23.8%, 进口额增加了 31.7%①。由于南美农产品（尤其是玉米和大豆）供应量下降, 且中国需求强劲、美元贬值, 农产品价格持续走高, 到 2021 年 12 月, 农产品价格比疫情前的平均价格增加了 31%②, 其中大豆、玉米和牛肉价格涨幅明显。

总体来说, 2021 年国际食品和大豆价格上涨, 国际经济局势好转, 国际疫情扩散态势得到有力控制, 企业逐渐适应远程办公, 这些都在一定程度上刺激了巴拉圭经济的恢复。但是巴拉圭公共卫生和社会福利部的数据显示, 2020 年 9 月以来, 单日新增确诊病例达 800 例以上, 2021 年 4 月以来, 单日新增确诊病例在 2000 这一数值上居高不下, 而大规模人群接种计划进展比预期要慢, 截至 2021 年 5 月 18 日, 巴拉圭疫苗接种人数仅为 21.3 万, 不到总人口的 2.9%③。自 2021 年 7 月开始, 单日新增确诊病例减少, 服务业出现回暖。世界银行的统计数据显示, 2021 年巴拉圭的 GDP 增长率为 4.2%。

（三）GDP 有望实现正向增长, 但制约因素较多

展望 2022 年, 考虑到奥密克戎变异毒株在全球范围迅速传播、全球能源供应紧张、个人消费低迷以及国际主要经济体衰退等因素, 国际货币基金组织预测 2022 年全球经济增速将由 2021 年的 5.9% 下降到 4.4%。对于巴拉圭来说, 除了传统因素外, 未来经济走势还将取决于新

---

① Ministerio de Hacienda, "Reporte de Comercio Exterior: Diciembre de 2021", 2021, https://www.economia.gov.py/application/files/9016/4330/0675/RCE_-_Diciembre_-_2021.pdf.

② ENFOQUES, "Evolución de los precios de los recursos naturales de exportación de América Latina y el Caribe", 29 de abril de 2022, https://www.cepal.org/es/enfoques/evolucion-precios-recursos-naturales-exportacion-america-latina-caribe.

③ Ministerio de Salud Pública y Bienestar Social, "Campaña de vacunación contra el Covid-19 Paraguay 2021", http://pai.mspbs.gov.py/article/campana-de-vacunacion-contra-el-covid-19-paraguay-2021.

冠肺炎疫情的走向、政策措施的影响、融资环境和大宗商品价格的变化以及在面对疫情时的经济调整能力[1]，尤其是疫苗接种速度和覆盖面积，将对经济的复苏和增长起到关键性作用。巴拉圭国内大规模疫苗接种工作若进展顺利，服务业将得以逐步回归正轨，有望恢复近年来的良好发展势头，而农业、畜牧业和电力工业在正常的气候条件下，也将继续为国民经济发展带来动力。

未来巴拉圭面临的主要风险在于：第一，疫情管控和持续时间的不确定性。尽管巴拉圭率先加入了世界卫生组织发起的"新冠肺炎疫苗实施计划"（COVAX），但在疫苗配给上巴拉圭屡次受阻，此外，巴拉圭及其周边国家疫情出现反复，对外部和内部经济活动的开展造成很大影响。第二，疫情对公共财政造成的影响将要求政府努力降低财政赤字，使其趋向GDP的1.5%这一警戒线，但《紧急法令》和《经济复苏计划》加重了政府的债务负担，而国际金融市场的不确定性又将提升巴拉圭的债务风险。第三，由于巴拉圭对农产品出口、投资以及消费的高度依赖，气候因素、影响商品价格的贸易政策都是巴拉圭经济波动的主要风险。

---

[1] Fondo Monetario Internacional, *Perspectiva de la economía mundial*: *Manejar recuperaciones divergentes*, abril de 2021, p. 6, https：//www.imf.org/es/Publications/WEO/Issues/2021/03/23/world－economic－outlook－april－2021.

B.8
2020～2021年墨西哥经济发展分析与展望

李宇娴　胡才钰　蒋念周*

摘　要：　在新冠肺炎疫情持续影响下，2020年墨西哥经济严重衰退，国内生产总值比上年下降了8.3%，失业率明显上升，外国直接投资和对外贸易都大幅度减少，但通货膨胀率降到3.15%的低水平，外债余额基本保持稳定。2020年墨西哥工业和服务业创造的增加值都比上年大幅减少，只有农业保持了微弱的增长；2020年对外贸易虽然下降严重，但贸易顺差创新高，且2021年反弹势头迅猛；国民消费和固定资产投资严重下滑。财政政策和货币政策保证了2020年墨西哥物价、汇率和债务规模基本稳定，但公共债务支出和社会保障支出明显增加。2021年墨西哥经济复苏势头很好，美国经济恢复状况和中美关系演变可能影响此后墨西哥经济发展。国际货币基金组织在2021年10月发布的《世界经济展望报告》中预测墨西哥经济将增长6.2%，对墨西哥经济的发展前景保持谨慎乐观，这也是主要国际经济研究机构所持的普遍预期。

关键词：　墨西哥　新冠肺炎疫情　经济政策

---

* 李宇娴，西南科技大学拉美研究中心讲师，西班牙阿利坎特大学管理学博士研究生（在读），主要研究方向为西班牙语言、企业投资、拉美经济等；胡才钰，西南科技大学经济管理学院2021级应用经济学专业硕士研究生；蒋念周，西南科技大学经济管理学院2020级企业管理专业硕士研究生。

一 2020年度墨西哥经济发展概况

（一）疫情影响下2020年墨西哥经济经历严重衰退

在突如其来的新冠肺炎疫情打击下，2020 年墨西哥经济出现了严重衰退。墨西哥国家统计局数据显示，2020 年该国国内生产总值（GDP，2013 年不变价，季节调整后数据）降至 67.88 万亿比索，与 2019 年相比负增长 8.25%（如图 1 所示），以 2010 年不变价美元衡量的人均 GDP 更是下降了 9.2%①。这是洛佩斯总统执政以来连续第二年面临经济衰退，也是 1932 年以来墨西哥经济遭遇的最大幅度经济衰退②。

从各季度数据来看，2020 年第二季度 GDP 比上年同期大幅度下降了 18.88%。不过，从 2020 年第三季度开始墨西哥经济下降幅度逐步缩小，到 2021 年第二季度 GDP 增长率终于转正，该季度 GDP 比上年同期增长了 19.51%，但仍未完全恢复到 2020 年第一季度水平（如图 2 所示）。

（二）2020年墨西哥失业率明显上升

墨西哥国家统计局数据显示，在 2016 年 10 月～2020 年 3 月墨西哥每月失业率均处于 4% 以下，但新冠肺炎疫情引起失业率上升。由于疫情肆虐和不得不实施的强制隔离措施，墨西哥经济活动受到了很大的破坏，2020 年 4 月减少了 1250 个工作岗位，失业率也猛涨至 4.69%，同年 6 月更是达到 5.49%（如图 3 所示）。尽管从 2020 年 8 月开始墨西哥失业率下降到了 5% 以下的水平，但仍然明显高于疫情发生前的水平。截至 2020 年底，墨西哥失业率达到 4.1%，比 2019 年底高出 1 个百分点。虽然这个数

---

① 墨西哥国家统计局，https://www.inegi.org.mx/temas/pib/#Tabulados。
② 在 20 世纪 30 年代经济大萧条时期，墨西哥也深受影响而陷入危机，1932 年 GDP 收缩了 14% 以上，参见墨西哥国家统计局，https://www.inegi.org.mx/programas/pib/2013/#Tabulados。

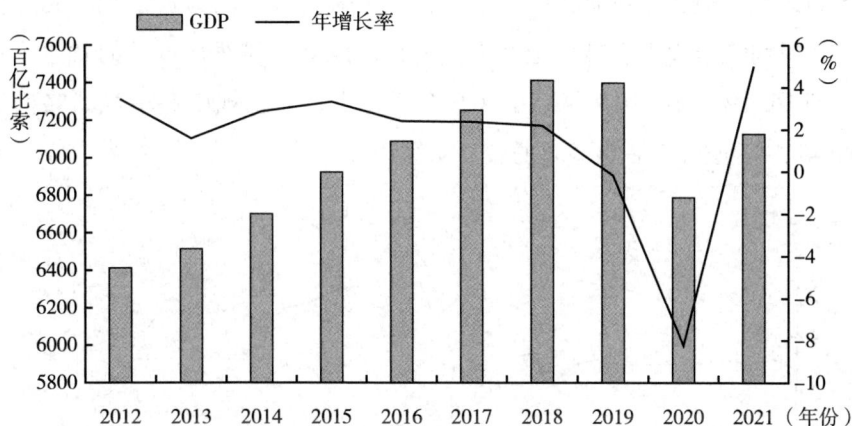

图1　2012～2021年墨西哥GDP（2013年不变价，季节调整后数据）及其年增长率

资料来源：墨西哥国家统计局，https：//www.inegi.org.mx/temas/pib/。

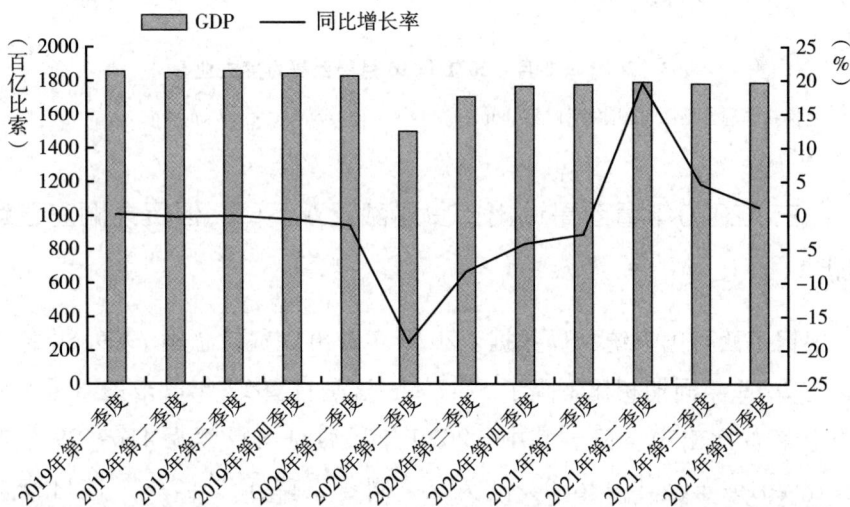

图2　墨西哥2019～2021年各季度GDP（2013年不变价，季节调整后数据）及其同比增长率

资料来源：墨西哥国家统计局，https：//www.inegi.org.mx/programas/pib/2013/#Tabulados。

字不容乐观，但好在没有进一步上涨，不少劳动人口因为长期找不到工作或工作时间太短而没有被登记为失业人口。此外，墨西哥可见的就业不足率达到 16.4%，比 2019 年高出 8.9 个百分点；非正规就业率虽然略低于 2019 年，但仍保持在 54.5% 的较高水平。[①]

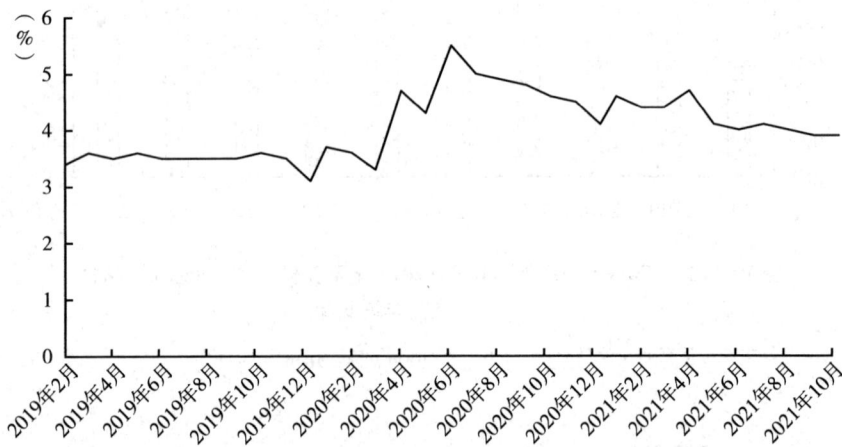

图3 2019 年 2 月~2021 年 10 月墨西哥月度失业率

资料来源：墨西哥国家统计局，https：//www. inegi. org. mx/temas/empleo/。

（三）2020年墨西哥进出口贸易额双双下降，但贸易顺差继续增加

根据墨西哥国家统计局数据，2020 年进出口贸易总额 7999.84 亿美元，与 2019 年同期相比下降了 12.7%，这是自 2017 年以来墨西哥对外贸易总额首次出现下降。其中，2020 年墨西哥出口额为 4169.99 亿美元，比 2019 年减少 436.04 亿美元，同比下降了 9.47%；进口额为 3829.85 亿美元，同比下降了 15.9%，这也是进口额连续第二年负增长（如图 4 所示）。在连续两年经济衰退的情况下，不仅进出口贸易总额有

[①] CEPAL，"Estudio Económico de América Latina y el Caribe 2021"，2021，https：//repo sitorio. cepal. org/bitstream/handle/11362/47192/73/EE2021_ Mexico_ es. pdf.

所减少，而且在 2019～2020 年墨西哥对外贸易连续两年保持顺差。2020
年墨西哥贸易顺差超过 340 亿美元，相当于 2019 年贸易顺差额的6.34 倍
（如图 5 所示）。

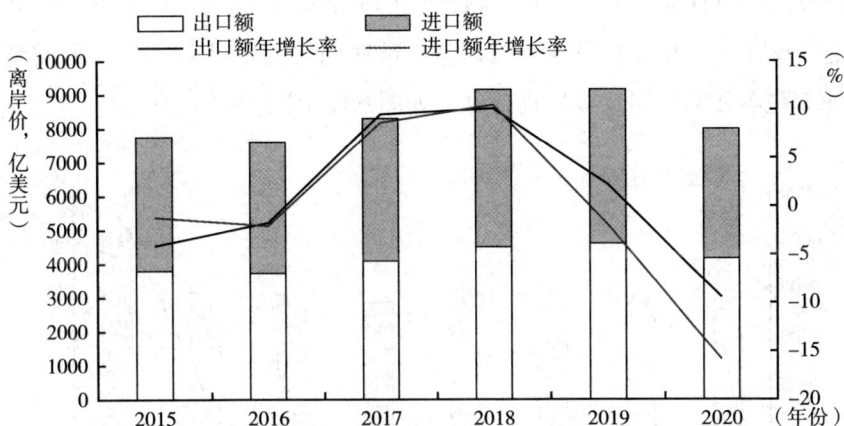

图 4　2015～2020 年墨西哥进出口贸易额及其年增长率

资料来源：墨西哥国家统计局，https：//www.inegi.org.mx/programas/pib/2013/#Tabulados。

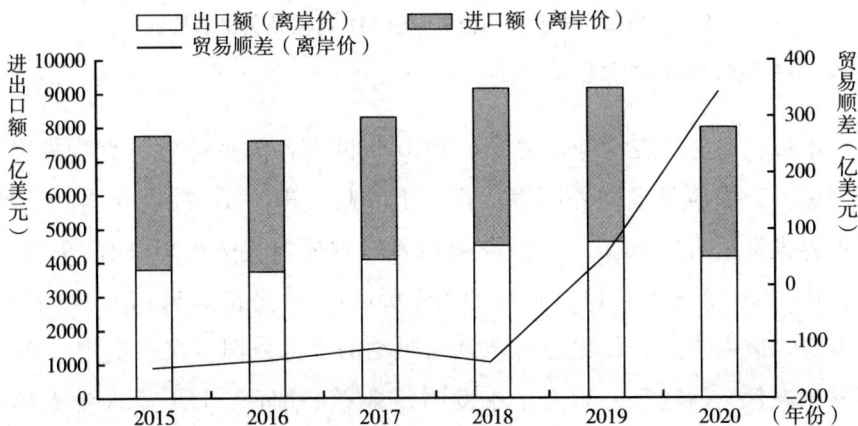

图 5　2015～2020 年墨西哥进出口贸易额及贸易顺差

资料来源：墨西哥国家统计局，https：//www.inegi.org.mx/programas/pib/2013/#Tabulados。

（四）2020年墨西哥吸纳外国直接投资额连续第二年减少

根据联合国贸发会议发布的《2020 年世界投资报告》数据，2019 年墨西哥吸纳外国直接投资（FDI）流量较 2018 年减少了 18.2 亿美元，但其外国直接投资存量并没有呈现下滑趋势，反而同比增长了 22.9%，形成高达 6284.6 亿美元的外国直接投资存量（如图 6 所示）。

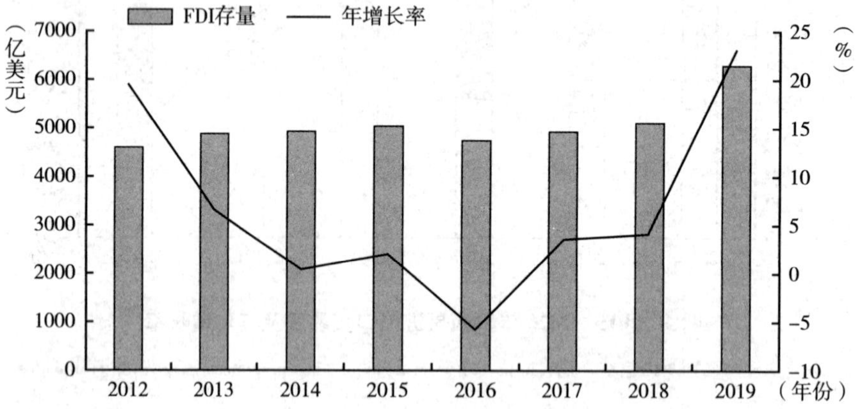

图 6　2012～2019 年墨西哥吸纳 FDI 存量及其年增长率

资料来源：联合国贸发会议数据库。

不过，在全球疫情冲击之下，2020 年世界各国吸纳外国直接投资大幅度减少，墨西哥吸纳外国直接投资下降趋势进一步加剧。根据《2021 年世界投资报告》数据，2020 年墨西哥吸纳外国直接投资仅有 291 亿美元，比 2019 年下降了 14.7%（如图 7 所示），这是自 2018 年以来的第二次下降。进一步来看，2020 年墨西哥吸纳的全部外国直接投资中有 60% 都发生在第一季度[①]，后三个季度因疫情影响加深，FDI 流入量大幅度减少。

[①]　联合国贸发会议：《2021 年世界投资报告》，第 61 页，https：//unctad.org/system/files/official – document/wir2021_ en. pdf。

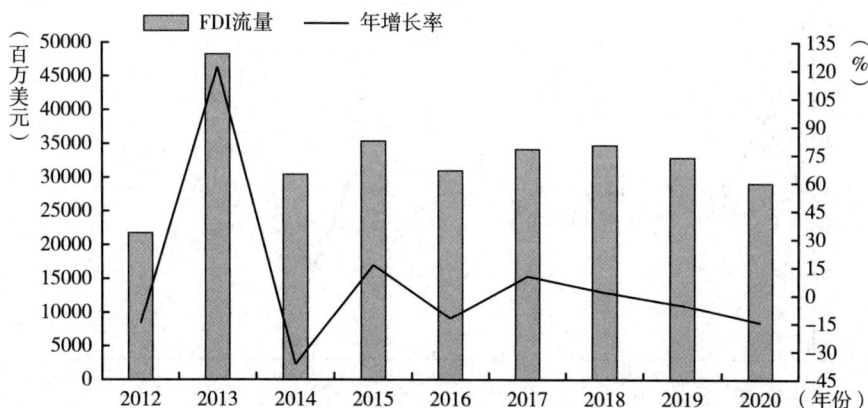

图 7   2012～2020 年墨西哥吸纳 FDI 流量及其年增长率

资料来源：2012～2019 年数据来自联合国贸发会议数据库；2020 年数据来自《2021 年世界投资报告》第 78 页。

（五）2020年墨西哥通货膨胀率处于历史较低水平

随着疫情的全球蔓延以及各国防控措施的深入实施，2020 年墨西哥家庭消费需求明显减弱，与 2019 年相比居民最终消费支出总额减少了 10.4%，人均居民最终消费支出减少了 11.3%[①]。正是在此因素的影响之下，2020 年墨西哥通货膨胀率（按消费者价格指数衡量，每年 12 月数据与前一年同期相比）降低到了 3.15%，这是最近 20 年以来的较低水平，处于该国央行制定的目标值之内（2.00%～4.00%），仅高于 2014 年、2018 年和 2019 年的水平（如图 8 所示）。

从各个月份的月度同比通货膨胀率来看，2020 年以来墨西哥通货膨胀率基本处于较低水平，尤其是 2020 年 4 月甚至低至 2.15%（如图 9 所示），这是 1970 年以来墨西哥历史上的最低月度同比通货膨胀率纪录。不过，此后墨西哥通货膨胀率开始逐步上升，这主要是因为疫情使得供给能力被削弱。根

[①] 根据世界银行发布的公开数据，2019 年和 2020 年墨西哥居民最终消费支出总额（不变价本币单位）分别为 12.52 万亿比索和 11.22 万亿比索，https：//data. worldbank. org. cn/country/mexico? view = chart。

图8 2000~2020 年墨西哥年度通货膨胀率
(按消费者价格指数衡量,每年12月数据与前一年同期相比)

资料来源:笔者根据墨西哥国家统计局数据整理。

据世界银行数据,2020 年墨西哥库存变化(不变价本币单位)为 700.6 亿比索,比 2019 年下降了 10.2%,只有 2018 年的 55.1%。2021 年 10 月,墨西哥通货膨胀率达到了疫情后的最高点 6.24%,这已经超过了 2018 年月度同比通货膨胀率的最高水平,也超出墨西哥央行制定的通胀目标最高值 2.24 个百分点。

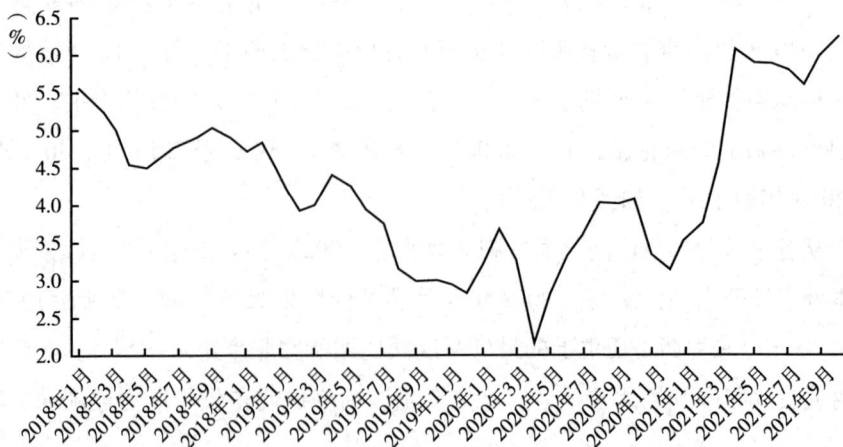

图9 2018 年 1 月~2021 年 10 月墨西哥月度同比通货膨胀率

资料来源:墨西哥国家统计局,https://en.www.inegi.org.mx/temas/inpc/。以消费者价格指数(CPI)涨幅衡量的月度同比通货膨胀率。

（六）2020年墨西哥外债余额基本保持平稳

根据世界银行数据，2020年墨西哥外债余额为4634.05亿美元，仅比2019年减少了1.1%（如图10所示）。从外债余额来看，墨西哥外债规模在2015~2020年基本保持稳定，没有出现显著增长。2020年墨西哥是全球在新冠肺炎疫情防控中财政支出偏低的少数国家之一，虽然这不利于保持国内经济增长，但也避免了财政赤字和债务水平的急剧增加。不过，疫情使得墨西哥经济严重衰退，加上本币贬值，致使外债余额占GDP比重达到了2015年以来的最高水平14.2%。

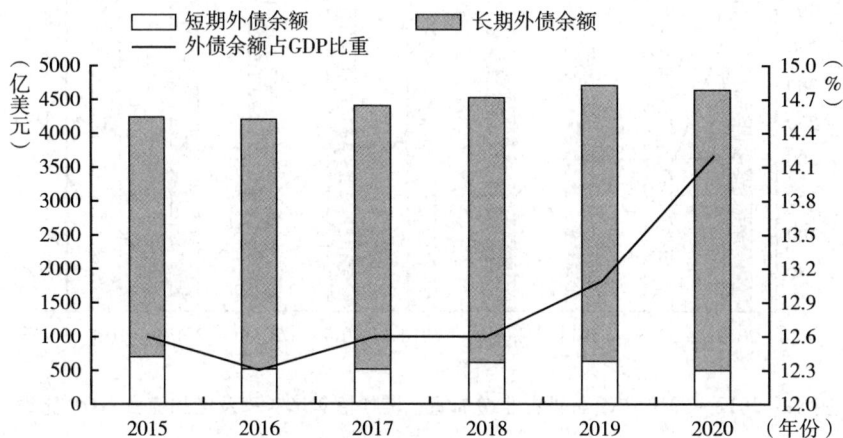

图10　2015~2020年墨西哥外债余额及其占GDP比重

资料来源：墨西哥国家统计局，https：//www.inegi.org.mx/programas/pib/2013/#Tabulados。

二　当前墨西哥经济发展的基本特征

（一）经济结构分析

1. 农业：比重较低但一直稳定增长

在墨西哥经济结构中，农业是在国民经济中占比最小的产业。在2012~

2019 年，农业占墨西哥 GDP 的比重均在 3.5% 以下。近年来，墨西哥农业增长速度不断下滑，尤其是 2016~2019 年连年下降，2019 年仅增长 0.3%，2020 年才出现了反弹性的上升态势（如图 11 所示）。尽管受到新冠肺炎疫情的影响，但以 2015 年的不变价计算，2020 年墨西哥实现农业增加值 418 亿美元，比 2019 年增长了 1.9%，不过仅占该国当年 GDP 的 3.9%。虽然农业占 GDP 比重较小，而且增速也不高，但却是 2020 年墨西哥唯一保持正增长的产业。

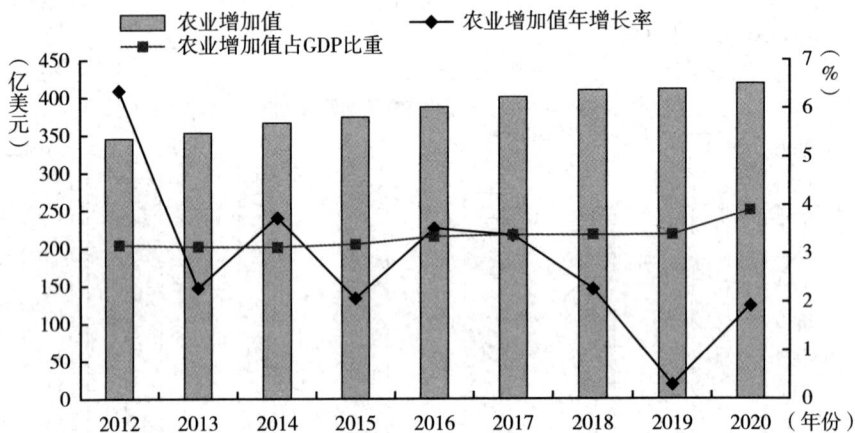

图 11 2012~2020 年墨西哥农业增加值、增加值年增长率及增加值占 GDP 比重

资料来源：世界银行数据库，https://data.worldbank.org/。

2. 工业：比重下降，严重衰退

墨西哥拥有较为完整的工业体系，不仅拥有食品、纺织、制革、服装、造纸等轻工业，而且拥有钢铁、化工、汽车、机器制造等重工业，能源工业比较发达，是拉丁美洲地区工业化发展水平较高的国家。在 2012~2020 年，工业增加值占墨西哥 GDP 的比重基本保持在 30% 左右。不过，2012 年以来墨西哥工业增加值增长速度相当缓慢。在 2012~2020 年，墨西哥工业增加值有 4 年为负增长，其中 2019~2020 年连续两年负增长，而最高增速还是 2012 年的 2.8%。在新冠肺炎疫情的严重冲击下，2020 年墨西哥工业出现了自 1995 年以来最严重的衰退，全年创造工业增加值约 3127 亿美元，比 2019 年减少 347 亿美元，下降了约 10%。不仅如此，2020 年工业增加值占墨西哥 GDP 的比重也降至 29.6%，比 2019 年下降了 1.3 个百分点，比 2012 年下降了 4.2 个百分点（如图 12 所示）。

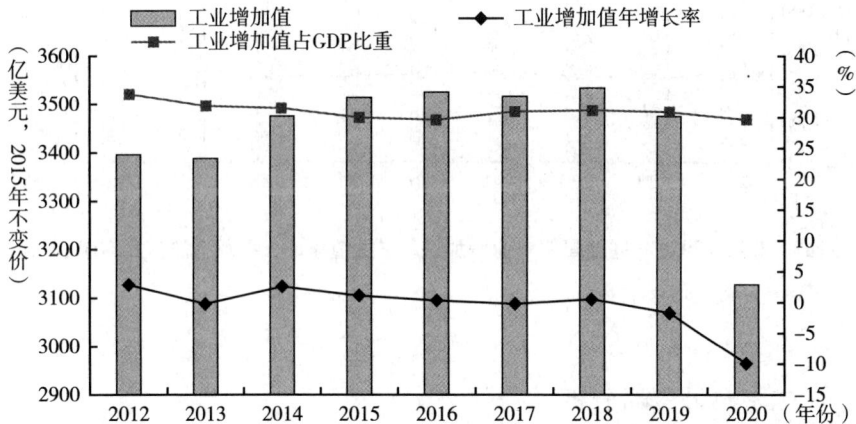

图 12　2012～2020 年墨西哥工业增加值、增加值年增长率及增加值占 GDP 比重

资料来源：世界银行数据库，https：//data. worldbank. org/。

3. 服务业：比重平稳，增速下滑

自 1965 年以来，服务业始终是墨西哥规模最大的产业，其增加值远高于农业和工业，在商业、金融业、电信业、不动产、旅游、保险、广告、传媒等领域都发展较好，对推动墨西哥经济增长起到了至关重要的作用①。自 2015 年以来，墨西哥服务业增加值占 GDP 比重基本稳定在 60% 左右，但年增长率出现了持续下滑态势（如图 13 所示）。2020 年墨西哥服务增加值为 7295 亿美元，占 GDP 比重仍然保持在 60% 的水平，远远高于农业和工业，但是增加值与 2019 年相比下降了 7.7%。这主要是因为疫情使得人流和物流受阻，旅游业、餐饮业、商业等在各种社区隔离和社交距离限制政策下纷纷陷入困境。

---

① 陈朝先、刘学东主编《拉丁美洲和加勒比经济发展分析与展望（2019）》，北京：社会科学文献出版社，2020，第 158 页。

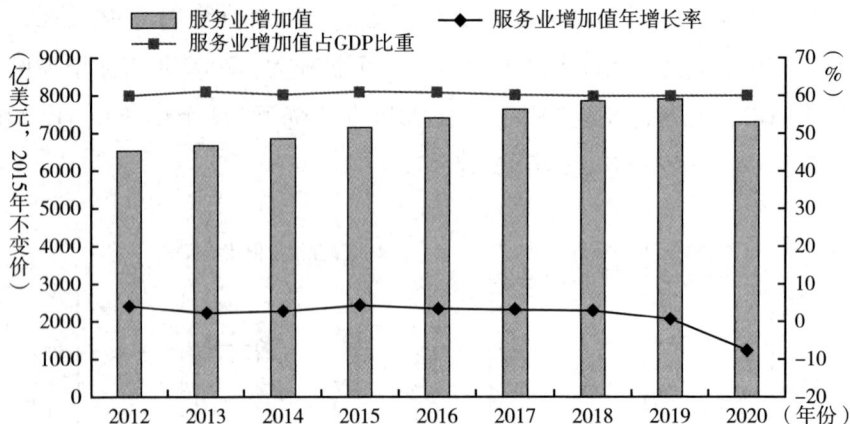

图 13　2012~2020 年墨西哥服务业增加值、增加值年增长率及增加值占 GDP 比重

资料来源：世界银行数据库，https：//data.worldbank.org/。

（二）对外贸易分析

1. 墨西哥贸易多年来持续增长势头被疫情中断，但近期反弹势头迅猛

从贸易总额变动趋势上看，在 2012~2019 年墨西哥对外贸易增长势头很好，2019 年对外贸易额达到 9280.46 亿美元，这是近些年里墨西哥对外贸易规模的最高水平，比 2012 年增长了 23.53%，但 2020 年墨西哥外贸增长势头因疫情影响而中断了。随着新冠肺炎疫情在全球迅速蔓延，各国均采取了严格的防控措施，这些举措极大地限制了国与国之间的跨境贸易。2020 年墨西哥对外贸易总额为 8109.18 亿美元，与 2019 年相比下降了 12.62%；其中出口总额为 4176.7 亿美元，比 2019 年下降了 9.34%，进口总额为 3932.48 亿美元，比 2019 年下降了 15.85%（如图 14 所示）。

从月度贸易数据来看，在 2020 年 3 月前墨西哥对外贸易保持平稳态势，但 2020 年 4 月~2021 年 2 月因疫情冲击而大幅度减少，尤其是 2020 年 5 月同比下降了 51.9%（如图 15 所示）。不过，2021 年 3~9 月墨西哥对外贸易出现了增速持续保持在两位数以上的强势反弹，2021 年 5 月甚至出现了

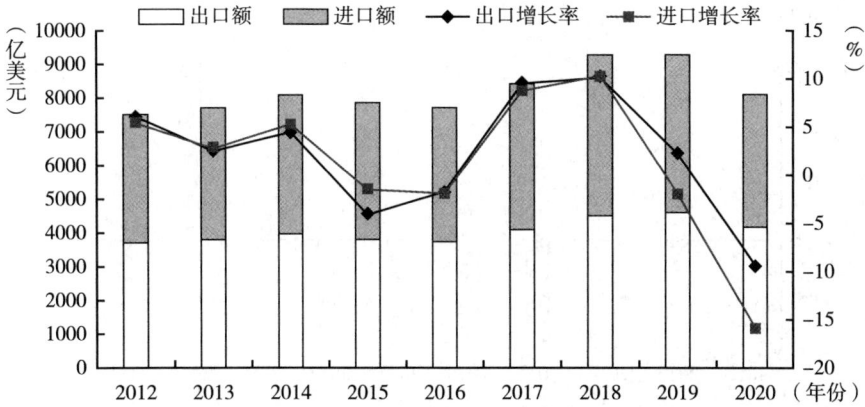

图14　2012～2020年墨西哥进出口贸易额及其增长率

资料来源：联合国贸发会议数据库，https：//unctadstat. unctad. org/wds/ReportFolders/
reportFolders. aspx。

104.7%的超高增长速度。因此，2021年以来新冠肺炎疫情对墨西哥进出口
贸易的不利影响正在逐步减小，对外贸易基本重回正轨。

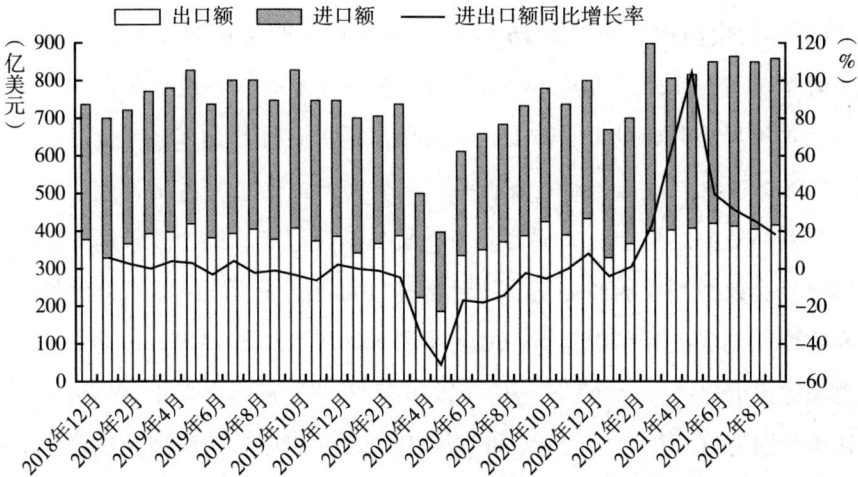

图15　2018年12月至2021年9月墨西哥月度进出口额及其同比增长率

资料来源：墨西哥央行，https：//www. banxico. org. mx/SieInternet/。

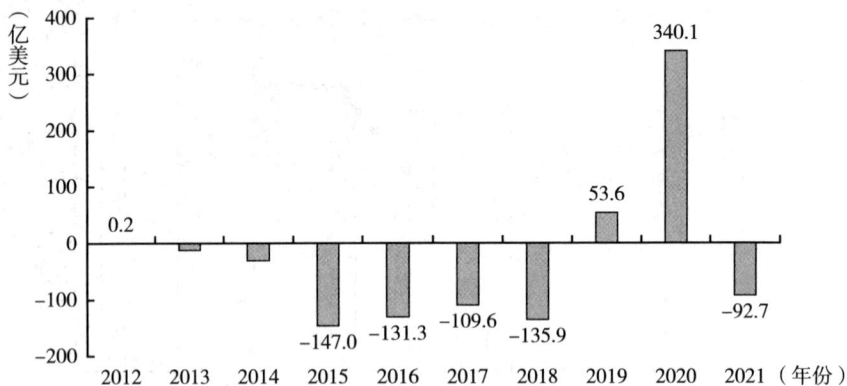

图 16　2012～2021 年墨西哥进出口贸易差额

资料来源：墨西哥央行，https：//www. banxico. org. mx/SieInternet/defaultEnglish. do。这里需要说明的是，2012～2020 年数据为全年数据，2021 年只包括 1～9 月的数据。

2. 2020 年墨西哥对外贸易在暴跌情况下实现了近十年里的最大顺差

多年以来，墨西哥对外贸易呈现出贸易逆差常态化的特点，而且经济增长速度越快则逆差越大，在经济衰退的时候反而会出现贸易顺差，这种状况在 2020 年再次出现了。如图 16 所示，2020 年墨西哥在对外贸易规模大幅度下降情况下，实现了高达 340.1 亿美元的贸易顺差。不过，在 2021 年前 9个月，这种局势开始发生了改变，对外贸易逆差累计已达 92.7 亿美元。

3. 多年以来制成品始终在墨西哥对外贸易产品结构中占比最大

从商品贸易结构上看，墨西哥对外贸易结构稳定、集中度较高。根据联合国贸发会议数据库的商品贸易统计数据（如表 1 所示），墨西哥对外贸易产品主要为制成品①，2012 年、2016 年和 2020 年的制成品出口占当年商品出口总额的比重分别为 74.63%、80.76% 和 77.20%，进口占当年商品进口总额的比重分别为 80.21%、81.69% 和 78.39%。多年以来，制成品在墨西哥对外贸易结构中始终占据主导地位，且没有出现显著降低的趋势，这在很大程度上也彰显了墨西哥的工业化发展水平及其在拉美地区的制造业大国地位。

---

①　根据联合国商品贸易统计数据库 SITC Rev. 3 标准分类，0～4 为初级产品，5～8 为制成品。

表1　2012年、2016年、2020年墨西哥对外贸易结构

单位：%

商品种类	2012年		2016年		2020年	
	出口	进口	出口	进口	出口	进口
0类:食品及活动物	4.69	4.92	6.07	4.61	6.58	4.69
1类:饮料及烟类	1.01	0.26	1.20	0.26	1.81	0.16
2类:非食用原料(燃料除外)	2.18	2.35	1.42	1.89	1.53	1.94
3类:矿物燃料、润滑油及相关原料	14.07	8.99	4.82	6.13	3.96	6.29
4类:动植物油、脂及蜡	0.05	0.40	0.04	0.33	0.06	0.27
5类:化学成品及有关制成品	4.15	11.27	3.25	10.38	2.72	10.93
6类:按原料分类的制成品	7.61	14.08	6.50	13.18	6.18	12.01
7类:机械及运输设备	54.38	46.43	60.45	48.61	59.02	45.85
8类:杂项制品	8.49	8.43	10.56	9.52	9.28	9.60
9类:未分类的商品和交易	3.58	3.18	5.64	5.13	8.48	7.96
总计	100	100	100	100	100	100

资料来源：根据联合国贸发会议数据库数据计算，https：//unctadstat. unctad. org/wds/ReportFolders/reportFolders. aspx。

根据墨西哥央行发布的2020年贸易数据来看，制造业产品出口占墨西哥商品出口总额的比重为89.6%，比2019年下降了0.4个百分点；石油类产品占出口总额的4.2%，比2019年下降了1.4个百分点；农产品出口占比为4.4%，较2019年上升了0.5个百分点。从进口商品类别看，2020年墨西哥中间产品进口占比达到79.3%，比2019年上升了1.8个百分点；其次为消费品，占比为12%，比2019年下降1.4个百分点；资本货物占比为8.7%，比2019年下降了0.4个百分点。① 这些数据显示，墨西哥加工制造业发展状况良好，但对进口依赖程度较高。

4. 美墨贸易关系在墨西哥对外贸易中占有举足轻重的地位

从对外贸易国别看，美国多年以来始终是墨西哥的最大贸易伙伴。如图17所示，在2018～2021年，墨西哥与美国的进出口贸易额占其进出口贸易总额的比重均超过62%。根据墨西哥央行数据，2021年墨西哥

---

① 笔者根据墨西哥央行公布的贸易数据计算，https：//www. banxico. org. mx/indexen. html。

对美出口额为 4360. 91 亿美元，占出口总额的 88. 14%；对美进口额为 2512. 52 亿美元，占进口总额的 49. 68%。如图 18 所示，不论出口还是进口美国都是墨西哥第一大贸易伙伴国，美墨贸易总额相当于墨西哥与第二大贸易伙伴国中国贸易总额的 5. 8 倍。

图 17　2018～2021 年墨西哥对美国进出口贸易额及其占进出口贸易总额比重

资料来源：墨西哥央行，https：//www. banxico. org. mx/SieInternet/。

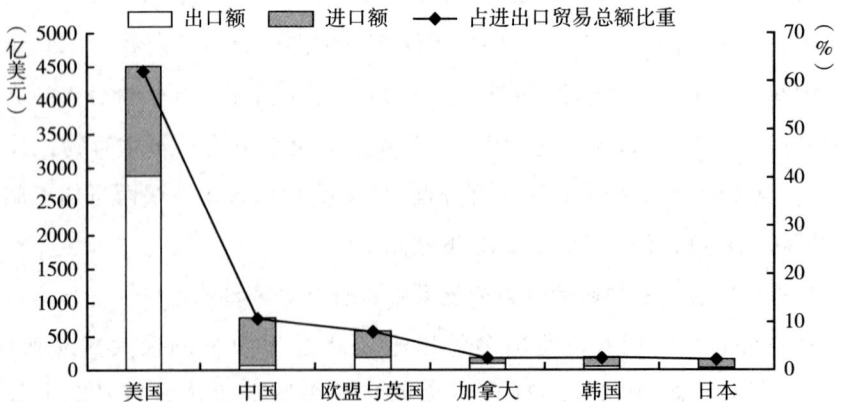

图 18　2021 年 1～9 月墨西哥与六大贸易伙伴的进出口贸易额
及其占进出口贸易总额比重

资料来源：墨西哥央行，https：//www. banxico. org. mx/SieInternet/

（三）国民消费：受疫情打击而严重下降，但仍对 GDP 贡献份额最大

最终消费支出是经济增长主要因素，但受疫情影响下滑较大。最终消费支出由居民消费支出和政府消费支出两部分组成，是促进经济稳步发展的重要基石。从最终消费支出总额上看，2012～2019 年墨西哥最终消费支出均呈现出不断上升的趋势，2019 年达 9973 亿美元，而 2020 年出现负增长，减少了 850 亿美元。从增速上看，墨西哥最终消费支出增长缓慢，2012～2018 年增速均在 2% 以上，但最高仅为 2016 年的 3.5%，而在 2020年增速为 -8.5%，较 2019 年减少了 8.8 个百分点。其中，居民消费支出在 2020 年下降了 10.5%。从最终消费支出占 GDP 的比重来看，2012～2020 年墨西哥最终消费支出占 GDP 的比重均在 76% 以上，总体趋势平稳（如图 19 所示）。2020 年墨西哥最终消费支出为 9123 亿美元，占 GDP 比重为 76.4%。

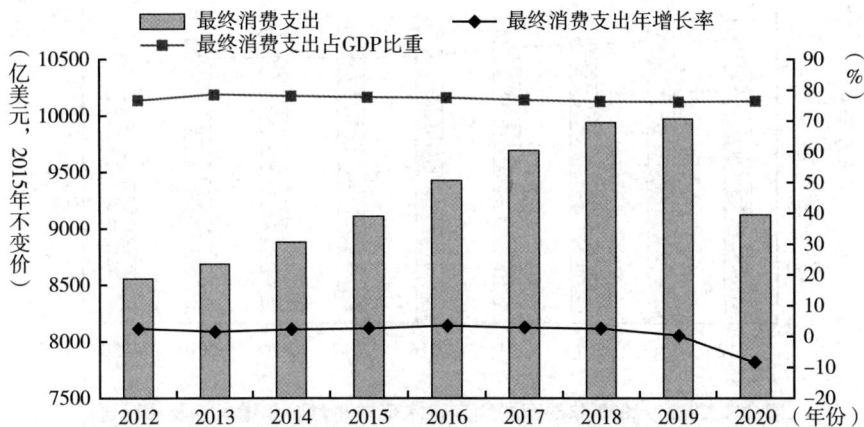

图 19　2012～2020 年墨西哥最终消费支出、年增长率及其占 GDP 比重

资料来源：世界银行数据库，https：//data. worldbank. org/。

（四）固定资产投资：因疫情影响而严重减少

固定资产投资是推动经济增长的关键，也是经济发展不可缺少的重要基础。2012～2020 年，墨西哥固定资本形成总额呈现出先上升后下降的趋势，2016 年达到最大值 2650 亿美元，此后则逐渐下降（如图 20 所示）。2020 年墨西哥固定资本形成总额为 2063 亿美元，比 2019 年下降了 18.2%，主要原因是机械和设备行业以及住宅建筑行业表现疲弱[1]。2020 年墨西哥固定资本形成总额占 GDP 的比重也降至 18.8%，虽然仍高于同期拉美地区的水平 17.4%，但明显低于世界平均水平 21.9%。从固定资本形成总额变化趋势看，伴随着固定资本形成总额的下降，墨西哥固定资本形成总额所占比重也呈现下降趋势，表明新冠肺炎疫情对墨西哥固定资产投资产生了不小的影响。

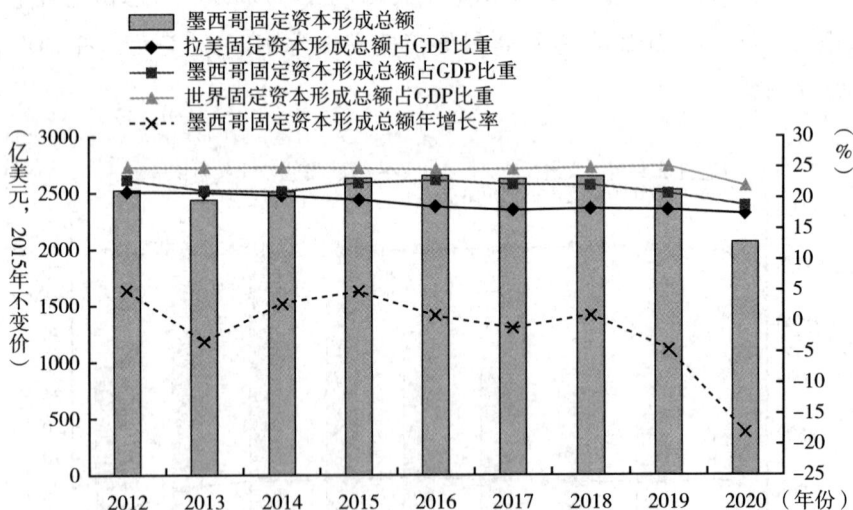

图 20　2012～2020 年墨西哥固定资本形成总额、年增长率及墨西哥、
拉美、世界固定资本形成总额占 GDP 比重

资料来源：世界银行数据库，https：//data. worldbank. org/。

---

[1]　CEPAL，"Estudio Económico de América Latina y el Caribe 2021"，2021，https：//repositorio. cepal. org/bitstream/handle/11362/47192/73/EE2021_ Mexico_ es. pdf.

三 墨西哥经济政策及其效果分析

（一）财政政策：政府坚持财政收支平衡原则，疫情救助相对较少，导致经济下滑幅度较大

1. 政策选择：财政收支平衡原则优先，竭力降低疫情影响

虽然 2020 年墨西哥与世界其他国家一样遭受新冠肺炎疫情严重影响，并不得不在疫情防控和阻止经济衰退方面支出更多，但墨西哥政府竭力坚持财政收支平衡原则，预算收支没有因疫情冲击而出现急剧恶化的状况。根据拉加经委会 2021 年 8 月份发布的《2021 年拉丁美洲和加勒比地区经济概览·墨西哥》，2020 年墨西哥非金融公共部门的预算总收入比 2019 年下降了 4.1%，公共预算支出净额实际仅增加了 0.1%，非金融公共部门的财政赤字占 GDP 比重虽然超出预期目标，但 2020 年底公共债务规模并没有显著增加[①]。

从墨西哥财政收入结构来看，石油价格下跌使石油预算收入减少了 38.2%，但非石油预算收入增加了 7.8%[②]（如图 21 所示）。为了缓解疫情导致的公共收入下降，墨西哥政府重点实施了五项措施来创造额外资源，并切实推动了非石油预算收入的增加：一是强化税收征管，减少逃税和避税；二是评估税收政策的执行，减少不当的税收优惠；三是加强个人所得税征

---

① CEPAL, "Estudio Económico de América Latina y el Caribe 2021", 2021, p. 2, https://repositorio. cepal. org/bitstream/handle/11362/47192/73/EE2021_ Mexico_ es. pdf. 该报告认为，2020 年底墨西哥公共债务占 GDP 比重为 52.1%，比 2019 年上升了 7 个百分点，但这主要是比索贬值和经济活动萎缩带来的结果，债务规模并没有比疫情前预期债务规模增加多少，详见报告第 2 页 "a) La política fiscal" 部分内容。

② 墨西哥央行，https://www. banxico. org. mx/SieInternet/consultarDirectorioInternetAction. do? sector = 9&accion = consultarCuadro&idCuadro = CG8&locale = es。

收；四是扩大房地产和财产税的征收范围；五是对数字经济开征税收等[①]。
这些措施使得 2020 年墨西哥税收收入实际增加了 0.8%，占 GDP 比重达到
14.5%，比 2019 年上升了 1.35 个百分点[②]。不过，随着各部门经济逐步复
苏和国际石油价格回升，2021 年墨西哥公共预算收入比 2020 年同期增长了
11.14%（其中，石油预算收入增加了 73.2%，非石油预算收入增加了
4.1%），财政收支状况也因此进一步趋好。

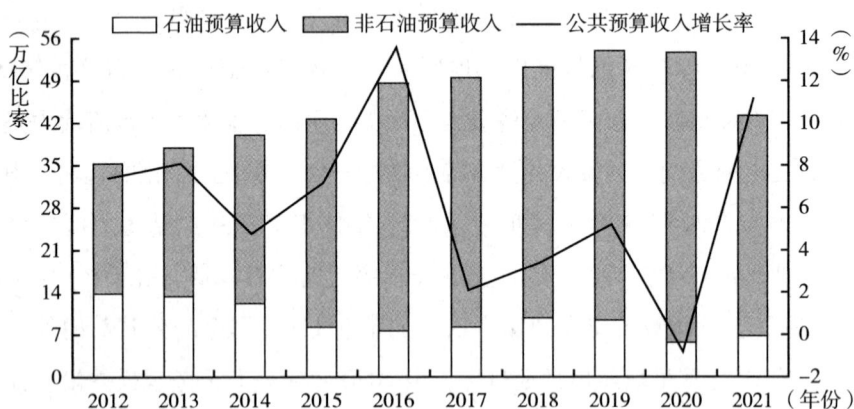

图 21　2012～2021 年墨西哥公共预算收入结构及其增长率

资料来源：墨西哥央行，https：//www. banxico. org. mx/SieInternet/consultarDirect
orioInternetAction. do? sector = 9&accion = consultarCuadro&idCuadro = CG8&locale = es。2021 年
数据为 1～9 月数据。

从墨西哥财政支出结构来看，与 2019 年相比，2020 年公共预算支出总
额增加了 3.49%；其中，计划支出增加 5.15%，达到 44.5 万亿比索；非计
划支出（联邦政府债务本息支出）减少 1%，约为 15.45 万亿比索（如图
22 所示）[③]。毫无疑问，疫情防控是推动 2020 年墨西哥公共预算支出增长的

---

① ECLAC, "Fiscal Panorama of Latin America and the Caribbean", 2021 (LC/PUB. 2021/5 – P), 2021, pp. 47 – 49.
② CEPAL, "Estudio Económico de América Latina y el Caribe 2021", 2021, p. 2, https：// repositorio. cepal. org/bitstream/handle/11362/47192/73/EE2021_ Mexico_ es. pdf.
③ 墨西哥央行，https：//www. banxico. org. mx/SieInternet/consultarDirectorioInternetAction. do? sector = 9&accion = consultarCuadro&idCuadro = CG9&locale = es。

重要影响因素，公共预算支出成为应对疫情造成的经济社会冲击的主要政策工具。拉加经委会在 2021 年 8 月发布的报告认为，墨西哥公共预算支出增加部分主要用在卫生部门①。

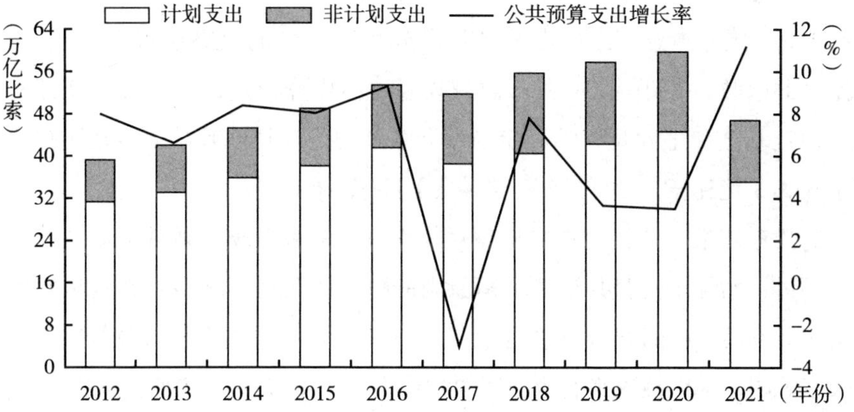

图 22　2012～2021 年墨西哥公共预算支出及其增长率

资料来源：墨西哥央行，https：//www. banxico. org. mx/SieInternet/consultarDirectorio InternetAction. do? sector = 9&accion = consultarCuadro&idCuadro = CG9&locale = es。2021 年数据为 1～9 月数据。

为了应对疫情带来的严重影响，墨西哥政府启动各种经济和社会措施，公共支出政策侧重于加强卫生系统，对家庭给予补贴、救助等直接转移支付，救济并扶助中小企业发展，以及为支持卫生防疫需要而重新调整公共预算计划②。2020 年 3 月 18 日，墨西哥众议院批准设立总额达 1.81 万亿比索（约占 GDP 的 0.7%）的紧急预防和护理基金。但是，墨西哥公共支出政策在应对疫情方面的力度较小，当年财政支出占 GDP 的比重仅为 1.1%，低于拉美地区平均水平 4.5%③。当然，疫情防控支出也使得墨西哥财政支出不

---

① CEPAL，"Estudio Económico de América Latina y el Caribe 2021"，2021，https：//repositorio. cepal. org/bitstream/handle/11362/47192/73/EE2021_ Mexico_ es. pdf，p. 2.

② ECLAC，"Fiscal Panorama of Latin America and the Caribbean"，2021（LC/PUB. 2021/5 - P），2021，pp. 45 - 47.

③ CEPAL，"Estudio Económico de América Latina y el Caribe 2021"，2021，https：//repositorio. cepal. org/bitstream/handle/11362/47192/73/EE2021_ Mexico_ es. pdf，pp. 1 - 2.

断增加。墨西哥公共预算支出在 2020 年同比增长 3.49% 的基础上，2021 年前 9 个月又同比增长 11.2%。

根据拉加经委会 2021 年 8 月份报告，2020 年墨西哥政府财政收支实现了预定目标，基础预算收支基本平衡，基础预算赤字仅占当年国内生产总值的 0.1%，债务本息支出使得最终财政赤字占 GDP 的比重达到 2.9%。为了稳定公共财政，2020 年 12 月墨西哥政府动用预算稳定调节基金、联邦实体收入稳定基金和墨西哥石油稳定与发展基金，为支持联邦政府疫情防控而动用了 633.8 亿比索（约合 31.7 亿美元）的资金①。

2. 政策效果：疫情防控支出相对较少，经济振兴政策刺激不足

不过，始终坚持公共预算平衡原则的财政政策使得墨西哥在疫情救助支出上相对不足，在阻止经济衰退上成效不彰。从公共预算收入政策来看，在绝大多数国家都以减税来刺激经济的背景之下，16 个主要拉美国家 2020 年财政收入占 GDP 的比重同比下降了 0.5 个百分点，而墨西哥却以更严格的税收政策获得了占 GDP 约 2.2% 的额外税收收入，是三个税收收入和公共预算收入总额都增加的拉美国家之一，增加幅度仅次于面临巨大偿债压力的阿根廷②。

从公共预算支出政策来看，多数国家都大幅增加了预算支出规模。为了应对新冠肺炎疫情带来的严重影响，20 个发达经济体 2020 年经常预算支出和资本预算支出分别比 2019 年平均增加了 12.7% 和 11.3%。即使是财政及经济状况都相当不好的阿根廷和巴西，2020 年基本预算支出也分别比 2019 年增加了 20.1% 和 23.8%。比较而言，2020 年墨西哥基本预算支出仅比 2019 年增加了 0.3%，在 15 个主要拉美国家（不包括尼加拉瓜）中位居倒数第 4；公共预算支出总额也只增加了 2.3%，排在 15 个主要拉美国家（不包括尼加拉瓜）的第 10 位③。

① CEPAL, "Estudio Económico de América Latina y el Caribe 2021", 2021, p. 2, https://repositorio.cepal.org/bitstream/handle/11362/47192/73/EE2021_Mexico_es.pdf.
② ECLAC, "Fiscal Panorama of Latin America and the Caribbean", 2021 (LC/PUB.2021/5-P), 2021, p. 15, 16, 18.
③ ECLAC, "Fiscal Panorama of Latin America and the Caribbean", 2021 (LC/PUB.2021/5-P), 2021, pp. 20-22.

（二）货币政策：墨西哥央行以相对宽松的货币政策应对疫情冲击

在墨西哥央行官方网站的首页，"墨西哥央行的优先目标是维持低通货膨胀率和稳定本国货币购买力"这句标语给人印象相当深刻，事实上墨西哥货币政策正是在紧紧围绕这两大目标而持续努力。

1. 增加货币供给，适时调节利率，稳定物价水平

在疫情严重影响全球经济之际，墨西哥央行在 2020 年 3 月~2021 年 2 月一直保持广义货币供应量（M2）两位数的同比增长率。与此同时，为了尽可能降低疫情带来的经济下滑影响，墨西哥央行不断下调银行业同业拆借利率（目标利率）。2020 年初目标利率为 7.25%，此后在 2 月、3 月、4 月、5 月、6 月、8 月和 9 月先后 7 次下降①，到 2020 年 9 月底已降至 4.25%，2021 年 2 月甚至一度降到 4.00% 的水平（如图 23 所示），这是 2016 年 6 月以来的最低水平。

不过，从 2021 年 4 月开始墨西哥通货膨胀率出现回落态势，2021 年 10 月甚至达到了 6.24% 的高水平（如图 24 所示）。为了促使国内通货膨胀率重回目标范围，2021 年 6 月 24 日墨西哥央行开始逐步上调银行业同业拆借利率，到 2021 年 11 月 11 日该利率已升至 5% 的水平。在当前以及今后较长时期内，由于价格依然会受到墨西哥国内外各种结构性和非结构性因素影响，通胀保持在当前的高水平甚至继续上涨应该是大概率事件。因此，未来控制通胀并使其逐渐向目标值靠拢的巨大压力也极有可能将持续一些时日（如表 2 所示），墨西哥银行业同业拆借利率保持在较高水平甚至进一步上调应该不属于短期行为②。从 2020 年以来物价水平变动情况看，墨西哥央行各项货币政策的总体效果不错，基本把国内通货膨胀水平维持在了目标范围之内。

---

① Banco de México, "Anuncios de las decisiones de política monetaria", https：//www. banxico. org. mx/publicaciones – y – prensa/anuncios – de – las – decisiones – de – politica – monetaria/anuncios – politica – monetaria – t. html.

② 刘学东：《第二次加息下的墨西哥通胀走向与经济展望》，2021 年 8 月 15 日，https：//mp. weixin. qq. com/s/G058vWHAihc77YDNEvm5Yg。

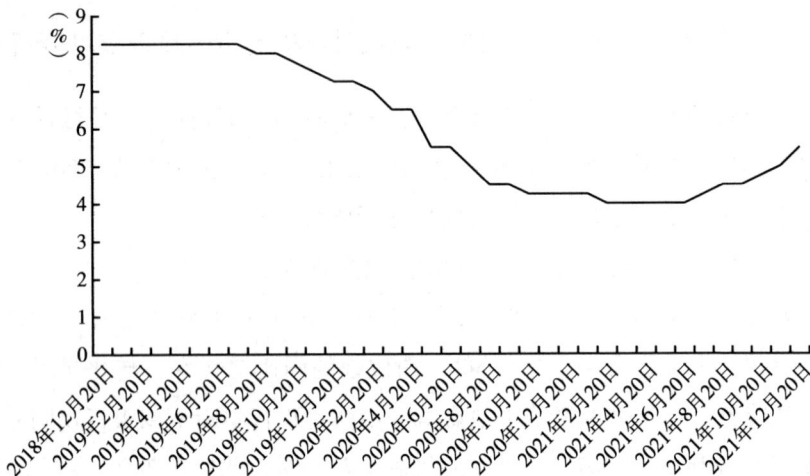

图23 2018 年 12 月 20 日~2021 年 12 月 20 日墨西哥银行业同业拆借利率

资料来源：笔者根据墨西哥央行资料整理，https：//www. banxico. org. mx/SieInternet/ consultarDirectorioInternetAction. do？ sector = 18&accion = consultarCuadroAnalitico&idCuadro = CA51&locale = es。

图24 2018 年 12 月~2021 年 10 月墨西哥通货膨胀率水平

资料来源：墨西哥国家统计局，https：//www. inegi. org. mx/temas/inpc/#Tabulados。

表2　2021年第一季度~2023年第三季度墨西哥央行通货膨胀率预期值

单位：%

年份	2021				2022				2023		
季度	Q1	Q2	Q3	Q4	Q1	Q2	Q3	Q4	Q1	Q2	Q3
通货膨胀率											
2021年11月11日预期	4.0	6.0	5.8	6.8	6.3	4.8	3.9	3.3	3.2	3.2	3.1
2021年9月30日预期	4.0	6.0	5.8	6.2	5.6	4.3	3.5	3.4	3.3	3.2	3.1
核心通货膨胀率											
2021年11月11日预期	3.9	4.4	4.8	5.5	5.8	5.3	4.3	3.5	3.0	2.7	2.6
2021年9月30日预期	3.9	4.4	4.8	5.3	5.4	4.8	4.0	3.4	3.1	2.9	2.8

资料来源：Banco de México, Comunicado de Prensa, Anuncio de Política Monetaria, 11 de noviembre de 2021, https：//www. banxico. org. mx/publicaciones - y - prensa/anuncios - de - las - decisiones - de - politica - monetaria/%7B8D85866C - A59D - E24A - BF81 - 25F0C999DBA5%7D. pdf。

2. 增加美元流动性，增强国际储备，稳定本国货币汇率

在2020年第一季度，由于疫情冲击，墨西哥比索受到严重负面影响。单位美元兑墨西哥比索的汇率，从2020年2月19日的19.17比索/美元短期内迅速升至2020年3月25日的25.12比索/美元，名义贬值幅度超过31%（如图25所示）。为了稳定本国货币汇率，2020年3月墨西哥外汇委员会宣布，本币可结算外汇对冲计划从200亿美元增加到300亿美元。在同一个月，墨西哥央行与美联储宣布建立高达600亿美元的货币互换机制，以支持向国内银行间货币市场提供美元流动性，该机制将持续到2021年12月31日[①]。

与此同时，墨西哥央行不断提高国际储备水平。2020年墨西哥国际储备总额被提升至1991亿美元，比上年增加了160亿美元，增加幅度达到8.74%。2020年墨西哥国际储备占其外债总额的比例达到42.58%，比2019年提高了3.83个百分点[②]，这也是2015年以来的最高水平，其偿债能力进一步增强。在此基础上，墨西哥国际储备可支付进口的月数也从4.01个月

①　CEPAL, "Estudio Económico de América Latina y el Caribe 2021", 2021, https：//repositorio. cepal. org/bitstream/handle/11362/47192/73/EE2021_ Mexico_ es. pdf.

②　世界银行, https：//data. worldbank. org. cn/country/mexico？ view = chart。

提升到 5.23 个月，支付能力上升幅度超过 30%（如图 26 所示）。在这期间，墨西哥央行还进行了多次美元拍卖，以保障比索兑美元的汇率稳定。在

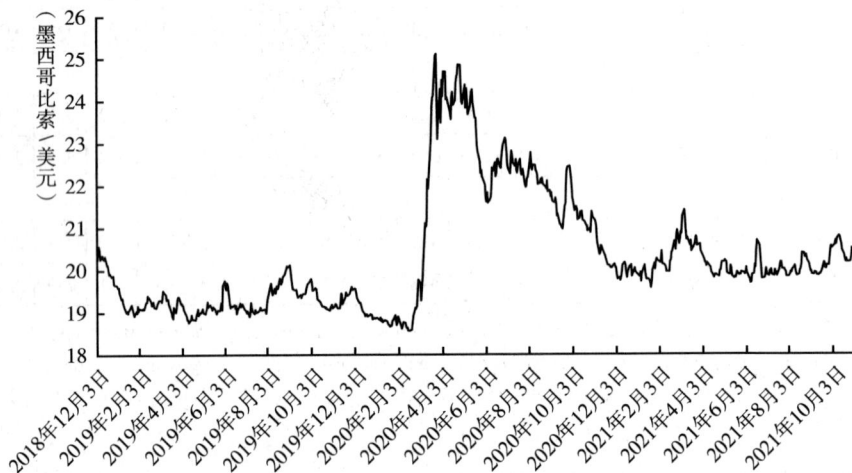

图 25　2018 年 12 月 3 日~2021 年 10 月 3 日墨西哥比索汇率

资料来源：墨西哥央行，万得数据库。

图 26　2012~2020 年墨西哥国际储备及其可支付进口的月数

资料来源：世界银行，https：//data. worldbank. org. cn/country/mexico? view = chart。这里国际储备可支付进口的月数表示国际储备可支付货物和服务进口的月数［= 储备/（进口额/12）］。

墨西哥央行的系列应对措施之下，美元兑墨西哥比索的汇率从 2020 年 4 月份开始缓慢回落，到 2020 年底甚至一度回落到 20 比索/美元以下的水平。进入 2021 年以后，美元兑墨西哥比索的汇率在绝大多数时期都稳定在 20 比索/美元至 21 比索/美元的范围之内，相对 2020 年底比索汇率略有贬值。不过，美国是墨西哥最大的贸易伙伴，在疫情严重冲击美国和墨西哥两国经济情况下，墨西哥比索兑美元出现轻微贬值未尝不是墨西哥央行在实现货币稳定和刺激出口增长方面的好政策。

四 墨西哥经济发展前景与展望

（一）2021~2022年墨西哥经济增长预期

由于新冠肺炎疫情的影响，全球经济受到冲击，2020 年墨西哥经济与其他国家经济一样遭受了严重打击。除了农业部门保持微弱增长之外，2020 年墨西哥工业部门和服务业部门都出现了严重衰退，而工业部门所受打击尤为严重，这可能与制造业出口以及资本货物和中间品的进口急剧下降有关。不过，2021 年墨西哥资本货物和中间投入品进口恢复性增长势头迅猛，制成品出口逐步复苏，旅游等服务业部门也稳步开放。由于美墨关系对墨西哥非常重要，且墨西哥经济对美国具有高度依赖性，疫情下美国经济衰退给墨西哥带来了重大影响，这种影响还将对此后墨西哥经济发展产生后延效应。可以预期，2021 年墨西哥经济增长势头良好，但要恢复到疫情前的水平还需更长时间。

与此同时，在新冠肺炎疫情冲击和中美竞争加剧的影响下，世界经济格局正在发生变化，中美关系可能改变全球产业链体系，并对此后墨西哥经济产生深远影响。由于疫情形势的发展前景尚不确定，美国政府提出重组全球高新技术产业链体系的构想，以减少美国对中国供应链的依赖，并遏制中国的强劲发展势头。在美国构想的未来供应链体系中赢得一席之地，对墨西哥经济结构转变和国际经济地位提升具有重要意义。尽管经济发展和复苏还有很漫长的路要走，但随着新冠疫苗接种的普及率水平提高和新的治疗药物出现，疫情对经济的不利影响正在逐步衰减，大多数国际机构对全球形势给出较好的预期。对墨西哥而言，国内外机构都对其经济形势持乐观态度，对其经济增长预期也越来越高。

根据联合国拉丁美洲和加勒比经济委员会 2021 年 8 月发布的经济分析报告，2021 年墨西哥经济增长率将达到 6.2%[①]，2022 年则为 3.2%[②]。根据世界银行 2021 年 6 月发布的经济报告，考虑到当前美国经济刺激政策带来的需求强劲增加，而美国市场需求又占墨西哥出口的 4/5，墨西哥制造业和服务业出口将随之快速恢复，预计 2021 年墨西哥经济将增长 5%。不过，随着美国财政刺激的逐步消退，2022 年墨西哥经济增长将可能放缓至 3%，但墨西哥国内需求会随着新冠疫苗接种覆盖率增加而相应回升[③]。因为 2021 年第二季度整个拉美地区经济复苏势头迅猛，国际货币基金组织（IMF）在 2021 年 10 月发布的分析报告中将对墨西哥 2021 年经济增长率的预期提高到了 6.2%[④]，同时预测 2022 年墨西哥经济将增长 4.0%，这与拉加经委会和经合组织的预测结果基本相似。

相对于国际机构而言，墨西哥政府对其经济增长前景的预期则相对乐观。墨西哥财政部在 2021 年提交的预算报告中预测 2021 年墨西哥经济增长速度为 5.3%，在 11 月 5 日的预测中进一步调高至 6.3%。与此同时，墨西哥中央银行的经济分析报告预测 2021 年墨西哥经济增长率为 6.0%（如表 3 所示），并认为最终实际增长率甚至有可能达到 7%[⑤]。

[①] CEPAL，"Estudio Económico de América Latina y el Caribe"，2021（LC/PUB. 2021/10 – P），2021，p. 108.

[②] CEPAL，"Estudio Económico de América Latina y el Caribe"，2021（LC/PUB. 2021/10 – P），2021，p. 110.

[③] World Bank，"Global Economic Prospects"，June 2021，p. 75，https：//openknowledge. worldbank. org/bitstream/handle/10986/35647/9781464816659. pdf.

[④] International Monetary Fund，"World Economic Outlook：Recovery During a Pandemic——Health Concerns, Supply Disruptions, and Price Pressures"，https：//www. imf. org/en/Publications/WEO/Issues/2021/10/12/world – economic – outlook – october – 2021。IMF 在 2021 年 1 月报告中预测墨西哥 2021 年经济增长 4.3%。

[⑤] Secretaria de Hacienda y Crédito Público，"Estimaciones Macroeconómicas para México"，11 de noviembre de 2021，https：//www. gob. mx/shcp/gacetaeconomica? tab = Perspectivas%20econ%C3%B3micas。

表3　墨西哥政府及主要国际机构对墨西哥2021~2022年经济增长的预期

机构	2021年	2022年
墨西哥当地主要金融机构	6.1	3.0
国际货币基金组织	6.2	4.0
世界银行	5.0	3.0
经合组织	6.3	3.4
拉加经委会	6.2	3.2
墨西哥中央银行	6.0	2.9
墨西哥财政部	6.3	4.1

资料来源：笔者根据墨西哥财政部公布数据整理。

（二）新的《美加墨贸易协定》对墨西哥经济发展前景的影响

新的《美加墨贸易协定》于2020年7月生效，这项协议巩固了"美国优先"的保护主义政策，使北美成为全球贸易体系中域外力量相对难以介入的特殊区域。与此同时，新的 T－MEC 对三个合作伙伴来说都是一个挑战，它们必须统一各项经济贸易标准，墨西哥要完全实现这些标准还有很长的路要走。同时，作为墨西哥两大最重要贸易伙伴的中美两国，也是世界最大的两个经济体，它们在全球范围内的竞争无疑给墨西哥与中美两国开展更广泛的经济贸易合作带来了越来越多的挑战。

新的协定除了更新以前的条款之外，还通过谈判达成了一系列新的条款，使海关现代化，增加了数字贸易规则，并纳入了与环境、反腐败政策和中小企业一体化有关的条款。墨西哥在条约中获得的好处包括获得更合理的争端解决机制、实现向汽车工业领域的过渡、消除农产品季节性的负面影响。在实现海关管理现代化、数字化方面，该条约要求海关管理实现实时信息共享以打击不公平贸易，这些都是海关系统的重大变化。

新的协定还增加了一个非常重要的章节，在劳工权利方面，除了维护劳工的权利外，三方都有义务对劳动者进行保护。该章节旨在废除强迫劳动、消除歧视和禁止使用童工，此外也要求通过最低工资、工作时间、关注健康和安全以及集体谈判权来为劳工提供保障①。这项协定在保障墨西哥劳工、提高其最低收入上无疑将产生积极的影响，对经济增长的影响也将是积极的。

此外，新协定的关键作用之一在于外国投资。例如，在过去的 25 年里，自由贸易促进了墨西哥汽车工业的发展。2018 年，取消墨西哥州特斯科科机场的决定、能源部门政策收缩以及洛佩斯总统经常对外国公司发表评论等，削弱了外界对墨西哥的投资热情。新协定的签订，在一定程度上有助于墨西哥重新吸引外国直接投资，促进本国经济的复苏。

---

① RRYP，"Historia e impacto del T-MEC en México"，https：//relacionateypunto. com/zh－CN/historia－e－impacto－del－t－mec－en－mexico/。

B.9
2020～2021年加勒比共同体国家
经济发展分析与展望

杨立妍*

摘 要: 近年来,加勒比共同体国家的经济发展喜忧参半。随着货币金融政策相对平稳推进,加勒比共同体国家国内通胀压力略有缓解,财政风险整体可控,但由于受到新冠肺炎疫情以及其他因素影响,2020年,加勒比共同体国家经济整体呈下行态势。总体而言,得益于深厚的合作基础与强劲的合作动力,中国与加勒比共同体国家的经贸关系仍具有广阔的发展前景。

关键词: 加勒比地区 加勒比共同体 地区一体化 合作机制

一 加勒比共同体基本概述

加勒比共同体①（CARICOM,下文简称"加共体"）成立40余年来,为推动一体化建设及成员国的发展做出了长期的探索与实践。近年来,加共体国家在内外部风险与挑战中缓慢前行,并同中国加快了合作步伐,中国与加共体合作的广度和深度不断拓展。

---

* 杨立妍,法学博士,山东政法学院公共管理学院讲师,主要研究方向为国际政治。本报告得到西南财经大学经济与管理研究院欧阳俊教授指导和帮助。
① 加共体成员有别于拉加经委会认可的加勒比国家。根据拉加经委会的划分,加共体中的海地属于拉美地区20国成员,而蒙特塞拉特既不属于加勒比地区,也并非国家。

（一）加勒比共同体概况

加勒比共同体成立于 1973 年，总部设于圭亚那首都乔治敦。截至 2021 年 9 月，加勒比共同体有 15 个正式成员（见表 1）与 5 个准成员，是加勒比地区最大的区域性组织。加共体秉持经济一体化理念，致力于构建"开放的区域主义"模式，建立共同市场，打造地区经济一体化，推动并深化一体化进程，内部各个机构及成员的合作涉及贸易、卫生、教育、体育、农业、运输等多个领域[①]。

表 1　加共体正式成员概况

国家	人口 （2018 年，人）	领土面积 （平方千米）	国内生产总值 （2019 年,亿美元）	人均国内生产总值 （2019 年,美元）	发展程度
安提瓜和巴布达	96000	440	17	22879.8	欠发达国家
巴哈马	386000	14000	128	38742.5	中等发达国家
巴巴多斯	287000	430	52	16330.9	中等发达国家
伯利兹	383000	22960	19	7314.6	欠发达国家
多米尼克	72000	750	6	19227.7	欠发达国家
格林纳达	111000	340	12	17792.9	欠发达国家
圭亚那	800000	215000	43	14661.3	中等发达国家
海地	11123000	27750	85	3034.0	欠发达国家
牙买加	2935000	10990	165	10193.5	中等发达国家
蒙特塞拉特	5000	102	—	—	欠发达地区
圣基茨和尼维斯	52000	270	11	27608.1	欠发达国家
圣卢西亚	182000	620	21	16132.4	欠发达国家
圣文森特和格林纳丁斯	110000	390	8	13037.7	欠发达国家

[①] Inter-American Development Bank, *CARICOM Report: Progress and Challenges of the Integration Agenda*, December 2020, p.19, http://publication.iadb.org/en/caricom - report - progress - and - challenges - integration - agenda.

国家	人口 （2018 年，人）	领土面积 （平方千米）	国内生产总值 （2019 年，亿美元）	人均国内生产总值 （2019 年，美元）	发展程度
苏里南	576000	163000	40	17256.0	中等发达国家
特立尼达和 多巴哥	1390000	5130	241	27334.2	中等发达国家

资料来源：人口、发展程度数据引自 Inter – American Development Bank，*CARICOM Report：Progress and Challenges of the Integration Agenda*，December 2020，pp. 26 – 28，http：//publication. iadb. org/en/caricom – report – progress – and – challenges – integration – agenda；国内生产总值与人均国内生产总值数据引自 https：//data. worldbank. org/country；领土面积数据引自 J. F. Hornbeck，*CARICOM：Challenges and Opportunities for Caribbean Economic Integration*，CRS Report，2008，p. 6。

加共体将四大支柱作为基础目标：经济一体化、外交政策协调、人与社会发展、安全①。既定目标主要涵盖 9 个方面：一是改善本地区生活和工作水平；二是促进本地区劳动力充分就业与充分利用其他生产要素；三是加速、协调、维持经济发展与融合；四是扩大与各国的贸易与经济联系；五是增强国际竞争力；六是提高地区生产力与增加产出；七是在成员国与第三国以及任何集团、实体组织往来中充分发挥经济杠杆与效力作用；八是加强成员国外交政策与对外经济政策的协调；九是强化功能协作，包括更有效地运作共同事务和活动，以造福人民、促进各成员国人民之间的了解，推动各国社会、文化和技术发展以及深入开展卫生、教育、交通和电信等领域的活动。②

（二）加勒比共同体发展简史

加勒比地区对区域一体化的探索可追溯至 1958 年西印度群岛联邦的建立，西印度群岛联邦是该地区最早的政治联盟，但随着联盟成员牙买加、特

① "Who We Are"，CARICOM Caribbean Community，https：//caricom. org/our – community/who – we – are/.

② Inter – American Development Bank，*CARICOM Report：Progress and Challenges of the Integration Agenda*，December 2020，p. 19，http：//publication. iadb. org/en/caricom – report – progress – and – challenges – integration – agenda.

立尼达和多巴哥的退出，联盟于 1962 年解体。1965 年，加勒比自由贸易协会（CARIFTA）在《安提瓜条约》的基础上创建，标志着加勒比自由贸易区的初步设立，该协会被视为加共体的前身，其成员包括多米尼克、安提瓜和巴布达、巴巴多斯、安圭拉、牙买加、特立尼达和多巴哥、圣文森特和格林纳丁斯、伯利兹、圣卢西亚、格林纳达、圣基茨和尼维斯、蒙特塞拉特，旨在实现区域贸易自由化，消除成员国之间的贸易壁垒。

自 20 世纪 70 年代起，由于一些内外部因素的影响，加勒比地区一体化进程面临严峻困境。一是成员国家间存在贸易不平衡现象，巴巴多斯、牙买加、圭亚那、特立尼达和多巴哥的区域内出口额在加勒比国家中占据绝对优势，区域内小国对贸易失衡现象愈发不满；二是英国于 1973 年之后逐步取消了英联邦成员——加勒比国家的优惠关税待遇，加勒比国家经济受到较大冲击。基于这些因素，加勒比地区的一体化模式急待做出深刻调整，协助该地区国家在一体化进程中均衡受益成为区域性组织的首要目标。1973 年 7 月，巴巴多斯、特立尼达和多巴哥、牙买加、圭亚那四国总理在特立尼达岛的查瓜拉马斯通过《查瓜拉马斯条约》，并于同年 8 月正式创建加勒比共同体。

加共体成立至今，各成员在贸易、金融、政治、文化等领域的合作显著加强。然而，加共体的发展过程并非一帆风顺。受 20 世纪 70 年代石油危机、80 年代债务危机以及加共体成员自身发展不均衡的影响，成员国之间的诸多合作项目陷入停滞，部分国家开始转向贸易保护主义，严格控制外资并保护本国企业，所采取的举措与加共体实现区域贸易自由化的目标背道而驰。20 世纪 80 年代末期，经济全球化的趋势使各成员逐渐意识到通过团结合作提升国际竞争力的重要性。1989 年，加共体成员首脑共同发表《格朗当斯宣言》，寻求建立"单一市场和经济"。[1] 20 世纪 90 年代，加共体由"共同市场"转向"单一市场和经济"的进程受到阻碍，并出现产出与生产力

---

① 王鹏：《加勒比共同体及其与中国的关系》，载苏振兴主编《2005 年：拉丁美洲和加勒比发展报告》，北京：社会科学文献出版社，2006，第 352 页。

下降的趋势。该区域的国内生产总值增长率由 20 世纪 70 年代的 3.9% 降至 80 年代的 2.2% 和 90 年代的 1.9%。此外，21 世纪初世界贸易组织迫使欧盟撤销了其给予加共体出口产品的单边优惠，同时，美国与西半球国家签署的双边自由贸易协定也在一定程度上冲击了 1983 年美国与加共体发起的"加勒比盆地倡议"（CBI），该倡议旨在为加勒比国家提供单边贸易优惠①。区域内外的双重挑战，以及加共体自身在经济体量、地理条件、组织架构、组织机制等方面受到的制约，使得加共体无法充分发挥功能，协助消除区域内商品、人力、资本、服务自由流动的障碍，实现建立单一市场和经济的目标。

21 世纪以来，加共体为克服上述缺陷采取了一系列措施。2001 年，加共体对《查瓜拉马斯条约》进行补充与修订，《查瓜拉马斯条约（修订本）》正式明确了"单一市场和经济"（CSME，Caribbean Single Market and Economy）的概念，此概念成为加勒比地区经济一体化的标准。依照条约，加共体旨在通过生产一体化以及在卫生、教育、环境、科学、技术、运输等领域的资源共享，优化地区资源配置，促进地区经济发展，提升加共体的国际地位。自 2013 年起，加共体启动分段式改革，并制定《加共体战略规划（2015～2019年）》，在该战略规划中，加共体成员将把经济、社会、环境、技术等方面的抗逆力以及共同体内部认同感的增强作为战略重点，计划在 5 年后实现经济加速增长、生活质量改善、环境脆弱性降低、一体化趋向公平的目标。

二 加勒比共同体国家经济现状与展望

（一）加共体国家经济现状②

加共体成员的经济体量与人口总量相对较小，加共体的国内生产总值仅占拉丁美洲和加勒比地区经济总量的 1.5%，人口约占该地区总人口的 4%。

---

① J. F. Hornbeck，*CARICOM: Challenges and Opportunities for Caribbean Economic Integration*，CRS Report，2008，p. 10.

② 蒙特塞拉特相关数据缺失。

加共体成员的产业结构较为单一，服务业产值约占国内生产总值的 60%，仅特立尼达和多巴哥、苏里南等少数能源丰富的国家从事金属和石油生产①。多年来，在加共体的合作框架下，加勒比地区的发展问题得到了有效改善，整体而言，以旅游业为代表的服务业仍是加共体国家主导产业，同时，其他产业在国内生产总值中所占的份额正在逐步扩大，各成员也通过共享模式在一定程度上解决了资源与技术短缺问题。

近五年来，受自然灾害和新冠肺炎疫情的影响，加共体经济总体形势不容乐观，经济增速放缓，营商环境风险加大，成员之间发展差异明显。

1. 宏观经济

（1）经济增长缓慢，新冠肺炎疫情后出现经济衰退

2017~2019 年，加共体国家经济普遍低速增长，GDP 地区年均变化率分别为 0.1%、1.9%、0.6%，但是各经济体之间差别较大。其中，安提瓜和巴布达、圭亚那上升幅度最为明显，年均增长率维持在 3% 以上。2020年，面对新冠肺炎疫情的冲击，加共体国家经济整体出现负增长（-7.7%），降幅略高于拉丁美洲和加勒比地区整体水平（-6.8%）。加共体国家经济出现不同程度的下滑，安提瓜和巴布达、巴巴多斯、多米尼克、圣卢西亚等国的经济衰退高达 15% 以上。但值得一提的是，相较于大部分国家的经济衰退，圭亚那连续多年实现了正增长，2020 年，该国 GDP 增速达到 43.5%，这主要得益于石油、铝土矿和糖产量的提高（见表 2）。

表2 2016~2020 年加共体国家 GDP 增速

单位：%

国家	2016 年	2017 年	2018 年	2019 年	2020 年
安提瓜和巴布达	5.5	3.1	6.9	4.9	-20.2
巴哈马	0.1	1.6	2.8	0.7	-14.5

---

① 2019 年数据参见 Inter-American Development Bank，*CARICOM Report：Progress and Challenges of the Integration Agenda*，December 2020，p. 24，http：//publication. iadb. org/en/caricom - report - progress - and - challenges - integration - agenda。

续表

国家	2016 年	2017 年	2018 年	2019 年	2020 年
巴巴多斯	2.5	0.4	-0.6	-1.3	-17.6
伯利兹	0.0	1.8	2.9	1.8	-14.0
多米尼克	2.8	-6.6	3.5	5.5	-16.6
格林纳达	3.7	4.4	4.4	0.7	-13.8
圭亚那	3.8	3.7	4.4	5.4	43.5
海地	1.8	2.5	1.7	-1.7	-3.3
牙买加	1.4	1.0	1.9	0.9	-9.9
圣基茨和尼维斯	3.9	0.9	2.7	4.2	-14.4
圣卢西亚	3.4	3.5	2.6	1.7	-23.8
圣文森特和格林纳丁斯	1.9	1.0	2.2	0.5	-3.3
苏里南	-4.9	1.6	4.9	1.1	-14.5
特立尼达和多巴哥	-5.6	-3.0	0.1	-1.2	-6.8
地区年均变化率	-1.3	0.1	1.9	0.6	-7.7

资料来源：CEPAL，"Estudio Económico de América Latina y el Caribe 2021：Dinámica Laboral y Políticas de Empleo para Una Recuperación Sostenible e Inclusiva Más Allá de la Crisis del COVID - 19"，p. 237。地区年均变化率的计算中不包括海地。

（2）结构性问题凸显

结构性障碍一直是加共体国家发展中面临的主要问题。囿于加勒比地区的地理位置、国土面积、经济体量等因素，加共体国家长期处于资源短缺、产业结构单一、过度依赖外部市场的困境。服务业是加共体国家的支柱产业，2019 年巴哈马、巴巴多斯、圣卢西亚服务业的 GDP 占比高达 70% 以上（见表3）。此外，大部分加共体国家为岛屿国家，自然资源相对匮乏，能源进口需求强烈。能源短缺与单一的产业结构使得加共体对外部市场形成了较高的依存度，内生动力严重不足，特别是疫情对旅游业造成了巨大的冲击，带来外汇收入下降、相关产业发展停滞、就业机会减少、贫困率上升等一系列消极影响，地区经济发展受到较大程度的制约。

表 3　2010 年、2019 年加共体国家产业结构概况（GDP 占比）

单位：%

国家	农业、林业、渔业		工业		制造业		服务业	
	2010	2019	2010	2019	2010	2019	2010	2019
安提瓜和巴布达	2	2	16	21	2	2	70.7	66.8
巴哈马	1	1	11	13	2	3	81.1	74.2
巴巴多斯	1	1	14	13	6	5	73.4	74.9
伯利兹	12	10	19	12	12	6	60.3	65.5
多米尼克	11	13	12	16	2	2	60.3	52.5
格林纳达	5	6	15	13	3	3	68.4	66.3
圭亚那	16	12	31	35	6	5	43.1	38.4
海地	26	19	44	71	5	—	18	12.1
牙买加	5	7	18	20	8	8	66.5	59.3
圣基茨和尼维斯	1	1	23	26	8	6	67.4	67.8
圣卢西亚	3	2	12	10	3	3	73.9	75.2
圣文森特和格林纳丁斯	6	7	16	14	5	4	63.2	62.6
苏里南	9	10	35	33	21	14	48.2	50.2
特立尼达和多巴哥	1	1	54	42	19	19	45.5	55.1

资料来源：Inter – American Development Bank, *CARICOM Report：Progress and Challenges of the Integration Agenda*, December 2020, p.25, http：//publication.iadb.org/en/caricom – report – progress – and – challenges – integration – agenda。

（3）通货膨胀率基本保持平稳

2020 年，加共体国家的通胀率普遍维持在较低水平（见图 1），多米尼克、格林纳达、圣基茨和尼维斯、圣文森特和格林纳丁斯、圣卢西亚出现通货紧缩现象，通胀率分别为 −0.7%、−0.8%、−1.2%、−1.0%、−0.4%。苏里南和海地则由于食品供应短缺、政局动荡、货币贬值等因素，通胀率持续保持在高位，2020 年通胀率分别为 60.7% 和 19.2%。2021 年前两季度，加共体多国通胀率较 2020 年有所上升，呈反弹趋势。

2. 财政支出

（1）财政赤字占 GDP 比重上升

2018 年和 2019 年，加共体 13 国的平均初级财政盈余占 GDP 的比例分

安提瓜和巴布达　　　　巴哈马　　　　　巴巴多斯
伯利兹　　　　　　　　多米尼克　　　　格林纳达
圭亚那　　　　　　　　牙买加　　　　　圣基茨和尼维斯
圣文森特和格林纳丁斯　圣卢西亚　　　　苏里南
特立尼达和多巴哥　　　海地

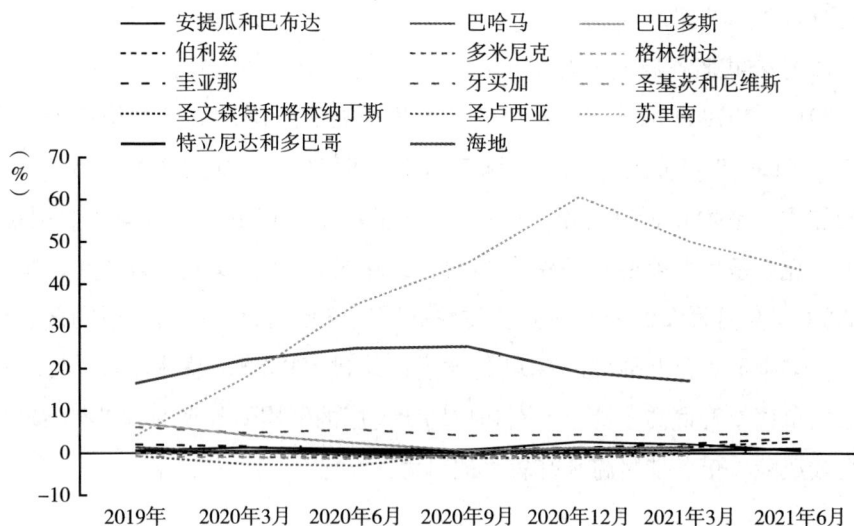

图1　2019年~2021年6月加共体国家通货膨胀率

资料来源：CEPAL，"Estudio Económico de América Latina y el Caribe 2021：Dinámica Laboral y Políticas de Empleo para Una Recuperación Sostenible e Inclusiva Más Allá de la Crisis del COVID-19"，p. 267。

别为1.3%和1.1%，较2017年有小幅提高①。总体财政收支差额仍为赤字，但占GDP的比重逐年下降，由2017年的2.7%降至2019年的1.6%，收支失衡状况有所改善。具体来看，加共体成员之间的财政收支情况呈现明显差异。安提瓜和巴布达、伯利兹、多米尼克、圣文森特和格林纳丁斯、圣卢西亚、苏里南的财政赤字持续恶化，而巴巴多斯、格林纳达、牙买加、圣基茨和尼维斯的财政收支已实现盈余。2020年，加共体成员的财政脆弱性整体上升，财政收支情况不容乐观，总体财政赤字和初级财政赤字占GDP比重分别升至7.3%和4.6%，其中，巴巴多斯、伯利兹、格林纳达、圣基茨和尼维斯、圣卢西亚、特立尼达和多巴哥的初级财政赤字率较上年增长超过5

---

① 海地、蒙特塞拉特数据未包括在内，参见ECLAC，*Preliminary Overview of the Economies of Latin America and the Caribbean 2020*，United Nations，2021，p. 144。

个百分点①。

(2) 公共债务规模扩大

2017~2018 年加共体成员公共债务规模略有下降，成员平均负债率在 2017 年和 2018 年分别为 71.3% 和 70.6%。但 2019 年加共体国家债务负担开始加重，平均负债率升至 88.0%（见表 4）②。其中，巴哈马、伯利兹、多米尼克、圣卢西亚的负债率大幅增长，涨幅在 25% 以上。据加共体国家于 2021 年 9 月发布的公共债务相关数据，巴巴多斯、苏里南、伯利兹、牙买加、多米尼克公共债务占 GDP 的比重已超过 100%③。总体而言，加共体国家的负债率普遍高于拉丁美洲和加勒比地区的平均债务水平，仍面临较高的财政风险，债务偿付将承受较大的压力。

表4　2017~2020 年加共体公共债务情况（GDP 占比）

单位：%

	2017 年	2018 年	2019 年	2020 年
公共债务	71.3	70.6	88.0	—
初级财政余额	0.5	1.3	1.1	-4.6
总体财政余额	-2.7	-1.5	-1.6	-7.3

资料来源：CEPAL，"Estudio Económico de América Latina y el Caribe 2021: Dinámica Laboral y Políticas de Empleo para Una Recuperación Sostenible e Inclusiva Más Allá de la Crisis del COVID – 19"，pp. 268 – 272。数据未包括海地、蒙特塞拉特。

3. 货币金融

(1) 国内信贷增速保持增长

由于加共体国家通胀率持续下降，通胀压力得到缓解。低通胀环境

---

① CEPAL，"Estudio Económico de América Latina y el Caribe 2021: Dinámica Laboral y Políticas de Empleo para Una Recuperación Sostenible e Inclusiva Más Allá de la Crisis del COVID – 19"，p. 268.

② ECLAC，*Preliminary Overview of the Economies of Latin America and the Caribbean 2020*，United Nations，2021，p. 147.

③ ECLAC，*Preliminary Overview of the Economies of Latin America and the Caribbean 2021*，2022，p. 101.

有利于加共体国家维持宽松的货币政策，促进经济复苏进程。从信贷上看，在通胀降低和利率增长放缓的背景下，加共体国家信贷增速明显，社会融资规模有所扩大，但同时加共体融资能力的不稳定使得加共体的外部融资渠道受到了限制。2019 年，国内信贷增速为 12.85%，同比上升 6.9 个百分点；广义货币供应量增速为 6.1%，同比回落 1.4 个百分点（见图 2）。在已更新 2020 年国内信贷增速和广义货币供应量增速的加共体国家中，巴哈马（0.48%）、伯利兹（5.18%）、特立尼达和多巴哥（13.88%）的国内信贷增速较上年同期均有不同程度的下降，而巴巴多斯、圭亚那、苏里南、海地的国内信贷增速分别由 2019 年的 -13.4%、15.1%、16.1%、25.3% 上升至 2020 年的 -0.38%、15.58%、40.3%、27.8%。巴哈马、苏里南、特立尼达和多巴哥、海地的广义货币供应量增速加快[①]。

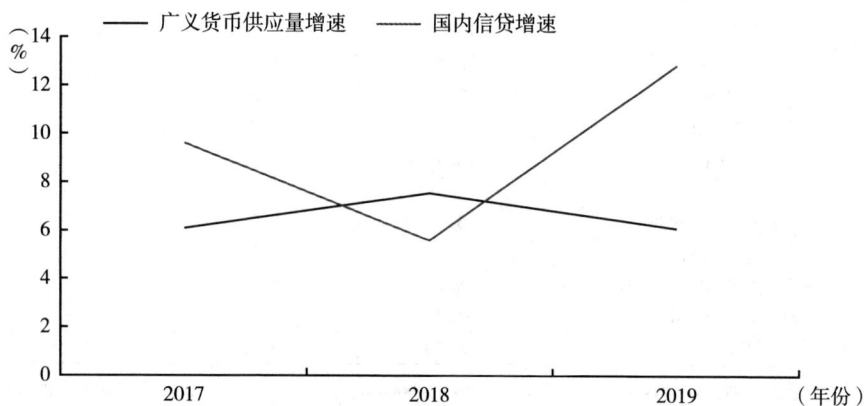

图 2 2017~2019 年加共体国家广义货币供应量及国内信贷增速

资料来源：ECLAC, *Preliminary Overview of the Economies of Latin America and the Caribbean 2020*, United Nations, 2021, pp. 140 - 142。

---

① 2020 年数据是各国四个季度数据的算术平均值，参见 CEPAL, "Estudio Económico de América Latina y el Caribe 2021: Dinámica Laboral y Políticas de Empleo para Una Recuperación Sostenible e Inclusiva Más Allá de la Crisis del COVID - 19", pp. 262 - 264。

（2）利率基本保持平稳

鉴于较低的通胀水平，加共体国家的货币政策利率在过去几年较为稳定，2018年与2019年平均货币政策利率分别为6.55％和6.82％，仅海地的利率维持在高位。2020年，除巴哈马、伯利兹、圭亚那三国之外，其余加共体国家的货币政策利率均略有所下调，实行较为宽松的货币政策（见表5）。根据2021年4月更新的部分数据，尽管2021年加共体国家的货币政策利率大体稳定，但是在通胀压力之下，可能会朝着紧缩的方向发展[①]。

表5 2018～2020年加共体国家货币政策利率

单位：%

国家	2018年	2019年	2020年
安提瓜和巴布达	6.5	6.5	3.5
巴哈马	4.0	4.0	4.0
巴巴多斯	7.0	7.0	3.9
伯利兹	11.0	11.0	11.0
多米尼克	6.5	6.5	4.3
格林纳达	6.5	6.5	4.3
圭亚那	5.0	5.0	5.0
海地	12.0	16.7	11.7
牙买加	2.3	0.9	0.5
圣基茨和尼维斯	6.5	6.5	4.3
圣卢西亚	6.5	6.5	4.3
圣文森特和格林纳丁斯	6.5	6.5	4.3
特立尼达和多巴哥	4.9	5.0	3.8
平均利率	6.55	6.82	4.99

资料来源：ECLAC, *Preliminary Overview of the Economies of Latin America and the Caribbean 2020*, United Nations, 2021, p.141。加共体国家平均利率为笔者计算所得。表中未包括苏里南的数据。

4. 国际收支

（1）国际储备进一步回升，对外债务总额略有减少

2018年以来，加共体国家国际储备呈持续增长态势，近三年的国际储

[①] 截至2021年4月，巴哈马、圭亚那、牙买加等国的货币政策利率保持平稳，参见CEPALSTAT, https：//cepalstat – prod. cepal. org。

备分别为 170.57 亿美元、173.74 亿美元、187.29 亿美元，其中，巴哈马（从 11.97 亿美元上升至 21.28 亿美元）、巴巴多斯（从 5 亿美元上升至 10.12 亿美元）的国际储备增幅最大。同时，加共体对外债务总额略有减少，由 2018 年的 281.84 亿美元降至 2019 年的 278.23 亿美元。

（2）汇率基本稳定

近五年来，加共体国家实际有效汇率指数相对变化不大，多数加共体成员汇率维持在较为稳定的水平，巴巴多斯、牙买加则呈现明显的货币贬值趋势。巴巴多斯、牙买加的实际有效汇率指数分别由 2016 年的 82.8 和 91.6 跌至 2020 年的 75.98 和 85.1[①]。

5. 商业环境

（1）投资便利性小幅提升，外国直接投资恢复增长

近十年来，加共体国家 FDI 存量在 2014~2015 年达到峰值后，在 2016~2017 年回落。但自 2019 年开始，加共体在服务业、制造业、能源、金融等领域吸引外资的优惠政策以及海外援助促使加共体的 FDI 存量出现反弹，近两年呈现持续增长趋势，2020 年 FDI 存量达到 28.91 亿美元[②]。

（2）营商环境优化成效不明显

由于外资对加共体国家经济发展具有重要的推动作用，加共体国家通过改革税收体系、改善基础设施条件、提高行政效率等方式优化营商环境、吸引外资，以带动本国经济发展。加共体国家投资环境相对宽松，但受到制度薄弱、技术和创新水平低下等多方面因素的影响，加共体国家营商环境仍有待提升。根据 2019~2020 年营商环境报告，加共体国家营商指数提升不明显，超过一半的加共体国家营商指数仍低于拉丁美洲和加勒比地区平均水平（见表6）。

---

① 2020 年数据是各国四个季度数据的算术平均值。CEPAL，"Estudio Económico de América Latina y el Caribe 2021：Dinámica Laboral y Políticas de Empleo para Una Recuperación Sostenible e Inclusiva Más Allá de la Crisis del COVID-19"，p. 253.

② ECLAC, *Preliminary Overview of the Economies of Latin America and the Caribbean 2021*，2022，p. 137.

表6　2019~2020年加共体国家营商环境概况

国家和地区	2019 年	2020 年	2020 年全球排名
安提瓜和巴布达	59.9	60.3	113
巴哈马	59.4	59.9	119
巴巴多斯	57.7	57.9	128
伯利兹	55.3	55.5	135
多米尼克	60.5	60.5	111
格林纳达	53.4	53.4	146
圭亚那	55.6	55.5	134
海地	37.9	40.7	179
牙买加	68.3	69.7	71
圣基茨和尼维斯	54.6	54.6	139
圣卢西亚	63.6	63.7	93
圣文森特和格林纳丁斯	57.0	57.1	130
苏里南	47.4	47.5	162
特立尼达和多巴哥	61.0	61.3	105
拉丁美洲和加勒比地区	58.8	59.1	

资料来源：World Bank，https：//www.worldbank.org/en/programs/business – enabling – environment。

（二）加共体国家经济发展前景

1. 经济下行风险加大

从2019年开始，加共体国家处于经济下行周期，全球经济衰退、内部经济增长乏力、政治与社会风险增加了加共体发展的不确定性，新冠肺炎疫情的发生则加剧了加共体国家经济下行风险。海外汇款的波动和旅游业收入的减少是加共体大多数国家经济下滑的主要原因。一方面，海外汇款是加共体各成员国的重要收入来源。加共体成员国为小型经济体，移民人口比例相对较高，特别是具有高等教育背景的移民人数众多，加共体部分国家的此类群体移民率位居世界前列。在海外汇款方面，加共体经济对外汇具有较高的依赖性，汇款约占GDP的14%。新冠肺炎疫情初期，海外移民向母国的汇款有所减少。2020年下半年至2021年，加共体国家汇款流量增速明显回升，在2021年升至20.2%，但仍低于拉丁美洲和加勒比地区平均水平

（26%），且加共体国家呈现出不均衡的发展态势，如牙买加海外汇款增速达19.5%，而海地（7%）、特立尼达和多巴哥（0%）则增速缓慢或停滞。[①] 另一方面，疫情期间防疫措施的实施使得就业人口密度较高的服务业受到严重影响，部分服务行业的经济活动被中止，而加共体国家服务业占 GDP 的比例达到50%以上，巴哈马、巴巴多斯、牙买加这些高度依赖旅游业的国家，旅游业收入将同比下降75%，给国内经济带来巨大冲击。因此，疫情的影响以及发展中的痼疾使加共体国家陷入经济衰退的困境，预计在中短期内加共体的经济发展将处于低迷状态。

2. 通货膨胀压力或将逐步缓解

随着加共体一体化进程的深化，加共体成员的通胀率与拉丁美洲和加勒比地区的平均通胀率呈现出趋同趋势。1980~2005 年，加共体通胀率显著高于拉丁美洲和加勒比地区平均水平，具体而言，海地、牙买加和苏里南是加共体内通胀率最高的国家。2005 年后，加共体国家通胀率处于拉丁美洲和加勒比地区的中等水平，除海地、牙买加、苏里南之外，加共体国家通胀率均低于 10%。海地、牙买加、苏里南三国的通胀情况较其他加共体国家而言依然不容乐观。海地国内政局的持续动荡以及旱灾和飓风等自然灾害造成海地国内食品供应短缺，货币贬值，通胀高企；牙买加曾在 2010 年前后因巨额国债而陷入经济危机，当时牙买加元大幅贬值，但近年来牙买加政府对货币政策与财政政策的调整以及全球能源价格的回落使通货膨胀得到抑制，通货膨胀率降幅明显；苏里南是石油净进口国，燃料成本的上升、本币汇率下降、取消能源补贴、提高关税等因素使得该国面临较大的通胀压力，通胀仍将居高不下。但总体而言，多数加共体国家通胀现象得到显著改善，部分国家已呈现出通胀萎缩的趋势，这为政府实施宽松的货币政策创造了一定空间，有利于提升国内购买力，刺激经济复苏。

---

① René Maldonado, Jeremy Harris, "Remittance to Latin America and the Caribbean in 2021: Migrant Efforts During the Covid – 19 Crisis", pp. 6 – 13. https：//publications. iadb. org/es/las – remesas – latinoamerica – y – el – caribe – en – 2021 – el – esfuerzo – de – los – migrantes – durante – la – crisis – del.

3. 政府债务风险有所上升

受经济增长缓慢、生产力低下、技术人才流失、自然灾害频发等多方面因素的影响，加共体国家的债务占 GDP 比重曾于 20 世纪 90 年代末至 21 世纪初达到使经济无以为继的程度。圭亚那和海地被国际货币基金组织与世界银行归入重债穷国的行列，巴哈马、巴巴多斯、特立尼达和多巴哥的负债率也一直上升，因而较高比例的政府收入被用来偿还高额债务。在此背景下，不仅卫生、教育等领域的支出大幅减少，民众的生活水平进一步降低，国内金融体系也承受较大压力，公共债务违约导致金融活动和经济活动减少、主权信用评级下调、外国投资减少、资本外逃等一系列连锁反应。21 世纪头十年中，国际金融机构与加共体国家共同致力于削减债务、化解财政风险。一方面，圭亚那、海地这两个重债穷国得到国际债权人的债务减免以及美洲开发银行的额外支持；另一方面，加共体部分国家在 2007~2008 年金融危机后相继进行了主权债务重组：安提瓜和巴布达（2010 年）、圣基茨和尼维斯（2011 年）、格林纳达（2012~2015年）、牙买加（2010 年、2013 年）、伯利兹（2017 年）、巴巴多斯（2018~2019 年）。这段时期，在公共债务规模缩减的情况下，政府债务风险整体可控。但自 2019 年底起，加共体国家公债规模进一步扩大，多数成员公共债务占 GDP 比重呈两位数增长，债务风险逐渐升高，偿债能力仍有待提高。

4. 贸易战略进入适度调整期

加共体国家的开放程度高于世界平均水平，贸易总额占 GDP 总量的 130%。在贸易自由化、信息和通信技术发展及运输成本降低等因素的推动下，世界开放程度呈上升趋势，而与之形成对比的是，加共体国家的开放度呈下降趋势。1980~2018 年，巴哈马、巴巴多斯、伯利兹、圭亚那、海地、牙买加、苏里南、特立尼达和多巴哥等非东加勒比国家组织成员国的开放度由 131% 的高位降至 87%，安提瓜和巴布达、多米尼克、格林纳达、圣基茨和尼维斯、圣卢西亚、圣文森特和格林纳丁斯等东加勒比国家组织成员国的开放度也于 2000 年后降至 100% 以下①。同时，加共体对外贸易关系趋向多元化。美国是加共体最大的贸易伙伴，该国商品占加共体商品进口总额的 25%~49%；欧盟是加共体的传统贸易伙伴，加共体对欧盟商品的进口额于 2005 年以后下降至商品贸易总额的 10% 左右；英国对加共体的出口额在 1980~2018 年出现连续下降。中国在 2001 年加入世界贸易组织后，对加共体的出口额持续上升，2011 年后已超过欧盟，因而加共体的主要贸易伙伴位次已逐步发生变化。此外，在疫情的冲击下，加共体发展战略重点转移至卫生健康与经济复苏上，加共体贸易和经济发展理事会（COTED）高级官员会议、加共体单一市场和经济工作计划、《加勒比盆地贸易伙伴关系法》（CBPTA）谈判等多项对外贸易政策议程被延期或重置②。综合上述方面，加共体对外贸易或将降速，贸易战略调整步伐加快，对外贸易政策的不确定性增加。

三　中国与加勒比共同体国家的经贸关系

（一）中国与加共体国家经贸合作现状

中国与加共体国家的双边关系日益紧密和牢固，中国已与安提瓜和巴布达、巴巴多斯、巴哈马、多米尼克、格林纳达、圭亚那、苏里南、特立尼达和多巴哥、牙买加等 9 个加共体成员建立了外交关系。在政治互信增强的背景下，中国与加共体致力于共同发展与合作共赢，经贸领域则成为双方合作的重点。

中国和加共体的经济现状与合作机制建设为中加深化经贸合作提供了广

---

① Inter – American Development Bank，*CARICOM Report*：*Progress and Challenges of the Integration Agenda*，p. 38，http：//publication. iadb. org/en/caricom – report – progress – and – challenges – integration – agenda.

② 《加共体重新调整全年对外贸易政策议程》，中华人民共和国商务部网站，2020 年 5 月 12 日，www. mofcom. gov. cn/article/i/jyjl/l/202005/20200502963544. shtml。

阔的空间。其一，双方在贸易结构上的互补性有利于发挥中国和加共体国家的比较优势。中国对加共体的出口以劳动密集型和技术密集型产品为主，例如农机、家电、船舶、港口设备、纺织品、化工和医药原料等，从加共体国家进口的产品主要为矿产品、植物等初级产品及其他加工产品，例如氧化铝、镍矿石、沥青、海产品、原木、原糖等①。受限于工业化水平，加共体国家出口产品以资源密集型产品为主，而家电、机电设备、日用消费品等产品则供应不足，因而中国与加共体国家在进出口产品结构方面具有较强的互补性。其二，中国与加共体国家之间的合作已有较为成熟的制度保障，双边合作机制平稳运行。中国与加勒比建交国建立了外交部间定期磋商机制。2002年，中国与安提瓜和巴布达、巴哈马、巴巴多斯、特立尼达和多巴哥、苏里南、圣卢西亚、牙买加、圭亚那8个加共体成员举行首次外交部间磋商会议。至今，中国与加勒比建交国间的磋商会议已举行七次，最近的一次会议于2019年举行，双方对近年来中国与加勒比建交国关系的良好发展做出了积极评价，并就增强政治互信，共建"一带一路"，提升经贸、国际和地区事务等方面的交流达成共识，双方在会后发布《中国和加勒比建交国外交部间第七次磋商联合新闻公报》②。

自"一带一路"倡议提出以来，巴拿马、特立尼达和多巴哥、圭亚那、乌拉圭、安提瓜和巴布达、委内瑞拉、哥斯达黎加、多米尼加、格林纳达、苏里南、智利、多米尼克先后加入"一带一路"倡议，在中加战略关系深化的基础上，双方的经贸合作得到切实加强。

中国与加勒比建交国的贸易联系日益密切。双边贸易总量逐年攀升，2019年贸易额超过70亿美元，同比增长10.4%。2018年中国对这些国家的直接投资存量达到26.7亿美元，较上年增长9.5%。此外，中国还加大了对加勒比国家的援助。在经济领域，中国与加共体多数国家签署

---

① 王鹏：《加勒比共同体及其与中国的关系》，载苏振兴主编《2005年：拉丁美洲和加勒比发展报告》，北京：社会科学文献出版社，2006，第358页。

② 《中国和加勒比建交国举行外交部间第七次磋商》，新华网，2019年2月21日，www.xinhuanet.com/2019-02/21/c_1124147521.htm。

了经济技术合作协议，例如，协助格林纳达制定国家发展战略，在特立尼达和多巴哥推动建立第一个由中国和加勒比地区国家合作建设的高级工业园区，与格林纳达、巴巴多斯、多米尼克进行农业合作，等等。在基础设施领域，基于雄厚资金和先进技术，中国致力于为整个加勒比地区交通基础设施项目提供融资和建设，大大减轻了该地区的基础设施建设赤字，加勒比国家还积极参加由中国主办的中拉基础设施合作论坛，有效推动了该地区的基础设施建设。在金融领域，中国在加勒比地区金融市场进行了拓展并以此深化了中加金融一体化。苏里南、牙买加等国已积极申请中拉合作基金，并参与了多项中国对拉美的融资项目；中国与苏里南的货币互换协议也于2019年成功续签①。

然而，中加经贸合作在取得瞩目成就的同时，也在贸易结构、应急机制、双边关系等方面受到了一定程度的制约。首先，中国与加共体国家之间的贸易不平衡现象日益凸显。加共体国家对华贸易长期保持着巨额逆差。自2013年以来，加勒比建交国对中国的贸易逆差达到其与中国贸易总额的60%以上，在2015年攀升至80%。2009~2018年，中国对加勒比地区出口的制成品、机械和运输设备等技术密集型产品稳定维持在70%左右，而加勒比国家出口中国的粮食、活禽、燃料以外的非食用和未加工材料等初级产品的比重正逐年下降。其次，对外贸易应急机制有待加强。尽管中国与加共体国家之间长期维持着稳定的经贸合作关系，但一些突发性事件也暴露出双方合作机制的脆弱性。因此，中加之间外贸应急机制的健全有助于双方化解合作中的冲突以及应对突发性事件对双边经贸关系带来的挑战。最后，外交布局对经贸合作的深化造成影响。截至2021年9月，已有9个加共体成员与中国建立了外交关系，仍有5个加共体国家未与中国建交，中国与加共体的合作以与个别成员的双边联系为主，尚未与加共体建立整体性的对话机制，因而更加正式、稳定的合作机制仍待构建。

---

① Bu Shaohua, "China – Caribbean Belt and Road Cooperation: Progress, Challenges and Paths for In – Depth Development", *China International Studies*, 2020, pp. 158 – 159.

（二）中国与加共体国家经贸合作前景

中国与加共体国家在经贸合作上具有强劲的动力，双方合作存在较大的空间。对于中国而言，加共体国家的原材料出口有助于缓解中国能源资源产供压力。加勒比地区铝土矿、天然气、鱼类等资源丰富。圭亚那以及加勒比海未开发区域的石油也可从某些方面解决中国的能源问题。同时，加共体国家与部分发达国家签署了《加勒比海地区经济复苏法》《加勒比地区公约》《欧盟－加勒比论坛国经济伙伴关系协定》等优惠贸易安排，中国在加共体国家构建生产平台，并以此为契机向美国、加拿大、欧盟出口，此举具有一定的可行性。对于加共体国家而言，中国是全球最大、发展最快的经济体之一，双方的合作将使加共体各经济体受益良多。首先，中国将成为加共体国家投资和贸易的重要来源国。随着全球政治经济格局的变化，美国、加拿大及欧盟国家这些加共体传统的贸易伙伴对加共体国家的影响力日益下降，中国质优价廉与多样化的商品对加共体进口商更具吸引力，加共体市场对中国产品的消费需求持续增长。其次，中国对加共体的援助有利于改善成员的财政状况、减轻债务压力。在第二届中国－加勒比经贸合作论坛的联合声明中，中国政府承诺在三年内增加对加勒比国家的援助，具体措施是：为双边基础设施建设、资源开发、工农业生产、电信、旅游等领域的合作提供40亿元人民币的优惠贷款；向加勒比地区派遣2000名培训专员，协助培训政府官员和技术专业人员[1]。很多加共体成员已负债累累，面临着严峻的财政状况与债务风险，而全球经济衰退与新冠肺炎疫情使加共体国家经济状况进一步恶化，这些国家的旅游收入与海外汇款大幅下降，中国的发展援助可有效地帮助加共体国家摆脱经济困境，实现经济复苏。因此，中国与加共体已成为彼此重要的贸易伙伴，双边经贸关系将保持良好的发展势头。

然而，当前中加经贸关系的发展也面临一些障碍。其一，中国与加共体

---

[1] Richard L. Bernal, "The Dragon in the Caribbean: China－CARICOM Economic Relations", *The Round Table: The Commonwealth Journal of International Affairs*, vol. 99, no. 408, 2010, p. 291.

国家的互补优势有所减弱。一方面，中国经济增速放缓与新冠肺炎疫情使其对部分商品的需求下降，氧化铝、原木等加共体传统出口产品交易量有所回落；另一方面，尽管加共体国家对基础设施建设项目需求旺盛，但由于成员金融环境的不稳定及双方政策差异，中国在加共体国家的投融资前景受到较大挑战。其二，美国的介入使双方经贸合作充满不确定性。在中国"一带一路"建设大力推进以及中国在加勒比地区的影响力不断提升的背景下，美国于2019年推出"美洲增长"倡议，旨在促进私营部门对拉丁美洲和加勒比地区基础设施和能源的投资。圭亚那、牙买加、苏里南三个加共体成员已加入"美洲增长"倡议，加之美国的对华遏制政策，中加经贸合作面临的风险进一步升级。可以预见，在将来的双边经贸合作中，将会是机遇和挑战并存。

专题报告
Special Reports

B.10

2020～2021年拉丁美洲和加勒比地区
对外经济贸易分析

姚 晨*

摘 要： 在全球经济放缓的严峻趋势下，拉丁美洲和加勒比地区各国的对外经济贸易发展也遭遇了巨大挑战，疫情对该地区进口影响大于出口，进口量的下降幅度大于出口量的下降幅度。伴随拉丁美洲和加勒比地区主要贸易伙伴（美国和中国）的经济复苏，2020年，拉丁美洲和加勒比地区商品贸易收支盈余达到地区GDP的1.8%，高于2019年的0.4%。2021年，该地区经济活动逐渐复苏，其进口强劲回弹且增长超过出口，联合国拉丁美洲和加勒比经济委员会报告数据显示该地区对外贸易继续保持顺差地位，盈余达到地区GDP的0.4%。本报告首先回顾2020～2021年该地区对外贸

---

* 姚晨，博士，浙江外国语学院国际商学院讲师，主要研究方向为中拉贸易便利化。

易发展概况；其次从贸易规模、贸易结构、贸易流向和贸
易差额角度分析拉美地区的贸易特征；再次探讨了拉丁美
洲和加勒比地区同中国的贸易情况；最后对该地区对外贸
易形势进行简要展望。

关键词： 拉丁美洲和加勒比地区 对外贸易 贸易特征 中拉贸易

一 2020年以来拉丁美洲和加勒比地区对外贸易发展情况

2020 年全球经济经历了自 20 世纪 30 年代以来最严重的衰退，拉丁美
洲和加勒比地区（以下简称"拉美地区"）的对外贸易发展也遭遇了严峻的
挑战，最极端的影响出现在 2020 年 4~6 月。尽管该地区的对外贸易在 7 月
开始回升，但直到 2020 年底才恢复到疫情前的水平。2020 年下半年，该地
区外贸复苏的原因一是其主要贸易伙伴需求的提振（中国经济在疫情得到
有效防控后迅速回暖，美国等发达经济体的政府实施了一揽子财政和货币刺
激措施），二是该地区一些主要出口商品的价格有所改善。2021 年，该地区
各国经济活动上升的同时，商品进出口大幅增加：第一季度，拉美地区的出
口值同比增长了 8.9%[1]。

除了极少数国家之外，拉美地区各国经济增长对外依赖性较强，对于经
济增长做出主要贡献的出口产品种类相对集中且单一。因此，2020 年 7 月
以来，拉美地区强劲的对外贸易复苏趋势仍然具有明显的脆弱性，较高的出
口价格在很大程度上造就了这一出口繁荣的现象。

随着新冠肺炎疫情的蔓延，拉丁美洲各次区域国家的商品出口复苏

---

[1]　IDB，"Trade Trends Estimates：Latin America and the Caribbean – 2021 Edition 1Q"，p. 2.

情况差别很大。中美洲国家是 2020 年受影响最小的拉美国家，也是首先恢复增长的国家。南美洲国家商品出口在连续两年收缩后，直到 2021 年初才开始再次增长，2021 年 3 月出现强劲增长势头。墨西哥商品出口尽管在 2020 年底大幅反弹，但这一积极势头在 2021 年前几个月有所减弱①。

（一）拉丁美洲和加勒比地区在世界贸易中的地位

2020 年第二季度，拉美地区进出口环比增长率分别为 - 18.46% 和 - 12.92%，低于世界同期水平的 - 10.33% 和 - 11.43%，其中进口受到的影响要大于出口。世界贸易萎缩对发达经济体的影响（尤其是出口）要大于新兴经济体。

对拉美地区而言，2020 年第三季度对外贸易复苏节奏同世界大部分国家一致，进出口贸易量实现较大幅度的提升，其出口贸易量环比大幅增长（17.16%）且超过世界水平（13.18%）和新兴经济体（除中国）水平（8.41%）；而其进口贸易量环比增长幅度（8.16%）则低于世界水平（10%）（见图 1 和图 2）。2020 年第三季度拉美地区出口的复苏主要归因于中国对大宗商品的购买，特别是对某些工业金属的购买②。

2020 年第四季度，拉美地区进口贸易量环比增长率达到自 2019 年以来的最高水平，但 2021 年上半年进口贸易量增长率较上一年第四季度大幅下降，降幅高达 12 个百分点，然而，其进口贸易量的增长率仍高于世界水平，与新兴经济体整体水平持平。2020 年第四季度，拉美地区出口贸易量环比下跌；2021 年第一季度，出口贸易量微幅增长（环比增长率为 0.36%）；2021 年第二季度，继续保持出口贸易量增长（环比增长率为 5.55%）。

---

① IDB，"Trade Trends Estimates：Latin America and the Caribbean - 2021 Edition 1Q"，p. 3.
② ECLAC，*Preliminary Overview of the Economies of Latin America and the Caribbean 2020*，United Nations，2021，p. 22.

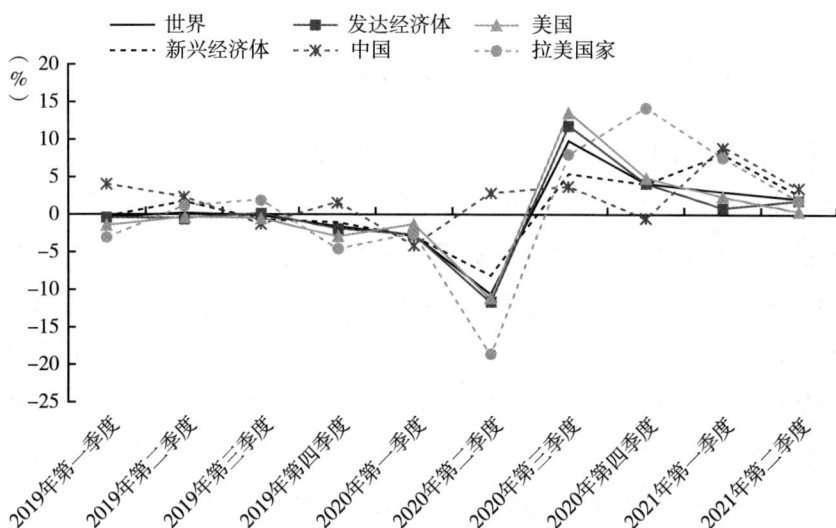

图1　2019年~2021年第二季度全球*进口贸易量季度增长率**

*次区域数据未统计亚洲发达经济体（除日本）、其他发达经济体、欧元区、东欧/独联体国家、英国、亚洲发展中国家（除中国）以及非洲和中东地区国家。

**原始月度数据为季节调整后数据。

资料来源：笔者根据《世界贸易监测》数据整理计算，https：//www.cpb.nl/en/worldtrademonitor。

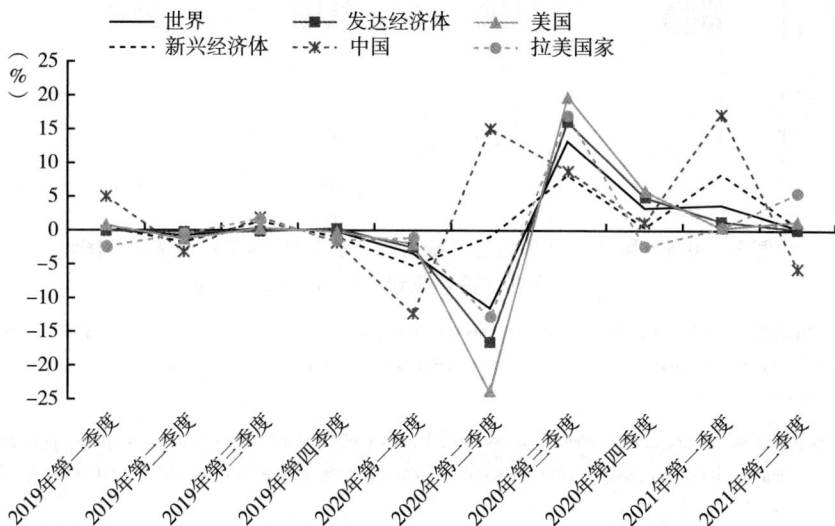

图2　2019年~2021年第二季度全球*出口贸易量季度增长率**

*次区域数据未统计亚洲发达经济体（除日本）、其他发达经济体、欧元区、东欧/独联体国家、英国、亚洲发展中国家（除中国）以及非洲和中东地区国家。

**原始月度数据为季节调整后数据。

资料来源：笔者根据《世界贸易监测》数据整理计算，https：//www.cpb.nl/en/worldtrademonitor。

（二）拉丁美洲和加勒比地区商品贸易整体情况

拉美地区 2020 年的经常账户盈余占 GDP 的 0.2%，自 2009 年以来经常账户余额首次为正数①。2020 年经常账户赤字减少而且出现盈余的主要原因是商品收支顺差有较大幅度的提升。2019 年商品贸易收支仅占 GDP 的 0.4%，而 2020 年该数字大幅上升至 1.8%，2021 年商品贸易收支缩减至占 GDP 的 0.4%（见图 3）。2020 年商品贸易收支占比大幅上升是商品进口（与国内需求萎缩相关）急剧下降（18%）且比商品出口下降幅度（13%）更大的结果②。

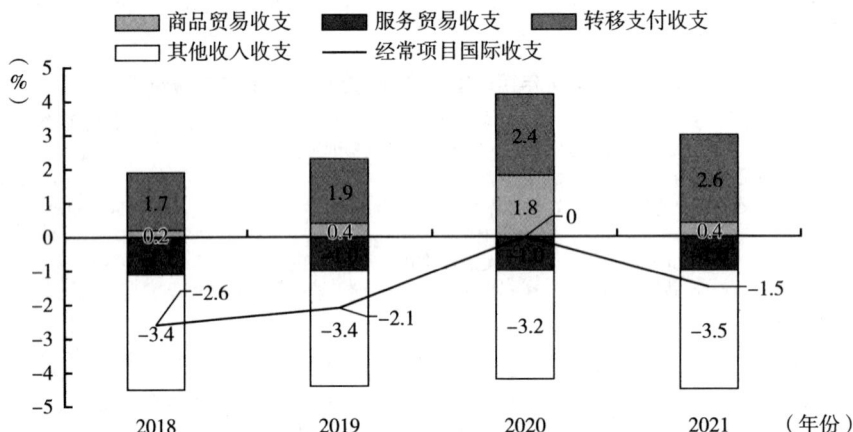

图 3 2018～2021 年拉美地区（除古巴外的 19 个国家）经常项目国际收支（按组成划分）占 GDP 的比重

资料来源：CEPAL，"Estudio Económico de América Latina y el Caribe 2022: dinámica y desafíos de la inversión para impulsar una recuperación sostenible e inclusiva"，2022，p.52。

---

① CEPAL，"Estudio Económico de América Latina y el Caribe 2021: dinámica laboral y políticas de empleo para una recuperación sostenible e inclusiva más allá de la crisis del COVID – 19"，2021，p.53。

② 上文从进出口季度增长率角度说明了世界贸易萎缩对拉美地区进口的影响要大于对其出口的影响。此处为年增长率。此处分析认为商品进口下降 18% 由商品进口价格和进口量共同造成，即 -4% + (-14%)；同理，商品出口下降 13% 由商品出口价格和出口量共同造成，即 -6% + (-7%)，该计算方法参考 ECLAC，*Preliminary Overview of the Economies of Latin America and the Caribbean 2020*，United Nations，2021，pp.43-44。

在 2021 年该地区各国经济回暖的同时，商品进口大幅增加。预计 2021 年全年商品进口将比 2020 年增加 27%①，进口量和进口价格分别同比增长 16% 和 9%（见图 4）。尽管出口也将大幅增长，但低于进口增长幅度。因此，该地区 2021 年商品贸易收支盈余低于 2020 年。

2020 年，各国因疫情减少了外部需求，第一季度主要是中国的需求下降，随后拉美地区其他主要贸易伙伴，如美国和欧盟等相继实施封锁，进口需求下降，导致 2020 年第二季度外部需求触底。与此同时，商品价格下降（2020 年 4 月拉美地区主要出口商品价格触底）进一步导致拉美地区出口价格下降。2020 年下半年，各国疫情防控逐渐进入常态化，拉美国家商品价格指数逐渐恢复。商品价格变化的关键因素首先是拉美地区主要贸易伙伴相继推出经济刺激计划，对外需求扩大；其次是一些国家的财政和货币宽松政策以及美元贬值，预计 2021 年拉美地区出口将迎来较快增长。相比之下，进口增长主要是数量增加的结果，该地区国内需求的复苏正在推动消费品和投资品进口的增长。

2020 年下半年，尽管能源价格指数未能在年末完全恢复到疫情以前的水平，但由矿物与金属引领的价格增长为拉美地区全年带来了微小的贸易条件改善（见图 5 和图 6）。然而，拉美地区各个国家和次区域贸易条件改善情况并不一致。由于 2020 年国际能源价格下跌，受影响最大的是能源出口国，其贸易条件预计将下降 14%②。出口工业矿物和金属的国家、出口农用工业产品的国家，贸易条件略微改善③。改善的原因一方面是这些商品的价格从 2020 年 4 月开始回升，另一方面是能源价格较低，本国生产发展所需

① 该计算方法与 2020 年不同，使用以下公式：（1 + 商品进口的变化率）＝（1 + 进口价格的变化率）＊（1 + 进口量的变化率）。该计算方法参考 CEPAL，"Estudio Económico de América Latina y el Caribe 2021：dinámica laboral y políticas de empleo para una recuperación sostenible e inclusiva más allá de la crisis del COVID－19"，2021，p. 54。

② ECLAC，*Preliminary Overview of the Economies of Latin America and the Caribbean 2020*，United Nations 2021，p. 45. 此处能源出口国指碳氢化合物出口国，包括委内瑞拉、哥伦比亚、厄瓜多尔、玻利维亚、特立尼达和多巴哥。

③ 出口工业矿物和金属的国家为智利和秘鲁；出口农用工业产品的国家为阿根廷、乌拉圭和巴拉圭。

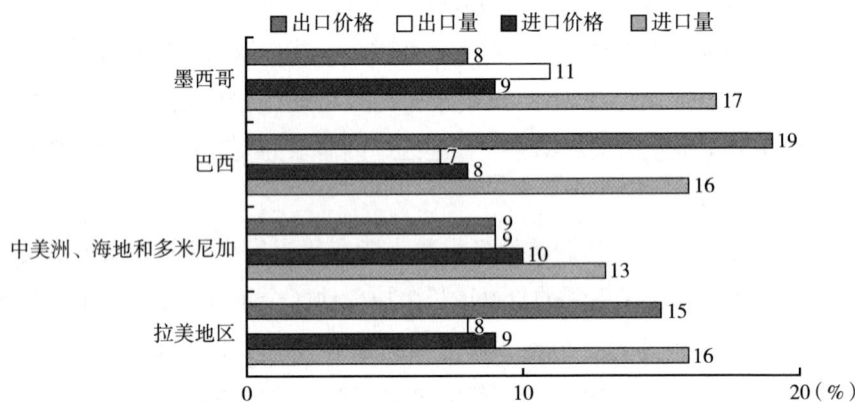

图4 2020年和2021年按数量和价格对拉美地区（部分国家）
进出口年度变化预测

资料来源：笔者根据拉加经委会报告数据整理。2021年数据参考"Estudio Económico de América Latina y el Caribe 2021: dinámica laboral y políticas de empleo para una recuperación sostenible e inclusiva más allá de la crisis del COVID-19", 2021, p. 54；2020年数据参考 ECLAC, *Preliminary Overview of the Economies of Latin America and the Caribbean 2020*, United Nations, 2021, p. 4。

能源成本投入降低。同样，受益于低能源价格，中美洲和加勒比国家（不包括特立尼达和多巴哥）贸易条件也有所改善。

预计2021年的平均商品价格将高于2020年，因此，拉美地区的平均贸

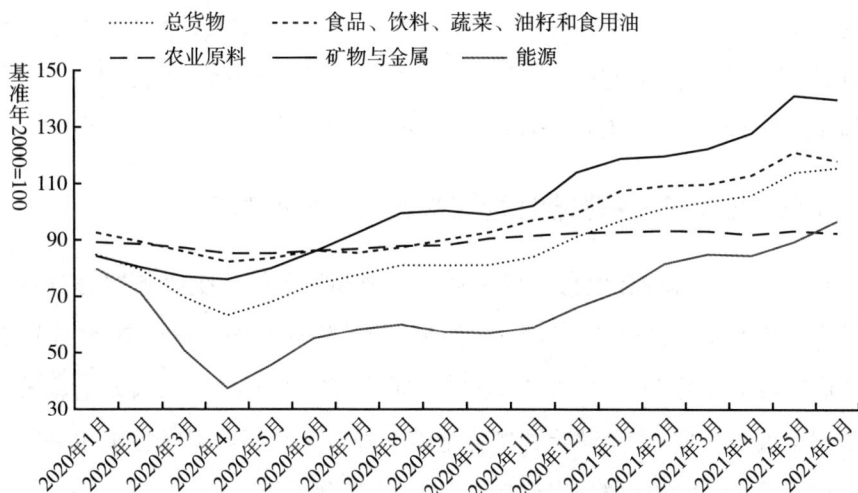

图5 2020年~2021年6月拉美国家月度商品价格指数

资料来源：笔者根据拉加经委会数据库 CEPALSTAT 整理。

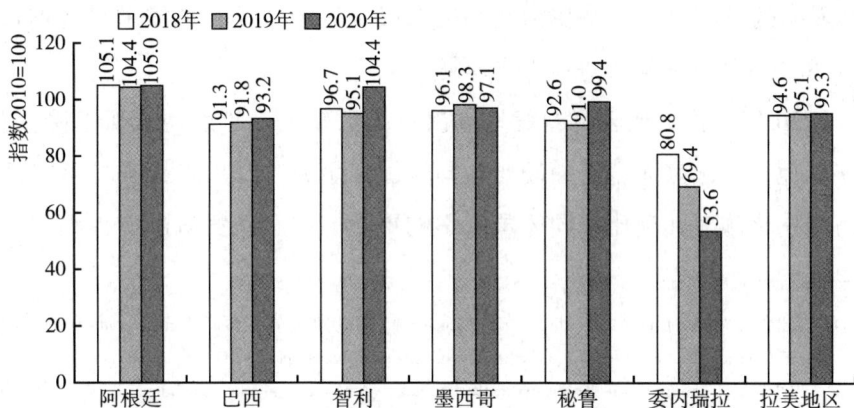

图6 2018~2020年拉美地区贸易条件和出口购买力指数

资料来源：笔者根据拉加经委会数据库 CEPALSTAT 整理。

易条件2021年将改善5.6%[①]，这将是自2010年以来的最佳表现。南美洲国家是大宗商品净出口国，受益于较高的价格，预计其贸易条件上涨近12%。中美

---

① CEPAL, "Estudio Económico de América Latina y el Caribe 2021: dinámica laboral y políticas de empleo para una recuperación sostenible e inclusiva más allá de la crisis del COVID – 19", 2021, p. 56.

洲的情况正好相反，该地区国家既是燃料净进口国，也是食品的净进口国，预计 2021 年的贸易条件将恶化。因加勒比地区国家（不包括特立尼达和多巴哥）也是能源和食品的净进口国，该地区贸易条件也将下降①。

（三）拉丁美洲和加勒比地区服务贸易整体情况

2020 年，全球服务贸易受到重创，交通和旅游等传统服务贸易行业受到的打击最严重。受到航运管制和边境管控等措施影响，预计 2020 年服务出口同比将下降约 24%②。拉美地区是国际游客的净接收地，萧条的旅游业造成国家收入减少③。全球货物贸易量的下降也影响了该地区各国相关服务的出口④，所有类别的服务出口在 2020 年都出现下降。

在服务进口方面，该地区经济活动的恶化预计将导致所有类别（交通、旅游和其他服务）进口同比下降约 16%⑤。由于对金融、信息技术、电信服务以及基础设施建设（采掘活动和公共投资逐步恢复）的需求日益增加，预计 2020 年下半年服务进口将出现复苏⑥。

2020 年，拉美地区服务贸易进出口指数较上一年度均有所下降。相对于其他拉美国家而言，加勒比共同体国家服务贸易出口指数显著降低，旅行限制措施对加勒比共同体国家影响更大。在服务贸易进口指数方面，

---

① CEPAL, "Estudio Económico de América Latina y el Caribe 2021: dinámica laboral y políticas de empleo para una recuperación sostenible e inclusiva más allá de la crisis del COVID – 19", 2021, p. 56.

② ECLAC, "International Trade Outlook for Latin America and the Caribbean 2020: Regional Integration is Key to Recovery After the Crisis", p. 46.

③ 2020 年 1 ~ 8 月，加勒比地区、中美洲和南美洲的游客人数同比分别下降 64%、66% 和 63%。ECLAC, "International Trade Outlook for Latin America and the Caribbean 2020: Regional Integration is Key to Recovery After the Crisis", p. 46.

④ ECLAC, "International Trade Outlook for Latin America and the Caribbean 2020: Regional Integration is Key to Recovery After the Crisis", p. 46。例如，根据 2020 年上半年的数据，巴拿马的运输出口价值已经下降了 18%。

⑤ ECLAC, "International Trade Outlook for Latin America and the Caribbean 2020: Regional Integration is Key to Recovery After the Crisis", p. 46.

⑥ ECLAC, "International Trade Outlook for Latin America and the Caribbean 2020: Regional Integration is Key to Recovery After the Crisis", p. 46.

2020 年加勒比共同体国家相比于其他国家有较明显的涨幅（见表 1）。加勒比共同体国家相对较小且容易受到冲击的影响，为应对疫情而做出的努力在很大程度上有利于该地区国家服务贸易进口指数的增长。

表 1 2018～2020 年拉丁美洲和加勒比地区及该地区部分国家和
国际组织服务贸易进出口指数（2010＝100）

	2018 年		2019 年		2020 年	
	出口	进口	出口	进口	出口	进口
拉美地区	115.1	114.9	117.9	117.1	113.7	114.9
阿根廷	113.5	113.0	115.6	115.1	113.6	113.1
巴西	117.4	113.1	119.5	115.1	117.4	113.1
墨西哥	114.0	113.0	116.1	115.0	114.1	113.0
中美洲共同市场	115.5	114.1	117.5	116.1	115.6	114.1
加勒比共同体	106.9	208.8	210.6	249.4	153.6	267.8

资料来源：笔者根据拉加经委会数据库 CEPALSTAT 整理。

拉美地区国家服务贸易占 GDP 比重的差异明显，阿根廷、巴西、智利、墨西哥和秘鲁服务贸易占 GDP 比重很低，2011～2020 年，这 5 个国家服务贸易占 GDP 比重均低于世界平均水平。与之相反，中美洲和加勒比国家，如巴拿马、巴哈马和牙买加，服务贸易占 GDP 比重相当大，远高于世界平均水平。2020 年，在新冠肺炎疫情的冲击下，对服务贸易依赖性较低的巴西受到的影响很小，服务贸易占 GDP 比重同比下降0.1 个百分点；而其他对服务贸易依赖性较低的国家中，智利、阿根廷和墨西哥的这一比重分别下降了 1.5 个、2 个和 1.6 个百分点；非常依赖服务贸易的巴拿马和巴哈马 2020 年服务贸易占 GDP 的比重分别下降了 6.5 个和22.4 个百分点，预计 2020 年牙买加服务贸易占 GDP 比重也有较大降幅。秘鲁自 2011 年以来，对服务贸易依赖性逐渐变强（见表 2），预计 2020年秘鲁服务贸易占 GDP 比重将明显低于上年水平。

表2 2011～2020 年世界、中国和拉美地区部分国家服务贸易占 GDP 比重

单位：%

年份	世界	中国	阿根廷	巴西	智利	墨西哥	秘鲁	巴拿马	巴哈马	牙买加
2011	11.8	5.9	6.1	4.3	11.2	4.0	5.9	35.8	37.6	31.6
2012	11.9	5.7	6.0	4.8	10.1	4.0	6.1	35.6	39.5	33.3
2013	12.3	5.6	5.9	5.0	9.9	3.9	6.5	35.0	40.7	33.8
2014	12.8	6.2	6.0	5.2	9.6	4.2	6.8	32.8	40.1	37.4
2015	13.0	5.9	5.4	5.8	9.3	4.7	7.6	30.9	35.6	36.8
2016	12.9	5.8	6.3	5.4	8.9	5.3	7.6	29.5	43.9	38.3
2017	13.2	5.6	6.3	5.2	8.5	5.6	7.5	28.9	40.1	39.4
2018	13.5	5.5	7.6	5.6	8.3	5.7	7.5	28.9	45.4	39.7
2019	13.6	5.3	7.5	5.5	8.5	5.7	7.8	28.5	46.4	44.0
2020	10.8	4.2	5.5	5.4	7.0	4.1	—	22.0	24.0	—

资料来源：笔者根据国研网世界经济数据库（基于世界银行数据）测算得出。

就拉美地区整体而言，2020 年服务贸易逆差额小幅减少，原因之一是拉美地区经济体量较大的阿根廷和巴西服务贸易赤字大幅降低，而加勒比地区的国家经济体量小但服务贸易赤字显著增长（见表3）。可以看出，疫情对拉美地区各次区域的服务贸易影响差别很大，其中加勒比地区国家受到前所未有的冲击。2020 年墨西哥服务贸易恶化的部分原因是美国对边境的管控及旅行限制，这些举措限制了服务出口国墨西哥的企业、经济实体或个人赴美提供服务。

表3 2018～2020 年拉丁美洲和加勒比地区及该地区部分国家和国际组织服务贸易差额

单位：百万美元

	2018 年	2019 年	2020 年
拉美地区	−51983.4	−44428.6	−42724.1
阿根廷	−8935.3	−4864.6	−2239.9
巴西	−35996.1	−35489.2	−20941.3
墨西哥	−11479.3	−8281.3	−11054.9
加勒比共同体	2966.8	4016.9	−530.4
中美洲共同市场	5935.3	6391.6	3358.0

资料来源：笔者根据拉加经委会数据库 CEPALSTAT 整理。

二 拉丁美洲和加勒比地区的贸易特征

（一）拉丁美洲和加勒比地区商品贸易规模受疫情影响较大

在新冠肺炎疫情发生前，2019 年拉美地区商品进出口量已开始下滑，2020 年受疫情的影响，该地区商品进出口量大幅下降，但疫情对该地区进口的影响要大于对其出口的影响，即进口量减少幅度大于出口量减少幅度。

2020 年，除智利（3.0%）和巴西（0.2%）外，其他拉美地区国家商品出口量年增长率均为负数。2020 年，阿根廷、哥伦比亚、萨尔瓦多、巴拉圭、秘鲁和乌拉圭商品出口同比下降范围为 9% ~ 15%，与此同时，委内瑞拉（-48.9%）相较于 2019 年有较大幅度下滑。2020 年，拉美地区商品出口量同比下降幅度稍低于世界平均水平，但大幅高于中国。预计 2021 年矿产品出口国智利和秘鲁商品出口量年增长率为 6%，农工业产品出口国阿根廷、巴拉圭和乌拉圭商品出口量年增长率为 5%，而能源出口国玻利维亚、哥伦比亚、厄瓜多尔、特立尼达和多巴哥、委内瑞拉的商品出口量年增长率仅为 3%[1]。预计巴西和墨西哥 2021 年商品出口量分别增长 7% 和 11%[2]。

就商品进口而言，2020 年拉美地区国家商品进口量年增长率均为负数，只有萨尔瓦多（-6.2%）、巴西（-2.5%）和乌拉圭（-3.8%）表现优于世界平均水平（-8.3%），也优于发达经济体平均水平（-9.4%）。以农业生产为主的拉美地区国家表现差异明显，其中阿根廷和巴拉圭商品进口量同比下降幅度大于巴西和乌拉圭；以矿产和燃料生产为主的国家表现差异不

---

[1] 2021 年预测数据参见 "Estudio Económico de América Latina y el Caribe 2021：dinámica laboral y políticas de empleo para una recuperación sostenible e inclusiva más allá de la crisis del COVID - 19"，p. 54。

[2] 2021 年预测数据参见 "Estudio Económico de América Latina y el Caribe 2021：dinámica laboral y políticas de empleo para una recuperación sostenible e inclusiva más allá de la crisis del COVID - 19"，p. 54。

大，商品进口量同比降幅为 10.0% ~ 16.0%。2020 年阿根廷、乌拉圭和委内瑞拉商品进口降幅减小（见表 4）。因该地区经济活动复苏拉动需求增长，2021 年预计矿产品出口国智利和秘鲁商品进口量年增长率为 22%，农工业产品出口国阿根廷、巴拉圭和乌拉圭商品出口量年增长率为 21%，而能源出口国玻利维亚、哥伦比亚、厄瓜多尔、特立尼达、多巴哥、委内瑞拉的商品出口量年增长率为 8%[1]。预计巴西和墨西哥商品进口量年增长率分别为 17% 和 16%[2]。

表 4　2017~2020 年拉丁美洲和加勒比地区 * 及其他

国家和地区商品进出口量年增长率

单位：%

	国家和地区	2017 年	2018 年	2019 年	2020 年
商品进口量 年增长率	世界	5.8	4.2	0.1	-8.3
	中国	7.3	8.6	0.4	3.9
	发达经济体	4.9	3.6	0.5	-9.4
	拉美地区	5.0	5.5	-1.5	-12.1
	阿根廷	14.6	-6.3	-20.9	-10.6
	巴西	10.5	13.6	6.4	-2.5
	智利	5.0	8.5	-2.5	-10.3
	哥伦比亚	-0.5	8.1	1.8	-15.7
	萨尔瓦多	-0.4	1.6	3.1	-6.2
	墨西哥	6.2	6.3	-0.8	-13.4
	巴拉圭	12.7	5.0	-5.0	-18.0
	秘鲁	4.5	1.4	-0.1	-11.1
	乌拉圭	2.8	-2.8	-6.0	-3.8
	委内瑞拉	-34.7	-10.1	-33.1	-15.9

① 2021 年预测数据参见 "Estudio Económico de América Latina y el Caribe 2021：dinámica laboral y políticas de empleo para una recuperación sostenible e inclusiva más allá de la crisis del COVID - 19"，p. 54。

② 2021 年预测数据参见 "Estudio Económico de América Latina y el Caribe 2021：dinámica laboral y políticas de empleo para una recuperación sostenible e inclusiva más allá de la crisis del COVID - 19"，p. 54。

续表

	国家和地区	2017 年	2018 年	2019 年	2020 年
商品出口量 年增长率	世界	5.4	3.5	0.2	-8.0
	中国	8.6	4.0	-0.3	2.7
	发达经济体	4.6	3.1	0.7	-9.7
	拉美地区	4.0	3.4	-0.4	-7.6
	阿根廷	-0.1	-0.5	12.4	-13.2
	巴西	7.5	4.5	-1.9	0.2
	智利	-2.0	6.3	-2.4	3.0
	哥伦比亚	0.3	-3.4	0.9	-9.8
	萨尔瓦多	6.0	-1.7	1.7	-13.5
	墨西哥	3.8	6.3	1.2	-4.7
	巴拉圭	8.2	-1.7	-4.5	-9.7
	秘鲁	8.0	1.6	1.8	-13.3
	乌拉圭	1.7	2.6	-0.2	-14.9
	委内瑞拉	0.0	-23.3	-33.3	-48.9

* 此处选取的 10 个拉美地区国家的对外贸易量占拉美地区当年对外贸易量的 92%。参见 IDB，"Trade Trends Estimates：Latin America and the Caribbean – 2021 Edition 1Q"，p. 5。

资料来源：笔者根据国研网世界经济数据库（基于国际货币基金组织数据）测算得出，http：//data. drcnet. com. cn/dataTable？id＝51&structureId＝79。

受到新冠肺炎疫情的冲击，2020 年第二季度拉美地区大部分国家（除智利）出口总额同比大幅下降。随着全球各国的疫情防控逐渐进入常态化管理，尤其是受益于中国经济的较快复苏和发达国家的经济刺激带来的需求增加，2020 年第四季度，墨西哥、智利和秘鲁出口总额实现同比增长，而阿根廷、哥伦比亚和玻利维亚出口总额依旧同比下降，但可以看出 2020 年全年各季度哥伦比亚和玻利维亚同比降幅减小，与哥伦比亚和玻利维亚相反，阿根廷 2020 年全年各季度出口总额同比降幅增大。

2021 年第一季度和第二季度，阿根廷摆脱了 2020 年出口总额各季度同比下降的局面，实现同比大幅增长（见图 7 –1），玻利维亚与哥伦比亚情况同阿根廷相似（见图 7 –2）。秘鲁和墨西哥在 2020 年第四季度就实现了同比增长，并将增长势头一直保持到 2021 年。2021 年第二季度，秘鲁（120. 2%）和玻利维亚（142. 6%）同比增长率显著提升。拉美地区各国

2021 年第二季度出口总额同比增长幅度较大的主要原因是 2020 年第二季度处于全球新冠肺炎疫情初期，拉美地区产品主要出口目的地经济活动减少，随着世界各国抗疫活动的推进和经济刺激计划的实施，各国经济正在慢慢恢复甚至对一些拉美地区产品（比如矿产品和能源产品）有更大的需求。

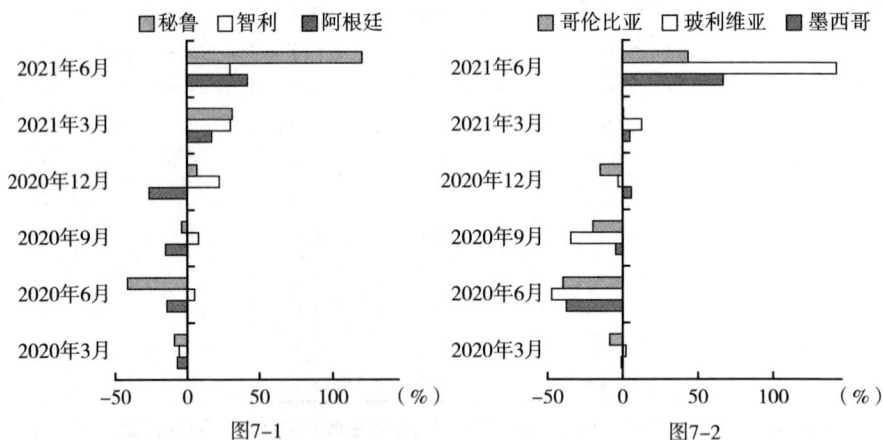

图7-1   图7-2

图7   2020 年第一季度～2021 年第二季度出口总额同比变化

资料来源：笔者根据 CEIC 数据库整理。经季节调整。

（二）拉丁美洲和加勒比地区商品贸易结构相对单一

拉美地区国家出口结构存在明显区别，阿根廷、巴拉圭和乌拉圭以农产品出口为主；智利和秘鲁依赖矿产和金属出口；委内瑞拉、玻利维亚、哥伦比亚和厄瓜多尔则依赖原油出口[①]。对于拉美地区大部分国家而言，原材料是最重要的出口类别，阿根廷、巴拉圭和巴西最重要的出口产品均为植物产品，分别占该国 2019 年出口总额的 30.7%、37.7% 和 18.4%；矿物燃料为玻利维亚、哥伦比亚第一大出口产品和巴拉圭第二大出口产品，分别占其 2019 年出口总额的 31.6%、54.8% 和 20.5%，同时，矿物燃料也是牙买加

---

①   CEPAL, "Estudio Económico de América Latina y el Caribe 2018, Evolución de la inversión en América Latina y el Caribe: hechos estilizados, determinantes y desafíos de política", pp. 46 - 54.

和巴西的第二大出口产品，分别占该国 2019 年出口总额的 18.9% 和 13.5%；矿产品为智利和秘鲁第一大出口产品，也是玻利维亚第二大出口产品，分别占其 2019 年出口总额的 29.6%、37.7% 和 23.6%。尼加拉瓜第一大出口产品为纺织原料及纺织制品，占其 2019 年出口总额的 29.4%。墨西哥出口产品结构与其他国家完全不同，机电设备是其第一大出口产品，占 2019 年出口总额的 34.7%，第二、第三大出口产品分别为运输设备（27.5%）和光学医疗设备等（9.2%）。

该地区国家（除尼加拉瓜、牙买加外）第一大进口产品均为机电设备，该项产品进口额均超过各国进口总额的 20%，对于墨西哥、阿根廷和巴拉圭而言，甚至分别达到 37.6%，28.5% 和 32.6%。运输设备是墨西哥第二大进口产品（9.7%），同时也是阿根廷、智利、玻利维亚和哥伦比亚第三大进口产品，分别占该国 2019 年进口额的 12.2%、13.0%、12.3% 和 11.9%。矿物燃料是拉美地区很多国家的主要进口产品，是牙买加第一大进口产品，占其 2019 年进口总额的 26.3%；是智利（16.2%）、秘鲁（14.1%）、玻利维亚（16.7%）和尼加拉瓜（13.6%）第二大进口产品；是巴拉圭（13.4%）和巴西（13.5%）第三大进口产品。阿根廷、巴拉圭、秘鲁、哥伦比亚、尼加拉瓜和巴西是化工产品的净进口国。纺织原料及纺织制品不仅是尼加拉瓜第一大出口产品，也是其第一大进口产品，同其他拉美国家有明显区别。墨西哥主要进口产品种类与其主要出口产品种类一致。食品、饮品及烟草是加勒比国家牙买加主要进口产品之一，与其他国家有明显的区别（见表5）。

表5　2019 年拉美地区部分国家进出口额排名前三*的产品**及其占比

单位：%

国家	主要出口产品	占比	主要进口产品	占比
	植物产品	30.7	机电设备	28.5
阿根廷	食品、饮品及烟草	18.8	化工产品	18.2
	运输设备	10.1	运输设备	12.2

国家	主要出口产品	占比	主要进口产品	占比
巴拉圭	植物产品	37.7	机电设备	32.6
	矿物燃料	20.5	化工产品	15.2
	活动物、动物产品	15.3	矿物燃料	13.4
智利	矿产品	29.6	机电设备	22.8
	贱金属及其制品	23.2	矿物燃料	16.2
	植物产品	11.0	运输设备	13.0
秘鲁	矿产品	37.7	机电设备	22.8
	石料、玻璃及贵金属	16.1	矿物燃料	14.1
	植物产品	12.6	化工产品	11.01
玻利维亚	矿物燃料	31.6	机电设备	21.8
	矿产品	23.6	矿物燃料	16.7
	石料、玻璃及贵金属	22.2	运输设备	12.3
哥伦比亚	矿物燃料	54.8	机电设备	22.2
	植物产品	14.4	化工产品	15.7
	石料、玻璃及贵金属	5.7	运输设备	11.9
尼加拉瓜	纺织原料及纺织制品	29.4	纺织原料及纺织制品	21.7
	活动物、动物产品	19.4	矿物燃料	13.6
	植物产品	15.5	化工产品	12.8
牙买加	化工产品	48.3	矿物燃料	26.3
	矿物燃料	18.9	机电设备	14.0
	食品、饮品及烟草	17.5	食品、饮品及烟草	10.8
巴西	植物产品	18.4	机电设备	24.4
	矿物燃料	13.5	化工产品	21.3
	矿产品	11.7	矿物燃料	13.5
墨西哥	机电设备	34.7	机电设备	37.6
	运输设备	27.5	运输设备	9.7
	杂项	9.2	杂项	9.4

* 按顺序排名，选取每个国家进出口额排前三的产品，大部分情况下前三类产品进出口额占该国进出口额的 60% 左右。

** 主要产品分类依据为 HS 1988/92，其中活动物、动物产品：01 - 05；植物产品：06 - 15；食品、饮品及烟草：16 - 24；矿产品：25、26；矿物燃料：27；化工产品：28 - 38；纺织原料及纺织制品：50 - 63；石料、玻璃及贵金属：68 - 71；金属产品（贱金属及其制品）：72 - 83；机电设备：84 - 85；运输设备：86 - 89；杂项（光学医疗设备、钟表、乐器及零件等）：90 - 99。

资料来源：笔者根据 WITS 数据库整理，墨西哥数据参见 https：//wits. worldbank. org/Country Profile/en/Country/MEX/Year/2019/TradeFlow/Import/Partner/WLD/Product/all - groups，其他国家数据均可在对应页面逐一获取。

（三）拉丁美洲和加勒比地区商品进出口贸易流向集中

拉美地区域外主要贸易伙伴为美国和中国，域内主要贸易伙伴为巴西。2019年数据显示，拉美地区近60%出口产品流入美国（44.5%）和中国（12.8%），超过50%进口产品来自美国（32.3%）和中国（19.0%）。按区域划分，拉美地区主要出口目的地为北美地区、东亚和太平洋地区、拉美地区以及欧洲和中亚地区，主要进口来源地稍有差异。北美地区、东亚和太平洋地区是拉美地区最重要的进口来源地，来自这两个地区的进口额占全年进口总额的60%以上，来自欧洲和中亚地区的进口额与拉美地区的进口额几乎持平，各占15%左右（见表6）。

表6 2019年拉美地区主要贸易伙伴及贸易流向

单位：百万美元，%

	出口			进口		
	主要出口目的地	出口额	占比	主要进口来源地	进口额	占比
按区域	北美地区	467970	46.9	北美地区	332352	33.9
	东亚和太平洋地区	190034	19.0	东亚和太平洋地区	297082	30.3
	拉美地区	142345	14.3	欧洲和中亚地区	148881	15.2
	欧洲和中亚地区	115056	11.5	拉美地区	147080	15.0
	中东和北非地区	28479	2.9	南亚地区	16947	1.7
	总计	943884	94.6	总计	942342	96.1
按国别	美国	444446	44.5	美国	316503	32.3
	中国	128222	12.8	中国	186146	19.0
	巴西	26071	2.6	巴西	43154	4.4
	加拿大	23514	2.4	德国	39167	4.0
	荷兰	20837	2.1	日本	30361	3.1
	总计	643090	64.4	总计	615331	62.8
	世界	998109	100.0	世界	980570	100.0

资料来源：笔者根据 WITS 数据库整理，出口数据可参见 https：//wits.worldbank.org/CountryProfile/en/Country/LCN/StartYear/2018/EndYear/2019/TradeFlow/Export/Partner/ALL/Indicator/XPRT‐TRD‐VL，进口数据可在对应页面获取。

2019 年，巴西是阿根廷第一大贸易伙伴，与巴西的进出口贸易额分别占阿根廷进口和出口总额的 20% 和 16%，中国和美国分别为阿根廷第二大和第三大贸易伙伴。2019 年阿根廷进口产品有一半以上来自巴西、中国和美国，产品出口目的地集中程度低于产品进口来源地。墨西哥的第一大贸易伙伴为美国，墨西哥从美国进口额（45%）明显高于其他国家，同时，墨西哥对美国的出口额（78%）显著高于其他国家。巴西和智利的第一大贸易伙伴均为中国，2019 年巴西对中国出口额占其总出口额的 28%，而智利的这一数字达到 32%。就进口额而言，巴西自中国（20%）和美国（17%）进口的商品总额差别较小，但对中国（28%）和美国（13%）出口的商品总额差别明显。其他亚洲国家，如日本和韩国，也是拉美国家的重要贸易伙伴（见图 8）。

（四）受疫情影响拉丁美洲和加勒比地区贸易顺差规模扩大

根据拉加经委会国际贸易概览报告数据，中美洲共同市场国家及加勒比地区国家 2019 ~ 2020 年连续两年对外商品贸易维持逆差状态，但贸易逆差规模缩小，因 2020 年受到疫情冲击，其国内经济活动减少，进口减少缩小了这两个次区域的贸易逆差规模。安第斯共同体国家① 2019 年对外商品贸易有微小的贸易逆差，而 2020 年实现微小的贸易顺差；南方共同市场国家② 2020 年继续维持其较高的贸易顺差规模。整体来看，拉美地区 2020 年贸易顺差同比大幅增长③，主要原因是 2020 年疫情对拉美地区进口的影响要大于对其出口的影响，进口骤降不仅缩小了一些中美洲和加勒比国家贸易逆差，并且扩大了一些拉美主要国家（除阿根廷）原有贸易顺差规模。2020 年智利和墨西哥贸易顺差规模骤增，巴西在原本就比较大的贸易顺差

---

① 安第斯共同体国家包括秘鲁、玻利维亚、厄瓜多尔和哥伦比亚。
② 南方共同市场国家包括阿根廷、巴西、巴拉圭和乌拉圭。
③ 根据拉加经委会预测，2020 年拉美地区贸易顺差同比增长 313.6%，数据参见 "International Trade Outlook for Latin America and the Caribbean 2020: Regional Integration is Key to Recovery After the Crisis"，p. 67。根据笔者依据国研网世界经济数据库（基于世界银行数据）进行的测算，2020 年该地区实际同比增长达到 800% 以上，数据参见图 9。

阿根廷进口产品前五大来源地

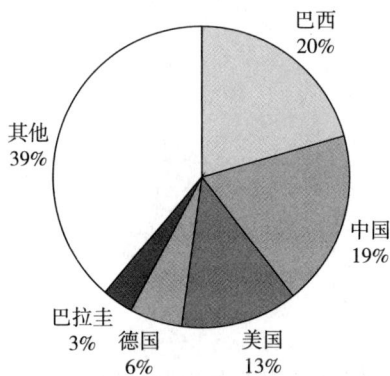

巴西 20%
中国 19%
美国 13%
德国 6%
巴拉圭 3%
其他 39%

阿根廷出口产品前五大目的地

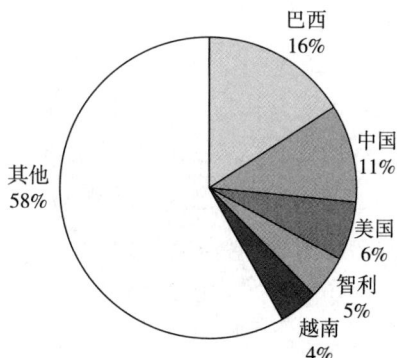

巴西 16%
中国 11%
美国 6%
智利 5%
越南 4%
其他 58%

墨西哥进口产品前五大来源地

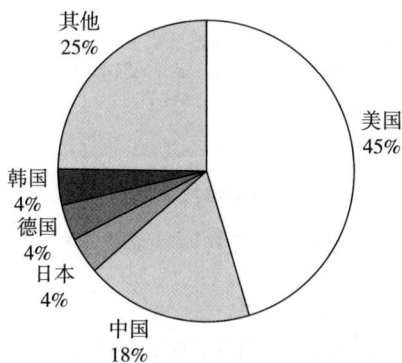

其他 25%
韩国 4%
德国 4%
日本 4%
中国 18%
美国 45%

墨西哥出口产品前五大目的地

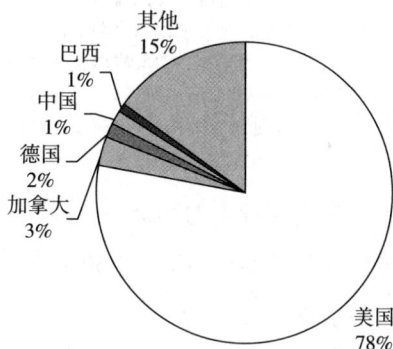

其他 15%
巴西 1%
中国 1%
德国 2%
加拿大 3%
美国 78%

巴西进口产品前五大来源地

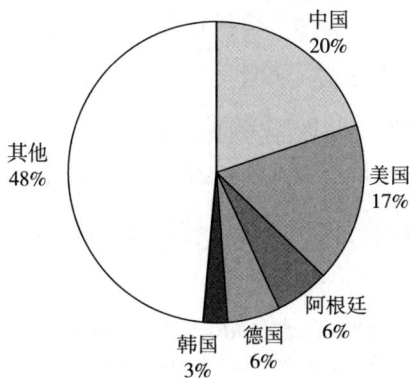

中国 20%
美国 17%
阿根廷 6%
德国 6%
韩国 3%
其他 48%

巴西出口产品前五大目的地

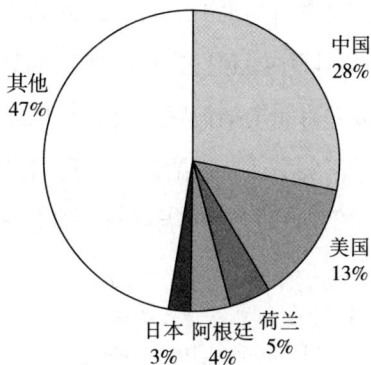

中国 28%
美国 13%
荷兰 5%
阿根廷 4%
日本 3%
其他 47%

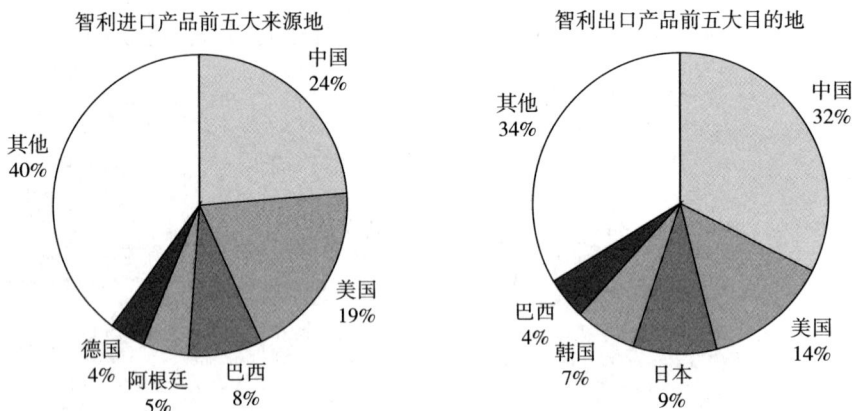

智利进口产品前五大来源地

智利出口产品前五大目的地

图8　2019年阿根廷、墨西哥、巴西和智利进出口产品五大来源地和目的地*

* 饼图所代表的是各拉美国家从贸易伙伴国进口产品金额或向贸易伙伴国出口产品金额占该国当年全部进口金额或出口金额的比重。

资料来源：笔者根据 WITS 数据整理计算，阿根廷进口产品来源地数据参见 https：//wits. worldbank. org/CountryProfile/en/Country/ARG/Year/2019/TradeFlow/Import/Partner/All/Product/Total，其他国家数据均可在对应页面逐一获取。

基础上并未出现较大的增幅（见图9）。由于进口下降幅度超过出口，2020年该地区的贸易顺差将高于750亿美元[①]，主要由南方共同市场国家、智利和墨西哥贡献。

2020年，阿根廷贸易顺差在第一季度开始减少，随后第二季度有小幅增长，第三季度和第四季度大幅下降，直到2021年上半年才逐步恢复，但仍未达到疫情前的水平。阿根廷同新兴经济体贸易差额大体接近该国整体贸易差额，而同中国和发达经济体长期处于逆差状态，表明阿根廷对新兴经济体贸易顺差可完全抵消贸易逆差且最终出现盈余。自2020年第二季度以来，阿根廷对华贸易逆差逐渐扩大，直到2021年第一季度才有所改善（见图10－1）。

巴西和智利对华贸易一直处于顺差地位，巴西整体贸易差额与该国同中

---

① 拉加经委会对拉美地区 2020 年贸易顺差的预测为高于 910 亿美元，该数据来自 "International Trade Outlook for Latin America and the Caribbean 2020：Regional Integration is Key to Recovery After the Crisis"，p. 67。本报告数据根据国研网世界经济数据库（基于世界银行数据）测算得出。

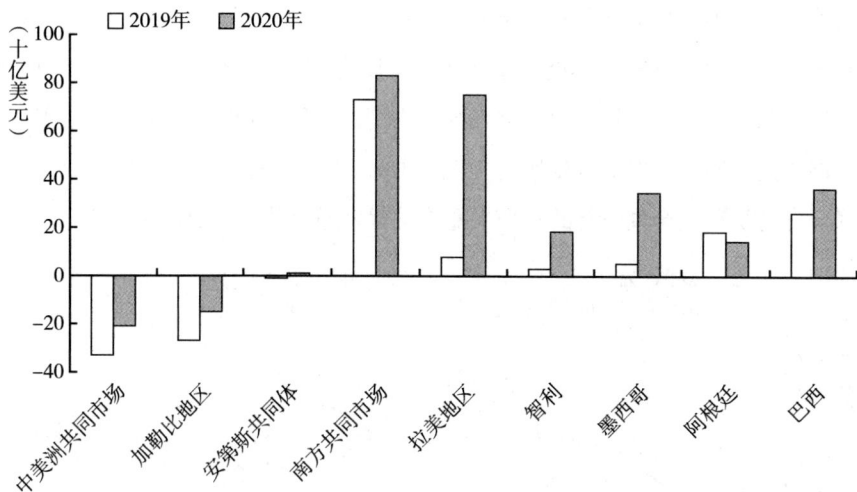

图9　2019～2020*年拉美地区商品贸易差额

* 鉴于数据的可获得性，2020年中美洲共同市场、加勒比地区、安第斯共同体以及南方共同市场及拉美地区数据为预测数据。

资料来源：中美洲共同市场、加勒比地区、安第斯共同体、南方共同市场数据来源为 ECLAC，"International Trade Outlook for Latin America and the Caribbean 2020：Regional Integration is Key to Recovery After the Crisis"，p. 67。拉美地区、智利、墨西哥、阿根廷及巴西数据根据国研网世界经济数据库（基于世界银行数据）测算得出。

国贸易差额或同新兴经济体贸易差额接近，表明巴西对新兴经济体贸易顺差绝大部分由对华贸易顺差组成。自2020年第一季度以来，巴西贸易顺差持续扩大，但第四季度和2021年第一季度贸易顺差稍稍减少，在2021年第二季度实现贸易顺差规模持续扩大，甚至超越2019～2020年各季度贸易顺差额（见图10-2）。对智利而言，自2020年第四季度起，其贸易顺差规模减小，尤其是对新兴经济体贸易顺差减小幅度更大。智利2021年第一季度和第二季度贸易顺差规模持续缩小，部分原因是采掘产品出货量下降。整体来看，从2020年第三季度起，智利贸易顺差的波动与其对新兴经济体或中国的贸易顺差波动同频（见图10-3）。

近几年来，墨西哥贸易差额与其同发达经济体贸易差额的变动高度一致。墨西哥对发达经济体长期处于顺差状态，对中国和新兴经济体长期处于逆差状态，并且对中国的逆差额小于对新兴经济体逆差额，说明墨西哥对除中国以外的其他发展中国家也处于长期逆差状态。受疫情影响，发达经济体经济发展放缓甚至衰退，2020 年第三季度和第四季度，随着许多国家相继实施大规模的财政和货币刺激计划，发达经济体经济活力逐渐恢复，墨西哥在这期间也实现了贸易差额由负转正，但随着疫情的不断反复，2021 年上半年，墨西哥贸易差额又降至疫情初期甚至疫情前的水平，整体是贸易逆差状态（见图 10 -4）。

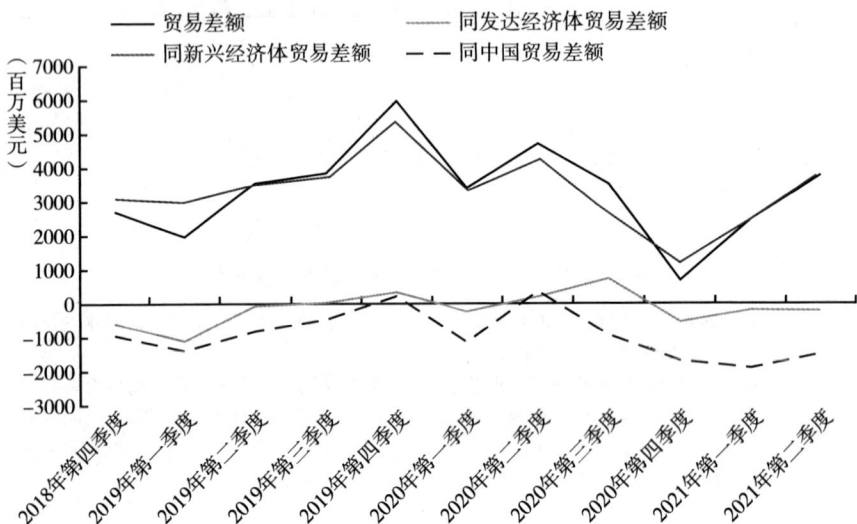

图 10 - 1

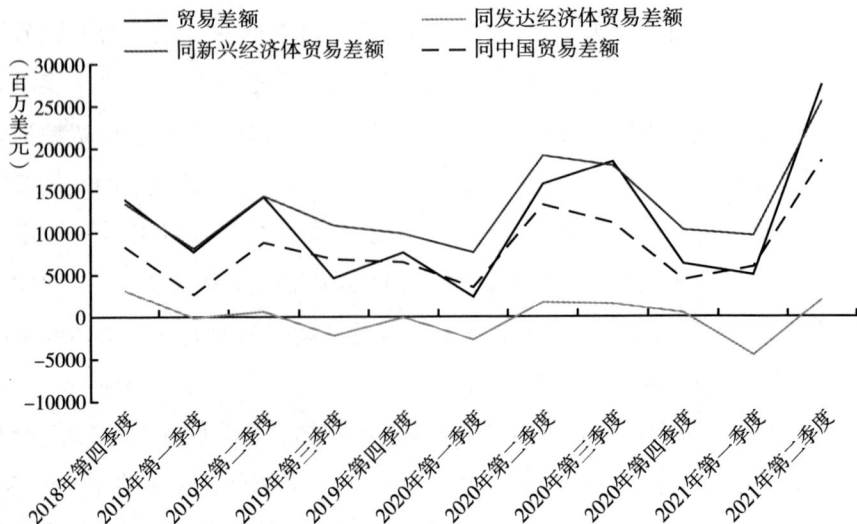

图 10 - 2

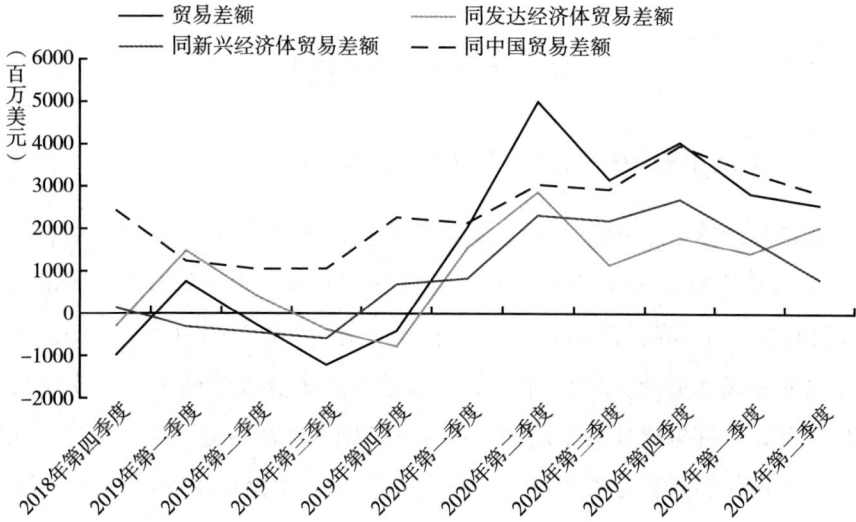

图 10 - 3

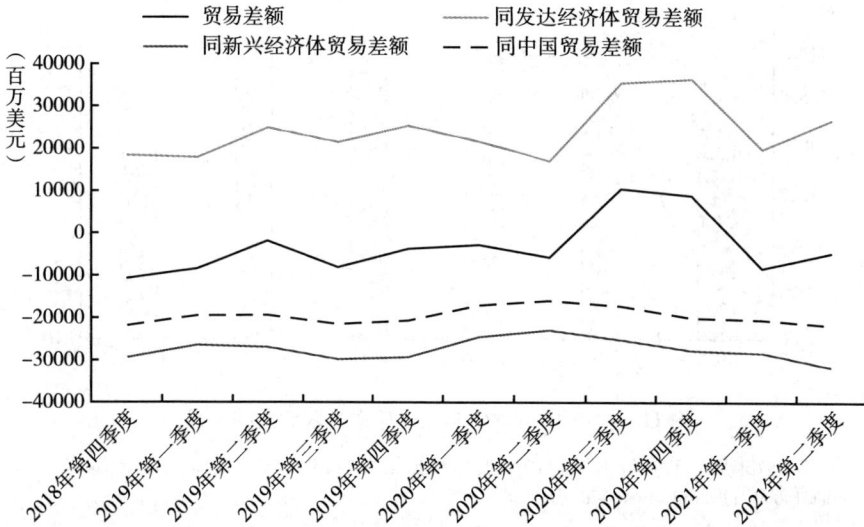

图 10 - 4

图 10　2018 年第四季度 ~ 2021 年第二季度阿根廷、巴西、智利和墨西哥贸易差额

资料来源：笔者根据 CEIC 数据库（基于国际货币基金组织数据）测算得出。

三 中拉贸易概况

（一）近年来中拉双边贸易规模波动较小

2017～2018 年，中拉贸易总额持续增长，增长率维持在 19% 左右，然而，2019 年增长率大幅下降约 16 个百分点。2020 年中拉贸易额同比增长率较 2019 年小幅下降，自 2017 年以来首次为负（-0.2%）（见图 11）。2019 年中拉贸易增速低迷，2020 年突如其来的新冠肺炎疫情使中拉贸易增长率再次下降，但并未出现大幅波动。在如此急剧的经济衰退情况下，拉美地区仍然与中国保持着稳定的贸易。2021 年上半年，中拉贸易额已达到 2020 年全年贸易额的一半以上，预计 2021 年中拉贸易额将有较大的增幅。

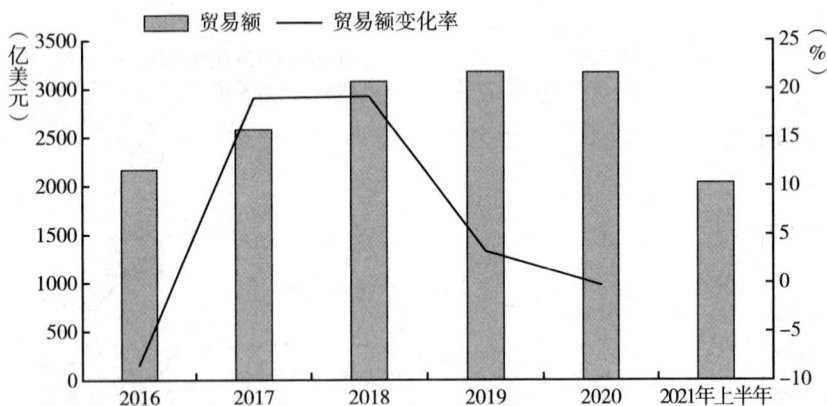

图 11　2016 年～2021 年上半年中拉双边贸易情况

资料来源：笔者根据国研网数据库数据汇总得出，http：//data. drcnet. com. cn/ dataTable？id = 16&structureId = 938。

就具体国家而言，巴西领跑拉美国家，成为同中国进出口贸易额最多的国家，其次是墨西哥和智利，这三个国家是中国在该地区最重要的三个贸易伙伴。2018 年，这三个国家同中国进出口贸易总额占整个中拉进出口贸易总额的 69.0%。2016～2019 年，巴拿马、阿根廷、哥伦比亚和委内瑞拉同中国贸易额处于相对低位且波动平稳①，秘鲁、智利和墨西哥处于相对中位且小幅上涨，而巴西则处于高位且快速上涨。2020年，受到疫情冲击，中国同拉美国家贸易情况存在差异，中国同巴西、智利、墨西哥和巴拿马的双边贸易总额非但没有下降，反而有小幅增长，而中国同秘鲁、阿根廷、哥伦比亚和委内瑞拉的双边贸易总额有所下降，其中同委内瑞拉的贸易额下降幅度最大（见图12）。2021年上半年，比较明显的是，中国同巴西、智利、墨西哥、

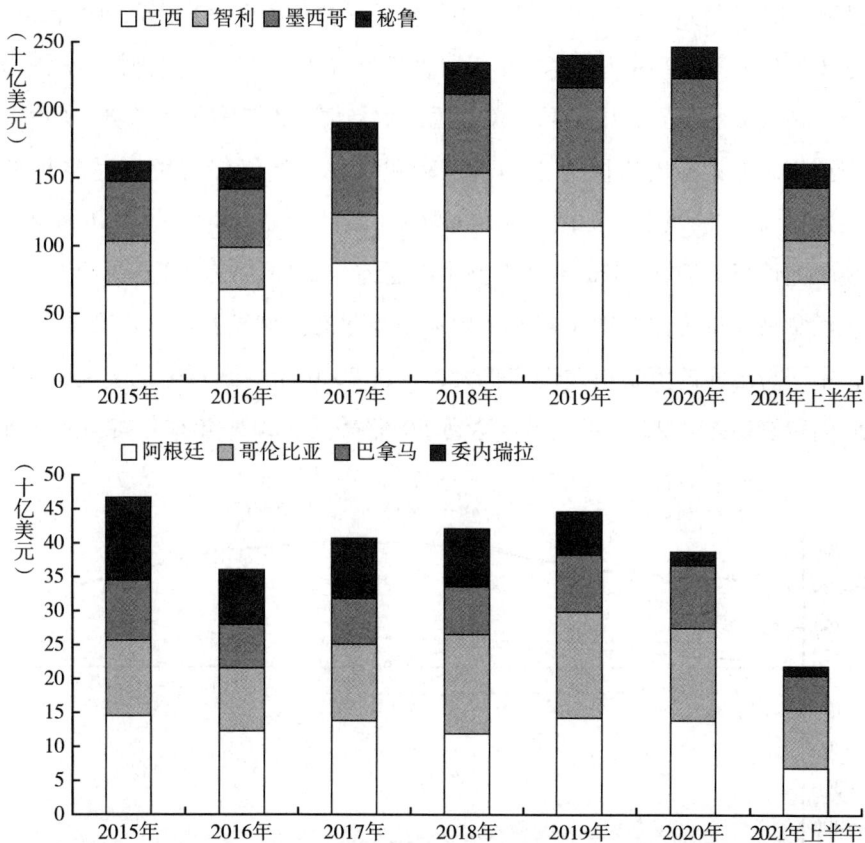

图12　2015年~2021年上半年中国与拉美地区部分国家双边贸易总额情况

资料来源：笔者根据CEIC数据库数据汇总。

---

① 此处仅比较图12中8个国家，若考虑整个拉丁美洲，巴拿马、阿根廷和哥伦比亚同中国贸易额不处于低位。

秘鲁和哥伦比亚的贸易额已经超过上一年全年贸易额的一半,这一方面说明中拉之间保持了良好的贸易关系,另一方面也说明中国经济正在强劲复苏,拉动了中拉之间的贸易。

(二)中拉间贸易逆差减小,但国家间存在较大差异

从 2018 年开始,中国对拉美贸易出现逆差,2020 年中国对拉美贸易逆差达到 151 亿美元,2021 年上半年中拉贸易逆差仅为 23 亿美元,预计 2021 年全年贸易逆差将显著小于 2020 年贸易逆差(见图 13)。鉴于拉美地区国家间存在很大的差异,中国同拉美各国的贸易情况也具有较大差异。中国对南美洲资源密集型出口国(巴西、智利和秘鲁)始终保持贸易逆差状态。阿根廷作为农业大国,与中国的双边贸易长期处于逆差状态,2019 年首次出现顺差情况,而在 2020 年又恢复小额逆差(2.83 亿美元)。中国对墨西哥、巴拿马和哥伦比亚则长期保持贸易顺差状态。就巴西而言,自 2016 年起,中国与巴西的贸易逆差迅速扩大,且在 2020 年达到 491 亿美元;中巴之间的贸易逆差在 2021 年上半年达到 278 亿美元,2021 年全年贸易逆差将

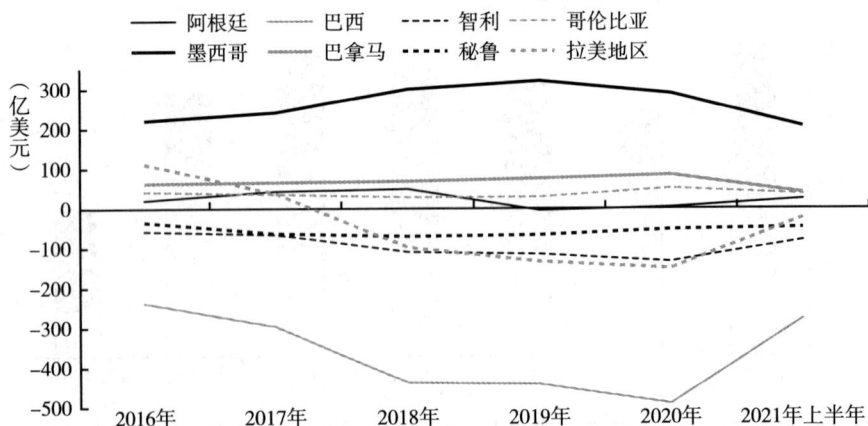

图 13 2016 年~2021 年上半年中国对拉美地区及部分国家贸易差额变化趋势

资料来源:笔者根据国研网对外贸易数据库数据汇总,http://data.drcnet.com.cn/dataTable? id=16&structureId=938。

会继续扩大。中国与墨西哥的贸易顺差近年来一直在增加，但从 2019 年开始稍有下降，2021 年上半年中墨之间的贸易顺差已达到 206 亿美元，而 2020 年全年中墨贸易顺差为 289 亿美元，可以预测 2021 年中墨贸易顺差将有较大增幅。

（三）拉丁美洲和加勒比地区国家同中国贸易互补情况

从商品出口贸易结构来看，拉美地区对华出口主要类别为原材料及中间品，分别占 2019 年拉美出口中国贸易额的 80% 和 16%。就具体产品而言，拉美地区对华出口主要为矿产品（31%）、植物产品（22%）和矿物燃料（17%）（见图 14）。

从商品进口贸易结构来看，拉美地区自中国主要进口资本品、消费品和中间品，分别占 2019 年拉美自中国进口贸易额的 52%、27% 和 18%。就具体商品而言，拉美地区自中国进口产品主要为机电设备（49%），其他相对较多的为杂项（此处指光学医疗设备等）、金属产品、化工产品、纺织原料及纺织制品四种，各项占比差别不大，在 7%~10% 之间（见图 15）。

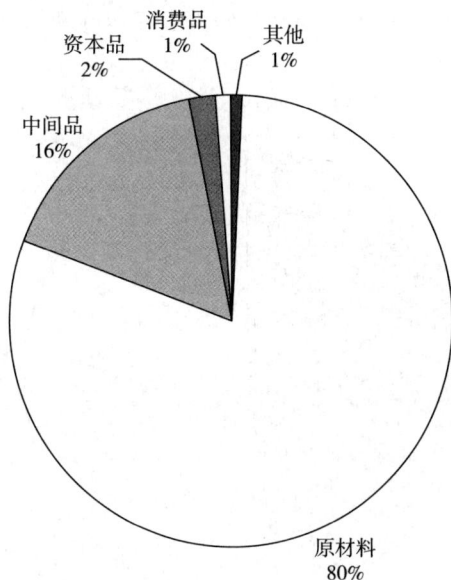

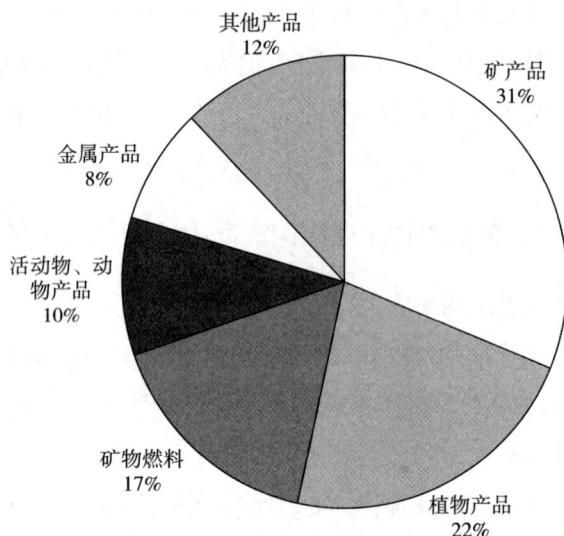

图 14　2019 年拉美地区出口中国商品情况

＊类别划分依据为 HS 1988/92，其中原材料 HS6 位产品码：584；中间品：2049；资本品：905；消费品：1532。

＊＊主要产品分类依据为 HS 1988/92，其中活动物、动物产品：01 – 05；植物产品：06 – 15；矿产品：25、26；矿物燃料：27；金属产品（贱金属及其制品）：72 – 83。

资料来源：笔者根据 WITS 数据库整理，https：//wits. worldbank. org/CountryProfile/en/Country/LCN/Year/2019/TradeFlow/Export/Partner/CHN/Product/all – groups。

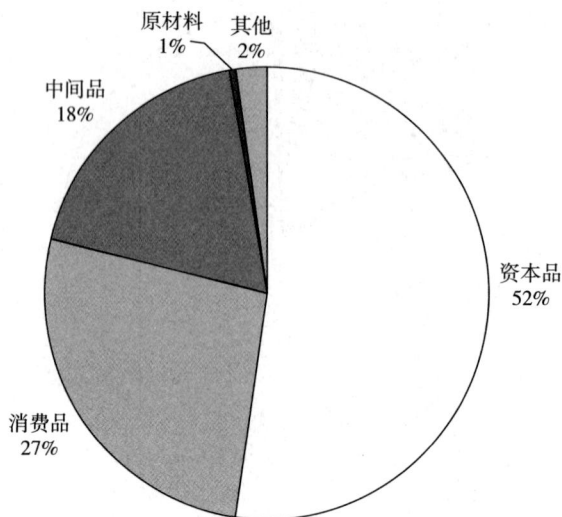

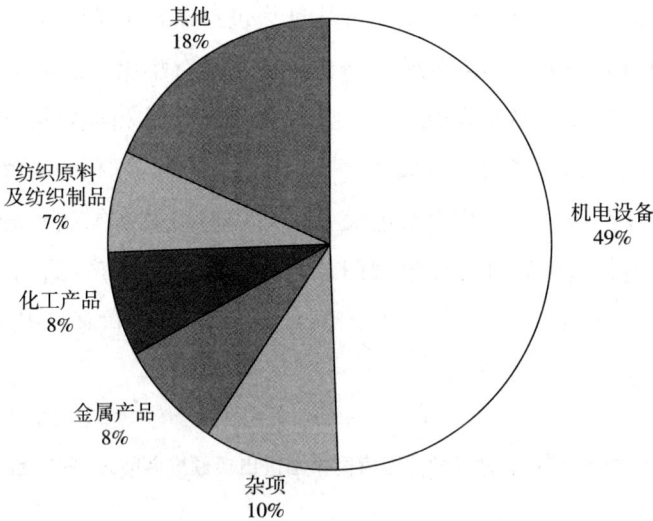

图 15 2019 年拉美地区自中国进口商品情况

* 类别划分依据为 HS 1988/92，其中原材料 HS6 位产品码：584；中间品：2049；资本品：905；消费品：1532。

** 主要产品分类依据为 HS 1988/92，其中化工产品：28 - 38；纺织原料及纺织制品：50 - 63；金属产品（贱金属及其制品）：72 - 83；机电设备：84 - 85；杂项（光学医疗设备、钟表、乐器及零件等）：90 - 99。

资料来源：笔者根据 WITS 数据库整理，https：//wits. worldbank. org/CountryProfile/en/Country/LCN/Year/2019/TradeFlow/Import/Partner/CHN/Product/all - groups。

2019 年，阿根廷对中国的出口产品主要为植物产品，活动物、动物产品以及矿物燃料，出口额分别占对华出口总额的 49.4%、40.2% 和 3.0%，阿根廷自华进口产品主要是机电设备、化工产品及光学医疗设备等，进口额分别占自华进口总额的 52.7%，16.0% 和 7.8%。可以看出，阿根廷同中国的贸易产品高度集中，但其主要对华出口产品与该国主要出口的三大产品不一致①，表明未来中阿间的贸易还有更多的潜力有待挖掘。2019 年，巴西对华出口产品主要是植物产品、矿物燃料和矿产品，这三类产品出口额占其对华出口总额的 80.3%，其对华出口产品高度集中；其自

_____

① 阿根廷对外贸易主要出口产品为植物产品，食品、饮品及烟草和运输设备，见表5。

华进口产品也高度集中，机电设备占其自华进口总额的44.3%。智利和秘鲁对中国出口第一大产品均为矿产品，分别占其对华出口总额的45.5%和78.4%；贱金属及其制品为智利第二大对华出口产品和秘鲁第三大对华出口产品，分别占其对华出口总额的29.7%和7.6%。智利和秘鲁两国自华进口主要产品种类一样，均为机电设备、纺织原料及纺织制品和贱金属及其制品，机电设备为智利和秘鲁两国最重要的自华进口产品，分别占自华进口总额的33.3%和37.2%，两国其他两种产品进口额占比在10%～20%之间（见表7）。

表7　2019年拉美地区部分国家同中国进出口额排名前三*的产品**

单位：%

国家	主要出口产品	占比	主要进口产品	占比
阿根廷	植物产品	49.4	机电设备	52.7
	活动物、动物产品	40.2	化工产品	16.0
	矿物燃料	3.0	杂项	7.8
巴西	植物产品	32.8	机电设备	44.3
	矿物燃料	24.5	化工产品	15.1
	矿产品	23.0	运输设备	9.4
智利	矿产品	45.5	机电设备	33.3
	贱金属及其制品	29.7	纺织原料及纺织制品	17.0
	植物产品	8.9	贱金属及其制品	12.1
秘鲁	矿产品	78.4	机电设备	37.2
	食品、饮品及烟草	9.3	贱金属及其制品	13.0
	贱金属及其制品	7.6	纺织原料及纺织制品	10.7

*按顺序排名，选取每个国家同中国进出口额排前三的产品记录，大部分情况下前三类产品进出口额占该国进出口额的60%～90%。

**主要产品分类依据为HS 1988/92，其中活动物、动物产品：01－05；植物产品：06－15；食品、饮品及烟草：16－24；矿产品：25、26；矿物燃料：27；化工产品：28－38；纺织原料及纺织制品：50－63；金属产品（贱金属及其制品）：72－83；机电设备：84－85；运输设备：86－89；杂项（光学医疗设备、钟表、乐器及零件等）：90－99。

资料来源：笔者根据WITS数据库整理，阿根廷数据参见https://wits.worldbank.org/CountryProfile/en/Country/ARG/Year/2019/TradeFlow/Export/Partner/CHN/Product/all－groups，其他国家数据均可在对应页面逐一获取。

四 拉丁美洲和加勒比地区贸易前景展望

由于疫情的冲击，2020年第一季度，大宗商品价格大幅下降。从2020年第三季度开始（除个别月份），拉美地区主要出口产品价格不断攀升，至2021年上半年，大宗商品价格显著高于2020年上半年①。预计2021年拉美地区出口将迎来较快增长，这一方面是由于该区域贸易伙伴外部需求的增长，另一方面是由于商品价格的上涨。进口增长则主要是由于拉美地区各国经济复苏带来的消费品和投资品的购买需求增长。从长远角度看，拉美地区由价格上涨推动的贸易复苏是脆弱的，因为出口量在持续下降。

在疫情出现反复的情况下，拉美各国的复苏受到很多不确定性因素的限制，同时，该地区疫苗接种推进缓慢。拉美地区出口额在各个次区域表现出很大差别，受益于大宗商品价格的上涨，南美洲复苏迹象变得明显，而中美洲和加勒比地区非资源型国家的复苏伴有更多的不确定性因素，更加不稳定。但整体而言，自2020年第三季度以来，拉美地区贸易条件的改善并未促成贸易流量的同步增长。

未来拉美地区的外贸发展情况受制于全球经济从疫情阴霾里走出的速度，以及其他会影响市场的新的不确定因素，如病毒变异②和发达经济体货币政策的前景等，这些因素意味着该地区经济将受到更大的限制。大宗商品价格上涨趋势短期内不会改变，但在应对疫情的非常规经济政策恢复正常后，价格可能会回落，因此，拉美地区对外贸易复苏不能仅仅依赖大宗商品

---

① 该信息参见本报告图5。

② 全球疫苗接种的缓慢推进及不平衡性可能为病毒的进一步变异留下空间，使其难以被有效控制。各国在获得疫苗能力方面也存在显著差异，疫苗采购高度集中在发达国家，截至2021年8月22日，美国和欧盟分别有53.0%和55.6%的人口完成了疫苗接种，而全球的这一数字仅为24.5%。在拉美地区，这一数字为24.8%（南美洲为26.8%，中美洲和墨西哥为22.4%，加勒比地区仅为5.8%）。CEPAL，"Estudio Económico de América Latina y el Caribe 2021: dinámica laboral y políticas de empleo para una recuperación sostenible e inclusiva más allá de la crisis del COVID－19"，2021，p.16.

价格上涨带来的红利。总之，拉美地区贸易复苏的脆弱性不仅体现在商品价格，还体现在出口量增长乏力，国际机构普遍认为该地区是世界上复苏最慢的地区之一[1]。

就中拉贸易而言，拉美对中国出口商品由大宗商品构成（如铁矿石和精矿、铜矿石和精矿、大豆及其他油籽等），每一种出口商品都高度集中，主要由少数国家（智利、秘鲁和巴西等）提供。为了遏制病毒的传播，入境口岸实施了限制措施，包括额外的卫生检疫等；同时，运输效率也大大降低，增加了外贸的时间成本。拉美国家未来若能采取有利于运输和基础设施建设的一体化区域协调行动，将有利于开展更安全、更顺畅和更有竞争力的贸易活动，实现对外贸易的稳健发展。

---

① IDB，"Trade Trends Estimates：Latin America and the Caribbean－2021 Edition 1Q"，p. 13.

B.11

2021~2022年拉丁美洲和加勒比地区
能源发展现状与前景

邹　占　董洪芝*

摘　要：　拉丁美洲和加勒比地区拥有全球最具活力的可再生能源市
场，该地区的能源转型正在进行，非常规可再生能源在各国
能源结构中所占的份额也在不断增加。拉丁美洲和加勒比地
区是受新冠肺炎疫情影响最严重的地区之一，但该地区的能
源行业仍表现出了较强的恢复力。该地区各国在新冠肺炎疫
情发生后寻求经济恢复与增长，能源部门在经济复苏与增长
方面的作用日益凸显，政治选举与社会动荡则可能会给这些
国家的能源政策带来改变。因此，拉丁美洲和加勒比地区的
能源转型将迎来新的挑战与发展机遇。

关键词：　拉丁美洲和加勒比地区　可再生能源　能源政策

拉丁美洲和加勒比地区（以下简称"拉美地区"）能源行业的发展在
2020年波动不定。首先，受到新冠肺炎疫情影响，居家隔离等措施使经济
活动一度停摆，石油价格和需求大幅下降，导致了2020年初的油价暴跌。
其次，该地区的一些主要产油国生产情况差别较大。在美国的制裁下，委内
瑞拉的石油出口量锐减；尽管墨西哥在努力提高石油产量，但收效甚微；阿

＊　邹占，西南科技大学外国语学院、拉美研究中心副教授，博士，主要研究方向为公共政策与
拉美研究；董洪芝，西南科技大学外国语学院硕士研究生，主要研究方向为拉美经济与文化。

根廷的天然气生产也是如此。然而，在政局动荡的情况下，圭亚那石油生产依然在有序进行，巴西能源行业也相对稳定地度过了这一时期。再次，2021年是拉美国家能源部门转型的一年，墨西哥的中期选举改变了该国的政治动向。2022年6月，古斯塔沃·佩特罗在哥伦比亚大选中胜出；巴西也于2022年10月开展了选举。政治选举可能会给这些国家的能源政策带来改变。同时，社会动荡的加剧和部分社区对能源项目的反对也将是影响该地区投资的因素。新冠肺炎疫情发生后，拉美各国积极寻求自身的经济恢复与增长，能源部门在其经济复苏与增长方面发挥着越来越重要的作用。因此，拉美地区的能源转型将为该地区带来新的挑战与机遇。

拉美地区主要产油国和石油出口国的前景如何？油价和需求可能复苏吗？拉美地区能源行业将在多大程度上、以什么方式向可再生能源过渡？这些都是需要探讨的问题。面对新冠肺炎疫情的挑战，拉美国家能源部门也曾采取部分积极的措施，其中较为突出的是使可再生能源和电池技术等相关技术的价格降至历史最低水平。此外，该地区大多数国家都支持碳中和，这有助于加速全球能源转型。与此同时也出现了不少负面的影响。随着经济和社会挫折感的加剧，大型政府项目将难以融资。巴西和墨西哥的民粹主义也将不利于能源市场的健康发展。

一 拉美地区能源行业现状

（一）能源消费现状

根据2021年7月英国石油公司发布的《bp世界能源统计年鉴》数据，拉美地区2020年能源消费总量为32.67百万吨油当量，较2019年能源消费总量35.89百万吨油当量下降了9.0%。巴西（12.01百万吨油当量）、墨西哥（6.48百万吨油当量）和阿根廷（3.15百万吨油当量）为2020年该地区能源消费总量排名前三的国家（见图1）。

拉美地区2020年能源消费总量为32.67百万吨油当量，其中石油消费

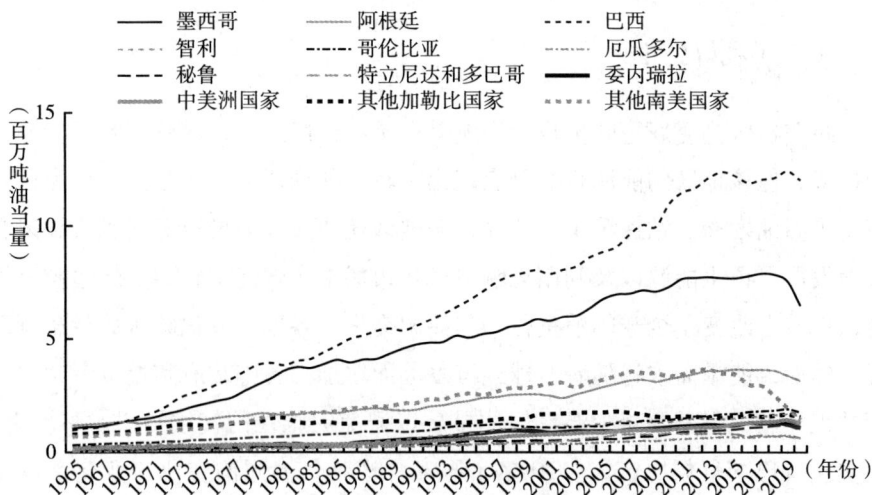

图1　1965～2020年拉美国家能源消费情况

资料来源：根据2021年版《bp世界能源统计年鉴》数据绘制。

总量占比为40.05%，天然气为25.56%，水力发电为18.69%，可再生能源为9.51%，煤炭为5.17%，核电为1.02%（见表1）。

表1　2020年拉美地区国家各类型能源消费总量及占比

单位：百万吨油当量，%

国家	石油	天然气	煤炭	核电	水力发电	可再生能源	合计
墨西哥	2.46	3.11	0.21	0.10	0.24	0.36	6.48
阿根廷	1.03	1.58	0.03	0.09	0.27	0.13	3.15
巴西	4.61	1.16	0.58	0.14	3.52	2.01	12.01
智利	0.69	0.22	0.30	—	0.18	0.21	1.61
哥伦比亚	0.55	0.50	0.27	—	0.39	0.05	1.77
厄瓜多尔	0.40	0.02	—	—	0.22	0.01	0.65
秘鲁	0.40	0.25	0.02	—	0.27	0.05	1.00
特立尼达和多巴哥	0.08	0.54	—	—	—	^	0.62
委内瑞拉	0.48	0.68	^	—	0.28	^	1.44
中美洲国家	2.37	0.29	0.28	—	0.72	0.29	3.95
合计	13.08	8.35	1.69	0.33	6.10	3.11	32.67
百分比	40.05	25.56	5.17	1.02	18.69	9.51	100

资料来源：根据2021年版《bp世界能源统计年鉴》数据汇总。数据经四舍五入处理，^表示数据小于0.005。

（二）利好方面

拉美地区是受新冠肺炎疫情影响最严重的地区之一，尽管面临政治和社会挑战，但该地区的能源行业仍表现出了较强的恢复力。多数拉美国家逐步恢复了石油勘探、钻探等生产活动，该地区还通过大力推行氢气和脱碳来更好地发展可再生能源以及利用运输电气化市场来实现能源转型。新冠肺炎疫情从根本上改变了全球的消费行为与能源需求，导致二氧化碳排放量急剧下降。然而，能源需求将随着全球经济复苏而增加。各国政府和投资者达成强烈共识——世界需要减少温室气体排放以避免灾难性的气候结果。事实上，为实现《巴黎气候协定》，110 多个国家承诺将气温限制在比工业化前高出 2℃的水平，以及到 2050 年实现碳中和。目前大多数经济体的可再生能源成本都比化石燃料低，投资者会因此更加激进。另外，公众压力和新冠肺炎疫情引发的油价波动以及供应链中断推动了可再生能源进一步发展。

拉美地区拥有全球最具活力的可再生能源市场。此外，该地区的自然资源也使其成为世界上最具吸引力的投资地区之一。巴西、阿根廷、哥伦比亚等国最近的能源拍卖活动有助于加速在该地区部署风能和太阳能发电设备。风能是巴西第二大能源，巴西有 601 个风力发电场，使用 7000 个风力涡轮机，装机容量为 15 吉瓦，另有 460 万千瓦已经签约或在建，预计 2023 年上线。尽管受到新冠肺炎疫情的影响，其太阳能装机容量依然达到 3 吉瓦，发电量较 2019 年增长了两倍，仅在过去 6 个月就增长了 45%。从长远来看，太阳能开发投资额可能会与风力发电的投资额相媲美。巴西电力行业监管机构（ANNEL）宣布，在 2021 年 7 月 8 日举行的两次能源拍卖中，巴西已经签署包含约 984.71 兆瓦的可再生能源发电量的合同，这是自新冠肺炎疫情发生以来的第一次。[①] 2022 年，巴西通过能源拍卖签约

---

① Lucas Morais，"Brazil Awards 985 MW of Renewable Power in July 8 Auctions"，July 09，2021，https：//renewablesnow. com/news/brazil－awards－985－mw－of－renewable－power－in－july－8－auctions－747152/.

的公用事业规模太阳能项目的投资预计将超过 50 亿美元。① 阿根廷计划在 2021 ~ 2030 年大幅提升可再生能源发电能力。实施其能源拍卖计划 (RenovAr 计划) 是提升该国可再生能源发电能力的主要措施之一。2021 年 9 月 5 日，阿根廷在其首届可再生能源拍卖会上提交了技术和财务报价。首届拍卖会 "RenovAr - 1" 共招标了 1000 兆瓦的可再生能源项目，包括 600 兆瓦的风能项目和 300 兆瓦的公用事业规模太阳能光伏发电项目。② 阿根廷可再生能源市场的发展不仅有助于该国减少对传统能源的依赖，而且能够帮助该国减少对昂贵进口能源的依赖。③ 2021 年，哥伦比亚在可再生能源方面取得了里程碑式进展：国会于 6 月批准了《能源过渡法案》；9 月 26 日，其监管机构公布参加 10 月 26 日举行的第三次可再生能源项目拍卖的 69 家公司名单（其中 22 家为发电机构，47 家为场外拍卖商），此次拍卖共有 38 个奖励项目，中标者承诺在 2023 年 1 月 1 日前开始供能，合同期限为 15 年。哥伦比亚政府表示，预计该新项目将为国家电网增加 5 吉瓦电力。④

未来，全球一次能源需求将更多地由清洁能源来满足。拉美地区正在进行能源转型，非常规可再生能源（如太阳能、风能和地热能等能源）在各国能源结构中所占的份额日益增加。智利、乌拉圭和哥斯达黎加是该地区的领头羊，它们近年来在非常规可再生能源开发方面进行了大量投资。⑤然而，尽管许多拉美国家在发展可再生能源方面取得了进展，但这些进展仍难以抵

① Anon, "Brazil-Country Commercial Guide", January 21, 2021, https：//www. trade. gov/country - commercial - guides/brazil - energy.
② Anon, "Comments on the First Renewable Auction in Argentina", September 12, 2021, https：//aws - dewi. ul. com/comments - on - the - first - renewable - auction - in - argentina/.
③ Globaldate Energy, "Argentina to Increase Onshore Wind Power Capacity by Threefold", March 08, 2021, https：//www. power - technology. com/comment/argentina - onshore - wind - power - capacity/.
④ Carlos Caicedo, "Colombia's Prospects for Renewables", October 19, 2021, https：//ihsmarkit. com/research - analysis/colombias - prospects - for - renewables. html.
⑤ Diálogo Chino, "Energy Transition：Mapping Latin America's Non-hydro Renewables", September 27, 2021, https：//dialogochino. net/en/climate - energy/mapping - latin - americas - non - hydro - renewable - energy - transition/.

消该地区电力需求的增长。2019 年，拉美地区人口总数约为 6.48 亿，据联合国经济和社会事务部预计，到 2030 年，该地区人口将增至约 7.06 亿[①]，其对能源的需求也将相应增长。2020 年是拉美地区可再生能源发展的关键年。虽然新冠肺炎疫情延缓了拉美地区可再生能源市场的发展，但该地区经济、政治和地理的特殊性将使可再生能源在其能源结构中发挥越来越重要的作用。

表 2 　2020 年、2040 年拉美地区各类型能源发电预装机容量及增加量

单位：兆瓦，%

	2020 年	2040 年	增加量	增加百分比
风能	34351	125225	90874	265
水能	206163	292528	86365	42
太阳能	14155	57133	42978	304
生物质能	23523	52059	28536	121
地热能	1594	5831	4237	266
核能	6098	10224	4126	68
天然气	91262	163932	72670	80
煤	21754	33769	12015	55
柴油	58397	67346	8949	15
总计	457297	808047	350750	77

资料来源：根据 OLADE, *Latin American Energy Review 2019* 数据汇总。

从 2020 年到 2040 年，拉美地区风能、太阳能、地热能发电量将增加 2~4 倍，可再生能源的发展将为拉美地区实现可持续发展目标和增强能源安全做出重要贡献（见表 2）。

在传统能源领域，全球能源需求复苏，石油出口国正从中受益。由于石油输出国组织（OPEC）进行减产，原油价格上调至新冠肺炎疫情发生前的

[①] UN, "World Population Prospects 2019：Highlights", 2019, https：//population. un. org/wpp/ Publications/Files/WPP2019_ Highlights. pdf.

水平。然而，这些利好在出口国之间分配不均。委内瑞拉、墨西哥、厄瓜多尔和哥伦比亚等拉美国家主要生产含硫量高的重质原油，市场上对此类原油的需求正在减少。圭亚那和巴西的原油较轻，含硫量较低，不仅运营成本相对较低，还将吸引大量新的外国投资。

（三）不利方面

首先，拉美地区具有生态多样性，易受气候变化的影响。因此，该地区各国都面临着不同的气候挑战，且没有统一的应对措施。在过去两年里，由于新冠肺炎疫情对该地区经济造成了极大损失，拉美国家政府不得不为减少气候变化对能源行业的影响做出努力。虽然智利、秘鲁和哥斯达黎加继续支持环保倡议，但其他国家认为环境保护势必牺牲经济增长。巴西、哥伦比亚、厄瓜多尔、墨西哥和委内瑞拉等石油生产国继续维持甚至扩大其石油工业。还有一些国家，如阿根廷，由于面临严重的经济困难，无法就气候变化采取行动。[1]

其次，拉美部分地区的土著居民反对建设能源项目。墨西哥政府为履行《巴黎气候协定》、改变能源结构，在特万特佩克地峡等地区进行风能投资项目。然而，2020年10月，来自墨西哥伊达尔戈市的反风电抗议者向巴黎法院提起民事诉讼，指控政府为了安装风电场侵犯他们的人权。[2] 土著居民在特万特佩克地峡上为生存而进行斗争的这种情况与墨西哥政府履行有关气候变化承诺和实现2030年可持续发展议程的努力形成鲜明对比。哥伦比亚政府指定拉瓜吉拉为可再生能源发展地区，这里也将成为该国能源转型的中心。但是在哥伦比亚，有关土著土地的项目需要得到该社区的同意，这将在很大程度上成为该国发展可再生能源的不确定性因素。此外，

---

[1] Herbert Smithfreehills, "COP26-Trends in Latin America", September 13, 2021, https://www.herbertsmithfreehills.com/insight/cop26 – % E2% 80% 93 – trends – in – latin – america.

[2] Jacobo Ramírez, "Energy Transition, Climate Change and Indigenous Peoples: Internal Colonialism Perpetuated Through Wind Investment in the Isthmus of Tehuantepec", February 01, 2021, https://debatesindigenas.org/ENG/ns/87 – colonialism – isthmus – tehuantepec.html.

在南美洲，土著居民经常被采矿企业和石油及天然气开采夺走土地。近年来，可再生能源项目导致土著社区居民流离失所，这也是使该地区产生冲突的原因。

最后，拉美地区的民粹主义将不利于该地区能源市场健康发展。巴西和墨西哥是拉美地区最大的两个国家，其民粹主义阻碍了一个更加开放和更具竞争力的能源市场的发展。巴西总统博索纳罗在与巴西石油公司首席执行官卡斯特罗·布兰科就燃料价格发生争执后，起用了一位没有油气公司工作经验的陆军将领代替这位执行官。投资者认为这是政府对国有企业的直接干预，也是对巴西石油公司私有化计划的潜在打击。博索纳罗还抨击了电力行业价格，承诺将动用公共资金和进行减税来减轻消费者的负担。尽管墨西哥在监管方面做出了改变，已经融资的公用事业规模项目也在 2021 年和 2022 年投入运营，但随着清洁能源证书拍卖的取消，新项目的前景仍不乐观。洛佩斯总统正利用墨西哥的化石燃料与财政优势拯救经营状况不佳的国有能源企业。他在担任总统的头 14 个月里，共向墨西哥国家石油公司（PEMEX）拨款近 170 亿美元，希望保持其正常运转。此外，2021 年 2 月，墨西哥政府再一次宣布向 PEMEX 提供 50 亿美元的补贴资金。洛佩斯总统还提出了一项电力改革法案，该法案舍弃了更为经济的可再生能源发电，优先使用国家电力委员会（CFE）生产的电能。阿根廷总统费尔南德斯提供数十亿美元的补贴，以支持阿根廷国家石油公司（YPF）的页岩油开采。与此同时，该国正与 650 亿美元的外债重组和高通胀做斗争。事实上，阿根廷政府不应仅支持其国有企业，而应将重点放在改善外国投资环境上。

二 拉美地区绿色能源产业发展前景可期

面对气候变暖、温室气体排放、生态退化等全球性挑战，拉美地区绿色能源和可持续发展问题是当今讨论最多、最重要的话题之一。该地区电力部门的特点是高度依赖水力发电，而水力发电和可变可再生能源之间的互补性是其发展所有可再生能源的关键因素。因此，拉美各国开始积极寻求电力系统多样化，努力创造更有利的政策和监管环境。

（一）支持政策不断出台

美洲开发银行（IDB）和国际可再生能源机构（IRENA）围绕拉美地区区域一体化、可再生能源投资、融资和风险缓解等问题进行商讨，并于2021年3月9日签署合作伙伴关系协议，这将有助于推动拉美地区的能源转型。具体而言，IDB和IRENA通过创造有利于可再生能源投资和可再生能源项目发展的市场环境，提高该地区实现可持续融资的几率。这两个机构都致力于可再生能源的部署和发展，实现该地区经济和气候目标。[①]

2021年2月，智利总统皮涅拉颁布了《能源效率法》，旨在促进资源的合理利用和绿色能源的广泛使用。该法规将提高能源使用效率确立为一项国家政策，规定大型能源消费企业必须建立能源管理系统并向能源部报告其能源消耗，新建住宅须附有能效标签。该法规也将促进燃油汽车向电动汽车的过渡，并且有助于智利在2030年前将能源强度降低10%，节省152亿美元，减少2860万吨二氧化碳排放。[②]巴西的电力矩阵是世界上最清洁的电力矩阵之一，巴西政府致力于支持可再生能源项目，其手段主要是通过拍卖可再生能源来增加发电量，其中，水电占巴西电力能源结构的63%，合同期限通常为15～30年。随着巴西推进其电力部门的现代化计划，以及扩大放松管制的市场，私营部门在可再生能源部门内的电力采购协议（PPA）的使用呈指数级增长，预计未来巴西对风能、太阳能和水力发电的

---

① IDB, " IDB and IRENA Accelerate a Sustainable Energy Future in Latin America and the Caribbean", March 09, 2021, https: //www. iadb. org/en/news/idb – and – irena – accelerate – sustainable – energy – future – latin – america – and – caribbean.

② "President Piñera Enacts The Energy Efficiency Law In Chile: 'The Time For Diagnoses Is Over; Now Is The Time For Action, Commitment And Resolve'", Gob. cl, February 08, 2021, https: //www. gob. cl/en/news/president – pinera – enacts – the – energy – efficiency – law – in – chile – the – time – for – diagnoses – is – over – now – is – the – time – for – action – commitment – and – resolve/.

投资将继续增加。① 在过去十年中，哥伦比亚制定了雄心勃勃的可再生能源目标。2019 年哥伦比亚政府通过启动包含 1374 兆瓦风能和太阳能发电的可再生能源拍卖，朝目标迈出了第一步；2020 年政府承诺到 2030 年将温室气体排放量减少 51%，并安装 4000 兆瓦的非水电可再生电力，这约占该国预计电力容量的 24%；② 2021 年 7 月颁布了《能源转型法》，该法的目的是使现行法律现代化以促进对氢能、可再生能源和可持续运输的投资，并承认绿色和蓝色氢气是非常规的可再生能源，同时采取降低所得税与增值税、豁免关税以及加速折旧等措施。新法律还为地热发电厂等机构的能源储存、碳捕获和能源效率提升提供了法律框架。上述激励措施延伸到智能计量与大型储能设备投资以及能源效率项目，鼓励更多外资投入该国绿色产业。③ 哥伦比亚能源部于 2021 年 9 月 30 日发布了该国的氢能路线图，为其可再生能源计划增添了新内容。该氢能路线图为清洁能源的开发、生产和使用开辟了道路，并为哥伦比亚未来 30 年的能源转型奠定了基础。④

（二）产业发展前景可期

根据联合国拉丁美洲和加勒比经济委员会（CEPAL）的数据，2020 年可再生能源部门投资项目占该地区外国直接投资项目的 26%。该地区 12 个国家承诺到 2030 年将其 70% 的能源使用建立在可再生能源的基础上。根据《巴黎气候协定》，该地区的大部分国家的自主贡献目标（NDC）为到 2030

① Anon, "Brazil-Country Commercial Guide", January 21, 2021, https: //www. trade. gov/country – commercial – guides/brazil – energy.

② Norma Hutchinson, Jonathan Morgenstein, "3 Ways Companies Can Tap Into the Rise of Renewable Energy in Colombia", February 24, 2021, https: //www. greenbiz. com/article/3 – ways – companies – can – tap – rise – renewable – energy – colombia.

③ "Amendments to the Energy Transition Law (Colombia)", GFL, July 10, 2021, https: //greenfinancelac. org/resources/news/amendments – to – the – energy – transition – law – colombia/.

④ "Colombia Publishes its 30-year Hydrogen Development Strategy", New Energy, October 7, 2021, https: //newenergyevents. com/colombia – publishes – its – 30 – year – hydrogen – development – strategy/.

年减少20%~30%的排放量。拉美地区的能源转型吸引了大量投资并创造了新的就业机会。[①]

　　拉美国家拥有巨大且尚未开发的可再生能源潜力，是极具吸引力的可再生能源项目投资目的地。在过去的几十年里，中国已成为拉美地区能源行业的主要参与者，其中，阿根廷、巴西、玻利维亚、智利、古巴和秘鲁是中国可再生能源投资的主要接受国。根据波士顿大学（BU）的数据，2000~2020年，该地区能源部门投资的资金中有15%以上用于开发可再生能源。[②] 其中，大部分投资分配给了大型水电项目，如国家开发银行（CDB）在阿根廷资助的Cóndor Cliff和Barrancosa大坝。此外，中国企业在为拉美地区及其他地区的项目供应太阳能电池板方面发挥了积极作用。除了投资和供应设备，中国企业还在建设和开发可再生能源项目。在电力建设方面，中国的电力公司在开发和建设古巴及智利的水电和非常规可再生能源项目上也占有重要地位。中国在拉美地区能源市场的投资具有多元性，除了石油和天然气资产外，还包括可再生能源。随着这些资本的涌入，低碳能源系统不断发展，碳排放不断减少，该地区气候风险也将减轻，复原力得到加强。

三　2021~2022年拉美国家选举周期与能源政策展望

　　由于总统的权力有限，拉美地区新当选总统的执政可能不会很顺利。此外，2021年选举结果表明，该地区并未像过去几十年那样遵循明显的地区意识偏好。厄瓜多尔、秘鲁的选举和竞选活动证实了这一点。

　　厄瓜多尔全国选举委员会于2021年4月18日正式宣布，代表右翼的创

---

① Ariel Yepez, "Un plan para lograr el 70% de energía renovable en la matriz eléctrica al 2030", September 22, 2021, https://blogs.iadb.org/energia/es/un-plan-para-lograr-el-70-de-energia-renovable-en-la-matriz-electrica-al-2030/.

② "China's Renewable Energy Investment in Latin America", The Dialogue, September 8, 2021, https://www.thedialogue.org/blogs/2021/09/chinas-renewable-energy-investment-in-latin-america/.

造机会运动 - 基督教社会党联盟候选人吉列尔莫·拉索在此前举行的总统选举第二轮投票中战胜对手，当选厄瓜多尔新一届总统。吉列尔莫·拉索现年65岁，曾任厄瓜多尔经济与能源部部长和瓜亚斯省省长，并创立了创造机会运动这一政党。拉索表示新政府未来将面临很多挑战，他愿与人民携手，努力共建厄瓜多尔。拉索在总统竞选期间提出的重要目标是重振对外投资，发展国家经济。在2021~2025年政府计划中，创造机会运动建议简化各种法律和税务要求，以便专注于业务的发展。① 石油是厄瓜多尔财政收入的主要来源之一，对厄瓜多尔经济增长至关重要。该国政府承认，在全球各国大力倡导碳氢化合物勘探、开采和生产的情况下，该国却在此方面投入较少，近几十年来碳氢化合物产量一直停滞不前，并将此归因于政府行政失误。对此，拉索总统提议重组厄瓜多尔国家石油公司（Petroecuador），并采用哥伦比亚国家石油公司（Ecopetrol）的模式，因为哥伦比亚石油改革是该地区的成功案例，非常具有借鉴意义。政府计划让石油部门与私营公司签订新的风险分担合同，以增加原油产量。目前与在厄瓜多尔经营的公司签订的所有合同仍将继续履行。② 虽然拉索总统及其内阁致力于使厄瓜多尔在外国投资、可持续发展和充分就业方面回到正轨，但从社会、经济和政治角度来看，实现这些目标并非易事。

秘鲁是一个三年内换过四任总统的国家，它创造了民选官员执政的标准，其总统的民众支持率极低——有时甚至低于10%。因此，民众对总统治理能力的期望可能仅限于完成其宪法授权。秘鲁长期以来一直奉行亲商政策，吸引了大量投资，特别是在采矿和碳氢化合物领域。秘鲁全国选举委员会于2021年7月19日晚宣布，自由秘鲁党候选人佩德罗·卡斯蒂略在6月6日举行的总统选举第二轮投票中击败人民力量党候选人藤森庆子，当选秘

---

① CREO, "Government Plan 2021 – 2025 (Plan de Trabajo 2021 – 2025)", April 13, 2021, https://guillermolasso.ec/wp – content/uploads/2020/10/Plan – de – Gobierno – Lasso – Borrero – 2021 – 2025 – 1. pdf.

② Anon, "Ecuador's Got A New President: Now What?", May 25, 2021, https://hsfnotes.com/latamlaw/2021/05/25/ecuadors – got – a – new – president – now – what/.

鲁总统。此次的总统选举是秘鲁左翼和右翼党派之间的一次较量，关系到未来国家政治、经济和社会发展方向，因此竞争极为激烈。与厄瓜多尔一样，秘鲁面临的主要挑战是政府治理问题，尤其是政府实施的一些措施，比如采矿业和其他自然资源（包括能源）的国有化。

拉美地区最大的两个经济体巴西和墨西哥将分别在2022年和2024年进行选举。在2018年12月就职后，洛佩斯及其新任命的部长们宣布将重新评估2013年能源改革的相关措施，包括暂时停止碳氢化合物招标轮；反对天然气产能合同，认为其将对国家电力委员会造成负担；对墨西哥国家石油公司（PEMEX）炼油厂扩建进行大量投资；重新考虑私人能源部门投资计划等。洛佩斯对商界精英的态度导致许多墨西哥人认为他是腐败和精英政治制度的反对者，因此，他获得了大量人民的认可，尤其是穷人。他早期实施的直接转移计划和最低工资增长措施曾受到选民的欢迎，在竞选期间他还承诺将实现经济增长和减少暴力活动。然而，自他执政以来，墨西哥经济下滑且暴力犯罪严重程度高于前几届政府，这引起了墨西哥民众和国际社会的极大关注。墨西哥在2021年6月进行了有史以来规模最大的中期选举。选举结果证明，墨西哥民众选择了维持现状，继续让洛佩斯以及莫雷纳党作为该国的主要政治力量，但其在众议院的席位被削减，因此很可能失去了实施宪法改革的机会，无法改变2013年能源改革措施及实现墨西哥能源部门国有化的目标，这与洛佩斯的期望相差甚远。他将继续阻止2013年能源改革，并试图加强其在农村地区的选民基础，遏制反对派。然而，这些措施所带来的政治不确定性在很大程度上影响了该国的外来投资，致使政府承受着越来越大的政治压力。[①]

巴西的通货膨胀仍处于失控状态，能源行业深受影响。巴西干旱导致水力发电减产，电力价格飙升。与此同时，随着新冠肺炎疫情的影响减弱，全球石油和天然气价格也在攀升，因此，能源将成为巴西2022年政治辩论的

---

① P. Scott Burton, "Mexico Election Winner Could Influence Environmental Policy", August 11, 2021, https://www.natlawreview.com/article/could-mexico-s-mid-term-elections-signal-return-to-energy-and-environmental-policy.

核心议题。2021 年 3 月,最高法院的裁决恢复了前总统卢拉的政治权利,使其能够再次竞选总统。2022 年巴西总统选举竞选活动于 8 月 16 日开启,11 名总统候选人将竞逐总统之位。巴西咨询机构 Datafolha 于 8 月 15 日公布的民调结果显示,卢拉以 44% 的支持率领跑首轮民调排行榜,博索纳罗支持率为 32%,其余候选人支持率均较低。[1] 卢拉受到欢迎与经济低迷的状况和新冠肺炎疫情有关。

目前,拉美地区发展的困境源于一系列复杂且相互关联的社会、经济和政治危机,这些危机因新冠肺炎疫情的到来以及孤立主义和"反全球化"浪潮的兴起而加剧。由于其在短暂的大宗商品繁荣期间未能改变经济发展模式,拉美地区自新冠肺炎疫情发生以来,经济便十分脆弱。根据联合国拉加经委会的数据,在新冠肺炎疫情发生之后,2020 年该地区生活在绝对贫困线以下的人数增加了 2200 万,达到 2.09 亿。对于低薪和只有非正式工作的工人来说,应对防疫封控措施尤其艰难。[2] 一方面,拉美国家在新冠肺炎疫情后的复苏政策选择有限,迫切需要提振经济和解决大规模社会问题。因此,拉美国家政府必须增加财政投入。另一方面,在已经达到历史性财政赤字和债务水平的情况下,政府通过增加税收和减少支出来平衡公共财政的压力越来越大。对此,拉美国家有一个二元选择。一是继续依赖采掘业以促进经济繁荣,尤其是响应来自中国的对化石燃料的需求。二是大力发展绿色经济和循环经济,重新思考和转变该地区的经济模式,减少对化石燃料的依赖,扩大可再生能源生产。但这两种政策选择都有其自身的政治和经济风险,且会面临来自社会某些领域的阻碍。

---

[1] Reuters, "Lula Keen to Debate Bolsonaro on Rebuilding Brazil in 2022 Campaign", October 8, 2021, https://www.usnews.com/news/world/articles/2021 - 10 - 08/lula - keen - to - debate - bolsonaro - on - rebuilding - brazil - in - 2022 - campaign.

[2] OECD, "Well-being Weakened in Latin America as Pandemic Hits, Data Show", October 28, 2021, https://www.oecd.org/newsroom/well - being - weakened - in - latin - america - as - pandemic - hits - data - show.htm.

B.12
新冠肺炎疫情对中拉经贸关系的
冲击、挑战与中国的对策

陈贝贝　严复雷*

摘　要： 新冠肺炎疫情在全球蔓延使世界经贸活动受到严重冲击，中
拉经贸关系在经历十多年的总体高速发展后也面临新冠肺炎
疫情的挑战。中拉贸易、投资、金融合作"三大引擎"受新
冠肺炎疫情短期冲击，但在危机与机遇并存的时空维度下，
医疗物资贸易、卫生基建领域投资、"数字化丝绸之路"等
成为疫情冲击下中拉经贸合作的新动力。展望未来，虽然新
冠肺炎疫情下中拉经贸合作在贸易、投资、国际工程承包等
领域的发展面临许多挑战，但长期向好的趋势未变，在疫情
的影响下双边合作意愿更为迫切与强烈，中拉双方应继续以
"一带一路"倡议为指引，挖掘数字经济和中国"双循环"
新发展格局下中拉经贸合作新契机，促进中拉经贸合作向宽
范围、深层次发展，实现优化升级。

关键词： 新冠肺炎疫情　中拉经贸关系　"一带一路"　数字经济

---

* 陈贝贝，西南科技大学经济管理学院应用经济学硕士研究生，主要研究方向为国际贸易学、
金融学；严复雷，博士，西南科技大学经济管理学院副教授，主要研究方向为国际贸易学、
金融学等。

一 中拉经贸关系发展现状

中国在 2008 年发布的《中国对拉丁美洲和加勒比政策文件》中指出，要加强中拉经济合作，鼓励双方加强宏观、微观等多层次的业务交流及合作。2016 年第二份《中国对拉美和加勒比政策文件》强调将贸易、投资、金融作为促进中拉经贸合作的三大动力点，本报告将从这三方面分析中拉经贸关系现状。

（一）中拉贸易互补性强、潜力大

2001 年 12 月中国成功加入世界贸易组织后对外贸易蓬勃发展。中国、拉丁美洲和加勒比地区（以下简称"拉美地区"）之间的贸易关系日益密切，截至 2021 年，中国是拉美地区第二大贸易伙伴以及该地区一些国家的最大贸易伙伴。2002～2011 年，中拉贸易进入充满活力的新时期，成为中拉经贸合作的核心动力点，中拉贸易总额年均增长率高达 33.6%。2008 年国际金融危机重创世界经济与贸易，大宗商品超高价周期结束[①]，虽然中国对大豆、铁矿石、铜精矿、原油需求量增加，但其平均价格均大幅下跌，2012～2016 年，中拉贸易总额年均下降 4.5%。2017 年得益于世界经济逐渐复苏及"一带一路"倡议，中拉贸易总额恢复增长，2017～2019 年，年均增长率为 10.8%；2020 年中拉双边贸易总额为 3166.4 亿美元，同比下降了 0.3%，2002～2020 年，年均增长率为 17.3%；2021 年中拉双边贸易总额大幅增长，达到 4515.9 亿美元，同比增长 42.6%（见图 1）。

中拉贸易结构由于双方优势互补明显，较为稳定。中国主要向拉美地区出口工业制成品，拉美地区对中国的出口主要为一些原材料产品，特别是大豆、铜、石油等，集中出口这些产品的国家如巴西、智利与中国商品贸易表现为顺差。2018 年中美两国发生贸易摩擦，中国从美国进口大豆的数量下

---

① 卢国正：《21 世纪海上丝路助推中拉经贸换挡升级》，《对外经贸实务》2015 年第 3 期。

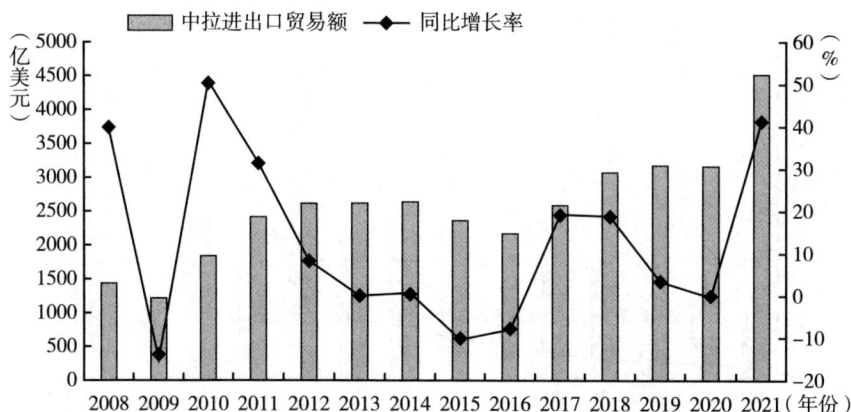

图1　2008～2021年中拉进出口贸易额及其同比增长率

资料来源：根据中国海关统计数据整理。

降，使2019年南美一些国家如阿根廷、巴西获得一定的贸易转移，短期刺激其大豆出口增长，获得一定的经济效益。然而，拉美地区大多数国家与中国的商品贸易持续逆差。

（二）中拉投资快速增长，行业比较集中

中国在拉美地区的投资活动以"走出去"战略为指导，随着中拉贸易高速发展，中拉投资也成为促进中拉经贸合作的动力点之一，规模不断扩大，拉美地区已成为中国对外直接投资第二大目的地①。从存量看，截至2007年底中国对拉美地区的直接投资存量仅为247亿美元，但到2016年和2018年底相继冲破了2000亿美元、4000亿美元大关，实现跨越式增长，截至2020年底达到6298.1亿美元，占中国对外直接投资总存量的24.4%，仅次于亚洲。从流量看，2008年全球金融危机后，中拉贸易受到打击，但中国对拉美直接投资流量逆势增长，2009年同比增长99.2%，2016年创21世纪以来最高纪录，高达272.3亿美元，2020年从2019年低位回升到166.6亿美元，同比增长160.7%，占当年对外直接投资总流量的10.8%（见图2）。

---

① 谢文泽：《改革开放40年中拉关系回顾与思考》，《拉丁美洲研究》2018年第1期。

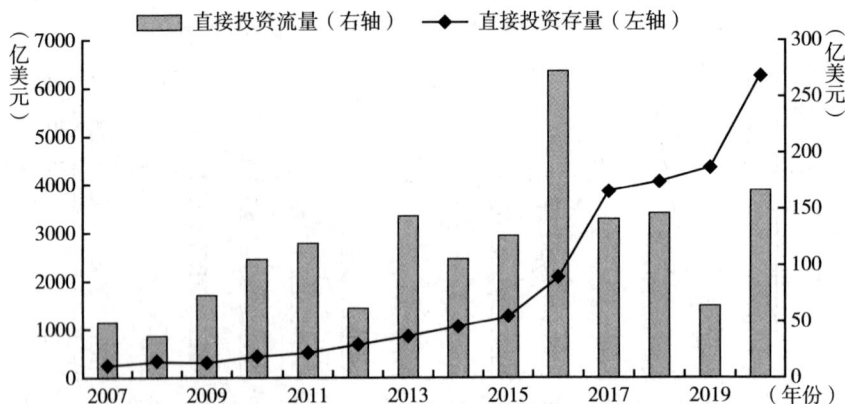

图 2　2007～2020 年中国对拉丁美洲直接投资流量和存量情况

资料来源：根据中华人民共和国商务部、国家统计局、国家外汇管理局联合发布的《2020年度中国对外直接投资统计公报》整理。

中国对拉美地区的直接投资表现出国别（地区）分布不平衡、投资结构趋于多元化但行业较为集中以及以并购方式为主的特点。从投资存量看，开曼群岛和英属维尔京群岛是主要分布地，截至 2020 年底，其合计存量3897.2 亿美元，占对拉美地区投资总存量的 97.3%[1]，巴西、委内瑞拉等国位列其后。截至 2020 年末，中国对拉美地区直接投资存量行业集中于信息传输、软件和信息技术服务业、租赁和商务服务业等 5 个行业，合计占比83.7%[2]。面对制度性进入壁垒、文化差异、法律、语言等障碍，中国企业主要采取并购方式对拉美地区进行投资，以便降低投资成本，尽快进入当地市场，规避不确定性风险，2020 年中国企业对拉美地区的并购活动集中于秘鲁，其并购金额近 45 亿美元，居 2020 年中国企业对外投资并购目的地的首位，且近年绿地投资项目有所增长，在两类投资交易中均以基础设施投资为主导。

---

① 中华人民共和国商务部、国家统计局、国家外汇管理局：《2020 年度中国对外直接投资统计公报》，2021 年 9 月 29 日，第 22 页，http：//images. mofcom. gov. cn/www/202109/20210929084957284. pdf。

② 中华人民共和国商务部、国家统计局、国家外汇管理局：《2020 年度中国对外直接投资统计公报》，2021 年 9 月 29 日，第 29 页，http：//hzs. mofcom. gov. cn/article/date/202110/20211003207274. shtml。

（三）中拉金融合作形式愈发多样化

国家开发银行和中国进出口银行是中国向拉美国家发放主权贷款的"主力军"，2015 年以来，它们向拉美国家发放贷款总额有下降趋势，2019 年仅新发放了 11 亿美元主权贷款，而 2020 年受新冠肺炎疫情影响发放贷款总额首次为零，为近 10 年最低水平（见图 3），发放贷款总额下降的主要因素在于中国贷款的主要接受国——巴西、厄瓜多尔、委内瑞拉因债务负担过重都减少了向中国的借贷，且 2020 年中国政策性银行在拉美将焦点转向对现有债务的重新谈判。尽管在过去十年的大部分时间里，这两家中国政策性银行是拉美地区最重要的主权融资来源，但从 2016 年开始美洲开发银行（IDB）和拉美开发银行（CAF）对该地区的贷款总额超过了这两家中国政策性银行的贷款总额①。

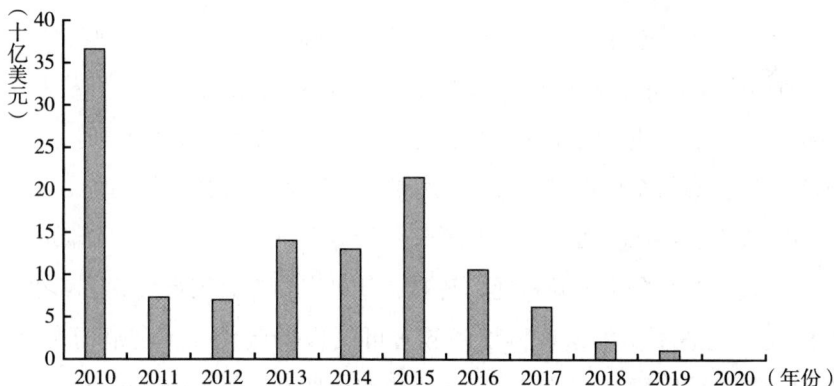

图 3 2010～2020 年国家开发银行和中国进出口银行向拉美国家发放贷款总额

资料来源：波士顿大学全球发展政策研究中心：2021 年度《中国－拉美经济公报》。

无论在多边层面还是在双边层面，中国与拉美都在不断深化金融合作，减少中拉合作融资约束，推动全球金融治理变革。亚投行官网资料显示，截

---

① Rebecca Ray, Pedro Henrique Batista Barbosa, "China – Latin American Economic Bulletin", Boston University: Global Development Policy Center, 2020, pp. 6 – 7.

至 2021 年 9 月 20 日，有 8 个拉美国家被接纳为亚投行成员，其中阿根廷、巴西、智利、厄瓜多尔、乌拉圭已完成加入程序，玻利维亚、秘鲁、委内瑞拉错过了履约加入亚投行最后期限。2019 年 4 月 22 日，国家开发银行牵头成立了中拉开发性金融合作机制，这是中国与拉美之间的首个多边金融合作机制，拉美创始成员单位包括拉美对外贸易银行、阿根廷投资与外贸银行、厄瓜多尔国家开发银行、墨西哥国家外贸银行、秘鲁开发金融公司、巴拿马国民银行、哥伦比亚国家发展金融公司共 7 家拉美开发性金融机构①。另外，中国还通过中拉合作基金为拉美国家提供信贷支持，该基金是由中国政府宣布设立的一支专门针对拉美地区的"政府指导，市场化运作"的私募股权投资基金。2014 年 7 月，国家主席习近平在巴西出访期间正式宣布启动中拉合作基金并承诺出资 50 亿美元，2015 年 4 月国务院研究决定将规模扩大为 100 亿美元。2020 年中国进出口银行为巴西国家石油公司第二期浮式生产储卸油装置（FPSO）海工模块项目进行首次放款，为中国船厂抗击新冠肺炎疫情和企业复工复产提供了有力支持，对于支持中国高端装备"走出去"、强化中巴海洋工程装备领域产能合作也具有重大意义②。这些金融合作平台和机制为深化中拉合作提供了重要的金融支撑，也拓展了中拉金融合作的广度，还为拉美新兴经济体参与全球经济治理、更好融入全球经济提供了渠道。

中拉双边贸易和投资总量不断增长，为提高结算的便利性、降低汇率成本，中国人民银行分别与阿根廷、智利、苏里南的中央银行续签了双边本币互换协议（见表 1）。③ 这些协议的签署可以提供流动性，防范汇率风险，也有利于人民币国际化，进一步促进中拉双边贸易、投资。此外，中国的政策性银行、商业银行已在拉美地区设立了多个分支机构，对拉美经济建设起到了积极作用。

---

① 王飞：《全球经济治理视域下的中拉金融合作》，《学术探索》2020 年第 11 期。

② 中国进出口银行：《中国进出口银行 2020 年度报告》，2021 年 6 月 8 日，第 62 页，http：//www.eximbank.gov.cn/aboutExim/annals/2020/202106/P020210608350661407535.pdf。

③ 辛晓岱、李一莘：《中拉资金融通的机遇空间与风险防范》，《拉丁美洲研究》2018 年第 4 期。

表1 中国人民银行与拉美国家中央银行签署本币互换协议情况

年份	国家	互换规模
2019	苏里南	10亿元人民币/11亿苏里南元(续签)
2019	智利	500亿元人民币/56000亿比索(协议修订后)
2019	阿根廷	700亿元人民币/7300亿比索(续签)和600亿元人民币(新签署)
2020	巴西	已过有效期
2021	智利	500亿元人民币/60000亿比索(续签)

资料来源：中国人民银行：《2021年中国货币政策大事记》。

二 新冠肺炎疫情对中拉经贸关系的冲击

(一)负面影响

1. 中拉货物贸易基本稳定，服务贸易受重创

2020年1~2月初中国为防控疫情，企业基本停工停产，需求骤减，物流受限，对中拉进出口贸易造成短期冲击，1~2月累计进出口额454.6亿美元，比2019年同期下降8.4%，进口额和出口额双双下滑。2020年3月以来，中国的新冠肺炎疫情防控卓有成效，企业逐步复工复产，"六稳""六保"等措施修复外贸产业链、供应链，促进中国外贸稳定增长，中国经济显示出强大韧性和活力。但与此同时，拉美地区新冠肺炎疫情形势严峻，确诊病例激增，一些拉美国家为防控新冠肺炎疫情实施了严格的隔离措施，交通运输活动和生产活动减少，出口部门进一步受到冲击，例如1~6月，阿根廷、秘鲁、墨西哥商品贸易出口分别同比下降26%、11%、19.5%[①]。随着中国快速控制新冠肺炎疫情和经济的复苏，需求疲软得以缓解，物流限制得以改善，2020年6月起，中拉进出口贸易额总体缓慢增长，12月中拉

---

① ECLAC, "Statistical Bulletin：International Trade In Goods In Latin America And The Caribbean-Second Quarter 2020 – 40", December 2020, p. 3, https：//www. cepal. org/en/publications/46518 – statistical – bulletin – international – trade – goods – latin – america – and – caribbean – second.

进出口额增长至301.7亿美元，2020年双边货物贸易总额同比下降0.3%，中国对拉美出口同比下降0.8%，进口同比增长0.1%，进口的增长得益于中国向澳大利亚进口农产品和畜牧产品的贸易转移。2021年中拉进出口额整体延续增长态势，其中，8月份中拉进出口额增长到最高点，达442.2亿美元（见图4）。2021年中国对拉美出口额同比增长51.9%，中国对拉美进口额同比增长32.0%。虽然2020年双边货物贸易总额收缩，但拉美对中国出口逆势增长，展现出中拉贸易合作的韧性与潜力。

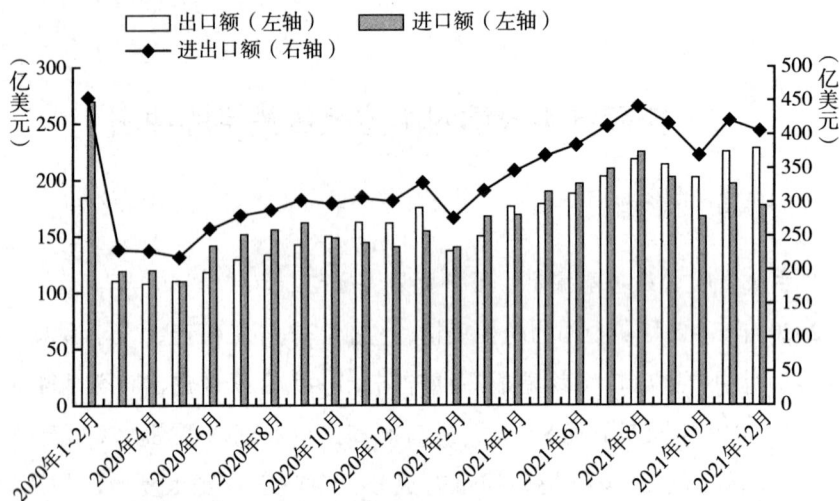

图4 2020～2021年中国与拉丁美洲进出口贸易月度情况

资料来源：根据中国海关统计数据整理。

中拉服务贸易受到新冠肺炎疫情严重冲击，旅游业和运输业是主要的受创行业。为了防控新冠肺炎疫情，各国都采取了减少或停运空运和海运班次、限制边境出入等不同程度的管制措施，致使中拉双边旅行人数骤然下滑，物流运输受限，中国和拉美传统服务贸易领域进出口形势均不容乐观。据统计，2020年1～3月，由于入境旅游几乎停滞，旅游业在拉美服务出口部门中降幅最大，达17.4%，运输服务下降了6.8%，而2019年旅游业占拉美服务出口总值的48%，对拉美服务出口部门尤为重要，旅游业的崩溃使拉美服务出口部门严重萎缩①。2020年中国服务贸易总额同样受挫，同比下降15.7%，其中旅行服务进出口受冲击最为严重，同比骤降48.3%②。

2. 中拉投资面临挑战

拉美是新冠肺炎疫情的重灾区之一，2020年拉美GDP下滑6.8%，降幅创120年来新高③。拉美经济严重衰退使投资者对拉美地区投资预期下降，2020年流入拉美地区的外国直接投资项目总额大幅下降，从2019年的1000多亿美元降至2020年的550亿美元。同样，2020年拉美吸纳中国绿地投资项目大幅下降，从2019年的134亿美元降至仅25亿美元。但在新冠肺炎疫情之下，机遇与挑战并存，2020年中国在拉美的并购规模从2019年的43亿美元增长到70亿美元（见图5），并购交易集中于电力基础设施行业，在秘鲁和智利的三笔大型电力交易引人注目，三峡集团以35.9亿美元的价格收购了桑普拉能源公司在秘鲁最大的电力公司路德斯83.6%的股份、国家电网有限公司以24亿美元的价格从桑普拉能源公司手中收购了智利第三大分销商切昆塔公司、国家电网有限公司以2.17亿美元收购了桑普拉能源公司在智利电力公司50%的股份④。拉美恶化的经济环境、凸显的社会矛盾、不稳定的政治局势以及新冠肺炎疫情蔓延等因素可能导致拉美地区投资环境恶化，中国对拉美投资风险大大增加。

拉丁美洲是中国海外承包工程的重要市场，中铁、中国交建、中石油等中国国有企业已在拉美地区完成多项重大工程承包项目。2020年，中国企业在拉丁美洲地区新签约合同额148.4亿美元，同比下降25.3%，占当年新签约合同总额的5.8%；完成营业额78.9亿美元，同比下降32.2%，占

① ECLAC, "The Effects of the Coronavirus Disease (COVID-19) Pandemic on International Trade and Logistics", August 2020, p. 11, 13, https：//www. cepal. org/en/publications/45878 – effects – coronavirus – disease – covid – 19 – pandemic – international – trade – and – logistics.

② 《疫情致去年中国服务贸易逆差减半》，中国新闻网，2021年2月4日，https：//www. chinanews. com/cj/2021/02 – 04/9404938. shtml。

③ ECLAC, "Economic Survey of Latin America and the Caribbean 2021", May 2021, p. 9.

④ Rebecca Ray, Zara C. Albright and Kehan Wang, "China – Latin American Economic Bulletin", Boston University：Global Development Policy Center, 2021, pp. 11 – 13.

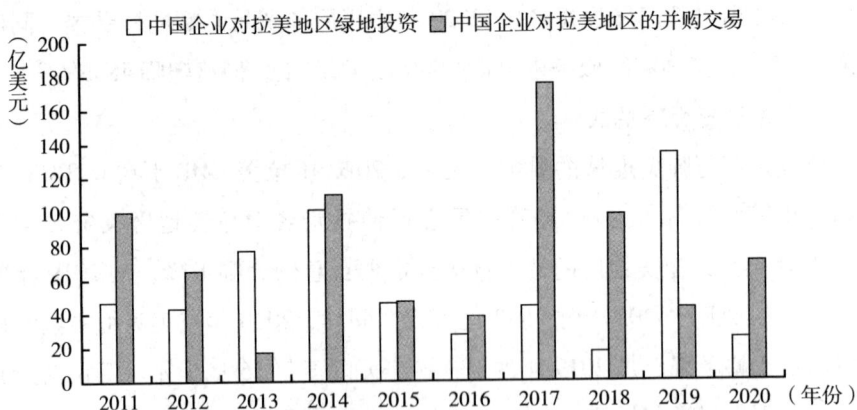

图5　2011～2020年中国企业对拉美地区绿地投资和并购交易的情况

资料来源：波士顿大学全球发展政策研究中心：2021年度《中国-拉美经济公报》。

当年完成营业额的5.1%①。受严格的防疫措施影响，企业施工、生产运转效率降低，技术人员往来受限，中国对拉美投资的项目进程受阻。例如受新冠肺炎疫情防控和经济下行双重影响，拉美地区光伏市场需求减弱，巴西矿产和能源部宣布无限期推迟光伏项目招标。

3. 拉美债务危机致使中国对拉美投融资风险加大

在新冠肺炎疫情发生前，许多拉美国家早已债台高筑，但为了控制新冠肺炎疫情蔓延，复苏经济，拉美国家政府不得不增加公共财政支出，导致公共债款规模迅速攀升，拉美债务问题进一步恶化。2020年，拉美地区国家中央政府公共债务占GDP的比重高达56.5%，2021年随着经济活动逐渐复苏，占比下降到53.7%，但仍处于历史高位，高于2000～2019年的平均水平。2021年，加勒比地区国家中央政府公共债务占GDP的比重仍然很高，达到89.1%，该地区有六个国家的该比重超过了90%。② 在拉美地区的主要国家中，巴西中央政府公共债占GDP的比重最高，达到80.3%，其次是

---

① 中华人民共和国商务部：《2020年度中国对外承包工程统计公报》，2021年9月，第14页，http://hzs.mofcom.gov.cn/article/date/202109/20210903196388.shtml。

② ECLAC, "Fiscal Panorama of Latin America and the Caribbean 2022", July 2022, pp. 33 - 34.

阿根廷，达到 79.9%（见图6）。拉加经委会报告显示，2021 年惠誉、穆迪等国际信用评级机构对拉美地区国家有高达 23 次的负面主权信用评级行动，10 个拉美地区国家被降级，即巴哈马、伯利兹、智利、哥伦比亚、古巴、巴拿马、秘鲁、萨尔瓦多、苏里南、特立尼达和多巴哥，国际信用评级机构认为这些国家存在财政状况疲软或公共财政恶化的情况。[①] 因此，新冠肺炎疫情的冲击和经济的低迷使拉美债务违约可能性增加，融资风险加大，投资者信心下降。

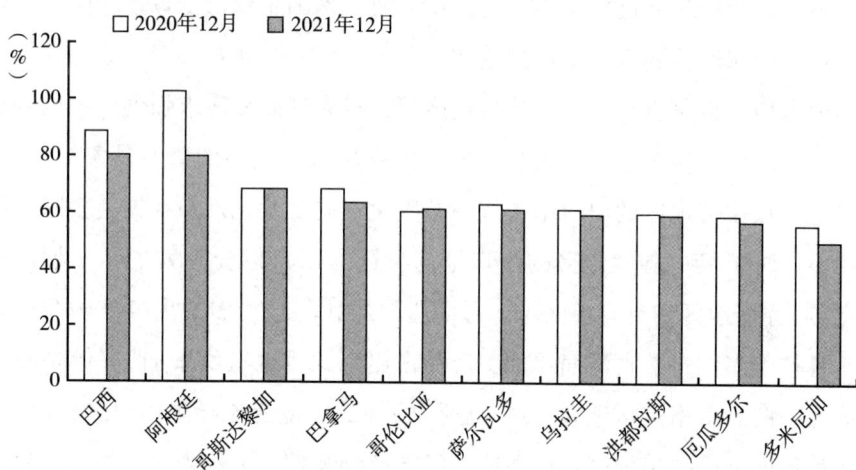

图6　中央政府公共债务占 GDP 的比重排名前十位的拉美地区国家

资料来源：拉加经委会：《2022 年拉丁美洲和加勒比地区的财政全景》，第 33 页。

2020 年，中国两大政策性银行——国家开发银行和中国进出口银行对拉美政府或国有企业新发放贷款资金为零，这是自 2006 年以来中国首次没有对其发放新的融资，中国对拉美的融资自 2015 年以来总体呈下降趋势，2020 年降至零点。委内瑞拉曾是中国政策性银行发放融资的主要目的国，贷款主要以石油为担保，但新冠肺炎疫情影响了国际需求，原油价格暴跌，

<hr>

① ECLAC, "Capital flows to Latin America and the Caribbean: 2021 year – in – review and first four months of 2022", June 2022, p. 18.

加之美国的制裁，委内瑞拉难以按时交付石油，实际上从 2017 年开始中国就没有对其发放新贷款。

4. 新冠肺炎疫情给中拉产能合作和供应链造成冲击

新冠肺炎疫情造成世界经济严重衰退，不确定性增加，全球跨国投资大幅萎缩。联合国贸发会议报告显示，2020 年全球外国直接投资较上年下降42%，而 2020 年流向拉丁美洲的外国直接投资骤降 45%①。为防控新冠肺炎疫情采取的各项严格措施阻碍了世界各国（地区）经济活动，且其防疫效果不一，经济复苏进展各异，进一步加速了跨国企业对全球生产网络布局的调整，全球产业链供应链加快重构。

中国加入世贸组织后，经济高速增长，对大宗商品需求强劲，中拉经贸合作不断深化，拉美地区尤其是南美洲国家从大宗商品的繁荣景象中获益，但这也导致拉美地区的出口结构重新基础化，去工业化现象在拉美多国中愈发明显。2006 年，拉美地区的出口结构特征为以自然资源为主导（超过三分之二），该地区中只有墨西哥、哥斯达黎加和萨尔瓦多的出口结构并非如此，且拉美多国自然资源简单加工产品占出口比重也有所增加②。但是随着全球大宗商品价格泡沫破裂，这一强烈的外部环境变化导致出口结构单一、工业化程度低的拉美地区难以适应，经济持续萎缩。近年来，中国逐步化解过剩产能，从"中国制造"向"中国智造"迈进，为拉美国家"再工业化"创造了发展机遇，产能合作在中拉经贸合作中的重要性和地位日益提高③。在"一带一路"倡议的推动下，拉美凭借其资源禀赋优势，在基础设施建设、能源、农产品等行业逐渐参与到中国的价值链中，是中国原材料、初级产品供应的重要来源。然而在新冠肺炎疫情的冲击下，大宗商品价格震荡，国际物流运输困难，生产效率降低、产出萎缩，中拉产能合作

---

① UNCTAD，"World Investment Report"，June 2021，p. 2，58，https：//unctad. org/webflyer/world – investment – report –2021.

② José Antonio Ocampo，"El auge económico latinoamericano"，volumen 28 ，Nº 1，2008，p. 13，https：//www. scielo. cl/pdf/revcipol/v28n1/art02. pdf.

③ 谢文泽：《中国经济中高速增长与中拉经贸合作》，《拉丁美洲研究》2016 年第 4 期。

的主要行业供应链、价值链面临挑战。

在基础设施建设行业，中国在资本、技术、经验上的比较优势满足了拉美国家基建领域的需求，双边合作互补性强。在新冠肺炎疫情影响下，中铁、中建、中国国家电网等投资于拉美电力、物流、信息领域的企业面临国产专业化设备、技术人员、国产工程材料难以进入项目所在国的困境，国际物流运价也不断攀升，造成企业成本上升，工程延期的风险加大，项目执行难度增加，除此之外，在拉美的中国企业员工还面临防疫物资紧缺，管理难度加大等难题。

在能源行业，新冠肺炎疫情、石油输出国组织减产协议未达成、全球经济逐步复苏等多重因素叠加导致原油价格"先抑后扬"，从 2020 年 4 月国际原油期货"负油价"探底到 2021 年 10 月布伦特原油与美国原油期货合约价格均已突破 80 美元/桶。拉美多国受防疫措施影响，石油产出萎缩，例如据哥伦比亚石油协会统计，2020 年石油生产投资降至 17 亿美元，同比下降48%，2020 年哥伦比亚的石油日均产量下降至 78.13 万桶，同比下降了11.8%[①]。国际油价的波动以及国际原油物流运输不畅影响拉美对中国的原油供应链，2020 年巴西对中国的原油出口量占其总出口量的比重从 2019 年的 64% 下降至 58%。

在汽车行业，近年来拉美是中国品牌汽车出口的重要市场之一，奇瑞、比亚迪等中国品牌在拉美主要经济体合资经营、开设工厂，已建立了拉美市场基础的汽车生产、销售网络，比亚迪的新能源汽车在巴西、哥伦比亚、智利等国受到青睐，销量大增。在新冠肺炎疫情冲击下，汽车产业上下游企业都面临挑战，国内外汽车造车工厂因新冠肺炎疫情防控措施停工，影响上游企业汽车零部件供应，汽车产出压力大，而下游企业销售物流网络则面临物流运输不畅、订单取消等风险。

从以上中拉产能合作的主要行业看，新冠肺炎疫情对其供应链、价值链

[①] 《2020 年哥伦比亚油气投资下降49%》，中国石化新闻网，2021 年 2 月 3 日，http://www.sinopecnews.com/news/content/2021 - 02/03/content_ 1842292. htm。

的冲击可分为供给冲击和需求冲击。在供给冲击方面，一是边境管制、居家隔离、企业停工停产等限制物流运输和生产的措施冲击了工业原材料供应，人员往来、员工返岗受限；二是供应链上下游企业在生产、销售、物流等环节均面临诸多挑战，需要协同合作抵御"链式反应"的冲击。在需求冲击方面，一是中国率先采取了严格的防疫措施，企业停工停产导致中国对大宗商品的需求短期下降；二是拉美成为新冠肺炎疫情重灾区，中国对拉美的出口面临订单取消、需求降低的风险。

（二）正面影响

1. 新冠肺炎疫情强化了中拉经贸合作的愿望

在全球新冠肺炎疫情蔓延的背景下，中国率先有效遏制新冠肺炎疫情蔓延并且迅速恢复生产活动，2020 年实现经济正增长。然而，拉美地区自发现首例新冠肺炎确诊病例以来，新冠肺炎疫情反复频率高，防疫措施收效甚微，经济复苏希望渺茫，困难重重，拉加经委会发布警告，新冠肺炎疫情冲击下拉美正经历"百年未有"的经济衰退。中国的经济复苏为拉美带来了希望，中国市场对拉美出口产品需求强劲，这有利于稳住商品国际价格，据世界银行数据，2020 年 2~4 月农产品、金属（非贵金属）及矿物、能源产品的价格指数大幅下跌，同期中国正处于防疫措施最为严格阶段，需求骤降导致国际商品价格指数下行，2020 年 5 月以来，随着中国产能恢复，经济复苏，国际商品价格指数呈现上涨趋势，2021 年 12 月农产品、金属（非贵金属）及矿物、能源产品的价格指数分别较 2020 年同期增长 17%、17%、77%（见图 7），世界银行大宗商品价格数据显示，2021 年能源产品、金属（非贵金属）及矿物以及农产品的平均价格分别同比增长 82%、47% 和24.2%。国际商品价格的上涨有利于拉美国家大宗商品的出口及增加外汇收入，提振拉美国家出口部门，助力拉美经济复苏，尤其是南美国家受益显著，例如 2020 年巴西对华出口额逆势增长，高达 676.9 亿美元，创下新纪录，肉类、大豆等主要农牧产品对华出口均大幅增长。在金属产品方面，中国是全球最大的铜消费国，在中国需求的刺激下，自 2020 年 3 月以来，铜价已上涨超过一倍，创近十年最高点纪录，这为世界产铜大国智利复苏经济提供了巨大的机遇，有助于其缓解经济危机。

巴西布鲁诺·德孔蒂教授曾表示："当拉美其他主要贸易伙伴陷入衰退时，中国成为拉美的生命线。"① 这再次体现出中拉经贸优势互补，切合双边需求，在新冠肺炎疫情下，中拉对加强经贸合作的需求有增无减。

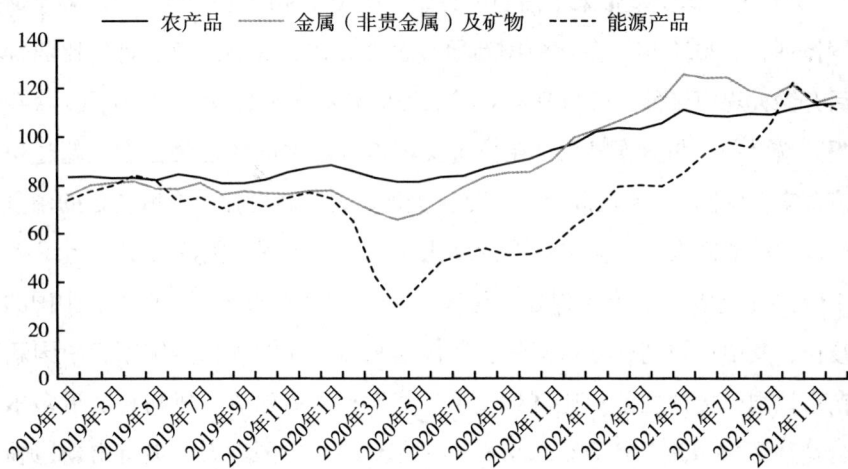

图7　2019年1月~2021年12月国际商品价格指数

资料来源：世界银行大宗商品价格数据，https://www.worldbank.org/en/research/commodity-markets。

2. 新冠肺炎疫情下中拉经贸合作出现新的增长点

（1）医疗物资成为新冠肺炎疫情下中拉贸易的新增长点

拉美是全球受新冠肺炎疫情影响最为严重的地区之一，其主要经济体阿根廷、哥伦比亚、墨西哥、秘鲁累计确诊病例已破百万，巴西的确诊病例数量甚至位居全球前三。

新冠肺炎疫情发生后，医疗物资匮乏、卫生系统面临崩溃是拉美多国难以遏制新冠肺炎疫情蔓延的重要因素，而中国作为医用口罩、呼吸机等防疫

① 《巴西学者：疫情中，中国为拉美提供了重要市场》，新华网，2021年1月31日，http://www.xinhuanet.com/world/2021-01/31/c_1127046599.htm。

物资的生产和出口大国,已经成为拉美各国最重要的医疗物资来源国。据媒体报道,阿根廷、墨西哥等国甚至包机到中国采购防疫物资,巴西甚至安排大约 40 个航班运送采购的 960 吨防疫物资,墨西哥航空客机腹舱运送 100 万只口罩和 364 箱防护手套。从 2021 年 2 月起,中国的首批新冠疫苗陆续运抵多米尼加、玻利维亚、智利等拉美多个国家,中国的新冠疫苗如同"及时雨",为拉美各国抗疫带来了信心和希望,中国用实际行动践行构建人类命运共同体理念。2021 年,多款中国新冠疫苗在秘鲁、玻利维亚、哥伦比亚等国先后开始大规模接种,成为拉美多国抗疫的利器,2021 年 5 月 10 日,《金融时报》统计的一份数据显示,在拉丁美洲地区接种的新冠疫苗中,超过一半的疫苗来自中国[①],中国新冠疫苗是拉美地区遏制新冠肺炎疫情蔓延的中坚力量,为拉美地区恢复社会和经济活动提供了重要支撑。据泛美卫生组织 2021 年 10 月 8 日数据,共有阿根廷、秘鲁、巴西等 18 个拉美国家接种了中国的新冠疫苗,其中在智利、厄瓜多尔、乌拉圭和委内瑞拉等拉美国家,中国新冠疫苗占该国已接种疫苗的比例均过半,甚至在委内瑞拉、智利和厄瓜多尔占比分别达到 88.4%、65.8%、59.8%(见表 2)。中国助力拉美抗击新冠肺炎疫情展现了中国的责任与担当,体现了中拉间深厚的情谊,彰显了中拉命运共同体的新气象,这将有益于促进未来中拉经贸各领域深入合作。

表 2　已接种中国新冠疫苗的拉美国家及中国新冠疫苗占比

(截至 2021 年 10 月 8 日)

单位:剂,%

国家	新冠疫苗总剂量	Sinovac – CoronaVac (北京科兴生物)	占比	Beijing CNBG – BBIBP – CorV (北京生物制品研究所)	占比	CanSino Ad5 – nCoV (康希诺生物)	占比
阿根廷	53660061	0	0	16613061	31.0	74966	0.1
巴巴多斯	249944	0	0	接种但数量不详	—	0	0
伯利兹	344535	0	0	接种但数量不详	—	0	0

---

① 《中国疫苗供给半个拉丁美洲》,凤凰新闻,2021 年 5 月 10 日,https://ishare.ifeng.com/c/s/v002HX4Q7gJETSRRR – – wZtsdBRi – _ QctZQRVbVPtoun12gpMw_ _。

国家	新冠疫苗总剂量	Sinovac - CoronaVac（北京科兴生物）	占比	Beijing CNBG - BBIBP - CorV（北京生物制品研究所）	占比	CanSino Ad5 - nCoV（康希诺生物）	占比
玻利维亚	6931689	0	0	接种但数量不详	—	0	0
巴西	235087603	74857593	31.8	0	0	0	0
智利	33194071	21291034	64.1	0	0	568719	1.7
哥伦比亚	42039612	接种但数量不详	—	0	0	0	0
多米尼加	12072407	接种但数量不详	—	0	0	0	0
厄瓜多尔	21112509	12248287	58.0	0	0	384117	1.8
萨尔瓦多	7891779	接种但数量不详	—	0	0	0	0
圭亚那	583394	0	0	接种但数量不详	—	0	0
墨西哥	105320232	接种但数量不详	—	0	0	接种但数量不详	—
巴拉圭	4836914	32422	0.7	接种但数量不详	—	0	0
秘鲁	28869688	0	0	11557045	40.0	0	0
苏里南	412588	0	0	27693	6.7	0	0
特立尼达和多巴哥	1121521	0	0	接种但数量不详	—	0	0
乌拉圭	6375568	3247745	50.9	0	0	0	0
委内瑞拉	16127242	0	0	14254528	88.4	0	0

资料来源：泛美卫生组织，https：//ais. paho. org/imm/IM_ DosisAdmin - Vacunacion. asp。

（2）公共卫生基建有望成为中国对拉投资新动力点

拉美地区贫困率高、城市人口密度大，新冠肺炎疫情加重了公共卫生和医疗系统负担，同时经济下行的压力促使拉美各国政府采取经济刺激政策以保障民生、稳定就业，加强公共投资措施是重要一环。例如智利宣布今后几年将大幅增加公共领域基础设施投资，2020～2024 年将投入 148.7 亿美元从事 PPP 项目投资，包括高速公路、医院、通信、水利设施等项目；哥伦比亚总统杜克表示在 2022 年其任期结束前，实现私人和公共投资 300 亿美元，特别是推进基础设施项目投资进程[1]。

---

[1]　中国国际贸易促进委员会驻智利代表处：《拉美多国强化公共基础设施投资举措以刺激经济的复苏》，2020 年 9 月 13 日，http：//www. ccpit. org/Contents/Channel_ 4287/2020/0913/1291425/content_ 1291425. htm。

正如巴西经济学家丹妮拉所说，拉美和中国在基建领域合作互为发展机遇，中国的人才、经验、技术、资本等优势是拉美国家促进基建领域发展的重要动力源泉。受新冠肺炎疫情影响，拉美各国政府用于支持公共基建投资的财政支出有限，因此各国更重视吸引私人和外国资本进行投资，中资企业可以抓住此机会，提高在拉美基建领域重点项目的参与度。拉美多国在新冠肺炎疫情初期就出现了医院床位不足、设施不完善等问题，暴露了卫生基建薄弱的短板，今后拉美国家政府将加大卫生基建领域投资，这有望成为中拉"一带一路"合作的新增长点。

（3）数字化为新冠肺炎疫情下中拉贸易注入新活力

新冠肺炎疫情重创了拉美旅游业、国际物流运输业，中拉传统领域服务贸易萎缩，但危机与机遇并存，智能化、数字化的新兴服务贸易，特别是数字可交付的知识密集型服务贸易在新冠肺炎疫情背景下逆势增长。2020年4月14日，中国-拉美（墨西哥）国际贸易数字展览会充分发挥大数据、互联网等现代信息技术的优势，实现供需配对无缝衔接及在线洽谈商贸业务，促进了双边贸易模式优化升级[1]。2020年11月初，中拉实现了"进博会之约"，一些拉美企业无法到场参加，采用了云上参展的形式，例如通过电子屏，巴西的"太阳蜂场"展示了包括"巴西国宝"绿蜂胶在内的产品，推介效果显著[2]。

新冠肺炎疫情令远程办公、远程教育、远程医疗、"云上交流"的需求激增，在2020年第一和第二季度，拉美各国远程办公和远程教育的使用量分别增加了324%和60%以上，在互联网、大数据等数字技术的支持下，越来越多的拉美企业开始利用互联网、大数据的优势开展业务，在2020年3~4月，哥伦比亚和墨西哥的商业网站数量比上年同期增加了800%，巴西和智利增幅达到约360%，2020年4月巴西和墨西哥新增电子商务网站的数量

---

[1] 《数字贸易为中拉经济发展注入新动力》，中国发展网，2020年4月15日，http://www.chinadevelopment.com.cn/2020/0415/1636795.shtml。
[2] 《环球网评：疫情下的中拉"进博会之约"》，环球网，2020年11月13日，https://opinion.huanqiu.com/article/40gSVJd0naz。

比上年同期增加了450%以上，此外，在2020年1～6月，巴西、智利、哥伦比亚和墨西哥等国20%的企业网站由展示型改为了交易型①。中拉在物流、公共卫生合作、跨境电商、通信等领域服务不断数字化，推动中拉新兴服务贸易的发展，促进中拉贸易可持续化发展。

3. 中国助拉美抗疫行动赢得拉美人民的尊重与信任

西方国家为离间中国和世界各国的关系，散布了"中国威胁论""债务陷阱论"等谬论，企图将中国"妖魔化""霸权化"，然而实际是中国在经济高速发展的同时，一直致力于促进世界和平与共赢。拉美基础设施薄弱，财政能力有限，需要中国资金的投入弥补资金和技术经验的缺口，这符合双边融资协议的利益需求，在过去的十年里，中国对拉美融资规模总体上扩大，西方国家借此污蔑中国将拉美拖入中国债务的泥潭，但实际上，拉美多次爆发债务危机与美国有直接或间接的关系，例如1981年上半年，美联储大幅加息，加之拉美出口部门初级产品价格下降、创汇收入低，致使拉美债务负担沉重、难以偿付②。

这次新冠肺炎疫情给全球蒙上了一层厚重的阴霾，中国率先有效控制新冠肺炎疫情并及时向世界伸出援助之手，为拉美多国搭起"空中桥梁"，缓解了拉美口罩、医疗器械等防疫物资短缺的困难，还通过互联网技术分享抗疫经验，2021年2月起，一批批中国新冠疫苗陆续运抵多个拉美国家，犹如"雪中送炭"，秘鲁、智利等多国领导人带头接种中国新冠疫苗。另外，受新冠肺炎疫情影响，拉美多国面临债务危机，但中国政府和中国国有企业都没有因贷款偿还困难而没收拉美的资产，新冠肺炎疫情期间中国的表现是世界的榜样，更多的拉美人民看到一个有责任、有担当、可以命运与共的中国，这将加速"中国威胁论""债务陷阱论"等谬论的破产。

---

① 楼项飞：《新冠疫情背景下中拉数字经济合作：机遇、挑战和前景》，《拉丁美洲研究》2021年第5期。

② Jiang Shixue, "Latin America Debt Trap Myth", China Daily, September 8, 2020, https：// www.chinadaily.com.cn/a/202009/08/WS5f56c76aa310675eafc58103.html.

三　新冠肺炎疫情下中拉经贸关系发展面临的主要挑战

（一）货物贸易领域的主要挑战

1. 物流运输：物流成本大涨，仓位紧缺

为阻止新冠肺炎疫情蔓延，中国和拉美各国都采取了不同程度的新冠肺炎疫情防控措施，如限制边境人员往来、居家隔离、严格的检验检疫，这些措施冲击了国际空运、陆运、海运，使货物国际运输严重受阻。拉美地区本身航线偏少，加之受新冠肺炎疫情影响，船运公司航线调整，运输量减少，致使货物物流趋紧。自2020年6月以来，全球航运价格一直攀升，导致企业物流成本激增，2020年6月1日波罗的海干散货指数（BDI）为520，而2021年6月1日增长到2568，涨幅达到393.8%，2021年10月7日BDI攀涨到最高点为5650，较去年同期增长176.4%，2021年12月24日下降至2217，较去年同期增长62.3%（见图8）。中拉货物贸易面临运输班次减少、仓位紧缺、空运价格居高不下、海运价格攀升至往年2~3倍、物流成本上升的问题。

2. 汇率波动：风险上升

美国新冠肺炎疫情控制不力，生产、消费都停滞不前，投资者对美元信心下降，加之美联储采取量化宽松政策以刺激经济，导致美元贬值，随后拉美多国的货币汇率波动幅度加大，汇率风险上升。中国率先缓解并控制新冠肺炎疫情，实现经济正增长，有力地推动了人民币升值，2020年汇率最高值与最低值之间波幅为9.6%。人民币升值有利于中国对拉美国家产品的进口，但在新冠肺炎疫情的不确定性下，汇率波动风险增加，中拉贸易双方需要增强风险意识，防范结算风险。

3. 检验检疫：力度大

中国海关严格落实各项风险监测措施，防止新冠病毒境外输入，特别是对进口冷链食品加强了检疫力度。中国从墨西哥、智利进口大量的水果，从

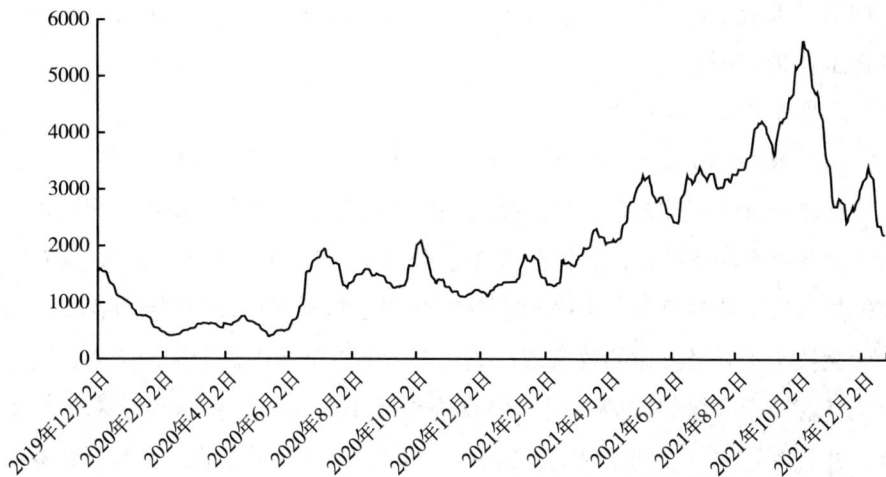

图8 2019 年 12 月～2021 年 12 月的波罗的海干散货指数（BDI）

资料来源：根据万得数据库（WIND）数据整理。

厄瓜多尔、阿根廷进口冷冻虾，拉美出口方需要加强食品生产、包装及运输过程中的防疫措施，严防食品及包装沾染新冠病毒，否则，将会面临巨大的出口货物及信誉的双重损失，影响中国消费者的购买需求。

（二）国际投资领域的主要挑战

1. 投资项目进程受阻

中国和拉美国家采取了各种措施来应对新冠肺炎疫情，大大抑制或推迟了中国在拉美的投资，并降低了双边的投资效率。已投资的项目因管控措施进度缓慢，在防疫的同时，企业还需继续项目修建，在项目期结束前竣工，加之，世界各地新冠肺炎疫情肆虐，国际物流运输受阻，导致全球供应链中断，修建所需的原材料供应困难，给企业带来双重挑战。对于计划投资的项目，为降低投资风险，应对跨境投资的复杂性和不确定性，企业通常需要建立专业的商务谈判团队，通过实地考察和谈判来了解当地法律及相关投资政策、项目现场情况、目标公司员工等，确定投标相关事项。但为防控新冠肺炎疫情，拉美多国都对边境人员往来进行限制，企业也被迫采取线上沟通、远程办公的方式，给现场调查、审查评估、商务谈判等工作带来困难。

2. 投资环境可能恶化

（1）新冠肺炎疫情影响下，拉美国家政局不稳、社会矛盾凸显

在新冠肺炎疫情初期，一些拉美国家政府迅速采取措施防控新冠肺炎疫情，得到民众的支持，例如萨尔瓦多、阿根廷、秘鲁，分别有97%、88%、82%的人口支持政府采取强硬措施以应对新冠肺炎疫情①。而巴西、墨西哥这两大拉美主要经济体的政府却在应对新冠肺炎疫情危机中犹豫不决，甚至淡化新冠肺炎疫情的威胁，引起民众强烈的不满情绪，公众支持率不断下滑，并且领导地位受到反对党的挑战，加剧了政治的两极分化。新冠肺炎疫情正在考验各国政府的执政能力，应对新冠肺炎疫情的表现或将影响大选，但由于新冠肺炎疫情未得到有效控制，该地区的一些国家已宣布推迟选举。此外，拉美近半数的民众属于非正规就业，没有社会保障，在新冠肺炎疫情影响下，他们面临"手停嘴停"的困境，没有足够的资源和储蓄来应对新冠肺炎疫情的长期蔓延和严格的防疫措施。拉加经委会的报告显示，2020年拉美地区贫困率和极端贫困率分别达到33.7%和12.5%，为近12年和20年来最高，拉美地区失业率同比上升了2.6个百分点②。拉美地区抗议浪潮在新冠肺炎疫情负面影响下更为激烈，民众不满情绪积累，社会治安形势进一步恶化。2021年4月下旬，哥伦比亚民众因不满总统杜克提出的新财政改革法案，纷纷走上街头进行示威游行，哥伦比亚全国爆发大规模罢工，抗议者甚至与国家安全部队发生了暴力冲突，混乱的抗议活动导致全国供应链中断，进一步对经济造成冲击。若未能有效地防控新冠肺炎疫情，事态扩大会引发社会根本矛盾，加之在新冠肺炎疫情的考验下，拉美国家政局表现不佳，社会和政局的动荡将对中国的投资预期产生消极影响。

---

① 《智库观点155：新冠疫情对拉美政治稳定和民主构成威胁》，拉美经济观察，2020年6月4日，https://mp.weixin.qq.com/s/P88YF8fKdEoKeeOoSGmiLQ。

② CEPAL, "Panorama Social de América Latina", 2020 (LC/PUB.2021/2-P), 2021, pp. 14-16.

（2）拉美经济恶化，营商环境排名下滑

新冠肺炎疫情的侵蚀使本就低迷的拉美经济雪上加霜，2020年拉美 GDP 创120年来最大降幅，是全球经济衰退最为严重的地区之一。全球需求萎缩的背景下，依赖外部经济的拉美经济面临复苏困境。拉加经委会报告认为，新冠肺炎疫情主要通过以下外部渠道影响拉美地区经济，即主要贸易合作伙伴经济活动的减少以及由此带来的影响、初级产品价格下降、全球价值链中断、旅游服务需求减弱、投资者避险情绪上升和世界金融环境恶化①。根据世界银行营商环境指数，拉美地区有16个国家的营商环境排名出现不同程度的下滑，巴西下滑幅度最大，下降了15位②。拉美经济环境和营商环境的双重恶化促使中国投资者更为谨慎地进行投资活动，以求降低投资风险。

（三）国际工程承包与服务贸易合作领域的挑战

拉美是中国海外承包工程业务的第三大市场。近年来，中国多家国有企业在拉美地区不断开拓市场，多个重大工程项目顺利竣工，2019年，中国企业在拉美的工程业务略有增长，同比增长9%，占新签合同总额的7.6%，但完成营业额略有下降③。2020年中国在拉美新签合同额为148.4亿美元，占新签合同总额5.8%，完成营业额下降32.2%④。在新冠肺炎疫情的冲击下，中国对拉美承包工程业务主要面临以下挑战。

一是债务危机使偿付困难加大。经济低迷尚未复苏，新冠肺炎疫情进一步拖累经济，为控制新冠肺炎疫情、增加就业，拉美多国政府增加公共财政支出，财政赤字进一步扩大，拉美一些国家面临债务重组（特别是阿根

---

① CEPAL, "América Latina y el Caribe ante la Pandemia del COVID – 19: Efectos Económicos y Sociales", *Informe Especial COVID – 19*, N°. 1, 3 de abril de 2020, pp. 5 – 6.

② 郭凌威：《乌云背后的光明线：2021年拉丁美洲经济环境展望》，《进出口经理人》2021年第3期。

③ 中华人民共和国商务部、中国对外承包工程商会：《中国对外承包工程发展报告2019 – 2020》，2020年12月，第60页，http://images. mofcom. gov. cn/fec/202012/20201201171840137. pdf。

④ 中华人民共和国商务部：《2020年度中国对外承包工程统计公报》，2021年9月，第14页，http://images. mofcom. gov. cn/hzs/202109/20210910091032777. pdf。

廷），因此有政府或其他业主支付工程款延期的风险。

二是项目工程建设不确定性因素增多。虽然拉美一些国家如秘鲁、智利在新冠肺炎疫情初期就采取了强硬的防疫措施，但民众意识不强、医疗系统薄弱、公共卫生基础设施建设不足等因素导致防疫收效甚微，感染病例不断增长。我国企业在拉美多国的承包工程已暂停施工作业，工程建设所需原材料、相关物资还面临国际贸易订单交付困难、进口效率低下等问题，出入边境的人员限制、居家隔离等严格措施也给企业员工办公带来挑战。

三是政治和社会风险。拉美多国政府防疫不力已使得民众不满情绪上升，民生问题迟迟未解决激发出社会矛盾，中国企业员工人身、财产等安全风险上升，拉美社会的动荡对中国企业在拉美进行工程建设有百害无一利。

在服务贸易方面，新冠肺炎疫情冲击下，传统领域的服务贸易面临挑战，主要体现在旅游业、物流运输业。严格的防疫措施使旅游业、物流运输业受到限制，企业需要充分发挥互联网、大数据的优势，搭建跨境电商平台，发展"无接触式服务"和"云上服务"，促进企业转型升级，为新兴领域服务贸易蓬勃发展搭台助力。

四 新冠肺炎疫情下促进中拉经贸发展的对策建议

（一）积极利用"一带一路"倡议的政策红利

2017 年 5 月，首届"一带一路"国际合作高峰论坛成为拉美国家普遍认可和接受"一带一路"倡议的重要转折点，截至 2019 年底，已有 19 个拉美国家与中国签署了"一带一路"框架协议或合作备忘录①。2022 年初，中拉合作再获突破，尼加拉瓜和阿根廷两国相继加入"一带一路"倡议。

新冠肺炎疫情来势汹汹，重创了全球经济与贸易，造成了破坏性的连锁

---

① 转引自周志伟《拉美地区变局下的中拉"一带一路"合作》，《当代世界》2020 年第 10 期。

反应，"一带一路"倡议仍将是新冠肺炎疫情下推动中拉经贸发展的重要动力，中拉双方应发挥"一带一路"平台优势，以互联互通为加强双边经贸关系的核心纽带，落实"五通"的建设，包括政策沟通、资金融通、贸易畅通、设施联通和民心相通，携手抗疫，助力经济复苏。一是以基础设施建设为基石，促进中国对拉美投资。尤其是要提高在拉美公共卫生领域基础设施建设的参与度，将医疗和卫生基础设施建设纳入中拉"一带一路"建设重点，弥补拉美国家基础设施薄弱的劣势，使其应对卫生危机能力增强，更好地发挥资源禀赋的优势，实现互利互惠、联动发展。二是降低贸易壁垒，促进贸易投资自由化、便利化。新冠肺炎疫情下，中国与拉美贸易展现出韧性与活力，拉美农产品对华出口逆势增长，新冠肺炎疫情给中拉经贸往来造成阻碍，双边应加强海关、税收、监管等领域的合作，降低关税壁垒，与更多的拉美国家商签自由贸易协定。三是携手抗疫、命运与共。中国采取的一系列帮助拉美抗疫的措施，展现了大国担当，更加拉近了中拉人民心与心的距离，"中国伙伴论""中国机遇论"逐渐深入人心，"投我以木桃，报之以琼瑶"彰显中拉命运共同体的生动画卷。

（二）深度挖掘数字经济时代下促进中拉经贸发展的新机遇

新冠肺炎疫情使得人们对远程医疗、远程办公、远程购物等的需求激增，凸显了数字经济的优势和广阔的发展前景，数字经济打破了传统的时间上和空间上的限制，是第四次工业革命促进产业转型升级的发展趋势，也是各国抗击新冠肺炎疫情的重要武器[①]。中拉双方应在数字经济时代及新冠肺炎疫情的背景下，利用好数字化、互联网的优势，探索中拉经贸合作新增长动力和新模式，推进中拉"数字丝绸之路"建设。建设"数字丝绸之路"的主要内容就是要实现信息通信基础设施的互联互通，而中国数字经济发展势态强劲，且对拉美直接投资扩大，弥补了拉美改善基础设施状况的资金缺

---

① 蒋殿春、唐浩丹、方森辉：《新冠疫情与中国数字经济对外投资：影响和展望》，《国际贸易》2020 年第 7 期。

口，给拉美数字化发展提供了机遇。在新冠肺炎疫情的催化下，发展数字经济成为热门方向，数字贸易也逆势增长，中国要发挥基础设施建设、信息技术如 5G 的优势，向拉美分享数字基础设施建设以及电商物流经验，为拉美数字基础设施建设助力。因此，在加强中拉货物贸易合作的同时，还要利用数字经济的优势，积极加强中拉在电子商务、金融等服务贸易领域的合作，建立以数字技术、信息技术为支撑的中拉数字贸易平台，建设好中拉"数字丝绸之路"，推进中拉经贸合作多元化发展[1]。

（三）抓住中国"双循环"新发展格局中的中拉经贸合作机遇

2020 年 8 月 24 日，习近平主席进一步明确"双循环"是指以国内大循环为主体，国内国际双循环相互促进的新发展格局。"出口导向型"战略曾促进中国经济实现高速增长，但从 2011 年开始，中国经济增速减缓，2008 年金融危机给世界经济留下的阴霾还未消散，以美国为首的霸权主义、保护主义、单边主义逐渐涌现，试图逆全球化发展，中国面临外部环境恶化以及"出口导向型"战略的负面影响[2]。但中国经过 40 多年改革开放的发展，在生产、消费方面有了很大的提升，中国经济韧性和活力增强，国内庞大的消费市场逐渐被激活，扩大内需，做好国内循环，是应对外部环境风险挑战和变局的重要保障，此次新冠肺炎疫情影响下，世界经济骤然萎缩，外部需求骤降，这时国内市场保持活力尤其重要，这更加反映了推进"双循环"新发展格局建设的必要性和重要性。

中国的"双循环"新发展格局不是关闭开放的大门，而是形成更高水平、更高质量的对外开放格局以盘活国内市场。加强中拉经贸合作，一方面拉美要抓住"双循环"新发展机遇，充分利用中国超大规模市场的优势，增加高附加值和多元化产品的出口，增加外汇收入；还要吸引中国的投资以

① 楼项飞、杨剑：《拉美数字鸿沟消弭与中拉共建"数字丝绸之路"》，《国际展望》2018 年第 5 期。
② 葛扬、尹紫翔：《我国构建"双循环"新发展格局的理论分析》，《经济问题》2021 年第 4 期。

弥补基础设施建设的资金缺口，融入全球价值链。另一方面，中拉贸易在新冠肺炎疫情阻碍下韧性十足，中国要与拉美形成更高质量、多领域、全方位、深层次的经贸合作，促进国际循环。

结　语

尽管当前新冠肺炎疫情严重阻碍了全球经贸活动，对中拉经贸合作造成了短期冲击，双方在贸易、投资、国际工程承包等领域的合作面临诸多挑战，但中拉经贸合作具有长期向好的基础与发展趋势。危中有机，新冠肺炎疫情带来的挑战为中拉经贸关系的发展创造了新的历史机遇，双方应把握时机，利用好"一带一路"平台优势，加快建设中拉"数字丝绸之路"，深入拓展"双循环"新发展格局下中拉经贸合作的广度与深度，调整和优化经贸合作结构和模式，推动中拉经贸关系迈上新台阶。

附　录

Appendix

B.13
拉丁美洲和加勒比地区大事记
（2020～2021）

*苟淑英**

2020年1月

1月7日　美国总统唐纳德·特朗普取消对玻利维亚提供援助的限制，表示 2020 财年对玻利维亚的援助对美国国家利益至关重要。新时期两国关系围绕着四个主题：促进人类和经济发展，加强贸易关系，合作打击毒品贩运和引渡合作。

1月14日　亚力杭德罗·贾马特在危地马拉首都危地马拉城宣誓就任危地马拉总统。在就职演讲中，他表示新政府将采取大力打击犯罪、推动教

＊　苟淑英，西南科技大学拉美研究中心讲师、中国科学技术大学博士研究生，主要研究方向为文化哲学、拉美文化、拉美教育等。感谢刘学东、李仁方、董庆硕、蒲俊霖、阳文艺、虞浩然、郑悦参与资料编译。

育改革、加大投资吸引力等新举措；同时为肃清腐败，他将迅速在总统府下设反腐败团队。

1月15日 巴西举行费拉兹司令南极科考站落成典礼。该项目由中国企业承建。在建设过程中，两国工作人员共同克服了巨大的环境和技术困难，在促进两国友好关系的同时展现了国际合作的力量。

1月21日 智利与新西兰、新加坡结束了《数字经济伙伴关系协定》（DEPA）的谈判，这是世界上此类协议的先驱。出席仪式的有智利国际经济关系副部长罗德里戈·亚涅斯、新西兰贸易和出口增长部部长戴维·帕克和新加坡贸工部部长陈振声。DEPA基于三个国家的共同利益，旨在造福最小的经济体，为智利公民，尤其是中小微企业提供更多机会。DEPA旨在为ICT公司建立一个友好的框架，通过对数据自由流动和数字产品非歧视待遇、人工智能、数字身份、隐私等方面的基本支柱进行监管，促进其产品和服务的出口。

1月22日 阿根廷最大的风电项目群——赫利俄斯风电项目群罗马布兰卡一期、三期项目正式投入商业运营。该项目位于阿根廷南部丘布特省，由中国企业承建，投入使用后将促进碳减排，改善当地民众生活环境和质量。

1月28~31日 第十四届拉美和加勒比地区妇女大会在智利举行，会议由拉丁美洲和加勒比经济委员会在联合国促进性别平等和增强妇女权能署的支持下组织，其主题是妇女在不断变化的经济形势中的自主权。

2020年2月

2月4日 博索纳罗政府宣布巴西进入卫生紧急状态，并计划在此期间加快购置设备和建设医疗用地，以便隔离观察疑似患者。

2月11日 秘鲁与澳大利亚签署的自由贸易协议正式实施，这将使秘鲁对澳大利亚96%的出口商品和93.3%的进口商品的贸易关税降到零。该协议于2018年2月12日在澳大利亚堪培拉签署，2019年2月获得秘鲁国会批准。

2月15日 巴西《通用数据保护法》（Lei Geral de Proteção de Dados,
简称 LGPD）正式生效。该法案替换、补充并整合了 40 多项关于个人数据
的法令法规，旨在保护公民和消费者个人信息处理权利，为公民创造更多
保障。

2月18日 美国财政部制裁了俄罗斯石油公司及其子公司，以此作为
对马杜罗政府施压的措施。

2月19日 国际货币基金组织（IMF）决定通过债务重组来确保可持续
且有序地解决阿根廷债务问题。2月22日，阿根廷政府与 IMF 同意就新的
债务协议展开磋商。IMF 总裁格奥尔基耶娃对阿根廷当局表现出的继续深化
合作意向表示欢迎，阿根廷也将借此机会重新审视这次债务危机。

2月25日 巴西圣保罗市南区爱因斯坦医院出现首例新冠病毒核酸检
测为阳性的病例，是一位自意大利旅游回国的 61 岁男子。2月26日，巴西
卫生部宣布确诊首例新冠肺炎病例，这也是拉美国家首例新冠肺炎病例。

2月26日 多米尼克总理斯凯里特率内阁全体成员到中国驻多使馆，
表达了对中国政府和人民抗击新冠肺炎疫情的慰问和支持。多米尼克方称赞
中国面对疫情积极且及时的举措，表达了与中国共克时艰的决心。此前多米
尼克总统萨瓦林和总理斯凯里特就曾发表声明支持中国，同时呼吁全球各国
携手抗疫。

2月28日 墨西哥确诊首例新冠肺炎病例。

2月28日 国家主席习近平应约同古巴国家主席迪亚斯－卡内尔通电
话。习近平指出，在新冠肺炎疫情发生后，古巴政府第一时间致电表示慰
问，并专程赴中国驻古巴使馆表达对中方的支持，这充分体现了中古深厚的
传统友谊。古巴按照世界卫生组织的专业意见，坚持维护两国正常交流合
作，这是对中方防控工作的尊重和配合。

2020年3月

3月1日 路易斯·拉卡列·波乌在蒙得维的亚宣誓就任乌拉圭第 42

任总统，任期5年。宣誓仪式上，拉卡列总统表示将致力于提升国家经济发展、改善国家治安水平、完善国家教育系统等。应乌拉圭政府邀请，习近平主席特使、生态环境部部长李干杰出席了新总统就职仪式，并于2日会见拉卡列总统。

3月3日 阿根廷卫生部部长希内斯·冈萨雷斯·加西亚在紧急召开的新闻发布会上确认阿根廷出现首例新冠肺炎病例，患者系刚从意大利旅游归来的阿根廷公民。

3月6日 哥伦比亚卫生部证实，一位曾前往意大利米兰的19岁女性成为该国首例新冠肺炎确诊病例。

3月7日 比斯卡拉总统证实，秘鲁确诊了首例新冠肺炎病例，他呼吁民众保持冷静，并声明政府及卫生部已经做好了所有疫情防控必要的医疗应对措施。

3月7日 阿根廷确诊的第九例新冠肺炎病例死亡，这是拉美地区出现的首例新冠肺炎死亡病例。根据官方医疗报告，感染者为64岁男子，2月25日自巴黎抵达阿根廷，3月5日因高烧和咳嗽前往就医，随后确诊感染新冠病毒。

3月13日 委内瑞拉宣布该国出现首例新冠肺炎病例。

3月13日 古巴确诊首例新冠肺炎病例。古巴政府表示，3名患者均是3月9日来古的意大利游客，3月10日因其出现相关症状而被隔离，次日均被确诊为新冠肺炎。

3月16日 巴西出现首例新冠肺炎死亡病例。该病例所在的圣保罗市进入紧急状态，采取了限制公共交通、学校停课等一系列措施。20日有关公共灾难状态的法令通过后，巴西进入公共灾难状态。

3月19日 阿根廷总统阿尔韦托·费尔南德斯宣布，3月20~31日全国将限制交通、实行"全民隔离"，无永久居留权的外国人将被禁止入境。

3月26日 玻利维亚政府宣布进入卫生紧急状态，全面封锁边境，除紧急就医外，不允许任何人出入境；违反禁足令者将被处以1000玻利维亚诺罚款，违规驾车出行将被拘留8小时、处以2000玻利维亚诺罚款，情节严重的将以危害国家公共安全罪被处以 10 年以下有期徒刑；允许武装部队和警察更加积极地参与疫情与救助工作。

2020年4月

4 月 1 日 巴西政府宣布允许企业按比例减少员工的工作时间和工资，以避免企业在疫情期间大规模辞退员工。4 月 23 日数据显示，该政策使至少 350 万巴西人免遭失业。

4 月 15 日 阿根廷航空公司首次执行飞往中国的任务，并顺利载回在中国采购的防疫物资。这批物资对阿根廷疫情防控起到重大作用，也受到阿根廷各界人士的广泛称赞。中阿携手抗疫，让更多人认识到了国际合作的重要性。

4 月 16 日 巴西卫生部部长路易斯·曼代塔称已被总统解职。4 月 24 日，巴西司法和公共安全部部长塞尔吉奥·莫罗指控博索纳罗干涉联邦警察局事务并宣布辞职。两位颇受民众支持的部长相继离职引发了巴西金融市场的动荡。

4 月 22 日 阿根廷政府正式向除国际货币基金组织之外的主要债权人提交了债务重组方案，寻求通过减免债务并延长期限等措施避免债务违约。

4 月 24 日 阿根廷政府声明将暂时退出南方共同市场自贸协定谈判。阿根廷外交部部长索拉表示，这是阿根廷结合当下形势做出的决定，但是退出谈判不代表阿根廷会退出南方共同市场，阿根廷也不会阻止其他成员国继续进行谈判。

2020年5月

5 月 10 日 拉美第二大航空公司哥伦比亚航空（Avianca）向法院提交破产计划，但同时保留重组权利。该公司透露，受新冠肺炎疫情影响，2020年 3 月以来公司收入锐减 80%，导致资金流动性压力巨大，所以公司拟通过破产重组来解决债务问题。在破产重组期间，公司将继续维持运营，保障集团在拉美地区 2 万多名员工的工作岗位。

5 月 15 日　墨西哥《联邦官方日报》正式发表《提高国家电力系统可靠性、安全性、连续性和供电质量的决定》，正式开启该国能源领域的反向改革。

2020年6月

6 月 23 日　墨西哥发生 7.5 级强烈地震，震中位于瓦哈卡州的瓦图尔科，恰帕斯州、普埃布拉州、格雷罗州、莫雷洛斯州、墨西哥州地震震感强烈。

2020年7月

7 月 1 日　旨在更新和替代《北美自由贸易协定》（NAFTA）的《美国 – 墨西哥 – 加拿大协定》（即美墨加协定，英文简称 USMCA，西班牙语简称 T-MEC）正式生效。同日，墨西哥总统洛佩斯宣布从 7 月 8 日起访问美国首都华盛顿并会晤美国总统特朗普，这也是洛佩斯总统上台以来的首次外访。

7 月 6 日　中国生物科技公司科兴（Sinovac）与巴西布坦坦研究所宣布合作研发新冠疫苗克尔来福，并将开始在巴西进行候选疫苗的第三期临床研究，新疫苗准备在巴西进行注册接种。11 月 19 日，巴西圣保罗州政府接收首批 12 万剂克尔来福。12 月 11 日，巴西圣保罗州政府证实，克尔来福开始在巴西生产。12 月 21 日，巴西卫生监督局向中国科兴公司授予了良好生产规范认证。

7 月 20 日　金砖国家新开发银行宣布，将向巴西提供 10 亿美元贷款，以支持巴西政府在新冠肺炎疫情期间为低收入人群发放紧急补助，帮助目标人群购入所需生活用品和防疫物资，这对面临严重疫情危机的巴西有重大意义。

7月20日 虽然美洲新冠肺炎每日新增确诊病例和死亡病例数据依然不容乐观，但古巴从3月份确诊国内首例新冠肺炎病例以来首次实现在24小时内新增确诊病例为0。

7月21日 古巴政府宣布，除首都哈瓦那和玛雅贝克省外，其他地区已超过28天未出现新增确诊病例，相关各省将全面恢复经济与生产活动，所有餐饮和商业场所开业，医疗机构和服务部门提供面对面服务。

7月21日 巴西联邦政府向国会递交了在经济领域的改革提案，其中包括税制改革的部分内容，该提案统一了社会一体化费和社会保险融资贡献费两项针对消费的联邦税，并打算创建一种名为"商品和服务税"的商品和服务交易社会贡献费，税率为12%。

7月23日 华为公司与巴西当地运营商 Vivo 共同建设的 5G 实验室在巴西利亚科技园正式落成。12月3日，巴西国家电信局（Anatel）技术部门根据5G规范准则最终确定了5G提案，将不限制华为参与5G业务。

2020年8月

8月4日 在经历数次延期和长达数月谈判后，阿根廷政府宣布与主要国际债权人达成了约700亿美元的债务重组协议。8月31日，阿根廷经济部宣布成功实现债务重组，并于9月1日启动新旧债券置换方案。

8月5日 巴西央行货币政策委员会再次下调基准利率，从原先的2.25%下调至2%，降低了0.25个百分点，再次刷新最低纪录。这也是自2019年7月以来基准利率的连续第九次下调。

8月6日 墨西哥瓦哈卡州立法机关禁止向未成年人出售含糖饮料和垃圾食品。墨西哥公共卫生部门表示，可口可乐公司操纵科研结论，以证明饮用含糖饮料不会导致肥胖。

8月14日 巴西境内的亚马孙雨林再起大火。据卫星数据，7月巴西亚马孙雨林火灾数量比2019年同期增加28%，2020年也是巴西近十年来遭受火灾最严重的一年。根据相关机构分析，大部分火灾系人为因素引发，意在使森林让位于农业、畜牧业及采矿业。该事件引发广泛呼吁，要求巴西保护亚马孙雨林，以减缓全球气候变暖进程。

8月15日　中国与巴西建交46周年纪念日，中国驻巴西使领馆与巴西各界分别举办了隆重的庆祝活动。

2020年9月

9月3~11日　中国巴西（里约）云上国际服务贸易交易会在线上举办。

9月8日　一名45岁哥伦比亚男子在波哥大涉嫌违反防疫规定和公共场所禁酒令，遭警察暴力执法后死亡，次日两名涉事警察被停职并接受调查。该事件随即在波哥大等城市引发大规模游行示威，并发生纵火、砸抢等暴力行为。

9月12日　古巴规定外国投资单一窗口操作规程的法令11日生效，该法令旨在为有意到古巴投资的外国公司提供便利。根据古巴《官方公报》，该单一窗口旨在通过外国投资增加古巴的商业机会，为相关自然人与法人提供指导，以期改善古巴投资模式，增加国家外汇储备。

9月26日　阿根廷最大光伏电站正式投入商业运营。该光伏电站项目为中阿合作项目，由中国企业承建，合作文件于2017年首届"一带一路"国际合作高峰论坛签署。该项目投入使用后，阿根廷北部高原的电力负荷紧张状况将得到缓解。

9月26日　阿根廷众议院批准《埃斯卡苏协定》。该协定是拉丁美洲和加勒比地区首个区域性环境协议，该协议旨在帮助和保护环境守护者、确保公众参与环境决策，在结束环境冲突方面发挥重要作用。

2020年10月

10月8日　古巴总理马雷罗宣布，古巴国内绝大部分地区将对国际游客恢复开放。

10月18日 玻利维亚大选举行，选举玻利维亚总统、副总统、参议员和众议员。争取社会主义运动党（MAS）的路易斯·阿尔塞（Luis Arce）在第一轮选举中以55.11%的选票成功当选为玻利维亚总统。争取社会主义运动党同样也赢得了胜利，它在众议院不分区议员和参议院中获得了54.73%的选票，在众议院分区议员中获得了53.72%的选票。

2020年11月

11月10日 曼努埃尔·梅里诺就任秘鲁共和国总统，接替被国会弹劾下台的前总统马丁·比斯卡拉。随后司法部下令禁止前总统比斯卡拉在18个月内离开秘鲁。

11月16日 巴西央行正式推出即时支付系统Pix。该系统旨在满足大众对廉价、快速、透明和安全的付款工具的需求，允许消费者随时随地进行交易且对个人和个体微小型企业免费开放。此外，央行计划开启取款、Pix分期付款、Pix跨境交易等功能。该系统的正式运营象征着巴西已经准备迈向数字货币新时代。

11月23日 美国正式禁止通过西联汇款公司向古巴汇款。侨汇是很多古巴家庭的重要收入，西联汇款公司是美国乃至海外向古巴汇款的主要渠道，该禁令将影响近200万海外古巴移民每年向古巴国内数十亿美元的汇款，对于疫情下的古巴人来说相当于中断了重要的生活来源。

2020年12月

12月11日 阿根廷与中国企业签署多项铁路合作协议，总金额达46.95亿美元。该协议将为阿根廷创造2.8万个工作岗位，惠及13个省，是阿根廷铁路改造升级的良好开端。

12月17日 古巴第九届全国人民政权代表大会第六次常规会议闭幕。

会议由古巴全国人大主席埃斯特万·拉索主持，古共中央第一书记劳尔·卡斯特罗和古巴国家主席迪亚斯－卡内尔共同出席。来自古巴全国的600多名人大代表讨论并通过了2021年的经济计划和政府预算，同时会议就2020年政府工作和财政年度预算执行情况进行了总结和分析。

12月23日　墨西哥收到2975剂辉瑞新冠疫苗，成为拉美地区第一个开始接种的国家。

12月26日　委内瑞拉国民议会批准对过渡法规进行部分修改，赋予本届议会"连续性"的合法性，使其在2021年1月4日到期后继续开会一年。

12月29日　阿根廷在全国范围内启动新冠疫苗接种计划。该批疫苗为俄罗斯"卫星V"疫苗，这是阿根廷批准使用的第二款新冠疫苗，首款获批疫苗为美国辉瑞制药有限公司与德国生物新技术公司联合研发的新冠疫苗。

12月30日　阿根廷参议院批准堕胎合法化法案，使阿根廷成为少数几个堕胎合法化的拉美国家之一。该法案是阿根廷总统阿尔韦托·费尔南德斯在2019年竞选活动中做出的承诺之一。堕胎合法化将减少非法堕胎案例，同时帮助妇女做出有意识的决定。

2021年1月

1月1日　古巴货币改革正式启动。改革将实现货币与汇率并轨，停止流通与美元等值的可兑换比索，使比索成为古巴唯一法定货币。根据规定，比索兑美元的汇率为24∶1，现有汇率至少保留6个月，使民众有充足时间兑换以减少损失。

1月7日　哥伦比亚首都波哥大市政府宣布，波哥大即日起进入红色预警状态，并进一步收紧新冠肺炎疫情防控措施。波哥大市市长洛佩斯当天在新闻发布会上表示，变异新冠病毒"应该已经在波哥大蔓延"。自2020年12月起，波哥大疫情反弹明显，医院中重症床位日渐饱和，病毒传播速度和感染人数均超过2020年8月时的峰值。

1 月 9 日 古巴政府于当地时间 1 月 9 日宣布，由于疫情反弹，首都哈瓦那从 9 日晚上起从当前新常态阶段退回到解封第一阶段，政府将实施更加严格的防疫措施。

1 月 14 日 哥伦比亚政府宣布发行价值 2 万亿比索的"绿色债券"，旨在为可再生能源发电、低碳运输等项目提供资金。据了解，这是哥伦比亚首次发行"绿色债券"。此前，哥伦比亚始终以化石燃料为能源供给主体，受新冠肺炎疫情影响，该国经济遭受重创，如今决心推动绿色能源转型。

2021年2月

2 月 1 日 哥伦比亚国家统计局最新数据显示，2020 年该国平均失业率达 15.9%，是最近 14 年以来的最高水平。其中，主要城市平均失业率从 2019 年的 11.2% 上升至 2020 年的 18.0%。

2 月 3 日 哥伦比亚政府表示，哥伦比亚国家食品药品监督管理局正式授权在该国紧急使用中国科兴公司生产的新冠疫苗。

2 月 5 日 秘鲁宣布，中国国药集团实验室的第一批疫苗将于 2 月 7 日抵达。2 月 9 日，针对新冠肺炎的疫苗接种活动在利马和卡亚俄开始。

2 月 6 日 古巴宣布将对国有经济进行重大改革，将允许私营企业在大多数行业开展业务。"继续发展私营企业是这次改革的目标"，古巴劳动和社会保障部部长费托强调，这"将有助于解放私人部门的生产力"。

2 月 7 日 厄瓜多尔总统选举第一轮投票举行，阿劳斯和拉索分别获得 32.72% 和 19.74% 的选票，均未符合法定胜选条件，进入第二轮角逐。第二轮投票于 4 月 11 日举行，获得有效选票多者当选。

2 月 24 日 古巴劳动和社会保障部部长费托日前表示，政府此前设立的包括允许从事 127 项私营经济活动在内的"正面清单"已被废除，政府将建立个体经济"负面清单"，大幅放宽经营范围。据古巴媒体报道，调整后，个体经济从业者全部或部分受限的经济活动共 124 项，主要包括农牧渔、矿业、制造业、水电、建筑等 21 个大类。

2月25日 中国首批新冠疫苗抵达阿根廷。此前，阿根廷政府已决定在全国范围内启动中国新冠疫苗接种工作，并表达了与中方扩大疫苗采购合作的意愿。

2月28日 墨西哥和欧盟启动了一项打击武器贩运的计划。墨西哥外交部宣布，墨西哥与欧盟共同启动了"伙伴对伙伴"（P2P）计划，该计划是《武器贸易条约》（ATT）的一部分。此计划包含了两次针对墨西哥当局的线上讲习班，内容涉及公共秩序、安全、海关和贸易。

2021年3月

3月3日 中国政府援助多米尼克的新冠疫苗抵达罗索。在全球抗疫的背景下，中国对多米尼克的援助践行了人类命运共同体理念，展现了中国的大国风范。

3月9日 美国给予委内瑞拉移民临时保护身份（TPS），该措施将使大约32万名居住在美国的委内瑞拉人受益，他们必须在180天内提出申请。国土安全部部长亚历杭德罗·马约卡斯表示，这项保护措施将持续到2022年9月。

3月12日 在联合国人权理事会第46次会议上，古巴代表64个国家作共同发言，主张各方通过建设性对话与合作促进和保护人权，坚决反对将人权问题政治化和双重标准做法。

3月12日 阿根廷生产发展部在布宜诺斯艾利斯市举行对华生产合作计划启动仪式。该计划旨在鼓励阿根廷企业大力开拓中国市场，并以此加强中阿双边合作，实现两国经济互补，在全球经济发展的大环境下发挥潜能。

3月14日 玻利维亚前临时总统珍妮娜·阿涅斯被捕。这位保守派的政治人物因涉嫌在2019年的政治危机中煽动叛乱和恐怖主义，以及政变阴谋而被捕。

3月24日 阿根廷发布声明，称退出利马集团。阿方认为，在新冠肺炎疫情的背景下不应对委内瑞拉实施制裁和封锁，而阿根廷将继续遵守维护稳定、和平的承诺，寻求更加民主的解决方案。

3 月 28 日 中共中央总书记、国家主席习近平向古巴共产党中央委员会第一书记劳尔·卡斯特罗和古巴共和国主席迪亚斯－卡内尔复信，感谢古巴领导人祝贺中国脱贫攻坚取得全面胜利。日前，劳尔·卡斯特罗和迪亚斯－卡内尔向习近平致函，代表古巴共产党、古巴政府和人民热烈祝贺中国脱贫攻坚取得全面胜利。

2021年4月

4 月 8 日 委内瑞拉国防部称，该国部队在哥伦比亚边境上与非法武装发生冲突，击毙武装分子 9 人，己方 8 名军人丧生，目前已向事发区域增兵，包括快速反应部队。

4 月 11 日 厄瓜多尔总统选举进行第二轮投票，代表右翼的创造机会运动－基督教社会党联盟候选人吉列尔莫·拉索和中左翼阵线的希望联盟候选人安德烈斯·阿劳斯分别获得 52.36% 和 47.64% 的选票。拉索当选为厄瓜多尔新一届总统，并将于 5 月 24 日宣誓就职，任期 4 年。现年 65 岁的前银行家拉索曾任瓜亚斯省省长和厄瓜多尔经济与能源部部长，并先后于 2013 年和 2017 年两次参加总统选举，但均告失败。

4 月 11 日 秘鲁举行新一届总统和国会选举。根据国家选举程序办公室（ONPE）的官方计票结果，自由秘鲁党候选人佩德罗·卡斯蒂略和秘鲁人民力量党候选人藤森庆子分别获得了 19.032% 和 13.368% 的有效选票，位居前二。按照秘鲁选举法规定，由于没有总统候选人在第一轮投票中获得超过 50% 的选票，得票最多的两名候选人将于 6 月 6 日举行第二轮选举，得票多者当选总统。

4 月 12 日 哥伦比亚美食产业协会数据显示，由于新冠肺炎疫情的冲击，2020 年哥伦比亚全国共有 48100 家餐厅倒闭。

4 月 16～19 日 古巴共产党召开第八次全国代表大会，古共"八大"为坚持古巴共产党的领导凝聚共识，顺利实现了领导层的新老交替，同时为推进经济和社会模式更新指明了方向。国家主席迪亚斯－卡内尔当选古共中央第一书记。中共中央总书记、国家主席习近平致电迪亚斯－卡内尔，向其以及古巴共产党新一届中央领导集体表示热烈祝贺，并称在新形势下，愿同其加强对两党两国关系的政治引领，弘扬传统友谊，深化交流合作，携手推动中古社会主义事业不断向前发展。

4月21日　第27届伊比利亚美洲国家元首和政府首脑峰会在安道尔拉开帷幕，主题为"创新促进可持续发展"。共有22个国家和地区首脑参会，其中大部分将通过线上的形式参会，只有葡萄牙总统马塞洛·雷贝洛·德索萨及总理安东尼奥·科斯塔、危地马拉总统亚力杭德罗·贾马特、多米尼加总统路易斯·阿比纳德尔、西班牙首相佩德罗·桑切斯和东道国安道尔首相哈维尔·埃斯波特·萨莫拉等五个国家的领导人能够现场出席。刚刚当选古共中央第一书记的迪亚斯－卡内尔最后时刻决定以视频形式参加会议，这是古巴时隔20年后"重返"峰会，上次要追溯到2000年，时任古巴国务委员会主席的菲德尔·卡斯特罗前往巴拿马参会。

4月22～23日　巴西和阿根廷领导人出席领导人气候峰会。巴西总统博索纳罗表示巴西将力求于2025年前减少37%、2030年前减少40%的温室气体排放量，并于2050年实现碳中和，还承诺于2030年消除巴西非法砍伐森林的现象。阿根廷总统费尔南德斯表示将通过推动采用最先进的技术来减少甲烷和短期污染物的排放，并通过金融机制的创新来促进可持续发展，实现"绿色债务互换"，他还强调了拉美国家团结的重要性。

2021年5月

5月7日　为缓和国内暴力活动升级的紧张局势，哥伦比亚总统杜克撤回了一项引起争议的税制改革方案。持续一周有余的暴力事件已造成至少24人死亡，还有上百人受伤。

5月20日　考虑到近期国内紧张局势不断升级、游行抗议中暴力活动增加，哥伦比亚政府当日决定放弃2021年美洲杯举办国资格，南美洲足联确认本届美洲杯全部比赛改在巴西举行。

2021年6月

6月6日 墨西哥举行众议院和地方选举，超过9300万具有投票资格的选民在全国16.2万个投票站进行投票，选出包括500名联邦众议员、15名州长、1063名州议会议员和1923名市长在内的超过2.1万个公共职位人选，被墨西哥联邦选举委员会称为"史上最大规模选举"。在竞选活动开始后的200余天内，至少89名政治人物遇害，其中35人为此次中期选举候选人，此外墨西哥全国共发生了782起针对政治人物、候选人的袭击事件，从语言威胁到绑架袭击等层出不穷。最终选举结果是由国家复兴运动党、劳动党和绿色生态党组成的执政联盟击败由革命制度党、国家行动党和民主革命党组成的反对党联盟而获胜。

6月6日 秘鲁举行总统大选。官方计票显示，自由秘鲁党的候选人佩德罗·卡斯蒂略得票率为50.13%，人民力量党候选人藤森庆子得票率为49.87%。7月28日，秘鲁当选总统卡斯蒂略在国会正式宣誓就职，任期5年。

6月21日 自当日起古巴银行和金融机构暂停接受美元现金存款，古巴和外国的自然人、法人将无法存储美元现金或以美元现金进行其他交易。这项措施仅针对美元现金，古巴现有外汇账户可继续接受外汇汇款和存取除美元外的其他外币现金。

6月23日 古巴对美国的封锁提出谴责，再次获得国际社会压倒性支持。联合国大会通过一项决议，要求美国取消对古巴的制裁，但尽管白宫换了主人，美国政府仍反对这一决议。

2021年7月

7月7日 海地总统若弗内尔·莫伊兹在位于首都太子港佩蒂翁维尔第5区的家中遇刺身亡。

7 月 8 日　圣卢西亚举行大选，反对党工党领袖菲利普·皮埃尔当选并出任总理。

7 月 10 日　阿根廷足球队在巴西举行的美洲杯比赛中以 1∶0 战胜巴西队夺冠，结束了在美洲杯 28 年不夺冠的历史。

2021年9月

9 月 18 日　拉美和加勒比国家共同体第六届峰会于墨西哥城举行，国家主席习近平通过视频祝贺峰会召开。

2021年11月

11 月 7 日　尼加拉瓜举行总统和议会选举，现总统丹尼尔·奥尔特加第五次当选总统，他曾在 1985～1990 年首次担任尼加拉瓜总统，此后分别在 2006 年、2011 年、2016 年的总统选举中胜出。

11 月 14 日　阿根廷举行议会中期选举，执政联盟"全民阵线"落败。在参议院选举中，反对党联盟"共谋变革联盟"在本次改选的 8 个省共 24 个参议院席位中赢得 12 席，执政党联盟"全民阵线"赢得 9 席，这意味着自 2021 年 12 月起反对党联盟在参议院 72 席中占有 31 席，执政联盟从 41 席降至 35 席，这是近 40 年来首次失去在参议院的控制席位（37 席）。同时，反对党联盟在众议院的议席大幅增加。

11 月 21 日　委内瑞拉举行地方选举，执政党统一社会主义党所属的爱国联盟赢得全国 23 个州中 18 个州的州长职位，全国 335 个市中 205 个市的市长职位。

11 月 28 日　洪都拉斯举行总统选举，自由和重建党候选人希奥玛拉·卡斯特罗和执政党国民党候选人、首都市长纳斯里·阿斯富拉分别获得 51.12% 和 36.93% 的选票。卡斯特罗当选洪都拉斯新一任总统，将于 2022 年 1 月 27 日就职。

2021年12月

12 月 3 日 中国－拉共体论坛第三届部长会议以视频方式举行,国家主席习近平和拉共体轮值主席墨西哥总统洛佩斯分别向会议发表视频致辞,会议通过《中国－拉共体论坛第三届部长会议宣言》和《中国与拉共体成员国重点领域合作共同行动计划(2022－2024)》。

12 月 10 日 尼加拉瓜与中国恢复外交关系。

12 月 14 日 第 20 届美洲玻利瓦尔联盟峰会在古巴首都哈瓦那召开,古巴国家主席迪亚斯－卡内尔主持会议,委内瑞拉、玻利维亚、尼加拉瓜等成员国的领导人或代表与会。

12 月 19 日 智利总统选举举行第二轮投票,35 岁的左翼政党联盟"赞成尊严"候选人博里奇当选,他将于 2022 年 3 月 11 日就职。

Abstract

The report of the Economic Commission for Latin America and the Caribbean (CEPAL, or ECLAC) in 2021 revealed that, due to the impact of COVID – 19 and the proper structures of the local economies, the region's economic growth rate in 2020 was – 6.8%. It is not only the worst recession in the world's developing regions at the same time, but the largest economic downturn in the region since 1900, which exceeds that of the First World War and the Great Depression. As the 13 Caribbean countries' income depend heavily on the tourism and related service economic activities, the COVID – 19 pandemic led to a sharp decline in travel, resulting in a deeper economic contraction than that of the 20 Latin American subregional ones.

In 2021, the region's economic aggregate is still below pre-pandemic levels, some countries even have to seek gradual recovery after 2023. More importantly, as the region's population will continue to grow at a normal rate in 2020 – 2021, with an average annual growth rate of 0.86% [1] between 2019 and 2030, according to the UN Population Division. Therefore, the recovery of GDP per capita indicators will face greater challenges.

With regard to the economic situation of Latin America and the Caribbean in 2020, this report noted that prior to the COVID – 19 outbreak, the region had been in a state of recession or low growth for five consecutive years (2015 –

---

[1] According to the United Nations Population Division, the total population of Latin America and the Caribbean will increase from 648 million in 2019 to 706 million in 2030. United Nations, "World Population Prospects 2019: Highlights", 2019, p.6, https://population.un.org/wpp/Publications/Files/WPP2019_ Highlights. pdf.

2019）, and countries had made considerable efforts in fiscal and monetary policies to ease the difficulties. Therefore, in the face of health emergencies, governments have few margin to adjust the public policies particularly the fiscal efforts to mitigate the effects of the COVID – 19 crisis and stimulate economic and social recovery. Coupled with the long-standing structural problems in the region, the economic recession in 2020 exceeds that of other regions in the same period. Under such circumstances, the future economic perspective is not optimistic and with uncertainty, many countries in the region will face difficulty to formulate and implement effective economic recovery measures.

The section of country analysis involved seven major countries—Argentina, Brazil, Colombia, Chile, Peru, Paraguay and Mexico—as well as Caribbean Community countries. Despite the Argentina's new government, which came to power in late 2019, reached an agreement to restructure its ＄66.3 billion foreign debt, rising inflation and debt pressures have been difficult to contain. Considering the uncertain factors influencing the Argentina's economic growth, the OECD and IMF believes that the economic recovery will take a long time.

In the face of COVID – 19, Brazil experienced the smallest recession among the three major economies in Latin America and could be the first to return to pre-pandemic levels. Professor Zhang Yu believes that this is mainly related to factors such as Brazil's agriculture, forestry, animal husbandry and fishery driven by the favorable international market, China's strong demand for Brazilian agricultural products, and the depreciation of the Real against the US dollar, which has improved the competitiveness of Brazil's bulk commodities in the international market.

2020 is the worst year for Colombia's economy since the 2008 financial crisis. Although restricted by geopolitical factors and global economic downturn, Colombia's economic growth will face many challenges and uncertainty, the gradual restore of international market demand, upsurge of commodity prices, and especially China's support in the efforts to mitigate pandemic effects, and the economic and trade cooperation between the two countries, have contributed to Colombia's economic recovery.

At present, Chile's economic recovery process still faces deep-seated problems such as inequality, poverty and homogeneous economic structure. Chile needs to pay attention to deal with some long-term risks such as underem-ployment, uneven distribution, and declined investment attraction, meanwhile ensure that macroeconomic policies achieve the desired goals and promote sustained high-quality economic growth through tax relief to stimulate aggregate demand.

A heavy blow to the Peru's economy by COVID – 19, and with domestic political unrest, Peru's economy declined by 11. 1% in 2020, making it one of the countries with the most severe economic decline in Latin America and also in the world. In 2021, economic and political situation in Peru was gradually improved and showed strong economic recovery momentum. According to the ECLAC, Peru's economic growth rate expected to reach at 2. 5% in 2022.

Paraguay's mainstay industries are agriculture, animal husbandry and the electric power industry and their exports to the rest of the world. This industrial and commodity trade structure makes Paraguay's economy received a small impact of the COVID – 19. In 2020, the economy shrank by only 1. 0% , which is one of the countries with low economic recession in Latin America. Paraguay's economy still faces many uncertainties, but according to the World Bank's forecast in October of 2021, Paraguay's economic growth will reach 4. 3% in 2021.

Mexico, the region's second largest economy, contracted by 8. 3% in 2020, the second year in a row of negative growth, as the COVID – 19 pandemic continues to bite. Mexico's economic recovery is strong in 2021, with the IMF forecasting in October at 6. 2% growth for the year as a whole. However, the rebound in the U. S. economy and the evolving China – US relations may affect Mexico's growth momentum thereafter.

In 2020, the pandemic caused an overall downturn trend of the CARICOM①countries, and four of them faced an economic recession of more than 15% . However, due to the deep cooperation momentum, there will still

---

① CARICOM membership is not exactly the same concept as the countries of the Caribbean. According to the definition of ECLAC, there are 13 countries in the Caribbean subregion, and the official languages are mainly English and Dutch; among the 15 official members of CARICOM, Haiti is not a Caribbean country as recognized by ECLAC, and Montserrat is neither in the Caribbean region nor a country. Due to information limitations, the analysis here is based on the 13 countries defined by ECLAC.

show favorable perspective for the development of economic and trade relations between China and CARICOM. It is foreseeable that there will be both challenges and opportunities for bilateral economic and trade cooperation in the future.

The special report mainly focuses on two aspects of foreign economic trade and energy development in Latin America and the Caribbean. The regional merchandise trade surplus represented 1. 8% of its GDP in 2020, up from 0. 4% in 2019. In 2021, the gradual economic recovery in Latin America will push imports to rebound strongly and grow faster than exports, but driven by the economic performance and strong growth of the region's major trading partners (the United States and China), Latin America's foreign trade surplus will continue to account for 0. 4 percent of the region's GDP. At the same time, faced with the challenges of pandemic, there are still many positive factors in Latin American energy development: most countries having a positive attitude towards carbon neutrality and the share of unconventional renewable energy sources in the energy mix of each country is increasing. It can be expected that thereafter, the Latin American energy sector will show strong resilience, and the energy transition will bring new development opportunities and challenges to the region.

It is no doubt that the impact of the pandemic on China-Latin America economic and trade relations and China's policy in response to it are the hot issues in China-Latin America relations at present. At this juncture of crisis and opportunity, the "three engines" of trade, investment and financial cooperation between China and Latin America are still the basis of cooperation. Looking ahead, China and Latin America should continue to take "the Belt and Road Initiative" as a guide, explore the opportunities for economic and trade cooperation, and promote further development and upgrading of economic and trade cooperation between China and Latin America.

Keywords: COVID – 19 Pandemic; Latin America and the Caribbean; Economy; China-Latin America Economic and Trade Relations

Contents

I   General Report

Abstract: This analysis found that because the local economy had been in recession and low-speed growth for 6 consecutive years during 2015 −2019 before the outbreak of the pandemic, the fiscal deficits and overall debt of almost all countries have been in an elevated level already. In order to deal with the challenges and difficulties occurred in 2020, the fiscal support undoubtedly increased government's expenditures while public revenues decreased in the same time due to the restrict measures, further pressed the existing high-level fiscal deficits and debt burdens. Under this circumstance, the space for fiscal policy adjustments will be extremely limited in 2021 to achieve economic recovery and growth. At the same time, the relatively loose monetary policies implemented since the outbreak of the pandemic may also begin to be tightened under inflationary pressures, that could be another huge challenge to the region's economic recovery and growth.

It can be expected that the economic growth unevenness existed until today among the countries in the region will not only be reflected in the economic recession but also during the economic recovery in 2021 and the future. Many countries may postpone their recovery completely out of the recession and return to the previous level of pandemic until 2022 or even later.

Keywords: COVID − 19 Pandemic; Economic Situation; Inflationary Pressure; Latin America and the Caribbean

Ⅱ   Country and Region Reports

B.2   Analysis and Outlook of Argentine Economic Development

in 2020 − 2021   *Li Renfang*, *Jiang Nianzhou* / 021

Abstract: In December 2019, Fernandez was appointed as the new President of Argentina, but immediately suffered a double blow to the COVID − 19 pandemic and the economic recession. In 2020, the Argentine economy are in recession for the third consecutive year, with a growth rate of −9.9% , which is the country's worst economic recession in the past decade. Although the new government has achieved a $ 66.3 billion debt restructuring agreement, which has reduced Argentina's debt repayment pressure to a certain extent in the short term, the overall debt burden is still quite heavy. Affected by the poor domestic business environment, the difficulty of a rapid improvement in the pandemic situation, and the weak economic recovery, foreign companies' direct investment in Argentina has drastically reduced, and foreign trade has shrunk severely. In the face of the terrible economic situation and severe pandemic situation, the Fernandez government tried once again to reverse the economic and social situation of Argentina with a relatively stable economic policy, but it has always been difficult to curb the rising trend of inflation and debt pressure. Argentina's economy will rebound significantly on 2021, with a good momentum of restorative growth. In the World Economic Outlook released in October 2021, the International Monetary Fund predicted that the Argentine economy will grow by 7.5% in 2021. However, considering that there are many uncertain factors that affect Argentina's economic growth, the OECD and the International Monetary Fund all believe that Argentina's economic recovery will take a long time.

B. 3   Analysis and Outlook of Brazilian Economic

Development in 2020 − 2021   *Zhang Yu* / 060

Abstract: Due to the COVID − 19, Brazil's overall economy shrank in 2020: the GDP fell by 4. 1% ; exports fell by 6. 9% and imports fell by 10. 4% ; the unemployment rate hit an all-time high of 13. 5% ; inflation rose to 4. 5% ; and fixed capital investment decreased slightly to 16. 4% of GDP; the scale of foreign direct investment fell sharply by 50. 6% ; and the size of debt and the primary fiscal deficit both hit new highs. Firstly, the article briefly summarises Brazil's macroeconomic situation in 2020. Secondly, it reviews Brazil's macroeconomic overview in recent years, and retrospects to its fiscal and monetary policies. Thirdly, this paper discusses Brazil's external trade and attracts foreign investment, and focusses on the analysis of Brazil's economic and trade cooperation with China. Finally, considering the external environment and the impact of the coronavirus, this paper have a brief outlook on the Brazil's economic situation.

Keywords: The Brazil; COVID −19 Pandemic; Macroeconomic Situation

B. 4   Analysis and Outlook of Colombian Economic Development

in 2020 − 2021   *Yan Fulei*, *Chen Beibei* / 094

Abstract: The sudden outbreak of COVID −19 in 2020 had a major impact on Colombia's economic growth. The rapid spread of COVID −19 has led to a sharp drop in international market demand, disruption of industrial and supply chains, drop in international commodity prices, and disruption of normal economic activities. Colombia's economic development is facing a dilemma of a sudden deterioration of the external and internal environment. Due to the impact of the global COVID - 19 pandemic, Colombia's foreign trade and foreign investment shrank rapidly in 2020, the employment market environment deteriorated sharply, the unemployment rate was high, and the expansionary fiscal policy led to the expansion of the deficit, rising prices and inflation. Despite the aggressive measures taken by the Colombian government to combat the pandemic, Colombia's economic growth in 2020 failed to stop the rapid decline, and 2020 has been the worst year since the 2008 financial crisis. In 2020, the foreign trade between China and Colombia shrank rapidly under the impact of COVID -19. In 2021, the rapid progress of the vaccination against COVID - 19, the gradual recovery of international market demand, and the surge in the prices of crude oil, coal and other international commodities will bring benefits to Colombia's economic growth. However, due to factors such as geopolitics and the global economic downturn, Colombia's economic growth still face many challenges and uncertainties.

Keywords: The Colombia; Macroeconomy; China-Colombia Economic and Trade Cooperation

B. 5　Analysis and Outlook of Chilean Economic Development

　　in 2021　　　　　　　*Jia Hongwen, Shi Ziyu and Zhang Wutao* / 130

Abstract: In the 21st century, Chile's economy has maintained steady growth and has been in the leading position in Latin America for many years. In 2013, Chile was added to the World Bank's list of high-income countries. Chile's economic growth fell 5. 8% in 2020 from a year earlier due to the COVID -19 pandemic, the lowest in the country's history since 1983. The Central bank of Chile expects the economy to grow by 11. 5 to 12 percent in 2021 as COVID -19 is effectively controlled and normal production and life are restored. At present, Chile's economic recovery process is still facing inequality, poverty, economic structure and other deep problems. Chile needs to pay attention to long-term risks such as underemployment, uneven distribution and lack of investment. It needs to stimulate aggregate demand through tax cuts and reductions to ensure that macro-control policies achieve the expected goals and promote high-quality economic growth.

Keywords: The Chile; Macroeconomic Policy; FTA

B.6　Analysis and Outlook of Peruvian Economic Development in 2022　　　　　　　　　　　　　　　*Chen Wenjun* / 149

Abstract: The growth rate of Peru's economy in 2019 was 2.2%, a new low since 2009. In 2020, affected by the COVID −19 pandemic, GDP declined by 11.1%. In 2021, after Peru took timely measures to control the pandemic, the economy rebounded significantly, with a growth rate of 13.5%. The first part of this report introduces the main factors that currently affect Peru's economic development. The second part analyzes Peru's economic development in the first half of 2022. The third part focuses on Peru's fiscal and monetary policies and their effects. The fourth part analyzes the economic and trade cooperation between China and Peru. Finally, the report looks forward to the economic situation in 2022. In order to continue to recover the economy, the Peruvian government adopted a loose fiscal policy and a tight monetary policy in 2022; foreign trade declined significantly in 2020, but rebounded sharply in 2021; China-Peru bilateral trade has certain potential; the unemployment rate is at a high level. In 2022, affected by the rise in international energy and food prices brought about by the Russia-Ukraine conflict, Peru's economic recovery will slow down. It is estimated that Peru's economic growth rate will be 2.5% in 2022.

Keywords: The Peru; Economic Growth; Macroeconomic Policy; China-Peru Cooperation

B.7　Analysis and Outlook of Paraguayan Economic Development

in 2020 − 2021　　　　　　　　　　*Fan Shanping* / 172

Abstract: In 2020, the emergency of COVID − 19 pandemic caused great shocks to the global economy, making Paraguayan economy to continue to shrink after experiencing economic stagnation in 2019. In 2020, the GDP growth rate of Paraguay is − 1%. Agriculture, animal husbandry and electric power industry constitute Paraguay's pillar industries. The export commodities are mainly agricultural and livestock products and electric power. This kind of industrial structure and international trade make Paraguay less affected by the pandemic than other countries in Latin America. Faced with the impact of the pandemic, the Paraguayan government has successively promulgated the "Emergency Law" and the "Economic Recovery Plan" to curb economic deterioration with fiscal, monetary and financial measures. However, due to the sharp drop in taxes and the surge in expenditures, Paraguay's fiscal deficit rate ascended to − 6.2%, beyond the provisional limit of 1.5%. After entering 2021, as countries have made adjustments and adaptations to respond to the pandemic, and the international economy has rebounded, Paraguay showed an economic recovery in the first half of the year. However, in view of the uncertainty of the domestic pandemic situation, the increase in debt, and the high dependence of export commodities on climatic conditions, Paraguay's economic growth will encounter certain resistance in the future.

Keywords: The Paraguay; Pillar Industry; "Emergency Law"; "Economic Recovery Plan"

B.8　Analysis and Outlook of Mexican Economic Development

in 2020 − 2021　　　*Li Yuxian, Hu Caiyu and Jiang Nianzhou* / 197

Abstract: Under the continuing impact of the sudden COVID − 19, the

Mexican economy suffered a severe recession in 2020, with GDP falling by 8. 3% compared to the previous year, unemployment rising significantly, both foreign direct investment and foreign trade falling sharply, but inflation falling to a low level of 3. 15% and external debt balances remaining largely stable. Both industry and services in Mexico generate considerably less value added in 2020 than in the previous year, with only agriculture maintaining a modest increase; foreign trade, while declining severely in 2020 with a record trade surplus, rebounds rapidly in 2021; and national consumption and fixed asset investment decline severely. Fiscal and monetary policies ensure that prices, the exchange rate and the size of Mexico's debt are largely stable in 2020, but public debt spending and social security spending increase markedly. Mexico's economic recovery is well underway in 2021, with the state of the US economic recovery and the evolution of China −US relations likely to affect Mexico's economic development. The International Monetary Fund's World Economic Outlook, published in October 2021, forecasts the Mexican economy to grow by 6. 2% , all of which is cautiously optimistic about the prospects for the Mexican economy, which is a similar expectation held by the main international economic research institutions.

Keywords: The Mexico; COVID −19 Pandemic; Economic Policy

B. 9   Analysis and Outlook of CARICOM's Economic
Development in 2020 − 2021   *Yang Liyan / 227*

Abstract: In recent years, the economic development of CARICOM countries has been mixed. With the relatively smooth advancement of the monetary and financial environment, the domestic inflationary pressure in CARICOM countries has slightly eased, and the fiscal risks are controllable. But due to the impact of the COVID −19 pandemic and other factors, the overall economy of CARICOM countries is in a downward trend in 2020. Overall, thanks to the deep cooperation foundation and strong cooperation momentum, the economic and trade relations between China and CARICOM still have broad prospects for development.

Keywords: Caribbean; CARICOM; Regional Integration; Cooperation Mechanism

Ⅲ   Special Reports

B.10   Analysis of Latin America and the Caribbean's

Foreign Economy and Trade in 2020 − 2021   *Yao Chen* / 248

Abstract: Faced with the severe trends of the global economic slowdown, countries in Latin America and the Caribbean have also encountered significant challenges in the development of their foreign trade, with the pandemic affecting the region's imports more than its exports, and the decline in the volume of imports being greater than the decline in the volume of exports. With the economic recovery of Latin America and the Caribbean's main trading partners (the United States and China), the region's merchandise trade surplus reached 1.8% of regional GDP in 2020, up from 0.4% in 2019. In 2021, given the gradual recovery of economic activity in the region, its imports rebound strongly and grow more than its exports, and report of the Economic Commission for Latin America and the Caribbean reveals the region to continue its surplus position in external trade, with a surplus reaching 0.4% of regional GDP. This report firstly reviews the development of foreign trade in the region from 2020 to 2021; secondly analyzes the trade characteristics of Latin America from the perspective of trade scale, trade structure, trade flow and trade balance; then discusses the trade relations of Latin America and the Caribbean and China; and finally gives a brief outlook on the foreign trade situation of the region.

Keywords: Latin America and the Caribbean; Foreign Trade; Trade Characteristics; China-Latin America Trade

Abstract: Latin America has the most dynamic renewable energy market in the world. The energy transition of this region is in progress, and the share of unconventional renewables in national energy mix is growing. Meanwhile, the energy industry in Latin America, one of the regions most affected by the COVID －19 pandemic, has shown resilience. The energy industry is critical to economic recovery and growth as economies want to resume its growth after the COVID － 19 pandemic. Political elections and social unrest may change the energy policies of these countries. Therefore, the energy transition in Latin America and the Caribbean will face new development opportunities and challenges.

Keywords: Latin America and the Caribbean; Renewable Energy; Energy Policy

Abstract: The global outbreak and spread of COVID － 19 has severely impacted world economic and trade activities, and China-Latin America economic and trade relations are also facing the huge challenge of COVID －19 after more than a decade of rapid development. The three major engines including trade, investment and financial cooperation between China and Latin America and the Caribbean have been hit by COVID －19 in the short term. However, trade in medical supplies, investment in health infrastructure and the Digital Silk Road have become new driving forces for China-Latin America economic and trade cooperation under the impact of COVID － 19. Looking ahead, although the development of China-Latin America economic and trade cooperation in the field of trade, investment and international engineering contracting is hampered by COVID - 19, the overall long-term positive trend remains unchanged and the vision of bilateral cooperation has become stronger under the influence of COVID -19. China and Latin America should continue to take the Belt and Road Initiative as a guide, explore new opportunities for China-Latin America economic and trade cooperation under the digital economy and China's dual circulation development pattern, and promote the broad scope and deep level development of China-Latin America economic and trade cooperation to achieve optimization and upgrading.

Keywords: COVID - 19 Pandemic; China-Latin America Economic and Trade Relations; Belt and Road Initiative; Digital Economy

Ⅳ Appendix

社会科学文献出版社

皮 书

智库成果出版与传播平台

✤ 皮书定义 ✤

皮书是对中国与世界发展状况和热点问题进行年度监测，以专业的角度、专家的视野和实证研究方法，针对某一领域或区域现状与发展态势展开分析和预测，具备前沿性、原创性、实证性、连续性、时效性等特点的公开出版物，由一系列权威研究报告组成。

✤ 皮书作者 ✤

皮书系列报告作者以国内外一流研究机构、知名高校等重点智库的研究人员为主，多为相关领域一流专家学者，他们的观点代表了当下学界对中国与世界的现实和未来最高水平的解读与分析。截至2021年底，皮书研创机构逾千家，报告作者累计超过10万人。

✤ 皮书荣誉 ✤

皮书作为中国社会科学院基础理论研究与应用对策研究融合发展的代表性成果，不仅是哲学社会科学工作者服务中国特色社会主义现代化建设的重要成果，更是助力中国特色新型智库建设、构建中国特色哲学社会科学"三大体系"的重要平台。皮书系列先后被列入"十二五""十三五""十四五"时期国家重点出版物出版专项规划项目；2013~2022年，重点皮书列入中国社会科学院国家哲学社会科学创新工程项目。

皮书网

（网址：www.pishu.cn）

发布皮书研创资讯，传播皮书精彩内容
引领皮书出版潮流，打造皮书服务平台

栏目设置

◆ **关于皮书**

何谓皮书、皮书分类、皮书大事记、
皮书荣誉、皮书出版第一人、皮书编辑部

◆ **最新资讯**

通知公告、新闻动态、媒体聚焦、
网站专题、视频直播、下载专区

◆ **皮书研创**

皮书规范、皮书选题、皮书出版、
皮书研究、研创团队

◆ **皮书评奖评价**

指标体系、皮书评价、皮书评奖

◆ **皮书研究院理事会**

理事会章程、理事单位、个人理事、高级
研究员、理事会秘书处、入会指南

所获荣誉

◆ 2008 年、2011 年、2014 年，皮书网均
在全国新闻出版业网站荣誉评选中获得
"最具商业价值网站"称号；

◆ 2012 年，获得"出版业网站百强"称号。

网库合一

2014年，皮书网与皮书数据库端口合
一，实现资源共享，搭建智库成果融合创
新平台。

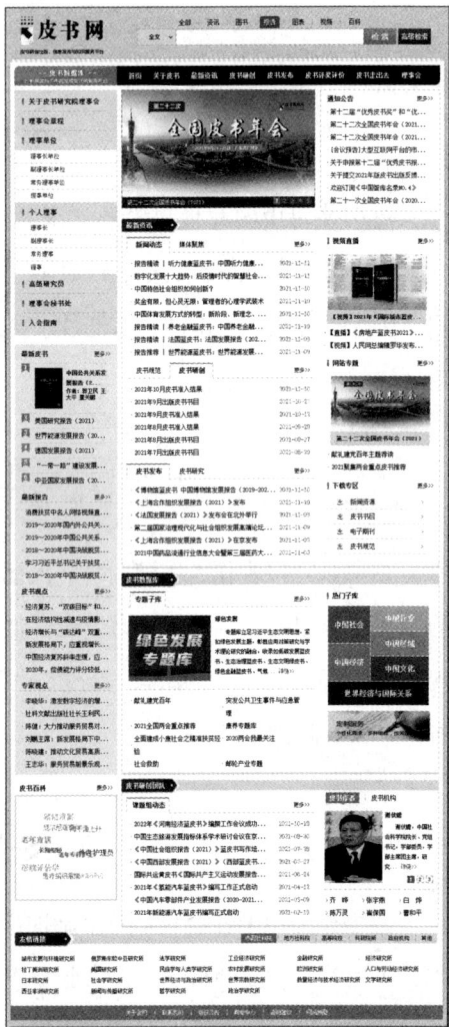

皮书网

"皮书说"
微信公众号

皮书微博

权威报告·连续出版·独家资源

皮书数据库
ANNUAL REPORT(YEARBOOK) DATABASE

分析解读当下中国发展变迁的高端智库平台

所获荣誉

- 2020年，入选全国新闻出版深度融合发展创新案例
- 2019年，入选国家新闻出版署数字出版精品遴选推荐计划
- 2016年，入选"十三五"国家重点电子出版物出版规划骨干工程
- 2013年，荣获"中国出版政府奖·网络出版物奖"提名奖
- 连续多年荣获中国数字出版博览会"数字出版·优秀品牌"奖

皮书数据库　　"社科数托邦"微信公众号

成为会员

登录网址www.pishu.com.cn访问皮书数据库网站或下载皮书数据库APP，通过手机号码验证或邮箱验证即可成为皮书数据库会员。

会员福利

- 已注册用户购书后可免费获赠100元皮书数据库充值卡。刮开充值卡涂层获取充值密码，登录并进入"会员中心"—"在线充值"—"充值卡充值"，充值成功即可购买和查看数据库内容。
- 会员福利最终解释权归社会科学文献出版社所有。

数据库服务热线：400-008-6695
数据库服务QQ：2475522410
数据库服务邮箱：database@ssap.cn
图书销售热线：010-59367070/7028
图书服务QQ：1265056568
图书服务邮箱：duzhe@ssap.cn

社会科学文献出版社 皮书系列
SOCIAL SCIENCES ACADEMIC PRESS (CHINA)
卡号：377691583278
密码：

S 基本子库
UB DATABASE

中国社会发展数据库（下设 12 个专题子库）

紧扣人口、政治、外交、法律、教育、医疗卫生、资源环境等 12 个社会发展领域的前沿和热点，全面整合专业著作、智库报告、学术资讯、调研数据等类型资源，帮助用户追踪中国社会发展动态、研究社会发展战略与政策、了解社会热点问题、分析社会发展趋势。

中国经济发展数据库（下设 12 专题子库）

内容涵盖宏观经济、产业经济、工业经济、农业经济、财政金融、房地产经济、城市经济、商业贸易等 12 个重点经济领域，为把握经济运行态势、洞察经济发展规律、研判经济发展趋势、进行经济调控决策提供参考和依据。

中国行业发展数据库（下设 17 个专题子库）

以中国国民经济行业分类为依据，覆盖金融业、旅游业、交通运输业、能源矿产业、制造业等 100 多个行业，跟踪分析国民经济相关行业市场运行状况和政策导向，汇集行业发展前沿资讯，为投资、从业及各种经济决策提供理论支撑和实践指导。

中国区域发展数据库（下设 4 个专题子库）

对中国特定区域内的经济、社会、文化等领域现状与发展情况进行深度分析和预测，涉及省级行政区、城市群、城市、农村等不同维度，研究层级至县及县以下行政区，为学者研究地方经济社会宏观态势、经验模式、发展案例提供支撑，为地方政府决策提供参考。

中国文化传媒数据库（下设 18 个专题子库）

内容覆盖文化产业、新闻传播、电影娱乐、文学艺术、群众文化、图书情报等 18 个重点研究领域，聚焦文化传媒领域发展前沿、热点话题、行业实践，服务用户的教学科研、文化投资、企业规划等需要。

世界经济与国际关系数据库（下设 6 个专题子库）

整合世界经济、国际政治、世界文化与科技、全球性问题、国际组织与国际法、区域研究 6 大领域研究成果，对世界经济形势、国际形势进行连续性深度分析，对年度热点问题进行专题解读，为研判全球发展趋势提供事实和数据支持。

法律声明